KB061350

검사제작과 분석

| 신진아 · 시기자 · 성태제 공저 |

TEST CONSTRUCTION AND ANALYSIS

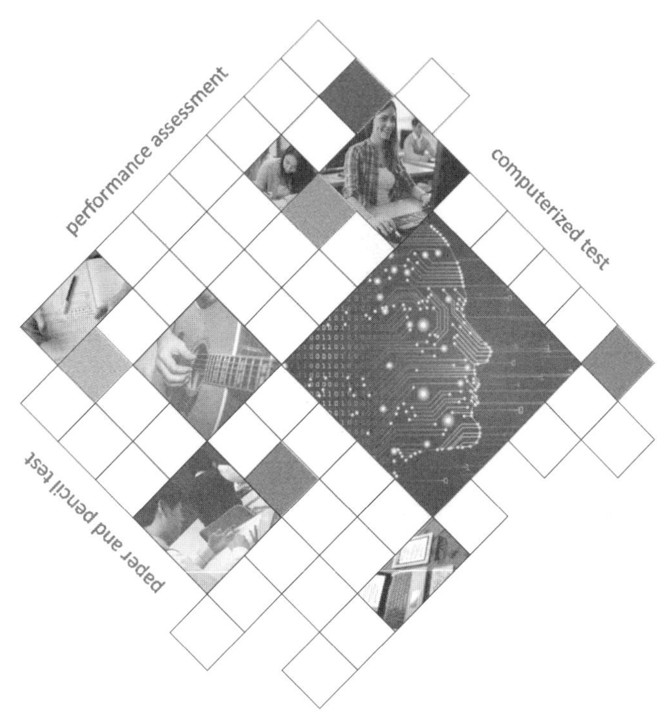

학지사

서문

인간은 사회적 동물이기에 사람들과의 만남을 통하여 많은 일이 일어난다. 특히 만남의 장인 교육현장과 산업현장에서는 사람에 대한 평가가 자연스럽게 이루어진다. 지(智), 덕(德), 체(體)의 측면에서 흔히 그 사람은 머리가 비상하다거나, 배려심이 많다거나, 운동을 잘한다든가 하는 말을 한다. 이러한 평가는 검사나 관찰을 통하여 이루어지게 된다. 평가는 검사나 체계적인 관찰을 통하여 얻은 자료에 의하여 이루어지는 객관적 절차로서 타당할 때 믿을 수 있다. 검사나 관찰의 결과가 타당하고 신뢰로워야 한다는 의미이다.

절차적인 중요성에 비추어 볼 때 검사와 관찰의 과학성과 객관성이 간과되어 온 경향이 있어, 이를 강조하기 위하여 1996년에 『문항제작 및 분석의 이론과 실제』를 출간하였다. 그간에 개정판이 출간되었으나, 25년의 세월이 지났다. 강산이 두 번 반 바뀌는 시간이다. 최근 시대 변화에 비추어 보면 실생활 있어 엄청난 변화가 일어났다.

제4차 산업혁명은 인공지능을 기반으로 한 빅데이터 분석 방법이 우리의 생활방식을 파악하고 예견하여 사회 전 분야에 정보를 제공할 뿐 아니라 혁신적 플랫폼을 바탕으로 교육, 문화, 산업 등의 틀을 바꾸어 나가고 있다. 이 과정에서 전 세계를 덮친 COVID-19 팬데믹으로 인해 수업이나 회의 등이 비대면과 비접촉으로 이루어지고 있으며, 한 장소에 모여서 치르는 집단 지필검사는 개인 공간에서 자유롭게 치르는 온라인 시험으로 대체되고 있다. 더불어 에듀테크와 k-에듀플랫폼 등의 변화가 가속화되고 있다.

이런 변화에 맞추어 보다 새로운 평가방법이 요구된다. 그렇다고 고전적으로 사용되는 평가방법과 절차를 완전히 무시할 수는 없다. 기본적인 평가방법을 유지하면서 새로운 평가방법에 대한 내용을 소개하는 것이 바람직하여 『검사제작과 분석』을 새로 출간하게 되었다.

이 책은 『문항제작 및 분석의 이론과 실제(개정판)』를 기본으로 변화하고 있는 검사 상황을 반영하기 위하여 지필검사 문항의 실제 예시를 최대한 최근 내용으로 교체하였으며, 특히 컴퓨터화 검사 제작과 수행평가 과제 제작에 대한 내용을 추가하였다. 컴퓨터화 검사와 수행평가의 기초 이론과 문항 제작 원리를 소개하고, 독자의 이해를 돕기 위해 유형별 예시를 제시하였으며, 수행평가 과제의 채점과 관련하여 채점자간신뢰도와 채점자내신뢰도를 포함하였다. 또한 SPSS와 같은 통계 패키지를 구입하기 어려운 독자를 위해 jamovi 프로그램을 소개하고 실제 분석 예시를 수록하였다.

우리나라는 검사 결과가 피험자들에게 주는 영향이 매우 크기 때문에 검사(문항 하나하나)가 공정성과 신뢰성을 잃지 않도록 신중하게 제작되어야 한다. 최근 국내에서 '공정성'은 그 어느 때보다도 중요한 화두이며, 입시나 각종 고시, 취업 시장에서 더욱 예민한 문제이다. 각종 검사에서 공정성은 그 어느 누구에게나 같은 의미로 읽히고 편파적이지 않아야 함을 의미한다. 그러므로 이 책에서는 현장교사나 검사 개발자들이 문항 제작, 편집, 분석, 결과 보고까지의 일련의 과정에서 이론적 · 실제적으로 고려해야 할 사항들을 이해하기 쉽도록 구성하였다.

공동집필을 하면서 새로운 내용을 추가하고 수정 · 보완하여 준 시기자 박사님의 노고에 감사하다는 말씀을 드린다. 책의 내용을 과감히 교체(update)하고 새로운 내용을 추가함을 기꺼이 찬동하시고 마지막 교정본이 나올 때까지도 꼼꼼히 검토하여 주신 선생님께 더욱 감사한 마음이다. 출간을 권유하신 학지사의 김진환 사장님과 책의 편집과 교정을 맡아 주신 김순호 이사님께도 감사드린다.

신진아

차례

제2부 문항제작 및 분석

제3부 문항분석 및 평가

제4부 검사의 양호도

제 I 부

교육평가 · 교육측정 · 검사

제1장 교육평가

1 정의

교육이란 무엇인가에 대한 논의는 지속적으로 이어져 오고 있다. 교육에 대한 어원을 풀이하더라도 한글, 한자, 희랍어, 라틴어에서 주는 의미가 다양하며, 교육이라는 용어의 의미를 해석하더라도 어원에 따른 차이가 있다. 교육에 대한 여러 학자의 정의를 살펴보면 다음과 같다.

- Durkheim: 교육은 아동을 사회화시키는 활동이다.
- Kant: 교육의 목적은 개인의 능력을 가능한 한 완전하게 개발하는 것이다.
- 정범모: 교육은 인간행동 특성을 계획적으로 변화시키는 것이다.

교육에 대한 정의가 학자에 따라 다소 다르더라도 공통적으로 교육은 인간이 지니고 있는 무엇인가를 변화시키려 하는 활동이라고 정의하고 있다. 인간의 행동은 지적 능력인 인지적 능력, 감성적인 정의적 행동 특성, 신체의 기능과 관계된 심동적 특성으로 구분한다. 인간의 행동을 변화시키는 것이 교육이라면 어떻게, 얼마만큼 변화되었는지 여부를 판단하여야 한다.

이와 같이 교육이 행동변화를 가져왔는가를 판단하는 행위를 교육평가라고 정의할 수 있다. 교육평가(Educational Measurement)라는 단어는 1930년부터 사용되었으며, Tyler(1942)는 교육목표의 달성 여부를 판단하는 행위를 교육평가라 정의하였다.

이어 Tyler(1949)는 교육평가란 교육과정과 교수 프로그램에 비추어 교육목표가 얼마만큼 달성되었는가를 판단하는 행위라고 하였으며, [그림 1-1]과 같이 나타냈다.

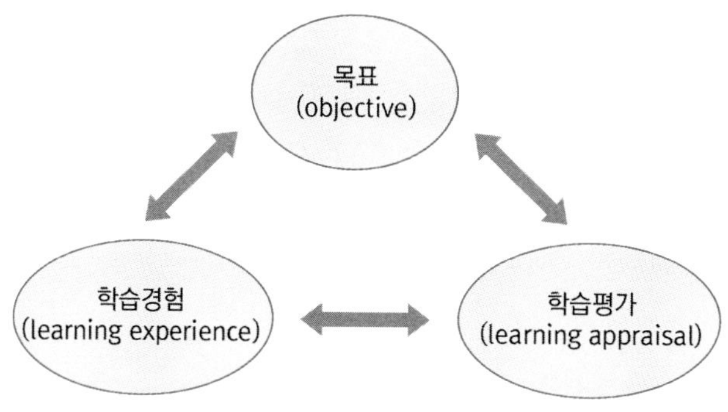

[그림 1-1] Tyler의 교육평가에 대한 정의

Cronbach(1969)와 Stufflebeam(1971)은 '교육평가란 의사결정을 위한 정보를 제공하는 일'이라 정의하였으며, Stufflebeam(1967)은 '평가란 어떤 것의 가치, 질, 유의성, 양, 정도, 조건에 대한 판단과 시험행위'라 하였다. Stake(1967)와 Guba와 Lincoln(1989)은 평가를 '판단과 설명을 조화시키는 작업'이라 하였으며, Nevo(1983)는 평가를 '교육대상에 대한 체계적 서술 혹은 교육대상의 가치와 장점에 대한 평'(Eisner, 1979; Glass, 1969; House, 1980; Scriven, 1967)이라 하였다.

Cronbach(1960)는 평가의 목적을 새로운 교육과정을 검사하고 그에 근거해서 교육과정을 개선하는 것이라 하였고, Beeby(1978)는 평가에 필요한 정보는 체계적인 방법으로 수집되어야 하고, 수집된 정보에 대한 해석이 필요하며, 교육과정, 교육결과에 대한 기술과 해석이 아니라 그것을 바탕으로 하여 교육과정과 결과, 교육목적에 대해 가치 판단을 내리는 것이라고 정의하였다. 성태제(2019b)는 교육평가란 '교육과 관련된 모든 것의 양, 정도, 질, 가치, 장점 등을 체계적으로 측정하여 판단하는 주관적 행위로서 교육목적에 대한 가치를 판단하는 행위'라 정의한다. 그러므로 교육평가를 위하여 교육과 관련된 정보는 체계적으로 수집되어야 하고 특별한 교육정책이나 제도 개선을 위한 기초 자료로 사용된다.

교육평가를 위한 기본 가정은 크게 네 가지를 들 수 있다.

첫째, 평가를 하기 위한 기본 전제로서 인간은 개발할 수 있는 무한한 잠재 능력을 지니고 있다고 보아야 한다. 유전적 관점에서의 교육은 인간 발달의 가능성을 제한함으로써 교육평가의 기능을 극대화할 수 없기 때문이다.

둘째, 교육평가의 대상과 자료는 무한하다. 어떠한 행위, 대상, 자료도 교육평가의 대상이 될 수 있다. 예를 들어, 아동이 그린 가족의 그림도 가정환경을 예측하고 평가하는 자료가 될 수 있으며, 이 그림을 통하여 가족관계를 분석함은 물론 때로는 가족치료를 위한 중요한 자료로 이용할 수 있다.

셋째, 평가는 일차적으로 실시하고 종료하는 것이 아니라 지속적으로 이루어져야 한다. 연속적인 평가로서 평가대상의 변화에 따른 성장 혹은 발달 등을 점검할 수 있으며, 그에 따라 교육의 효과를 알 수 있다.

넷째, 교육평가는 종합적이어야 한다. 평가대상이 가지고 있는 모든 자료를 종합적으로 수집하여 평가하여야 한다. 그러므로 지필검사에 국한되던 평가방법에서 벗어나 관찰, 면접, 수행평가 등 다양한 평가방법을 동원하여 평가를 실시하여야 한다.

평가의 과정은 진단평가, 형성평가, 총합평가로 구성된다. [그림 1-2]와 같이 교수·학습이 진행되기 전에 진단평가가, 교수·학습의 진행과정에서 형성평가가, 교수·학습이 완료된 시점에서 총합평가가 실시되므로 평가는 지속적으로 이루어진다. 이뿐 아니라 총합평가의 결과는 다음 학습을 위한 진단평가의 자료가 될 수 있다. 총합평가의 결과에 의하여 평가를 할 수 있으나 진단평가, 형성평가, 총합평가의 모든 결과를 가지고 종합적으로 평가하는 것이 바람직하다.

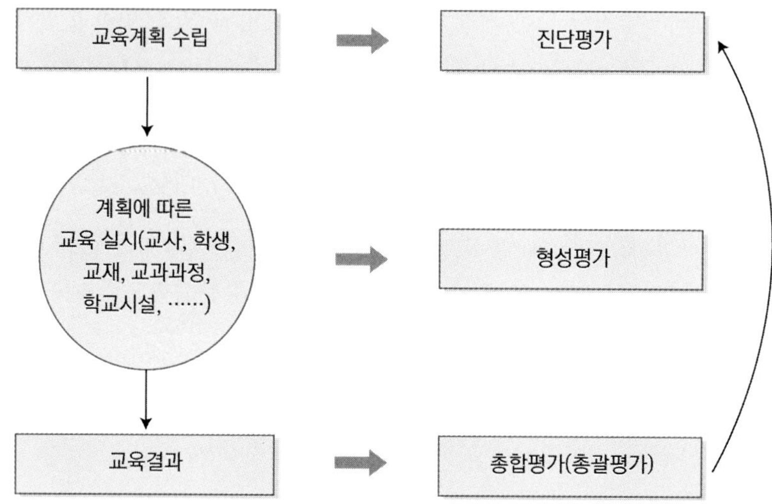

[그림 1-2] 평가의 과정

교육평가는 교육과 관련된 모든 것에 대한 의사결정을 위하여 정보를 사용하거나 수집하는 과정을 포함하여야 하고 수집한 정보에 의하여 교육적 의사결정을 하거나 이를 도와주는 기능을 지니고 있다. 그러므로 교육평가는 학습과 교육과정에 최대한 도움을 주어 학습을 극대화하려는 데 목적이 있다.

평가의 가장 중요한 목적은 평가를 위한 평가가 아니라 교수와 학습을 도와서 학습을 극대화하는 것이다. 이를 위하여 학업성취수준을 측정하여 분석하고 분석 결과를 바탕으로 교육과정을 개선하거나 교재, 교구, 교육자료 등을 교체할 수 있다. 또한 교육정책을 수립하기 위하여 평가의 자료를 활용할 수 있다. 이상에서 교육평가의 목적은 교육을 도와주는 기능이지 구속하는 기능이 아님을 강조한다. 그러므로 교육평가가 교육대상에 긍정적 영향을 주어야 하는 것은 당연하다.

교육평가의 기능은 다양하다. 가장 중요한 기능으로는 교육의 진행과정에 있는 교육과정, 프로그램, 교구, 교재 등을 개선하고 발전시키는 기능이다. 그 외에 신입생 또는 신입사원을 선발하거나 자격증을 부여하는 기능이다. 교육의 질을 통제하기 위하여 국가단위나 지역단위의 학업성취도검사를 실시하여 교육에 대한 책임 여부를 점검하는 책무성 평가 기능도 교육평가의 중요 기능이라 할 수 있다. 그러나 유의하여야 할 점은 책무성을 지나치게 강조하는 평가는 부작용이 따른다. 2016년까지 중학교 3학년과 고등학교 2학년 전수집단을 대상으로 실시한 국가수준 학업성취도 평가의 기본 목적은 기초학력 미달 학생들을 파악하여 이들의 비율을 낮추는 데 있으며, 이보다 더 중요한 목적은 그들의 학습 결손을 해결하여 자기 학습을 성공적으로 수행할 수 있도록 하는 데 있었다. 이와 같이 교수적 기능이 중요함에도 불구하고 학생들의 성취 결과로 시·도 교육청을 비교하거나 학교나 교사들을 평가하는 데 이용하였다. 이에 대한 부정적 시각과 반대가 심하여 2017학년도부터 전수평가를 폐지하고 표집평가만 실시하고 있다.

또한 평가 자체가 행위에 대한 동기를 부여하는 기능을 한다. 예를 들어, 시험을 본다고 할 때 학생들은 복습하게 된다. 즉, 평가를 예고할 때 평가와 관련된 준비를 하게 하는 기능을 한다.

평가를 통하여 권한을 행사하는 기능으로 상과 벌을 들 수 있다. 이뿐 아니라 평가자는 어떠한 권한도 행사할 수 있지만 평가대상에게 윤리적으로 피해를 주어서는 안 된다. 오로지 평가의 목적을 극대화하는 방향으로 권한이 행사되어야 한다. 특히 교육평가는 교육과 관련된 평가인 만큼 윤리적이고 인간적으로 이루어져야 한다. 학업성취도를 높이기 위하여 2001년 미국 상원에서 통과되고 2002년 부시 대통령이 서명하여 2015년까지 실시하였던 「낙오학생방지법(No Child Left Behind Act: 이하 NCLB)」의 부작용에 대한 Murray(2005)의 설명은 교육평가 기능에 대해 시사하는 바가 크다.

2 종류

교육평가의 종류는 두 가지 차원에서 구분한다. 하나는 교수·학습 진행과정에 따라 교육계획 수립 전의 진단평가, 교육과정 중의 형성평가, 교육이 끝난 후의 종합적인 총합평가이며, 다른 하나는 무엇을 참고하는가에 따라 규준참조평가, 준거참조평가, 능력참조평가, 성장참조평가로 나뉜다.

1) 교수 · 학습 진행에 따른 교육평가

교육평가는 지속적이고 종합적인 특징을 가지고 있다. 교육이라는 활동을 하기 위해서는 교육이 시작되기 전과 교육이 진행되는 과정, 그리고 교육이 끝난 후에 평가가 이루어져야 한다. 이런 의미에서 진단평가, 형성평가, 총합평가를 설명한다.

진단평가(diagnostic evaluation)는 학습이 시작되기 전에 학생이 소유하고 있는 특성을 체계적으로 관찰, 측정하여 진단하는 평가로서 사전학습 정도, 적성, 흥미, 동기, 지능 등을 분석한다. 진단평가의 목적은 교수 · 학습이 진행되기 전에 학생이 소유하고 있는 지적 능력뿐 아니라 흥미, 적성, 태도, 가정환경 등을 파악하는 것이다. 이를 통해 학습자에게 보다 적절한 교수법을 투입할 수 있다. 진단평가 결과에 의하여 학생들에게 적절한 교육목표뿐 아니라 교수법을 투입할 수 있다. 학습의 극대화를 위하여 진단평가 결과에 따라 학생들을 분류, 배치하는 경우도 있다. 이는 학습자에게 표식을 붙여 차별화하는 것이 아니라 비슷한 학습자를 집단화하여 그들에게 적절한 교수법을 투입하여 학습의 극대화를 추구하는 목적으로 이루어져야 한다.

진단평가는 교육목표에 따른 교육계획 수립에 참고가 되므로 학생들의 평가결과를 서열화하는 데 관심을 두지 않고 학생들의 지적 수준이 어느 지점에 있는가를 파악하는 데 중점을 두고 있다. 그러므로 진단평가는 준거참조평가를 추구한다. 진단평가를 위한 검사를 실시할 때 적절한 난이도 수준의 검사를 실시하므로 매우 어려운 문항이나 쉬운 문항을 제작할 필요가 없다. 수업시간 전에 퀴즈를 푼다든지, 복습 여부를 묻는 질문도 그날 학습의 진단평가로 간주할 수 있다.

형성평가(formative evaluation)는 교수 · 학습이 진행되고 있는 도중에 학생에게 학습결과를 송환하여 주고 교육과정 및 수업방법을 개선하기 위한 평가를 말한다. Scriven(1967)이 형성평가라는 용어를 최초로 사용하였으며, 교육과정의 개선을 통하여 수업을 발전시키기 위한 평가라 정의하였다. 이는 교수 · 학습 과정 중에 학생들에게 송환 효과를 주어 학습의 극대화를 꾀하고, 교수전략이나 교육과정을 일시적으로 개선할 수 있다. 교수 · 학습 과정 중에 가르치고 배우는 내용을 얼마나 잘 이해하고 있는지를 수시로 점검함으로써 학생들의 수업능력, 태도, 학습방법을 확인할 수 있으며, 교수 · 학습 과정 중 어느 단원에서 어려움이 있는지를 간파할 수 있다. 이런 과정을 통하여 교육과정을 개선하고 교재, 교구 등의 적절성을 수시로 확인할 수 있다.

일반적으로 형성평가는 교사들이 주체가 되며 형식적인 평가는 물론 비형식적인 평가의 형태를 지닌다. 형성평가 역시 학생들의 평가결과를 서열화하는 데 관심을 두기보다는 가르친 내용을 얼마나 알고 있는가에 관심을 두므로 준거참조평가 형태를 추구한다. 그러므로 형성평가를 실시하기 위하여 제작하는 검사는 학습에서 중요한 내용을 모두 포함하고, 다양한 문항형식에 의하여 적절한 수준의 문항난이도를 유지하며, 학생들이 잘못 이해하는 부분을 묻는 질문을 포함하여야 한다. 이런 관점에서 Stake(1967)는 형성평가가 교육과정 개발자, 교과 전문가, 교과서 저자들에게 친숙하다고 하였다.

총합평가(summative evaluation)란 교수 · 학습이 끝난 다음에 교수목표 달성 여부를 종합적으로 판정하는 평가 형태를 말한다. Scriven(1967)은 교육과정이 끝난 다음에 교수 · 학습에서 괄목할 만한 성장이 이루어졌는가를 규명하고 교육목표를 성취하였는가를 판정하는 평가를 총합평가라 하였으며, 학교현장에서는 총괄평가라고도 한다. Bloom, Hastings와 Madaus(1971)도 총합평가는 학과목, 학기 그리고 교육프로그램의 끝에 실시하는 평가로 성취 혹은 숙달 정도와 교육목표 획득 여부를 결정하는 행위라고 정의하였다.

총합평가는 자격증 부여, 당락 결정, 점수에 의한 서열화, 그리고 집단 비교 등의 목적을 지니고 있으므로 교사 이외에 교과 전문가, 교육과정 전문가, 교육평가 전문가들이 공동으로 참여하여 실시하고 있다. 대표적 예로 간호사나 의사 자격시험, 각종 고시, 교원 선발시험 그리고 전국단위 학력평가를 위한 검사를 들 수 있다. 총합평가를 위하여 검사를 제작할 경우는 검사의 목적이 어디에 있는가에 따라 출제 지침이 달라진다. 어떤 준거 혹은 목표를 중심으로 자격증 부여를 결정할 경우에는 그 준거에 준하는 수준의 문항들을 제작하여 지식수준이 목표 혹은 준거에 도달하였는가를 확인하는 데 중점을 둔다. 그러나 피험자, 학급, 학교 등을 상대 비교에 의하여 서열화하는 데 관심을 두는 경우는 매우 쉬운 문항부터 매우 어려운 문항까지 고루 출제하여야 한다.

이런 관점에 비추어 Stake(1967)는 총합평가란 평가 수혜자, 교육평가 전문가, 그리고 교사들에게 친숙하다고 하였으며, Stufflebeam과 Shinkfield(1985)는 책무성을 부여하기 위하여 총합평가가 이용된다고 보고하고 있다.

2) 참조준거에 따른 평가

교육과 관련된 현상과 모든 것의 가치와 질, 장단점 등에 대한 주관적 가치판단을 교육평가라 하였다. 주관적 판단은 임의적인 것이 아니라 판단의 기준이 있어야 하며, 그 기준에 따라서 규준참조평가, 준거참조평가, 능력참조평가, 성장참조평가로 분류한다.

(1) 규준참조평가

규준참조평가(norm-referenced evaluation)란 개인이 얻은 점수나 측정치를 비교집단의 규준에 비추어 상대적인 서열에 의하여 판단하는 평가를 말한다. 규준참조평가에 사용되는 상대적인 서열에 대한 규준점수의 예로 대학수학능력시험 점수의 보고에 사용하는 백분위(percentile)나 표준점수 등을 들 수 있다. 그러므로 규준참조평가를 상대비교평가 혹은 상대평가라고도 한다.

규준참조평가의 가장 중요한 요소인 **규준**(norm)이란 원점수의 상대적 위치를 설명하기 위하여 쓰이는 자로서 모집단을 대표하는 표본에서 얻은 점수를 기초로 만들어진다. 만약 어떤 학생이 전국단위의 수학시험에서 70점을 받았다면 그 학생의 상대적 위치가 어디에 있는가를 알기 위하여 규준이 필요하다. 그러나 전국의 모든 중학교 3학년 학생들에게 검사를 실시할 수 없으므로 이들을 대표할 수 있는 10,000명의 학생을 표본으로 추출하여 검사를 실시한 결과 표본에서 얻은 평균점수가 70점이고 표준편차가 10점이었다면 이 통계값이 규준이 된다. 이에 비추어 70점을 얻은 학생의 상대적 위치는 규준의 평균과 같으므로 가운데, 즉 50%에 있음을 알 수 있다. 다른 학생이 80점을 얻었다면 그 학생은 평균보다 1표준편차 위에 있으므로 50%보다는 위에 있다고 짐작할 수 있으며, [부록 1]에 의하면 84.13%에 해당하므로 상위 15.87%에 있다고 해석하게 된다. 규준참조평가를 위한 상대적 서열정보를 제공하는 규준점수의 종류와 계산 절차는 제14장에서 설명한다.

규준참조평가의 장점은 개인의 상대적인 위치를 파악하여 우열을 가리기가 쉽고 경쟁을 통한 학습동기를 유발할 수 있다는 것이다. 그러나 다음과 같은 단점도 지적되고 있다.

첫째, 무엇을 얼마만큼 아는가에 중점을 두지 않기 때문에 무엇을 가르치고 배워야 하는가에 대한 시사와 기준이 모호하다.

둘째, 개인 또는 집단의 성취를 기초로 한 상대적 서열을 중시하기 때문에 교수·학습이론에 부적절하다. 학습목표의 달성 정도에 따라 강화가 주어지는 것이 아니라 집단의 수준에 따라서 평가결과가 좌우되므로 학습행동을 체계적으로 강화해 주지 못한다.

셋째, 경쟁심의 조장으로 경쟁을 교육의 당연한 윤리로 생각하게 하여 협동심을 상실하게 할 수 있다.

넷째, 다른 사람보다 1점이라도 높은 점수를 얻기 위한 경쟁이 강조되기 때문에 충분한 시간 동안의 지적 탐구를 통해 문제를 해결하기보다는 암기 위주의 교육을 조장할 우려가 있다.

다섯째, 이해력, 분석력, 창조력, 탐구정신이 결여된다.

여섯째, 서열주의식 사고가 팽배해진다.

일곱째, 정신건강에 좋지 않은 영향을 주며 지나친 검사불안, 이기심, 명예 등으로 인해 정의적 행동 특성에 부정적 영향을 미친다.

규준참조평가의 여러 가지 단점과 학문적 결함에도 불구하고 규준참조평가를 위한 검사를 제작할 때 다음과 같은 규칙을 따른다.

첫째, 난이도 수준이 다양한 문항을 제작한다. 매우 쉬운 문항부터 매우 어려운 문항까지 제작하여야 피험자의 능력에 따라 낮은 점수부터 높은 점수까지 부여할 수 있다.

둘째, 문항변별도가 높은 문항을 제작한다. 문항의 변별도가 높아야 피험자들은 능력에 따라 다양한 점수를 얻게 된다.

(2) 준거참조평가

준거참조평가는 규준참조평가와 같이 제안되었으나 규준참조평가와 다른 목적을 지니고 있으며, 규준참조평가가 지니고 있는 많은 단점을 보완한다.

준거참조평가(criterion-referenced evaluation)란 학습자 또는 개인이 무엇을 얼마만큼 알고 있는지를 준거에 비추어 판단하는 평가이다. 이때 '무엇'이라 함은 학습자가 성취하여야 할 영역(domain) 혹은 분야를 의미한다. 예를 들어, 어느 학생이 수학시험을 보았을 때 미적분 분야에서 준거를 통과하였다면 이때 미적분이 영역이 된다.

준거참조평가에서 가장 중요한 요소는 영역과 준거이다. 영역은 교육내용으로서 측정내용이 되고, 준거는 교육목표를 설정할 때 도달하여야 하는 최저기준(competency level)이라 할 수 있다. 준거참조평가의 필수적 요소로서 잘 규명된 **영역**은 학습자가 배워야 할 내용의 영역으로, 수학에서는 미분, 적분, 확률 등을, 국어에서는 소설, 희곡, 고전 문학, 문법 등을 들 수 있다. 다른 요소인 **준거**(criterion, cut-off, standard)는 피험자가 어떤 일을 수행할 수 있다고 대중(public)이 확신하는 지식 혹은 기술 수준을 말한다(AERA, APA, NCME, 1985). AERA, APA와 NCME(1999)는 준거점수(cut score)라는 용어를 사용하였으며, 성패나 당락을 구분하는 점수라 설명하고 있다.

준거참조평가의 예로 의사고시, 약사고시 등의 자격고시를 들 수 있다. 준거참조평가에서 쉽지 않은 부분은 준거를 설정하는 것이다. 준거의 설정은 전문가들의 판단에 의하므로 주관적일 수 있으나 임의적이지는 않다. 준거를 설정하는 방법으로 다양한 방법이 제시되어 있으나 흔히 Angoff 방법과 Jaeger 방법이 사용되고 있으며, 준거설정 방법의 종류와 준거설정 절차는 제14장에서 설명한다.

준거참조평가와 관련하여 제기되는 비판 중의 하나는 준거설정이 임의적일 수 있다는 점이다. 이에 대해 Berk(1986)와 Popham(1978)은 임의적이라는 단어는 멋대로의 뜻이라기보다는 개인 평가 전문가의 주관에 의하여 설정된다는 의미로서 준거가 아무렇게나 설정되지는 않는다고 말하고 있다.

준거참조평가의 장점은 다음과 같다.

첫째, 무엇을 알고 무엇을 모르는가 하는 직접적 정보를 제공한다.

둘째, 제공된 정보를 기초로 교육목표와 교육과정을 개선할 수 있다.

셋째, 학습효과를 증진시킨다.

넷째, 탐구정신과 협동정신을 함양한다.

다섯째, 지적 등급이나 서열의식보다는 지적인 성취를 유발한다.

여섯째, 정신건강에 좋다.

준거설정에 어려움이 있으며 경쟁을 통한 학습 외적 동기유발이 부족하다는 단점도 문제점으로 지적되고 있으나 이는 모두 극복할 수 있는 단점이다.

준거참조평가는 상대서열 비교에 관심이 있는 것이 아니라 준거 혹은 목표에 도달하였는가를 판정하는 데 관심을 두므로 검사도구 제작에서 다소 다른 규칙을 적용한다.

첫째, 다양한 난이도 수준의 문항보다는 준거에 준하는 수준의 난이도 문항을 제작한다.

둘째, 변별력이 높은 문항을 제작한다.

셋째, 규명된 영역에서 중요한 내용을 출제한다. 준거참조평가는 규명된 영역에서 알아야 할 내용을 얼마만큼 알고 있는가를 평가하므로 학습 내용 중 중요한 내용을 측정하여야 한다.

규준참조평가와 준거참조평가는 동시에 제안되었으나 목적이 상이하므로 시대적 상황에 따라 두 평가 중 어느 한 종류의 평가가 중요시되어 왔다. 일반적으로 규준참조평가인 상대비교평가가 쉽게 적용되었으나 그 폐단이 심각할 때는 교육적 견지에서 준거참조평가로 전환하고 있다.

(3) 능력참조평가

능력참조평가(ability-referenced evaluation)는 학생이 지니고 있는 능력에 비추어 얼마나 최선을 다하였는가(maximum performance)에 초점을 두는 평가방법이다. Oosterhof(1994, 2001)에 의하면 개인의 능력 정도와 수행 결과를 비교하는 평가에서 다음의 두 가지 질문이 제기될 수 있다. 한 가지 질문은 '이것이 그 학생이 지니고 있는 능력을 최대한 발휘한 것인가' 하는 것이며, 또 다른 질문은 '충분한 시간이 부여되었을 때 더 잘할 수 있었는가' 하는 것이다. 학생 개인이 지니고 있는 능력을 얼마나 발휘하였는가에 관심을 두므로 개인을 위주로 하는 평가방법이라 할 수 있다. 예를 들어, 우수한 능력을 지녔음에도 불구하고 최선을 다하지 않은 학생과 능력이 낮더라도 최선을 다한 학생이 있을 때 어떻게 평가하는 것이 학생들의 학습태도를 바람직한 방향으로 유도할 수 있을 것인가를 고민하여야 한다.

만약 규준참조평가와 준거참조평가에 의하여 평가를 실시한다면 전자는 후자보다 항상 높은 평가를, 후자는 전자보다 항상 낮은 평가를 받게 된다. 이 경우 이러한 평가가 두 학생에게 바람직한가 하는 의문이 제기된다. 왜냐하면 전자는 항상 좋은 평가를 받으므로 자만에 빠져 나태할 수 있으며, 후자는 열심히 최선의 노력을 다 했어도 낮은 평가를 받으므로 학습동기를 잃게 된다. 능력참조평가에 의하면 후자의 경우 능력에 비하여 많은 노력을 발휘한 점을 고려하여 보다 높은 평가를 함으로써 학습동기를 유발하여 교육목표에 도달할 수 있게 한다는 것이다. 반대로 능력이 탁월함에도 불구하고 노력을 하지 않았다면 낮은 평가를 함으로써 경각심을 주어 최대한의 노력을 하도록 하는 것이 바람직하다는 평가관이다. 이와 같이 능력참조평가는 각 학생의 능력과 노력에 의하여 평가되는 특징을 지니고 있다.

능력을 얼마나 발휘하였는가에 관심을 두는 능력참조평가는 학업성취도검사에서 적용하는 것이 바람직하며, 표준화 적성검사에서도 사용할 수 있다. 그러나 적성검사 점수의 경우 이는 다른 변인들과 합성되어 있으므로 해석하기가 곤란한 경우가 있으며 학생이 지니고 있는 능력에 대한 정확한 정보가 없을 경우 능력참조평가를 적용하는 데 어려움이 있다. 능력참조평가는 특정 기능과 관련된 능력의 정확한 측정치에 의존하게 되므로 해당 능력에 제한되어 학습자의 수행을 해석하게 되는 한계를 지닌다. 그러나 능력참조평가는 개인을 위주로 개별적 평가를 실시한다는 장점이 있다.

(4) 성장참조평가

성장참조평가(growth-referenced evaluation)는 교육과정을 통하여 얼마나 성장하였는가에 관심을 두는 평가이다. 최종 성취수준에 대한 관심보다는 초기 능력수준에 비추어 얼마만큼 능력의 향상을 보였는가를 강조한다. 즉, 사전 능력수준과 관찰 시점에 측정된 능력수준 간의 차이에 관심을 둔다. 그러므로 성장참조평가는 학생들에게 학업 증진의 기회를 부여하고 개인화를 강조하는 특징을 지니고 있다. 황정규(1998)도 개인 수준의 성장을 변화로 표현하고 변화의 내용과 변화의 정도를 측정 · 평가하는 방법을 갖고 있었다면 교육은 혁신적인 변모를 겪었을 것이라 주장하고 있다.

Oosterhof(1994, 2001)에 의하면 성장참조평가 결과가 타당하기 위해서는 다음의 세 가지 조건이 충족되어야 한다.

첫째, 사전에 측정한 점수가 신뢰할 수 있어야 한다.
둘째, 현재 측정한 측정치가 신뢰할 수 있어야 한다.
셋째, 사전 측정치와 현재의 측정치의 상관이 낮아야 한다.

사전에 측정한 측정치나 현재 측정한 측정치를 신뢰할 수 없다면 능력의 변화를 분석할 수 없음은 당연하다. 만약 사전 측정치나 현재의 측정치가 본질적으로 상관이 높다면 이는 성장에 의한 것이 아니라 관계에 의한 당연한 결과를 가져오게 되므로 두 측정치 간에는 상관이 낮아야 한다.

능력참조평가나 성장참조평가가 대학진학이나 자격증 취득을 위한 행정적 기능이 강조되는 **고부담 검사(high-stakes tests)**와 같은 평가환경에서는 평가결과에 대한 공정성 문제가 제기되어 적용하기가 어려울 수 있다. 그러나 평가의 교수적 기능이나 상담적 기능이 강조되는 평가환경이라면 이 두 평가방법이 보다 교육적이므로 교육의 선진화에 이바지할 수 있다고 본다. 그러므로 개별화 학습을 촉진시킬 수 있는 성장참조평가는 초등교육이나 유아교육에 적극적으로 적용할 필요가 있으며, 상대비교에 치중하지 않는 평가라면 성장참조평가를 실시하는 것도 바람직하다.

3 역사

교육평가는 시대적 상황과 평가의 목적에 따라 변화하여 왔다. 교육평가는 교육과 더불어 시행되어 왔으며, 19세기 미국에서부터 체계적이고 과학적으로 정립되기 시작하였다. 그러므로 미국의 교육평가 역사를 참고하는 것이 교육평가의 역사를 이해하는 데 도움이 된다. 여기에서는 미국의 교육평가 역사와 더불어 우리나라의 교육평가 역사를 알아본다.

1) 미국

교육평가의 시대적 구분이 학자에 따라 다소 상이하나 대표적인 두 학자의 시대 구분은 다음과 같다. Walberg와 Haertel(1990)은 여섯 단계로 구분하였다.

① 형성기(The age of Reform, 1800~1900)
② 검사와 효율성 강조기(The age of Efficiency and Testing, 1900~1930)
③ Tyler 시대(The Tylerian Age, 1930~1945)
④ 순수 시대(The age of Innocence, 1946~1957)
⑤ 확장 시대(The age of Expansion, 1958~1972)
⑥ 전문화 시대(The age of Profession, 1973~1990)

Stufflebeam과 Shinkfield(1985)는 미국 교육에 있어 역사적으로 중요한 사건을 계기로 교육평가의 기본 방향이 변화된다고 보고 다섯 단계로 구분하였다.

① Tyler 이전 시대
② Tyler 시대(1930~1945)
③ 순수 시대(The age of Innocence, 1946~1957)
④ 현실 시대(The age of Realism, 1958~1972)
⑤ 전문화 시대(The age of Professionalism, 1973~)

교육평가는 교육에 수반되는 행위이므로 중요한 교육적 사건이 있을 때마다 교육의 행위는 변화할 수밖에 없으며, 그 변화된 교육행위가 바람직한 방향으로 진행되는지 평가하게 된다. 만약 교육적 사건이 일어남에도 불구하고 교육적 행위가 변화되지 않을 경우 교육평가의 방법을 전환하여 교육행위가 변화되도록 유도할 수 있다. Stufflebeam은 교육에 영향을 미친 역사적 사건으로 Tyler의 교육평가 용어 사용, 제2차 세계대전 종료, 소련의 Sputnik 발사를 들고 있다.

1930년 Tyler가 교육평가(Educational Evaluation)라는 용어를 사용하기 이전 시대를 **Tyler 이전 시대**로 규정하였다. Tyler 이전 시대의 교육평가는 인류 역사와 같이 존재한다 하여도 과언이 아니다. Socrates의 대화법도 교육평가의 한 방법으로 볼 수 있으나, 형식을 갖춘 최초의 교육평가로는 737년 중국 당나라 현종 때 실시한 과거시험을 든다. 현대적 의미에서 체계적이고 과학적으로 공인받는 최초의 교육평가 프로그램으로는 Rice가 1887년부터 1898년까지 미국 대도시에 있는 초등학교에서 철자법 교육을 실시한 후 학습효과를 검정한 철자법 시험을 들 수 있다. 그보다 앞서 1845년 Mann이 Boston에 있는 학교 학생들에게 학업성적을 측정하여 교육의 성공 여부를 평가한 경우와 1900년 초반의 지능검사 개발도 교육평가의 행위로 본다. 19세기 초 영국 왕실에서도 공공사업을 추진한 후 국민을 위한 사업이었는지를 평가하는 작업을 실시하였다.

제2시대인 **Tyler 시대**는 Tyler가 교육평가라는 용어를 사용한 1930년부터 제2차 세계대전이 종료된 1945년까지이다. Tyler는 평가란 목적의 달성 여부를 판단하는 것이라 정의하였으며, 8년 연구를 주도하였다. Tyler 시대의 시대적 상황은 1930년대 경제공황을 벗어나기 위하여 New Deal 정책을 수립하고, 학교의 재정난이 심각하였던 시기로서 이를 극복하기 위한 실용주의 철학이 주도되어 교육에서 창조적이며 재생하는 역할을 강조하였다. 그러므로 행동주의 요소가 강조되고, 교육철학적 관점에서 진보주의가 성행하였다. 그는 8년 연구에서 미국 전역의 30개 중등학교에서 사용하는 교육과정과 교수전략의 효율성을 평가하였다. 8년 연구는 학업성취수준이 준거 혹은 목표에 도달하였는지를 평가하였지만 교수의 질과 학습환경 등을 무시하였다는 지적을 받고 있다. 즉, 무엇을 가르칠 것인가, 학생이 어떤 행동을 지향하여야 할 것인가 등을 고려하지 않고 학습결과만 가지고 평가하므로 학교에서 일어날 수 있는 내적 요인이 무시되었다는 비판을 받았다.

제3시대인 순수 시대는 제2차 세계대전이 종료된 다음 해인 1946년부터 구(舊)소련이 지구 궤도를 도는 무인인공위성 Sputnik를 발사한 1957년까지이다. 당시 미국은 진보주의 교육관이 교육현장에 적용되고, 경제공황을 극복하여 경제적인 여유로 윤택한 생활을 즐기는 시기였다. 특히 제2차 세계대전을 승리로 이끌어 국민의 자긍심은 최고에 도달하여 무한한 가능성에 대한 믿음이 확산되었고, 사회, 정치, 경제, 문화적으로 여유 있는 시기였으므로 집단보다는 개인이 중심이 되는 교육철학이 전개되었다. 그러므로 교육은 개인에 대한 관심과 교육시설 투자에 대한 관심이 높았으며 새로운 교육기관으로 정신건강연구소, 상담원, 예 · 체능계 및 직업학교 등이 설립되었다. 또한 정신지체부자유아를 위한 교육기관과 특수아동을 위한 교육기관 등이 설립되었다. 교육평가 분야에서도 새로운 평가방법으로 검사점수 계산 방법, 행동목표분류학, 교육연구법 등이 제안되었다. 그러나 많은 연구소의 설립과 대학교 등 교육기관의 자율권 확대로 인하여 도시와 농촌의 격차가 커지고 인종 차별의 문제가 제기되었다.

제4시대인 현실 시대는 1958년부터 1972년에 이른다. Sputnik 발사에 따른 충격으로 미국 국민은 그동안의 교육의 안일함을 질타하며 교육의 책무성을 제기하였고, 연방정부는 1958년 교육국가방위조약(National Defense Education Act)을 발표하였다. 교육국가방위조약에서는 과학교육을 중요시하여 수학, 물리학, 화학 등의 기초과학 분야의 교육과정을 강화하였다. 또한 연방정부가 교육에 개입하여 학교교육을 평가하기 시작하였다. 이를 위하여 Tyler의 전통적 교육평가관이 다시 적용되어 교육목표 달성 여부를 확인하기 위한 국가수준의 표준화 검사가 개발되었고, 교육 종사자에 대한 업적을 평가하여 학교와 학군의 교육결과를 상대적으로 비교하는 작업을 실시하였다. 연방정부에서 선발한 전문가 집단이 수시로 혹은 정기적으로 학교를 평가하였다. 이 시대의 교육평가는 평가이론의 개발보다는 실제적 적용을 중시하였다. 또한 규준참조평가, 즉 상대비교평가가 널리 이용되었다. 1957년 이후 수년간 학력비교, 서열화 등의 목적으로 학업성취도를 비롯한 교육결과를 평가하였으나, 1963년 이후에는 상대비교평가, 즉 규준참조평가에 대한 비판이 제기되었다.

Cronbach(1963)는 규준참조평가에 의하여 상호비교가 유행하고 있는 현상을 보며, 교육평가는 '어떤 말이 일등으로 들어 왔는가'에 관심을 두는 경마 경기가 아니라고 비판하였다. 그리고 1971년 National Study Committee도 교육평가가 병들고 있다고 지적하였다. 규준참조평가의 문제점이 제기되면서 준거참조평가에 대한 관심이 높아지고 또한 최저능력수준(minimum competency level) 설정에 대한 논의가 진행되었다.

제5시대는 전문화 시대로 1973년부터 현재에 이른다. 제4시대에서 교육의 책무성을 강조하여 여러 분야에서 교육평가가 실시되면서 적지 않은 폐단을 주었다. 예를 들어, 교육평가 전문가들이 넓은 영역에서 다양한 내용을 평가하다 보니 교육평가의 전문성이 결여될 뿐 아니라 교육평가자로서의 주체성 상실에까지 이르게 되었다. 이와 같은 문제점을 해결하기 위하여 평가영역이 세분화, 구체화되고 분야별로 전문화되어 갔다. 교육평가의 영역별 전문성을 유지하기 위하여 교육평가의 영역별 전문가 집단이 구성되었고 학회지가 발간되기도 하였다. 학회지로 『Educational Evaluation and Policy Analysis』, 『Evaluation Review』, 『New Directions for Program Evaluation』 등을 들 수 있다. 그리고 다양한 교육평가의 새로운 모형들이 제안되었다.

1980년대 들어서면서 선다형 검사에 의한 평가의 한계를 극복하고자 대안적 평가방법(alternative evaluation)으로 수행평가가 제안되면서 포트폴리오와 참평가 등에 대한 이론이 소개되었다. 대안적 평가는 분절된 지식을 수동적으로 찾아내기보다는 학생 스스로 능동적으로 의미를 구성하는 평가 유형으로 학습과정에 학생을 참여시키고 사고 기술을 요구한다(McMillan, 2014). 따라서 전통적 평가와 달리 '학습을 위한 평가'와 '학습과정으로서의 평가'를 강조하고, 학생들의 고등정신능력 함양과 수행능력을 향상시키기 위하여 적용범위를 넓혀 가고 있는 추세이다.

미국은 21세기에 접어들면서 학생들의 기초학습능력 부진과 국제학업성취도 비교 연구인 PISA(Programme for International Student Assessment)나 TIMSS(Trends in International Mathematics and Science Study)(〈표 1-1〉 참조)에서 낮은 평가를 받음으로써 교육의 질을 높이고 책무성을 강화하기 위하여 2002년부터 NCLB를 추진하였으며, 2015년에 NCLB의 취지는 유지하면서 연방정부의 과도한 관여와 개입에 대한 비판을 해소하기 위해 모든 학생의 성공을 위한 교육법인 ESSA(Every Student Succeeds Act)를 제정하여 학업능력을 향상시키기 위한 노력을 지속하고 있다.

〈표 1-1〉 PISA와 TIMSS

	PISA	TIMSS
명칭	OECD 학업성취도 국제비교연구(Programme for International Student Assessment)	수학·과학 성취도 추이변화 국제비교연구(Trends in International Mathematics and Science Study)
주관 국제기구	경제협력개발기구(Organization for Economic Cooperation and Development: OECD)	국제 교육성취도 평가협회(International Assessment for the Evaluation of Educational Achievement: IEA)
평가 대상	만 15세(OECD 회원국의 평균적인 의무교육 종료시점)	4, 8학년 (12학년: TIMSS Advanced)
평가 특징	실생활에 필요한 기본 능력 평가 2015년부터 컴퓨터 기반 평가로 전환	세계 공통 교육과정에 근거한 평가
평가 영역	읽기, 수학, 과학 글로벌 역량 협력적 문제해결력, 금융소양	수학, 과학
평가 주기	3년	4년
참여국	PISA 2012: 회원국 34개국, 비회원국 31개국, 총 65개국 PISA 2015: 회원국 35개국, 비회원국 37개국, 총 72개국 PISA 2018: 회원국 37개국, 비회원국 42개국, 총 79개국	TIMSS 2011: 50개국의 초등학생 약 30만 명, 42개국의 중학생 약 30만 명 TIMSS 2015: 49개국의 초등학생 약 31만 명, 39개국의 중학생 약 27만 명 TIMSS 2019: 58개국의 초등학생 약 33만 명, 39개국의 중학생 약 25만 명
우리나라 참여현황	PISA 2000(1주기)~PISA 2018	TIMSS 1995(1주기)~TIMSS 2019
성취 결과	2012: 읽기 1~2위, 수학 1위, 과학 2~4위 2015: 읽기 3~8위, 수학 1~4위, 과학 5~8위 2018: 읽기 2~7위, 수학 1~4위, 과학 3~5위	2011: 초4: 수학 2위, 과학 1위, 중2: 수학 1위, 과학 3위 2015: 초4: 수학 3위, 과학 2위, 중2: 수학 2위, 과학 4위 2019: 초4: 수학 3위, 과학 2위, 중2: 수학 3위, 과학 4위

미국은 NCLB를 통해 기초학력 미달 학생들의 비율을 낮추고자 각 주마다 평가도구를 개발하고 준거를 설정하며 기초학력 미달 학생들에 대한 학습을 지원하는 등 많은 노력을 기울여 왔으나 그 성과가 크지 않았다. 기대와는 달리 좋은 결과를 얻지 못하고 오히려 학교현장에서는 교육적으로 바람직하지 못한 일들이 나타났다. 학습부진 학생들이 도리어 학교를 중퇴하는 사례가 늘어났으며, 학업성취수준이 높은 학생들이 다른 학교로 전학하는 것을 막거나 흑인 학생들이 입학하지 못하도록 하는 등의 일이 발생하였다. 이러한 현상은 평가의 교수적 기능보다 행정적 기능을 강조하여 보다 우수한 학교로 평가받기 위한 분위기에서 비롯된 것이다.

오바마(Obama) 정부가 들어서면서 이런 문제점을 해결하기 위해 연방정부가 주정부에 부여하였던 교육의 자치권을 돌려받고, 연방정부에서 교육의 질을 향상시키기 위한 '차세대 교육평가정책 2.0(Assessment 2.0 for Next Generation)'을 발표하였다(Tamayo & Joaquin, 2010). 차세대 교육평가정책 2.0은 각 주마다 다양하게 평가를 실시하지 않고 미국의 교육부가 네 가지 기초 원칙에 입각하여 평가를 실시하기로 한 정책이다. PARCC(Partnership for the Assessment of Reading for College and Carrers)와 SMARTER (SMARTER Balanced Assessment Consortium)에 의한 포괄적 평가 시스템(comprehensive assessment system) 설계는 다음의 네 가지 기초 원리에 근거하며 2014년과 2015년에 전면 시행되었다. 네 가지 원칙은 CCSS(Common Core State Standards)에 의한 조정, 수행 기반 평가, 컴퓨터 기반 평가, 성적 보고 방식의 변화이다.

첫 번째 원칙으로 CCSS에 의한 조정이란 PARCC와 SMARTER에 참여하는 주의 3학년부터 11학년까지의 모든 학생에게 영어와 수학 시험의 평가를 CCSS에 의하여 합의된 공통 평가 시스템으로 실시한다는 원칙이다. 두 번째 원칙으로 PARCC와 SMARTER에 의한 포괄적 평가 시스템은 학생의 대학입학이나 경력의 준비도를 측정하기 위하여 읽기, 쓰기, 수학적 추론의 수행평가를 통해 학생의 능력과 기술을 보여주어야 한다는 것이다. 세 번째 원칙은 수행평가를 포함하여 대부분의 평가는 컴퓨터와 온라인 자원을 이용하여 시행에서부터 채점까지 이루어질 수 있도록 기능적으로 발전된 방법을 적용하는 것이다. 그래서 학교나 교사가 학생의 학업성취나 성장을 위하여 불필요한 시간을 허비하지 말라는 것이다. 네 번째 원칙은 주정부나 지역사회 지도자로부터 학부모를 포함한 모든 이해관계자에게 보다 명료하고 이해가 용이하도록 학생이 수행한 자료를 제공하여야 하며, 이렇게 제공된 학생의 성취도나 성장에 대한 보고서를 학생이 대학 진학이나 경력 준비를 위하여 제대로 활용하고 있는지 여부를 확인할 수 있게 하여야 한다는 것이다.

2) 우리나라

우리나라에서의 교육평가 행위로는 옛날 서당의 주요 교육 방식이었던 문답법과 과거제도를 들 수 있다. 고려 광종 9년인 958년에 처음으로 과거제도를 도입하였고, 문과, 무과, 잡과로 관료를 선발하는 제도가 확립되었다(한국학중앙연구원, 2015). 조선시대의 과거시험 역시 평가의 일환으로 볼 수 있다. 정낙찬(1992)은 성균관에서 실시한 과거시험은 강경(講經)과 제술(製述)로 나뉘어 있으며, 두 부분에 대한 채점기준과 지침이 설정되어 각 등급에 따라 부분 점수를 주었다고 밝히고 있다. 조연순(1994)은 우리나라 교육을 상고시대, 삼국시대, 고려시대, 조선시대, 개화기, 일제기로 구분하였으며, 각 시기에 따라 교육평가를 설명하고 있다. 형식적이고 제도적인 교육의 시작은 개화기에서 찾을 수 있으나 교육평가에 대한 자세한 기록을 찾기는 쉽지 않다. 이어 1910년 한일병합 이후 광복까지 일본점령교육 시기, 그리고 광복 이후 현재까지 시대적 구분에 의하여 교육평가를 조망할 수 있으나 구체적으로 시기를 나누기는 모호하다. 광복 이후 교육과정은 7차에 걸쳐 변화되었고, 최근에는 수시로 개정하면서 2007 개정, 2009 개정, 2015 개정 등으로 변화되었으며, 현재는 2015 개정 교육과정을 적용하고 있다. 입시제도도 열두 번 이상의 변화가 있었으나 교육평가관의 변화에 따른 시대 구분은 쉽지 않으며, 교육평가에 대한 이론의 전개나 적용보다는 대학입시제도에만 국한된 경향이 있다. 황정규(1986)는 우리의 교육평가는 학업성취 및 지적 능력에 관한 수준과 질을 파악하고 그에 근거하여 의사결정을 하는 미시적 시각의 평가에 한정된 경향이 있었다고 주장하고 있다. 즉, 우리나라의 교육평가는 대학입시제도의 변화가 교육평가의 전부인 것처럼 오해받고 있다고 할 수 있다.

1945년 광복과 더불어 우리 교육이 서구 이론과 접목되면서 급속도로 발전된 교육 분야는 교육심리, 교육과정 그리고 교육평가 분야이다. 교육심리 분야에서 자극반응(S-R)이론, 완전학습이론 등의 많은 교수이론이 도입되었으며, 교육과정 분야에서도 교과중심 교육과정과 생활중심 교육과정 수립을 위하여 많은 이론이 도입되었다. 교육평가는 인간의 잠재적 능력을 측정하기 위한 검사도구 개발에 치중하면서 교육평가 분야가 검사로 국한되었다. 그러나 1960년대는 교육측정, 검사이론 전문가가 거의 없었으며 교육심리 전공자들의 주도하에 각종 검사가 주로 제작되었다. 이 시기에 교육평가 분야는 한국교육학회 산하 교육심리연구회에 포함되어 있다가 1983년 교육평가에 대한 중요성이 부각됨에 따라 교육평가연구회가 한국교육학회의 11번째 분과로 독립하였으며, 1986년 『교육평가연구』 제1권 제1호가 발간되면서 학문적 전문성을 띠기 시작하였다. 최근에 평가이론으로서 프로그램 평가뿐 아니라 교육측정이론의 검사이론 중 문항반응이론, 고차적인 자료 분석을 위한 통계적 방법인 구조방정식 모형, 다층모형 등으로 교육평가 영역이 확대되고 있다. 교육평가 영역에 포함될 수 있는 측정이론, 평가이론, 교육통계, 교육연구법의 새로운 이론이 도입되면서 한국교육학회 교육평가연구회(1995)는 『교육측정 · 평가 · 연구 · 통계 용어사전』을 출간하게 되었다. 학교현장에서의 교육평가의 중요성에도 불구하고 교사 양성을 위한 교직과목으로서 교육평가는 교육과정과 묶여서 '교육과정 및 교육평가'로 개설되다가 2009년부터 교육평가 과목으로 독립되었다.

교육의 책무성이 강조되면서 우리나라에서도 2010년부터 초 · 중 · 고등학생들을 대상으로 하는 전국단위 학업성취도평가가 본격적으로 시행되었다. 초등학교의 경우 6학년 때 국어, 수학, 영어, 사회, 과학 시험을(2011년부터 국어, 수학, 영어), 중학교의 경우 3학년 때 국어, 수학, 영어, 사회, 과학 시험을, 그리고 고등학교는 2학년 때 국어, 수학, 영어 시험을 해당 학년의 모든 학생을 대상으로 시행하였다. 이를 통하여 학생들의 학업성취수준을 측정하고, 특히 기초학력 미달 학생들을 파악하여 학습을 보정하는 작업을 수행하였다. 기초학력 미달인 학생들에게 학교별로 여름방학이나 방과 후 학교를 통하여 학습 부진 내용을 보충하게 하였다. 특히 초등학교의 기초학력 미달 학생 비율을 최대한 줄이려는 정부의 노력으로 국어, 수학, 영어의 경우는 기초학력 미달 학생의 비율이 1% 미만으로 줄어들었으며, 학력의 상향평준화, 학력격차 완화, 기초학력 향상, 잘 가르치는 학교 분위기 확산의 효과가 있었다(김동영, 김도남, 신진아, 2013). 또한 2011년부터 초 · 중 · 고등학생들의 성취수준(보통이상, 기초학력, 기초학력 미달)의 비율만 공시하는 것이 아니라 학교의 향상도를 분석하여 해당학교 학생들의 학력 변화 추이도 공시하였다.

그러나 국가수준 학업성취도평가에 대해 긍정적인 견해만 있는 것은 아니었다. 시험에 대한 부정적인 견해를 지니고 있는 집단에서는 '일제고사'라 명명하며 시험 거부운동을 전개하였고, 박근혜 정부에 들어와서는 2013년부터 초등학교 국가수준 학업성취도평가는 폐지하고 중·고등학교에서만 평가를 실시하였다. 문재인 정부가 들어서면서 2017년 6월 전국시도교육감협의회와 국정기획자문회의에서 국가수준 학업성취도 평가를 표집평가로 전환할 것을 제안하여 2017년부터 중·고등학교 학생을 대상으로 표집평가를 시행하고 있다.

한국교육과정평가원에서는 국제학업성취도평가의 시행 및 결과 분석, 준거참조 기반의 성취평가제 적용, 새로운 형성평가 실천, 인지진단이론을 적용한 평가, 서답형 한국어 자동채점 프로그램 개발, 핵심역량평가를 위한 컴퓨터 기반 평가 시스템 개발, 컴퓨터 기반 국가수준 학업성취도평가 도입 연구 등 교육평가 분야의 선진화를 선도하는 연구들을 수행하고 있다.

4 교육평가와 교육과정의 관계

교육평가는 '무엇을 가르치고, 무엇을 배워야 하는가'라는 명제하에서 교육과정 및 교수·학습과 불가분의 관계에 있다. 교육과정 및 교수·학습과 교육평가의 관계에 비추어 Madaus와 Kellaghan(1992)은 교육평가를 두 종류로 구분하고 있다. 하나는 Tyler의 정의에 입각하여, 평가는 교육과정과 교육 프로그램에 기초한 교육목적의 달성 여부를 평가해야 한다는 관점이다. 이를 **교수선행측정(Instruction-Driven Measurement: IDM)**이라 한다. 교수선행측정은 교육과정과 교수 프로그램에 근거하므로, 이를 위한 평가도구는 내용타당도를 중요시하여야 한다. 즉, 검사가 교육과정에 포함된 내용과 가르친 내용을 포함하고 있는가에 큰 관심을 두게 되며, 그 예로 학업성취도검사(academic achievement test)를 들 수 있다. 교수선행측정에 의한 학업성취도검사를 제작할 때는 교과서, 교수내용, 측정되어야 할 내용과 행동, 검사문항의 관계를 매우 사려 깊게 고려하여야 한다. 교수선행측정에 의한 평가를 하기 위해서는 이원분류표가 제대로 작성되어야 한다. 잘 작성된 이원분류표에 의하여 제작된 검사는 내용에 기초한 근거(내용타당도)를 보장받을 수 있다. 1993년까지 실시된 대입학력고사는 교수선행측정에 의한 검사로 분류된다.

이와는 달리 **측정선행교수(Measurement-Driven Instruction: MID)**는 Popham과 그의 동료들에 의하여 1980년대 초반에 제안된 방법이다. 교육과정과 교육내용을 의도적으로 변화시키기 위하여 교육평가는 교육과정 및 교수·학습과 독립적으로 기존의 교육과정에 기초한 교수·학습 내용을 측정하지 않을 수 있다는 것이다. 측정선행교수가 실시되는 경우로는 교육내용을 변화시키기 위하여 교재, 교구 그리고 교육과정을 개정 혹은 변경하고자 할 때 기득권을 유지하고 있는 집단의 반대가 심할 경우, 예를 들어 현재 교육내용에 익숙한 교사집단, 교구·교재 제작자들, 현재 교육과정에서 우수한 능력을 발휘하고 있는 학생은 물론 학부모 집단의 반발이 심할 경우, 합리적인 방법으로 교육내용을 변화시키기 어려울 때 실시하게 된다.

교육과정의 변화에 강력한 저항이 있을 경우, 평가방법을 통하여 교육과정을 변화시킬 수 있으며, 나아가 교수와 학습의 방향을 유도할 수 있다. 그 예로 1960년대와 1970년대의 오스트레일리아의 화학교육, 아일랜드의 물리, 화학, 수학교육, 벨기에의 초등교육, 미국 College Entrance Examination Board의 수학시험, 우리나라에서 1994학년도부터 실시한 대학수학능력시험 등을 들 수 있다.

측정선행교수를 통하여 평가가 교육과정에 지대한 영향을 줄 수 있으며, 교육과정의 변화는 물론 교수·학습 내용도 변화시킬 수 있다(Popham, 1983, 1987a, 1987b). 특히 평가결과가 평가대상에게 영향을 많이 줄수록 측정선행교수의 영향력은 커진다. 측정선행교수는 교육과정과 별도로 평가가 교육과정 및 교육제도의 변화를 유도할 수 있다는 장점을 지니고 있다. 교수선행측정과 측정선행교수를 비교할 때 측정선행교수는 많은 비용이 들고 학교현장에 혼란을 가져오기 쉬우므로 성공 가능성이 높지 않다는 단점이 있다.

제2장 교육측정

1 개념

우주에 존재하는 모든 사물은 똑같은 것이 없다. 수만 분의 일의 오차도 허용되지 않는 최첨단 과학제품이라 할지라도 엄밀한 의미에서 똑같은 것은 없다. 이같이 다양한 사물은 각기 다른 속성을 가지며 독특한 특징을 지닌다고 할 수 있다. 인간 역시 태어날 때부터 각기 다른 모습으로 태어난다. 일란성 쌍생아라 할지라도 신체적 조건뿐 아니라 많은 면에서 다른 모습을 발견할 수 있다. 그러므로 인간의 다양성은 개인차(individual difference)라는 주제로 교육심리학에서 가장 중요한 연구과제이다. 교수·학습이론에서는 개인차를 고려한 적성–처치 상호작용(Aptitude–Treatment Interaction: ATI), 특성–처치 상호작용(Trait Treatment Interaction: TTI), 특성–수업 상호작용(Trait Instruction Interaction: TII) 등이 제안되었으며, 측정이론에서는 인간의 각기 다른 능력수준을 정확하게 추정하기 위하여 검사이론이 발전되고 있다.

사물이나 사람을 구분할 때 사물은 색, 형태, 무게 등으로 분류할 수 있으며, 사람 역시 키나 체중 같은 외모적 특성에 의하여 분류할 수 있다. 어떤 경우에는 그 사람이 멋있다느니, 머리가 좋다느니, 혹은 성격이 좋다느니 하는 말로 다른 사람과 구별하기도 한다.

Thorndike(1918)는 어떠한 것이 존재한다면 그것은 양으로 존재하기 때문에 측정할 수 있다고 주장하였다. 날씨가 덥다든지, 길이가 길다든지, 시간이 많이 걸린다든지, 능력이 높다든지 하는 말은 재고자 하는 속성이 존재하기 때문에 이와 같은 속성은 얼마든지 측정할 수 있다는 것이다. 따라서 **측정**(measurement)이란 사물의 성질을 구체화하기 위하여 수를 부여하는 절차라고 정의한다. Stevens(1946)는 측정이란 규칙에 의하여 사물이나 사건에 수를 할당하는 것이라 정의하였고, Hopkins, Stanley와 Hopkins(1990)는 사물을 구별하는 과정이라 정의하였다.

측정의 대상은 직접측정이 가능한 것과 직접측정이 불가능하여 간접측정만이 가능한 것으로 구분된다. 예를 들어, 가시적인 길이, 무게 등은 직접측정이 가능하지만 인간이 지니고 있는 잠재적 특성(latent trait)은 직접측정이 불가능하다. 그러므로 인간이 내면에 지니고 있는 능력은 검사라는 도구를 사용하여 간접적으로 측정할 수밖에 없다. 그 예로 지능, 성격, 흥미, 태도, 자아개념, 학업성취도 등을 들 수 있다.

2 목적

어떤 사물에 대하여 크다든지, 어떤 사람에 대하여 젊다, 매력적이다라고 하는 말은 그 사물이나 사람을 관찰한 사람의 주관적 판단이다. 즉, 판단하는 사람의 기준에 의한 판단이다. 만약 어떤 사람이 교제하고 있는 여성에 대하여 키가 크고 머리가 좋다고 하였을 때 그 판단은 그 사람의 가치판단이 포함되어 있다. 다른 사람도 그 여성이 키가 크고 머리가 좋다고 여긴다고는 할 수 없다. 키가 크다고 말할 때 어떤 사람은 180cm 이상을, 어떤 사람은 170cm 이상을 기준으로 할 수 있기 때문이다. 이와 같이 어떤 사람의 특성이 언어적으로 표현될 때 측정의 주체에 따라, 그리고 측정의 대상에 따라 달라진다. 앞에서 언급한 경우와 같이 동일한 사물이라 할지라도 그 사물에 대한 속성은 언어적으로 달리 표현될 수 있다.

측정은 측정의 결과를 가능한 한 수량화하고자 한다. 그 여성은 '키가 크다'는 표현보다는 '키가 172cm다'라고, '머리가 좋다'는 말보다는 '지능지수가 135다'로 표현한다. 이와 같이 사물이나 사람의 속성을 수량화할 때 언어적 표현에 따르는 모호성과 막연성을 배제할 수 있고, 판단에 따른 실수의 근원을 감소시킬 수 있다. 특히 과학 분야에서는 이와 같은 절차를 거칠 때 타인과의 의사소통을 원활히 할 수 있다. 만약 매우 자세한 자료가 요구되는 연구보고서에서 언어적 표현에 의한 결과만 제시되었을 때 그 논문의 내용을 학계에서 어떻게 토론할지 상상해 본다면 측정의 필요성을 직감할 수 있을 것이다.

3 역사

측정이 지니고 있는 문제점이나 한계점을 극복하기 위하여 검사이론은 심리학의 발전과 더불어 전개되었다. 특히 검사이론에 의하여 검사도구가 개발되는 것은 물론 수리적 모형에 의하여 인간의 특성을 측정하려는 경향이 전개되었으며, 이는 유럽을 중심으로 발전하여 왔다.

독일의 경우 실험심리학의 대부인 Wundt가 지각에 대한 연구에 관심을 두면서 측정방법을 강구하였으나 대체로 내성법(introspection)이나 비형식적인 관찰에 의존하였다. 그 후 독일에서는 수량화된 모형에 의하여 심리적 특성을 측정하기보다는 관념적 수준에서 측정이론을 전개하여 활발한 발전을 보지 못하였다.

영국의 경우 인간의 다양성은 개인차에 기인함을 직시하고 Galton은 인간의 정신능력에 관심을 두었으며, 인간의 정신능력이 정규분포를 만든다는 사실을 발견하여 수리적 모형이나 공식도출을 전개하였다. 1890년대 상관계수와 공분산 개념이 전개되었다가 Pearson(1896)에 의하여 상관계수 공식이 유도되어 인간의 특성을 이해하는 심리학과 교육학뿐 아니라 모든 행동과학의 현상을 파악하는 데 도움을 주었다. 이어 Spearman(1927)에 의하여 지능이론을 일반지능과 특수지능으로 구분하는 요인분석이 전개되었고, Fisher(1924)에 의하여 분산분석이 유도되었다. 20세기 초 측정을 위한 수리적 모형 개발과 통계적 기법의 활용은 영국을 중심으로 이루어졌다고 해도 과언이 아니다.

프랑스에서 활발하게 전개된 측정이론은 지능검사에 기인하였다고 볼 수 있다. 정신병리학자인 Binet가 파리시로부터 정상교육을 받을 수 없는 아동들을 선별할 수 있는 방법을 구안해 달라는 요구를 받아 지능검사를 개발하였다. 즉, 정상아동들과 다른 지능을 가진 아동들에게 별도의 교육을 실시하기 위하여 지능검사가 개발되었을 뿐이지 오늘날처럼 두뇌의 지적 능력을 측정하기 위하여 개발된 것은 아니다. 이어 프랑스 내에서 심리학이 발전하였으나 연구방법은 관찰법에 의존하여 주관적 판단에 근거한 방법을 주로 사용하였다.

미국은 문화, 경제, 교육의 많은 분야에서 영국의 영향을 받았음을 부인할 수 없다. 특히 측정이론에서 영국의 학문적 영향을 간과할 수 없다. 20세기 전까지 미국에서 발생한 측정이론이나 검사이론은 없다고 단정할 수 있다. Cattell(1890)은 정신검사에 관심을 두었으며, 1904년 『An introduction to the theory of mental and social measurement』를 저술하여 측정이론과 검사이론을 전개하였다. 특히 유럽에서 개발된 지능검사가 미국으로 도입되고, 제1차 세계대전 이후 집단검사인 Armyα 검사가 개발되면서 측정학의 발전을 가져왔다. 이어 Thurstone의 일곱 가지 기본 정신능력이론에 의한 요인분석 방법의 전개, 고전검사이론에 의한 문항분석과 제작, 그리고 신뢰도 개념과 공식의 전개 등이 미국에서 활발히 전개되었다. Binet가 문항특성곡선의 개념을 지능검사에 도입하였지만 수리적 모형 전개와 개발은 미국의 학자들이 주도하여 검사나 측정이론을 현재 수준으로 끌어올렸다. 문항반응이론(Baker, 1992; Lawley, 1943; Lord, 1952, 1970; Wright & Stone, 1979)은 물론 일반화가능도이론(Brennan, 1983; Cronbach, Rajaratnam, & Glaser, 1963), 나아가 등급반응이론(Bock, 1972; Muraki, 1990; Samejima, 1969), 인지진단이론(de la Torre, 2008; Templin & Henson, 2006; von Davier, 2005) 등 다양한 연구가 미국을 중심으로 계속 진행되고 있다.

4 절차

측정방법은 측정대상과 그 대상의 특성에 따라 매우 다양하다. 측정방법으로는 직접측정이 가능한 측정도구에 의한 방법, 간접측정 방법으로 검사도구를 사용하는 검사지법, 관찰, 면접 등이 있다. 다양한 측정방법이 일반적으로 지켜야 할 측정절차는 다음과 같다.

① 측정하고자 하는 대상 선정
② 규명된 측정대상의 측정하고자 하는 행위나 속성 구체화
③ 측정단위에 수를 할당하는 기본규칙 설정

우선 사람이든 사물이든 측정하고자 하는 대상을 밝힌 다음, 측정하고자 하는 행위나 속성을 구체화한다. 측정대상이 사람일 때 측정의 행위나 속성은 키, 몸무게, 팔굽혀 펴기 횟수, 100m를 달리는 데 걸리는 시간 등이 될 수 있다. 사물이 측정대상으로 선정되었을 때 측정의 속성은 크기, 부피 등을 들 수 있다. 그러고 나서 측정단위에 수를 할당하는 기본규칙을 정한다. 즉, 길이를 잴 때 m로 한다든지, cm로 한다든지 등의 측정단위를 선정하여야 한다. 이상과 같은 절차에 따라 측정이 수행될 때 측정의 오차를 줄일 수 있다.

5 척도

사물이나 사람의 특성을 측정할 때 측정단위를 설정하여야 하는데, 측정의 단위를 척도(scale)라 한다. 척도는 명명척도, 서열척도, 등간척도, 비율척도, 절대척도로 구분된다.

명명척도(nominal scale)는 사물을 구분, 분류하기 위하여 사용되는 척도이다. 예를 들어, 성별, 인종, 색깔 등을 들 수 있다. 그러므로 명명척도는 하나의 사물에 하나의 이름을 부여하는 일대일 대응(one to one transformation)의 특징을 지니고 있다. 일부 학자들은 사물에 이름을 부여하는 것은 측정이라 볼 수 없으므로 척도에 포함시키지 않아야 한다고 주장한다. 그러나 사물에 이름을 부여하는 것도 사물을 구분 혹은 분류하는 것이므로 척도로 분류할 수 있다.

서열척도(ordinal scale)는 사물이나 사람의 상대적 서열을 표시하기 위하여 쓰이는 척도로서 학생들의 성적 등위, 키 순서 등을 들 수 있다. 서열척도는 서열 간의 간격이 같지 않으므로 측정단위의 간격 간에 동간성이 유지되지 않는다. 예를 들어, 1등과 2등의 점수 차이와 5등과 6등의 점수 차이를 비교할 때 등위의 차이는 각각 1등급

으로 같으나 점수의 차이는 같지 않다. 이는 서열 간에 동간성을 유지하지 못함을 말한다. 서열척도의 다른 특징은 서열이 증가할 때 서열을 나타내는 측정치는 감소하지 않고 계속 증가하거나, 반대로 증가하지 않고 계속 감소한다는 것이다. 이를 단조증가함수(monotonic increase function) 특성 혹은 단조감소함수(monotonic decrease function) 특성이라 한다.

등간척도(interval scale)는 임의영점(arbitrary zero)과 가상적 단위(arbitrary unit)를 지니고 있으며, 동일한 측정단위 간격에 동일한 수적 차이를 부여하는 척도를 말한다. 온도와 검사점수를 예로 들 수 있다. 온도를 측정하는 단위에서 0℃는 온도가 전혀 없음을 뜻하는 것이 아니라 물이 어는 점을 0℃라고 임의적으로 협약한 것이므로 이를 임의영점 혹은 가상영점이라 한다. 또한 1℃라는 단위는 절대적인 것이 아니라 상호 협약에 의하여 일정 정도의 온도를 1℃로 정하였으므로 이는 가상적 단위가 되며 동간성을 유지한다. 그러므로 0℃에서 5℃까지의 온도의 차이는 20℃와 25℃의 차이와 같다. 이는 똑같은 측성단위 간격에 동일한 수적 차이를 부여하므로 등간척도는 동간성을 유지하는 특징을 지니고 있다.

비율척도(ratio scale)는 절대영점(absolute zero)과 가상적 단위를 지니고 있으며 동일한 간격에 동일한 수적 차이를 부여하는 척도로 무게, 길이 등을 예로 들 수 있다. 무게와 길이가 0이라는 것은 아무것도 존재하지 않으므로 절대영점을 의미한다. 영어로 표현하면 절대영점은 'nothing'을 말하며, 상대영점은 'something'을 말한다. 그리고 길이를 나타내는 단위로 m, cm, feet는 협약에 의하여 결정된 것으로 이는 가상적, 즉 임의적으로 설정한 단위이다. 예를 들어, 영국에서 길이를 재는 단위가 다양하여 물물거래 및 길이의 측정에 혼란이 있을 때 Henry IV세가 그의 발 크기를 1foot으로 하여 길이의 단위로 통일하였다. 그 후 국제적으로 사용되는 cm와 m의 단위에 의하여 1foot는 30.3cm가 된 것이다. 만약 Henry IV세의 발이 더 컸더라면 1foot는 30.3cm보다 컸을 것이다. 우리나라에서 자(尺)는 길이를 재는 단위이며, 홉, 되, 말은 부피를 재는 단위이다.

등간척도인지 비율척도인지를 구분하기 위하여 덧셈법칙과 곱셈법칙을 적용하여 덧셈법칙만 성립하면 등간척도, 두 법칙이 모두 성립하면 비율척도가 된다. 예를 들어, 학생들의 학업점수에 두 법칙을 적용하였을 때, 50점은 25점에 25점만큼의 점수가 더해진 것으로 덧셈법칙은 적용되나, 50점은 25점의 두 배의 점수라는 곱셈법칙은 적용되지 않는다. 즉, 학업점수 50점을 받은 학생의 능력이 25점을 받은 학생이 지닌 능력의 두 배가 되지 않는다는 것을 의미한다. 그러므로 학업점수는 등간척도가 된다. 다른 예로, 20cm는 10cm에 10cm를 더한 것으로 덧셈법칙이 적용되며, 20cm 역시 10cm의 두 배가 되므로 곱셈법칙도 적용된다. 그러므로 길이를 측정하는 척도는 비율척도가 된다.

절대척도(absolute scale)는 절대영점과 절대단위(absolute unit)를 지닌다. 예를 들어, 사람 수와 자동차 수를 들 수 있다. 사람 수를 나타내는 측정단위로서 0일 때 이는 한 사람도 없음을 나타내는 절대영점이며, 1, 2, 3은 절대적인 단위로서 협약하지 않아도 모두가 동의하는 측정단위를 말한다.

제3장 검사

1 정의

측정대상은 직접측정이 가능한 것과 직접측정이 불가능하여 간접측정을 해야 하는 대상으로 구분된다. 인간에 내재된 잠재적 속성은 직접측정이 불가능하기 때문에 간접측정을 해야 하며, 이를 위해 사용되는 도구가 검사(test)이다. 검사는 인류의 역사와 같이 시작되었다고 보아도 무리는 아닐 것이다. 다만, 형식적인 형태를 갖추었는가에 따라 검사의 역사를 논할 수 있다. 일반적으로 검사의 기원을 737년 중국 당나라 현종 때 실시한 과거시험에서 찾는다.

표준화 검사의 기원으로는 1905년 Binet가 제작한 지능검사를 든다. 더불어 미국에서 대학입학사정 준거로 사용되는 SAT도 1926년에 시작되어 현재까지 시행되고 있다. 우리나라도 광복과 더불어 1960년대 표준화 검사의 전성기를 맞이하여 많은 표준화 검사가 제작되었다. 이뿐 아니라 자격을 부여하는 고시는 물론 수많은 학생들의 상급학교 진학을 위한 검사를 실시하고 있다. 특히 외국에 비하여 상급학교 진학을 위한 결정적 변수가 검사결과라 해도 지나친 말은 아니다. 검사는 여러 형태가 있으며, 지필검사(paper and pencil test)가 가장 일반적이나 컴퓨터를 이용한 컴퓨터화 검사(computerized test)가 보편화되고 있다.

Findley(1963)는 검사의 기능을 교수적 기능, 행정적 기능, 상담적 기능으로 구분하였다. 검사의 교수적 기능(instructional function)은 교사들에게 교과목표를 확인시켜 주고, 학생과 교사들에게 송환효과를 제공하여 학습동기를 유발하고, 시험의 예고는 복습을 위한 수단이 된다. 또한 검사를 통하여 잘못된 인지구조나 학습태도를 고칠 수 있다. 행정적 기능(administrative function)은 교육 프로그램, 학교 혹은 교사를 평가하고 학생들을 분류·배치하는 데 사용된다. 선발 기능으로서 대학 입학, 입사 그리고 자격증 부여 등을 들 수 있다. 이뿐 아니라 학교나 학교 구조의 질을 통제할 수 있다. 상담적 기능(guidance function)은 피험자의 정의적 행동 특성을 진단·치료하는 데 그 목적이 있다. 즉, 적성검사, 흥미검사, 성격검사 등을 통하여 피험자가 지니고 있는 문제점을 발견할 수 있다. 심지어 학업성취도검사를 통해서도 피험자의 진단이 가능한데, 예를 들면 학업성취도검사 점수의 급격한 변화, 특히 급격한 하락은 피험자에게 심리적 변화가 있음을 예견하여 상담의 필요성을 제공한다.

검사의 기능이 다양해지면서 학생, 교장, 교사, 상담교사와 지역사회 구성원들이 검사에 대해 갖는 관심은 다양하다. Kubiszyn과 Borich(2010)는 검사에 대한 다양한 관심을 [그림 3-1]과 같이 설명하고 있다.

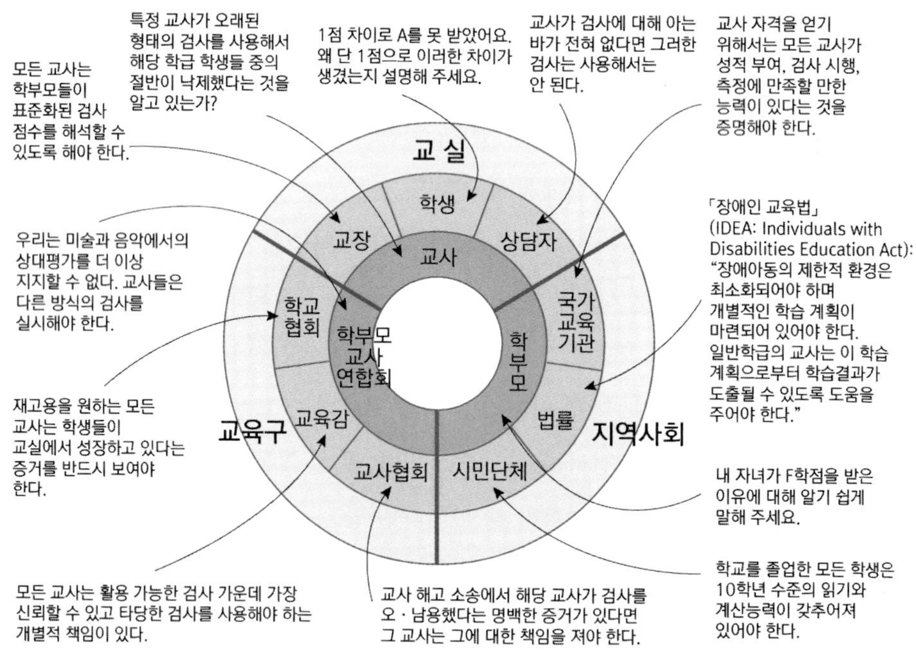

[그림 3-1] 검사 활용에 대한 다양한 관심

검사를 사용함에 있어 교장, 학생, 상담교사는 다소 다른 관심을 지니고 있으며, 해당 교육구의 학교위원회, 감독관, 교사연합에서 강조하는 것도 다르다. 지역사회는 학부모의 관점뿐 아니라 시민단체, 교육기관, 법적 문제 등에 관심을 두고 있다. 이와 같이 검사에 대하여 보는 관점이 다르다 하더라도 학생의 장단점을 진단하고 학생의 진행 상황을 점검하며, 학생에게 성적을 부여하고 교육의 효과성을 검증하는 데 목적이 있다고 할 수 있다.

2 종류

검사는 인간의 잠재적 특성을 측정하는 도구로서 측정내용에 따라 매우 다양하다. 인간의 잠재적 특성은 인지적 행동 특성, 정의적 행동 특성, 심동적 행동 특성으로 구분할 수 있다. 인지적 영역은 인간의 지적 능력과 관련된 영역으로, 지적 능력을 측정하기 위한 검사에는 지능검사, 학업적성검사, 학업성취도검사가 있다. 지능검사(intelligence test)는 지적 기본능력을 측정하는 검사로서 Binet검사와 Wechsler검사가 대표적이다. 학업적성검사(scholastic aptitude test)는 미래의 학업을 얼마나 성공적으로 수행할 수 있는지를 예언하는 검사로 SAT, TOEFL 등을 들 수 있다. 학업성취도검사(academic achievement test)는 개인의 지식, 기술 등의 현재 성취 정도를 측정하기 위한 검사로서 가르친 내용을 얼마만큼 알고 있는지를 측정하는 검사이다. 학업성취도검사는 학교현장에서 제작되어 실시되는 검사의 대부분을 차지한다.

정의적 행동 특성을 측정하는 검사는 정의적 행동 특성이 다양하기 때문에 많은 검사가 제작되었다. 예를 들어, 성격검사, 흥미검사, 불안도 검사, 직업적성검사, 어떤 사건이나 사물에 대한 느낌을 묻는 검사 등이 있다. 성격검사라 할지라도 성격을 규명함에 있어 연구자마다 다양하게 정의하기 때문에 다른 정의에 따라 다양한 검사가 있을 수 있다. 인간의 심리적 특성뿐 아니라 인간의 느낌을 묻는 질문도 적지 않다. 어떤 정책에 대하여 찬 · 반 여부를 묻는다든지, 어떤 사건에 대한 지각 등을 묻는 질문들이 있다. 학교에 대한 만족도나 직업의식 등을 묻는 검사는 정의적 행동 특성을 측정하는 것이다. 이와 같은 검사는 조사방법을 통하여 많이 사용되고 있다.

심동적 행동 특성은 가시적 인간 행동에 대한 것으로 일반적으로 점검표나 채점표에 의하여 측정된다. 심동적 행동을 측정하는 예로 무용 실기라든지 피겨스케이팅 등 어떤 행위의 숙련도를 측정하는 검사들이 있다. 이와 같이 행위의 완성도를 측정하는 검사를 수행검사(performance test)라 한다. 심동적 영역에 국한하던 수행검사가 최근에는 지적 능력을 측정하는 데도 이용되고 있다(성태제, 1995). 과학적 지식을 습득한 다음 단계로서 어떤 실험을 수행할 수 있는지를 점검하기 위하여 수행검사를 실시하는 것이 그 예이다.

1) 지능검사 · 학업적성검사 · 학업성취도검사

인지능력을 측정하는 검사는 지능검사, 학업적성검사, 학업성취도검사가 있다. **지능검사**는 지적 능력을 측정하는 최초의 검사이며, 지능에 대한 정의에 따라 검사가 제작되어 왔다. Binet는 잘 이해하고 판단하며 추리하는 능력을 지능이라 정의하였으며, Binet와 Simon이 지능검사를 만든 이후 많은 지능검사가 제작되었다. 이어서 Thurstone은 요인분석을 이용하여 지능이 어휘력, 수리력, 지각력, 공간력, 추리력, 기억력, 언어유창성으로 구성되었다고 정의하였으며, 이 정의에 근거한 개인 위주의 지능검사가 개발되었고, 이어 집단검사 형태의 Army α검사가 제작되었다. 그 후 Binet검사와 Wechsler검사가 제작되었다. 그러나 이 지능검사는 막연하고 포괄적이며 언어와 수리에 치우쳐 학교 학습과 관계가 없으며 인종에 대한 편파성이 있다는 비판에 따라 상담을 위한 자료로도 활용되지 않는 것이 미국의 추세이다. 이뿐 아니라 지능에 대한 정의도 다른 관점에서 제시되어 Sternberg(1985)의 삼위일체론과 Gardner(1983)의 다지능이론이 출현하였다.

지능검사의 모호성에 대한 비판과 학교 학습과 관련된 능력을 측정하고자 하는 움직임에 의해 출현한 검사가 학업적성검사이다. **학업적성검사**는 개인이 미래의 학습을 얼마나 잘할 수 있는지를 예견하기 위한 검사이다. 학업적성검사는 미래 행위의 성공 가능 여부를 예견하므로 예측타당도가 중시되고, 미래학습을 위한 잠재적 능력을 측정하므로 축적된 학습내용을 측정한다. 학업적성검사의 예로 SAT, TOEFL, GRE 등을 들 수 있다.

학업성취도검사는 개인의 지식, 기술, 성취의 현재 수준을 측정하기 위한 검사로서 가르치고 배운 내용을 얼마만큼 알고 있는가를 측정한다. 검사의 목적이 지식이나 기술의 현재 수준을 측정하므로 내용타당도가 중요시되며 예전부터 축적된 학습내용보다는 최근에 배운 학습내용을 측정한다. 그러므로 학업성취도검사는 학교 학습과 밀접한 관련을 지닌다. 학업성취도검사의 예는 SAT subject test, ACT 등을 들 수 있다.

이상에서 설명한 바와 같이 지능검사, 학업적성검사, 학업성취도검사의 차이를 정리하면 〈표 3-1〉과 같다.

〈표 3-1〉 지능검사, 학업적성검사, 학업성취도검사 비교

내용 \ 종류	지능검사	학업적성검사	학업성취도검사
검사목적	지적 능력 파악	미래학습 성공 여부	현재 지식, 기술 수준
측정내용	일반 지적 능력	예전 학습내용	최근 학습내용
교과목 관련성	없다	없다	있다
검사난이도	쉽다	보통	어렵다
중요 타당도	내용/구인타당도	예측타당도	내용타당도
검사 종류	Binet, Wechsler	SAT, GRE	SAT subject test, ACT

세 검사를 비교할 때 검사의 목적이 다르므로 측정내용, 측정범위, 검사의 난이도 등에서 차이가 있다. 측정내용에 있어서 지능검사는 일반 지적 능력을, 학업적성검사는 학업과 관련된 보편적 학습능력으로서 과거부터 배워 축적된 학습경험을, 학업성취도검사는 최근에 배운 내용을 측정한다. 그러므로 측정내용의 범위가 가장 넓은 검사는 지능검사이며, 학업성취도검사는 교과목과 밀접한 내용에서 출제하므로 출제 범위가 상대적으로 좁다. 이와 같은 관점에 비추어 검사난이도는 지능검사, 학업적성검사 그리고 학업성취도검사의 순서로 어렵다.

지능검사, 학업적성검사, 학업성취도검사 모두 지적 능력을 측정하므로 동일선상에 위치하며, 세 검사의 측정내용의 범위에 따른 관계는 [그림 3-2]와 같다.

[그림 3-2] 지능검사, 학업적성검사, 학업성취도검사의 관계

지능검사, 학업적성검사, 학업성취도검사를 구분하는 절대적 기준점은 없으나 앞의 설명을 기준으로 하여 검사를 규정할 수 있다. 고등학교에서 실시하는 검사는 일반적으로 학업성취도검사이다. 학업성취도검사는, 첫째, 교수·학습 목표에 명시된 내용을 측정하고, 둘째, 가르치고 배운 내용을 측정하며, 셋째, 가장 보편적이고 적절한 문항 유형을 사용하고, 넷째, 검사결과를 어떻게 사용할 것인지를 염두에 두어야 한다.

2) 규준참조검사 · 준거참조검사 · 능력참조검사 · 성장참조검사

검사의 세 가지 기능 중 사회적으로 가장 강조되는 것이 행정적 기능이다. 자격증을 부여하거나 당락을 결정하기 위하여 많은 검사가 사용되고 있다. 특히 우리의 교육현장에서 검사의 결과는 상위 학교 진학을 위한 중요한 자료로 사용되고 있다. 이뿐 아니라 간호사, 약사, 의사 등에게 자격증을 부여하기 위하여 검사들이 시행되고 있다.

앞의 예시에서 알 수 있듯이 검사는 목적에 따라 크게 두 종류로 나뉜다. 하나는 대학입학사정에 사용되는 규준참조검사이며, 다른 하나는 자격고사와 같은 준거참조검사이다.

규준참조검사(norm-referenced test)는 상대비교평가의 목적을 수행하기 위하여 시행되는 검사로서 학생이 얼마만큼의 능력을 보유하고 있는가에 관심을 두기보다는 다른 학생과 비교하여 어느 위치에 있는가를 밝히는 데 목적을 둔다. 즉, 검사점수의 결과를 상대적 서열점수로 변환하여 그 상대적 서열에 의한 정보에 의하여 행정적 결정을 하게 된다. 그 전형적인 예로 현행 대학입시제도를 들 수 있다. 그러므로 규준참조검사는 검사에 응시하는 학생들의 점수를 다양하게 부여하기 위하여 문항 난이도가 다양한 문항으로 구성한다. 예를 들어, 규준참조검사를 위한 50점 만점의 검사가 있다면 학생들의 점수범위가 0점에서부터 50점이 되도록 출제하여야 한다.

규준참조검사에서 중요시되는 것은 타당도보다는 신뢰도이다. 이는 점수의 상대적 서열이 중요시되므로 측정의 오차를 최소화해야 하기 때문이다. 측정의 오차가 적은 검사결과여야 상대적 서열에 대한 정보가 신뢰로울 수 있다. 그러므로 규준참조검사에는 구성형 문항보다는 선택형 문항이 주로 사용된다. 논술형 문항으로 구성된 규준참조검사는 채점자의 주관적 판단을 완전히 배제하기가 어렵기 때문에 행정적 기능을 위하여 사용하기에는 어려움이 따른다.

Glaser(1963)는 규준참조검사의 문제점을 지적하며 준거참조검사의 이용을 강조하였다. **준거참조검사(criterion-referenced test)**는 준거참조평가, 목표지향평가 혹은 절대평가의 목적을 수행하기 위하여 시행되는 검사로서 피험자의 검사점수에 따른 상대적 서열에 의하여 행정적 결정이 이루어지는 것이 아니라 피험자가 무엇을 얼마만큼 알고 있는가를 밝히는 데 중점을 두는 검사이다. 그러므로 준거참조검사에서 중요시되는 요인은 준거참조평가에서 설명한 것과 같이 측정 영역과 준거이다. 준거참조검사는 피험자가 어떤 영역에서 얼마만큼의 능력을 지니고 있는지에 대한 직접적인 정보를 제공하며, 미래의 어떤 일을 성공적으로 수행할 수 있는지를 판단하는 목적을 지닌 검사에 사용된다. 그 예로 의사 자격시험을 들 수 있는데, 만약 규준참조검사에 의하여 의사 자격증을 부여한다면 의사 자격증 부여 기준이 응시자 집단 특성에 의하여 매년 달라지는 문제점을 지니게 된다. 그러므로 어느 해는 의사로서의 진료를 성공적으로 수행할 수 없는 수련생에게 의사 자격증이 부여되는 모순을 범할 수 있다. 미래의 업무에 대한 성공 여부가 중요할 때는 준거참조검사가 실시되어야 하며, 이때 준거는 신중하게 설정되어야 한다.

준거참조검사의 제작절차는 [그림 3-3]과 같다.

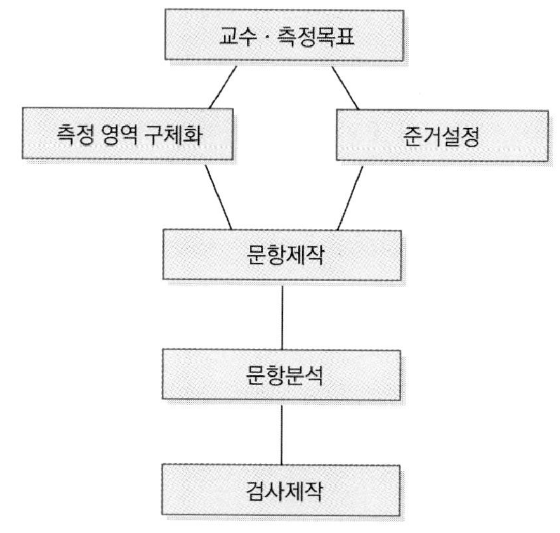

[그림 3-3] 준거참조검사 제작절차

준거참조검사를 제작하기 위하여 무엇을 가르쳤고 무엇을 측정할 것인지, 그리고 검사목적이 배치(replacement)에 있는지, 합격 또는 불합격 판정에 있는지를 규명한다. 이에 따라 측정 영역을 구체화하며 동시에 준거를 설정하여야 한다. 측정 영역의 구체화는 조작적 정의에 의하여 이루어지고 준거판단은 검사제작 전문가의 경험적 자료에 근거한 주관적 판단에 의하여 이루어진다.

준거참조검사는 학생들을 변별하여 서열화하는 데 목적이 있는 것이 아니라 학생이 어떤 준거에 도달하였는가에 관심을 가지므로 다양한 난이도의 문항으로 검사를 구성할 필요가 없다. 일반적으로 그 준거에 부합하는 수준의 난이도 문항으로 검사를 제작한다.

예비검사를 실시한 후 매우 쉬운 문항과 어려운 문항, 즉 준거에서 벗어난 문항들을 제거하고 잘못된 문항을 교정하며 타당도와 신뢰도를 검증한다. 끝으로 측정내용을 대표하고 문항난이도가 준거와 유사하며 문항변별력이 높은 양질의 문항들로 검사를 제작한다.

능력참조검사(ability-referenced test)는 피험자 개인이 자신의 능력을 얼마나 발휘하였느냐에 관심을 두므로, 검사의 범위는 능력과 관련된 영역의 내용이 되어야 한다. 또한 난이도 수준은 현재의 능력수준에서 최대한 능력을 발휘할 수 있는 적절한 수준이어야 한다. 능력참조검사의 비교대상은 다른 학생이나 준거가 아니고 피험자 개인의 능력에 맞춘 평가를 실시하기 때문에 피험자 개인이 된다. 그러므로 규준점수나 원점수 모두 능력참조검사를 위한 기록이 될 수 있으나, 검사의 난이도를 고려하여 추정한 점수가 될 것이다.

성장참조검사(growth-referenced test)는 피험자가 얼마나 성장을 이루었는가를 평가하기 위한 검사이므로 검사의 내용은 명확하게 규명된 영역이어야 하며, 검사의 난이도도 성장범위를 망라할 수 있는 다양한 수준이어야 한다. 그러므로 난이도도 능력참조검사와 같이 성장이 가능한 수준까지의 난이도를 포함하여야 한다. 비교내용은 피험자 개인의 변화에 초점을 두므로 변화정도와 성장곡선에 관심을 갖는다. 그러므로 점수는 연속하여 측정하는 검사의 난이도를 조정한, 즉 동등화한 원점수가 보고되어야 한다.

앞의 설명에 비추어 규준참조검사, 준거참조검사, 능력참조검사, 성장참조검사의 차이점을 요약하면 〈표 3-2〉와 같다.

〈표 3-2〉 규준참조검사, 준거참조검사, 능력참조검사, 성장참조검사의 차이점

종류 / 내용	규준참조 검사	준거참조 검사	능력참조 검사	성장참조 검사
검사목적	피험자 서열화	학업성취도 도달 확인	능력발휘 정도	성장 과정과 변화량
검사범위	광범위	보다 규명된 영역	보다 규명된 영역	보다 규명된 영역
문항 난이도	다양한 수준 (쉬운 문항과 어려운 수준)	적절한 수준	적절한 수준	다양한 수준
비교내용	피험자와 피험자	피험자의 능력과 준거	피험자의 능력과 개인점수	점수의 변화과정과 내용
기록	퍼센타일(%) 표준점수 (Z점수, T점수)	원점수와 준거점수	동등화된 점수	동등화된 점수
검사 양호도	신뢰도 강조	타당도 강조	타당도 강조	타당도 강조

3) 속도검사와 역량검사

검사의 사용목적 이외에 다른 기준은 검사 시간으로, 이에 따라 검사를 속도검사와 역량검사로 구분한다. **속도검사**(speed test)는 제한된 시간에 얼마나 빨리 정확하게 문제의 답을 맞히는가를 측정하는 검사로서 충분한 검사 시간이 부여되지 않는다. 반면 **역량검사**(power test)는 충분한 검사 시간을 부여하고 피험자가 지니고 있는 능력을 최대한 발휘하게 하여 피험자의 능력을 추정하는 검사이다. 일반적으로 학업성취도검사는 역량검사의 형태를 취한다. 속도검사나 역량검사의 경우 타당도와 신뢰도 모두 중요하다.

3 검사가 정의적 행동 특성에 미치는 영향

검사는 피험자의 정의적 행동 특성에 적지 않은 영향을 준다. 검사의 예고는 검사불안을 야기하는 동시에 학습동기를 유발한다. 만약 검사불안의 수준이 매우 높으면 학습동기를 상실하는 경우도 있다. 특히 고시 등을 준비하는 수험생에게 검사불안은 능력을 발휘하는 데 큰 영향을 준다. 그러므로 피험자는 적절한 수준의 검사불안을 유지하도록 노력하며 검사실시자 역시 과대한 검사불안을 조장하지 않도록 배려해야 한다. Ebel(1965)은 검사불안이 높으면 학업성취도가 떨어지며 적절한 수준의 불안이 학업성취도를 높인다고 보고하고 있다.

검사의 결과는 개인의 자아개념에 영향을 준다. 만약 검사에서 성공적 경험을 맛본 사람은 그 교과에 대하여 할 수 있다는 긍정적 자아개념이 싹트고 이로 인하여 해당 교과에 대한 흥미가 유발되어 노력을 하게 된다. 그러나 검사에서 실패의 경험이나 매우 낮은 점수를 획득한 경험을 하게 되면 그 내용에 대하여 할 수 없다는 부정적 자아개념이 싹트고 이로 인해서 해당 교과에 대한 흥미를 상실하므로 더 이상 노력을 하지 않아 부정적 자아개념이 고착된다. 여기서 알 수 있는 것은 각기 다른 수준의 검사 제시가 학생의 긍정적이거나 부정적인 자아개념을 형성한다는 사실이다. 이를 나타내면 [그림 3-4]와 같다.

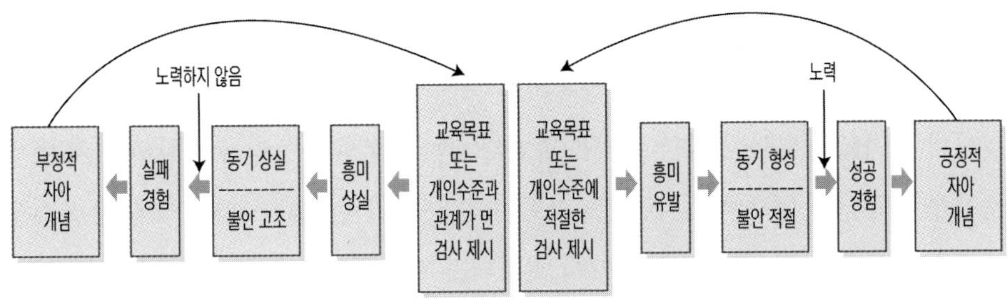

[그림 3-4] 검사에 따른 자아개념 형성

교육목표나 교과내용의 수준과 개인의 능력수준이 부합하는 검사를 실시하면 검사에 대한 흥미가 유발되고 동기가 형성되어 문항을 잘 풀려는 노력에 의해 좋은 결과를 얻게 된다. 이러한 성공의 경험은 측정내용에 대한 긍정적 자아개념을 형성하는 시초가 되고, 그다음의 검사에서도 이러한 과정을 누적적으로 경험한 피험자는 그 교과내용에 대하여 긍정적 자아개념을 갖게 되어 자신감이 생기며, 그 교과가 적성에 맞다고 말하게 된다.

반대로 교육목표나 교과내용과 괴리가 있는 검사내용, 혹은 피험자 능력수준을 전혀 고려하지 않은 매우 어려운 검사나 매우 쉬운 검사는 특별한 목적이 없는 한 흥미를 상실하게 한다. 흥미를 상실하면 동기가 유발되지 않아 어려운 문항에 대한 응답을 포기하거나 쉬운 문항에 대하여 부주의하므로 실패를 경험하게 된다. 이와 같은 실패의 경험은 부정적 자아개념의 씨앗이 되며, 이와 같은 경로의 경험이 누적될 때 부정적 자아개념이 고착되어 적성에 맞지 않다고 생각하게 된다. 그러므로 검사를 통하여 피험자들에게 성공적 경험을 인위적으로 맛보게 하는 것은 매우 중요하다고 할 수 있다.

1970년대 이후 개인의 능력수준에 적절한 평가체제로 맞춤검사(tailored testing), 컴퓨터화 능력적응검사(computerized adaptive testing) 그리고 자기선택검사(self adaptive testing)까지 발전하고 있다.

맞춤검사는 Lord(1970)가 제안한 검사방법으로 지필검사를 이용하여 피험자 능력수준에 맞는 문항을 제시하고, 제시된 문항을 맞히면 어려운 문항을, 그렇지 않을 경우 쉬운 문항을 제시하는 검사전략을 말한다. 맞춤검사는 지필검사이므로 다음 문항

제시에 어려움이 있어 실용화되지 못하다가 컴퓨터 공학의 발전으로 컴퓨터화 검사가 출현하였다. 컴퓨터화 검사 중 컴퓨터화 능력적응검사는 컴퓨터를 이용하여 맞춤검사의 원리를 실행하는 검사 형태를 말한다. 즉, 피험자의 능력과 부합하는 첫 번째 문항을 컴퓨터를 통하여 제시한 후, 피험자의 응답 결과에 따라 답을 맞히면 어려운 문항이 제시되고, 틀리면 쉬운 문항이 제시되는 검사 형태를 컴퓨터화 능력적응검사라 한다. 컴퓨터화 능력적응검사의 특징은 소수의 문항으로 피험자의 능력을 보다 정확하게 측정할 수 있다는 점이다. 최근에는 검사불안을 낮추고 검사의 신뢰도를 높이며, 학습흥미를 고취시켜 자발적 학습을 유도할 수 있는 자기선택검사가 출현하였다. 자기선택검사는 문항이 피험자에게 주어지는 것이 아니라, 많은 문항 중 피험자가 원하는 문항들을 선택하여 푸는 형태의 검사방법이다(Rocklin, 1994).

4 검사의 활용

검사는 인간의 정의적 행동 특성에 큰 영향을 주며, 그 영향은 평생 동안 지속될 수 있다. 그러므로 평가의 일환인 검사는 다음을 염두에 두고 실시되어야 한다.

첫째, 초기 학습 시 학습자 개인을 위주로 한 검사를 실시함으로써 흥미와 동기를 유발하게 하여 성공적 경험을 통해 긍정적 자아개념을 싹트게 한다.

둘째, 성공적 경험을 반복 순환하여 긍정적 자아개념이 형성되도록 한다. 때로는 자만심에 빠져 있을 경우 실패의 경험도 맛보게 하여 주의를 환기시킬 필요가 있다.

셋째, 피험자가 실패를 반복한다 하여 그 교과가 적성에 맞지 않다거나 능력이 부족하다는 표식(labeling)을 붙이지 않아야 한다. 즉, 표식화를 지양하여야 평가의 기능을 제대로 발휘할 수 있다.

넷째, 어떤 검사에서 낮은 점수나 실패의 경험을 하였을 때, 실패는 다음 검사에서 성공의 근원이 됨을 주지시킬 필요가 있다.

다섯째, 검사에서의 성공과 실패의 경험은 모두 자신의 노력에 기인한다는 내적 귀인을 가지게 한다. 즉, 성공하였다면 노력을 많이 한 결과이고, 실패를 하였다면 노력을 하지 않은 결과로 해석하도록 피험자에게 주지시켜야 한다.

여섯째, 검사에서 부적절한 응답을 보이는 피험자들의 인지적·정의적 특성에 대한 분석이 필요하다. 피험자들은 개인의 독특한 문제해결전략과 심리적 과정에 따라 문항에 응답하게 되며, 잘못된 문제해결전략이나 부적절한 심리적 특성을 지니고 있는 피험자들은 기대와 다른 반응을 나타내게 된다. 예를 들어, 충분한 문제해결능력을 가지고 있는 피험자가 지나친 긴장이나 지나친 신중함, 조급함과 부주의, 쉬운 문항에 대한 과도한 해석 등으로 인해 쉬운 문항의 답을 틀릴 수 있으며, 능력이 낮은 피험자가 부정행위나 추측 등에 의해 어려운 문항의 답을 맞힐 수도 있다. 따라서 부적절한 문항반응을 나타내는 피험자의 인지적·정의적 특성에 대한 분석을 토대로 개개인의 잘못된 특성을 교정해 주는 노력이 필요하며, 측정학적으로는 부적합한 문항반응을 정확히 진단하고 각 유형에 적용할 수 있는 점수 부여 방안에 대한 연구가 필요하다(시기자, 채선희, 성태제, 1998; Meijer, 1996).

교육평가 도구로서 검사는 피험자의 정의적 행동 특성에 많은 영향을 준다. 그러므로 검사제작은 간단한 작업이 아니며, 검사를 이루는 문항 하나하나의 중요성을 인식하고 피험자를 세심하게 배려하여 문항을 제작하여야 한다. 특히 개인에게 영향을 많이 주는 검사를 고부담 검사(high-stakes tests)라 하는데, 한 가지 예로 대학수학능력시험을 들 수 있다. 미국교육학회(AERA, 2000)에서는 고부담 검사를 실시하기 위하여 다음과 같은 열두 가지 방안을 제시하였다.

첫째, 하나의 검사 또는 한 번의 검사에 의하여 결정되는 부담을 줄여야 한다. 졸업 여부를 결정하는 과정에서 한 번이 아니라 다수의 기회를 주고, 다른 대안적 평가방법도 인정하여야 한다.

둘째, 배울 수 있는 기회와 적합한 자료를 접할 수 있는 기회를 제공하여야 한다. 고부담 검사의 경우 이를 준비할 수 있는 기회도 주어야 하고 자료도 제공하여야 한다.

셋째, 검사의 사용 목적을 타당화하여야 한다. 같은 검사라 할지라도 다양한 목적을 가지고 있다. 졸업을 결정하든가, 학교를 평가하든가, 다른 학교와 비교하든가 하는 등과 같이 검사의 목적이 무엇인지 구체적으로 밝혀야 한다.

넷째, 고부담 검사 프로그램의 부정적 결과에 대하여 모두 밝혀야 한다. 검사제작자나 개발자들이 고부담 검사 프로그램의 잠재적인 부정적 결과를 모두 밝힐 수 없으나 그런 결과에 대하여 이해관계자들이 예견이라도 할 수 있게 하여야 한다.

다섯째, 교육과정과 검사 간의 균형을 유지하고 조율하여야 한다. 검사에서 요구되는 내용, 인지능력, 인지과정은 교육과정이나 교육목표에서 요구되는 내용과 같아야 한다. 이런 관계가 검사의 내용타당도를 높이는 중요한 요인이 된다.

여섯째, 합격점수와 성취수준을 명확히 하여야 한다. 합격점수와 성취수준에 대한 의미를 명료하게 하여야 그 의미에 대한 평가자와 피평가자 사이의 혼란을 줄일 수 있다.

일곱째, 고부담 검사에서 실패한 피험자들이 만회할 수 있는 기회를 주어야 한다. 단순히 검사 수행능력을 높이는 것이 아니라 내용 숙지, 인지능력, 인지과정을 향상시키는 노력을 할 수 있도록 하여야 하고, 다음 시험을 치르기 전까지 충분한 시간을 주어야 한다.

여덟째, 피험자 간의 언어적 차이에 대한 적절한 조치가 필요하다. 영어가 능숙하지 않은 피험자들은 잘 수행할 수 없으므로 이에 대한 보정이 필요하다.

아홉째, 지체를 가진 학생들에게 적절한 주의가 필요하다. 청각이나 시력 등 신체적으로 불편한 학생들에게 불리함이 작용하지 않도록 편의를 제공하여야 한다.

열째, 어떤 학생들이 시험을 치러야 하는지를 결정하는 명확한 규칙을 설정하여야 한다. 특정 학생들이 시험에서 배제되는 상황이나 이유에 대한 명백한 규정이 있어야 하며, 추이 비교를 위해 이러한 규정은 시간이 흘러도 엄격하게 유지되어야 한다.

열한째, 검사의 목적을 위하여 신뢰도가 충분히 보장되어야 한다. 검사의 대상이 되는 모든 학생뿐 아니라 일부 소수민족이나 계층, 다른 집단 등에게도 충분한 신뢰도를 보장할 수 있어야 한다.

열두째, 고부담 검사에서 의도한 효과나 의도하지 않은 효과 모두에 대하여 지속적인 평가를 하여야 한다. 또한 고부담 검사 프로그램의 긍정적이거나 부정적인 효과에 대하여 지속적으로 연구하여야 한다.

검사제작 과정에서의 세심한 배려와 더불어 검사를 실시하고 검사결과를 활용하는 데 있어서도 기술적 측면뿐 아니라 윤리적 측면에서의 배려가 있어야 한다. 이를 위하여 AERA, APA와 NCME(1985, 1999, 2014)에서 『Standards for educational and psychological testing』을 출판하였다.

5 검사 · 측정 · 평가의 관계

제1장에서 평가에 대해 설명하였고, 제2장과 제3장에서 측정과 검사에 대해 설명하였다. 평가, 측정, 검사의 정의는 상이하나 때로는 동의어로 사용되는 경우가 있다. 검사는 측정을 위한 하나의 도구이며, 다양한 측정방법을 동원하여 종합적으로 평가하고 가치 판단을 부여하는 것이 평가이다. 의미의 범위에 따라 검사, 측정, 평가로 분류할 수 있다. Oosterhof(1994)는 측정과 평가를 구분할 때 측정은 관찰된 내용에 대하여 가치를 부여하지 않지만, 평가는 측정한 것과 그것의 중요성, 그리고 합목적성 등 다른 정보와 합성된 것이라고 설명하고 있다. 예를 들어, 어떤 학생이 100단어 이상은 알지 못한다는 내용이 측정이라면, 이 사실에 대하여 다음 학습이 가능한지를 판단하는 것은 평가라 할 수 있다.

Cronbach(1970)는 검사란 어떤 사람의 행동을 관찰하고 그것을 수량적 척도(서열, 등간, 비율척도)나 유목척도(명명척도)로 기술하는 절차이며 측정과 같은 개념이라고 설명하고 있다. Gronlund(1976)는 평가와 측정의 관계에 대해 평가는 수적 측정이나 언어적 측정에 가치판단을 부여하는 것이라 설명하고 있다.

제 2 부

문항제작 및 분석

제4장 검사제작 절차와 문항 유형

1 문항제작자의 자격

검사가 피험자의 정의적 행동 특성에 미치는 영향이 크다는 사실에 비추어 볼 때 검사제작은 간단한 작업이 아니며 세심한 배려가 있어야 한다. 또한 검사의 질은 문항제작자의 능력에 비례한다고 할 수 있으므로 양질의 검사, 세부적으로 좋은 문항을 제작하기 위하여 문항제작자는 다음과 같은 능력을 소유하여야 한다.

첫째, 교육과정과 교육목표, 그리고 교과내용에 대한 충분한 이해가 있어야 한다. 즉, 학생이 무엇을 알아야 하고, 무엇을 잘못 알고 있는지를 파악하여야 한다. 또한 검사도구가 가르친 내용과 교육과정의 중요한 내용을 제대로 포함하는지를 살펴야 한다.

둘째, 교수 · 학습이론과 인지심리학에 대한 이해가 필요하다. 교수 · 학습에서 학습자가 어떤 내용을 이해하는 전략과 문제를 해결하는 전략 등은 학습이론이나 정보처리과정에 기인하는 인지심리학에 의하여 설명된다. Wittrock(1991)은 인지과정에 기초한 검사는 학습의 진단, 학교 학습을 위한 실제와 개선에 보다 적절한 정보를 제공한다고 주장한다. 특히, 인지이론에 대한 이해가 깊을 때 피험자의 고등정신능력을 측정할 수 있으므로 문항제작자가 인지이론을 이해하는 것이 바람직하다.

셋째, 피험자 집단의 특성을 잘 알고 있어야 한다. 학습발달 수준뿐 아니라 그들이 사용하는 어휘수준도 파악하여야 그 집단에 적절한 문항을 제작할 수 있다. 만약 질문에 어려운 단어가 포함되어 있다면, 피험자가 문항의 답을 알고 있다 하여도 질문에 사용된 단어의 의미를 알지 못해 답을 틀리게 되는 경우가 있다. 이는 검사도구의 신뢰도를 저하시키는 요인이 된다.

넷째, 문항작성법을 숙지하여야 한다. 문항의 종류와 각기 다른 문항 유형에 따른 특징과 장단점, 그리고 문항제작 방법을 이해하여야 한다. 문항 유형은 측정의 목적에 따라 다양한 유형의 문항을 선택할 수 있다. 그러므로 설명된 문항 유형의 종류와 각 문항 유형의 장단점, 그리고 제작요령의 세부 절차도 숙지하여야 한다.

다섯째, 검사이론을 숙지하여야 한다. 출제한 문항이 좋은 문항인지 아니면 나쁜 문항인지를 평가하기 위한 문항분석 방법, 즉 검사이론으로서 고전검사이론과 문항반응이론을 숙지하여야 한다. 문항난이도, 문항변별도, 문항추측도, 타당도 그리고 신뢰도가 무엇인지 이해하여야 한다. 특히 선택형 문항 중 선다형 문항에서 답지의 매력도를 분석하여 문항의 난이도를 조절하는 방법을 알아야 한다.

여섯째, 문항제작자는 고등정신능력을 지녀야 한다. 적지 않은 문항이 피험자의 단순암기능력뿐 아니라 이해, 적용, 분석, 종합, 평가, 창의성 등 높은 수준의 사고력을 측정하여야 하기 때문이다. 예를 들어, 어떤 글을 주고 문항을 제작하라고 하였을 때, 문항제작자의 정신능력에 따라 출제되는 문항 내용의 질은 다를 수 있다.

일곱째, 문장력이 필요하다. 질문의 내용을 간결하고 명확하게 글로 표현하는 능력이 필요하다. 산만하고 긴 문체는 자칫하면 질문의 요지를 잃게 하여 검사도구의 신뢰도를 저하시키는 원인이 된다. 총합평가를 추구하는 문항일 경우 제한된 시간에 많은 내용을 질문하여 능력수준을 평가하여야 하므로 가능한 한 질문은 간단명료하여야 한다. 특히 수학이나 과학의 경우 질문이 길면 수학이나 과학의 지식에 대한 질문에 앞서 문장을 이해하는 능력이 요구되므로 문장의 이해력이 부족한 경우 그 문항의 답을 맞히지 못하게 된다.

여덟째, 다른 사람의 조언에 귀 기울이는 성품이 필요하다. 문항을 출제하다 보면 어떤 문항에 많은 시간을 할애하게 되어 애착을 갖게 되고 때로는 그 문항에 몰입하는 경우가 있어 다른 사람의 조언을 참고하지 않으려 한다. 문항을 제작할 경우 동료들에 의한 논의뿐 아니라, 문항 검토자와 평가자에 의하여 다른 의견이 제시될 수 있으며, 검사가 실시된 후에는 피험자로부터 좋은 의견이 제시될 수도 있다. 예를 들어,

질문이 명료하지 않아 요구하는 정답과 다른 응답을 하였다든지, 답이 두 개일 수 있다든지, 혹은 질문에 어려운 단어가 있어 질문을 이해하지 못하였다는 등의 지적을 할 수 있다. 이와 같은 조언을 스스럼없이 수용하여 문제점을 분석하는 여유를 지녀야 한다. 즉, 문항제작자는 모든 사람의 조언을 수용할 수 있는 마음 자세를 가져야 한다.

아홉째, 성별, 인종, 직업, 사회계층 등에 대한 편견을 지니고 있지 않아야 한다. 인종적 우월의식, 성별에 대한 고정관념, 직업에 대한 편견 등을 지니고 있으면 은연중에 특정 집단에 익숙한 문제뿐 아니라 편파적 언어로 문항을 제작하는 경우가 있을 수 있다.

열째, 경험이 필요하다. 아무리 앞에서 나열한 능력을 지니고 있다 하더라도, 문항을 제작해 본 경험이 없으면 좋은 문항을 제작하기가 쉽지 않다. 문항을 제작 · 분석하고 수정 · 보완하는 경험을 통하여 새롭고 참신한 문항을 제작할 수 있다. 혹자는 문항제작의 경험을 경시하는 경향이 있으나 실제 경험은 문항제작자가 갖추어야 할 매우 중요한 요소이다.

2 검사제작 절차

좋은 집을 짓기 위하여 완벽한 설계도가 필요하듯이, 좋은 검사도구를 제작하기 위해서도 검사제작을 위한 청사진(blue print)이 필요하다. 검사는 학급검사(class room test)와 표준화 검사(standardized test)로 구분되며, 검사의 종류에 따라 검사제작 절차가 다소 상이하다. 검사제작계획서인 청사진에는 검사의 영역과 내용, 검사 목적, 검사 시행 시간과 문항 유형, 문항 수, 문항의 난이도 수준, 지시사항 및 시행절차, 그리고 채점방법 등이 포함된다.

문항은 검사제작계획서에 의하여 제작되며, 시행절차에 의하여 검사가 실시된 후 문항이 분석되고 타당도와 신뢰도가 검증된다. 문항분석을 통하여 좋지 못한 문항은 수정되거나 삭제된다.

검사를 제작함에 있어 측정의 내용, 검사의 목적, 검사의 종류에 따라 검사제작 절차는 다소 상이할 수 있다. 그러나 일반적으로 다음의 다섯 단계를 거친다.

첫째, 측정내용을 정의하고 측정을 용이하게 하기 위하여 측정내용의 특성이나 행동을 규명한다.

둘째, 검사의 목적을 구체화한다. 진단평가, 형성평가, 총합평가 중 어떤 평가인지, 규준참조평가, 준거참조평가, 능력참조평가, 성장참조평가 중 어느 목적을 지니는지를 규명하여야 한다. 속도검사인지 혹은 역량검사인지도 구분하여야 한다.

셋째, 검사도구 제작을 위한 청사진을 작성한다. 검사제작을 위한 청사진에는 검사에 필요한 이원분류표, 검사 소요시간, 문항 수, 문항 유형, 문항난이도 수준, 지시사항, 시행절차, 채점방법 등이 포함된다. 문항 수를 결정할 때에는 피험자들의 연령과 검사 시간을 고려하여야 한다.

일반적으로 초등학생이 적절한 검사동기를 유지할 수 있는 시간은 30분 이하이며, 고등학생이나 대학생은 장시간 검사를 치를 수 있으므로 검사 시간 단위를 교과시간의 길이와 유사하게 하는 것이 바람직하다. 검사 시간이 결정되면 1분당 몇 문제를 풀 수 있는지를 고려하여 문항 수를 결정할 수 있으나 이는 간단한 문제가 아니다. 문항 유형과 어떤 내용을 질문하는가에 달려 있기 때문이다. 이에 대한 절대적 기준은 없으나 Gronlund(1988)는 지식을 묻는 질문으로 1분당 선다형 문항은 한 문항, 진위형 문항은 세 문항이 바람직하다고 하였다. 적용, 분석, 종합, 평가 등을 측정하는 문항은 푸는 데에 많은 시간이 소요된다. 그러므로 검사 경험에 의해 문항 수를 결정하게 된다.

문항난이도는 규준참조검사와 준거참조검사에 따라 다르다. 규준참조검사에서는 매우 쉬운 문항부터 매우 어려운 문항까지 골고루 출제하여 피험자 점수의 폭을 넓혀서 서열화가 용이하게 한다. 이에 비하여 준거참조검사의 경우 문항난이도를 어떤 과업의 수행준거와 유사하게 조정한다. 예를 들어, 수학시험에서 수학교과의 완전학습 여부를 70점으로 결정한다면 문항난이도가 .7과 유사한 문항을 제작한다. 매우 어려운 문항이나 매우 쉬운 문항은 이와 같은 준거참조검사를 위하여 필요하지 않기 때문이다.

넷째, 검사제작을 위한 청사진에 따라 문항을 제작한다.

다섯째, 검사를 시행한다.

일반적으로 학교에서 교사가 제작하는 검사나 연구를 위하여 한 번 시행으로 끝나는 검사는 첫째부터 다섯째까지의 다섯 단계를 거치지만, 피험자들의 상대적 서열을 알려 주어야 하는 규준참조평가를 위한 표준화 검사의 제작에는 다음의 절차가 추가된다.

여섯째, 검사 시행 후 얻은 문항응답자료를 분석하여 문항과 검사의 질을 평가한다. 문항난이도, 문항변별도 그리고 문항추측도뿐 아니라 검사의 타당도와 신뢰도를 검증한다. 이런 과정을 통하여 문항의 내용을 수정·보완하며 기준을 충족하지 못하는 문항은 제거한다. 표준화 검사에서 이런 절차를 사전검사(pilot test) 혹은 예비검사라 하며, 검사제작자가 만족할 수준까지 다섯째와 여섯째 단계를 반복한다.

일곱째, 일반적으로 300명 이상의 피험자에게 검사를 실시한다.

여덟째, 검사의 응답자료로 타당도와 신뢰도를 추정하며, 상대적 위치를 알 수 있는 규준인 평균과 표준편차를 계산하여 원점수에 대응하는 규준점수를 계산한다.

아홉째, 검사사용설명서(test manual)를 작성한다. 검사사용설명서는 검사시행지침, 검사의 질 등 검사에 대한 모든 세부정보를 설명하므로 매우 중요하다. 타당도, 신뢰도는 물론 문항 특성에 대한 내용, 모든 세부절차, 검사를 이용할 때 주의하여야 할 점 등을 포함하여야 한다.

검사제작 절차를 정리하면 [그림 4-1]과 같다.

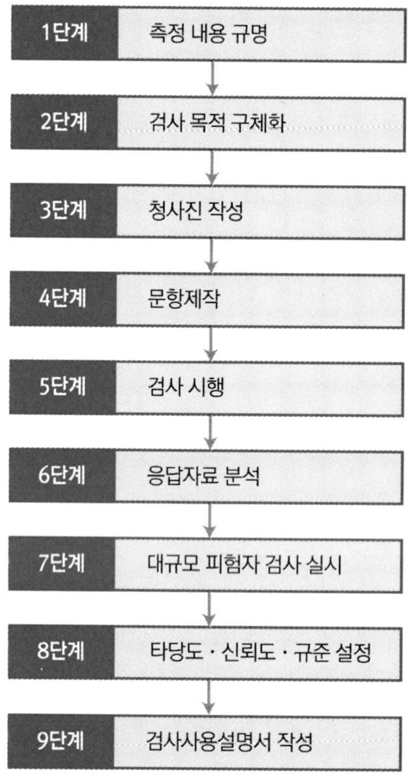

[그림 4-1] 검사제작 절차

1) 이원분류표

검사를 제작하기 위하여 검사의 목적을 규명하여야 하고 검사 내용, 검사 시간, 문항 유형, 문항 수 등을 결정하여야 한다. 이상의 내용이 정해진 후 어떤 내용을 어느 정신능력 수준까지 측정할 것인가를 결정하여야 한다. 이를 위하여 이원분류표가 필요하다. 이원분류표는 검사를 제작하기 전에 문항제작자들이 참고하는 표로서 각 문항이 어떤 내용을 측정하는지를 밝히는 내용소와 그 내용을 어느 정신능력 수준까지 측정할 것인지를 밝히는 행동소로 구성된다. 이원분류표는 〈표 4-1〉과 같다.

〈표 4-1〉 이원분류표

행동소 / 내용소	지식	이해	적용	분석	종합	평가

내용소는 검사가 측정하고자 하는 내용으로 검사의 내용을 나타내므로 각 문항의 내용이 포함되며, 이는 검사제작에서 매우 중요한 부분이 된다. 행동소는 각 문항의 내용을 측정할 때 어느 단계의 인지능력 수준을 측정할 것인지를 나타낸다. 이원분류표의 행동소는 인지적 영역의 측정인 경우 Bloom의 인지적 영역 교육목표분류학에 근거한다.

Bloom(1956)의 인지적 영역 교육목표분류학(taxonomy of education objectives)은 지적 행동의 교수목표를 크게 지식 그 자체와 지식에 대한 기능으로 구분하고, 지식의 기능을 지적 능력에 따라 이해, 적용, 분석, 종합, 평가로 구분하였으며, 복합성의 원칙(principle of complex)에 근거하여 분류하였다. 지식의 기능은 단순정신능력으로부터 고등정신능력으로 위계화하였으며, 평가가 가장 복합적인 지적 능력이라 규정하였다.

인지적 영역 교육목표분류학에 의한 지식과 지적 기능의 보다 세분화된 분류는 〈표 4-2〉에서 보여 주고 있다.

〈표 4-2〉 Bloom의 인지적 영역 교육목표분류학

1.00 지식(Knowledge)
- 1.10 특수한 것에 대한 지식(Knowledge of specifics)
- 1.11 용어에 대한 지식(Knowledge of terminology)
- 1.12 특수한 사실에 대한 지식(Knowledge of specific facts)
- 1.20 특수한 것을 다루는 방법과 수단에 대한 지식(Knowledge of ways and means of dealing with specifics)

1.21 합의에 대한 지식(Knowledge of convention)
1.22 경향과 순서에 대한 지식(Knowledge of trends and sequences)
1.23 분류와 유목에 대한 지식(Knowledge of classification and categories)
1.24 준거에 대한 지식(Knowledge of criteria)
1.25 방법론에 대한 지식(Knowledge of methodology)
1.30 보편적인 것과 추상적인 것에 대한 지식(Knowledge of the universals and abstractions in a field)
1.31 원리와 일반화된 내용에 대한 지식(Knowledge of principle and generalizations)
1.32 이론과 구조에 대한 지식(Knowledge of theories and structures)

2.00 이해(Comprehension)
2.10 번역(Translation)
2.20 해석(Interpretation)
2.30 추론(Extrapolation)

3.00 적용(Application)

4.00 분석(Analysis)
4.10 요소분석(Analysis of elements)
4.20 관계분석(Analysis of relations)
4.30 조직원리분석(Analysis of principles)

5.00 종합(Synthesis)
5.10 독특한 의사전달 창안(Production of unique communication)
5.20 계획 혹은 목표의 창안(Production of a plan, or proposed set of observation)
5.30 추상적 관계 도출(Derivation of a set abstract relation)

6.00 평가(Evaluation)
6.10 내적 증거에 의한 판단(Judgement in terms of internal evidence)
6.20 외적 증거에 의한 판단(Judgement in terms of external evidence)

지식은 어떤 현상이나 사실에 대한 그 자체를 말하고, 이해란 전달된 지식을 받아들이는 것을 의미하며, 이해수준에는 번역, 해석, 추론이 있다. 적용이란 이해한 지식을 일반적 상황이나 특수 상황에 응용하는 지적 기능을 말한다. 분석이란 어떤 사실이나 현상을 구성요소로 분해하고 요소 간의 관계와 조직되어 있는 방법을 발견하는 능력이다. 종합은 여러 개의 요소나 부분을 하나가 되도록 묶는 지적 능력으로 나열된 사실들을 종합 · 체계화하여 새로운 자료를 창안하는 능력이다. 평가란 지적 기능의 가장 높은 단계로서 문제해결방법, 작품, 소재 등에 대한 가치판단으로서 비판력과 판단력을 포함한다. 평가는 준거에 따라서 실시하며, 양적 준거이거나 질적 준거일 수도 있다.

Metfessel, Michael과 Kirsner(1969)는 지적 기능에 해당하는 내용을 묻는 지시문을 〈표 4-3〉과 같이 열거하였다.

〈표 4-3〉 인지적 영역 교육목표분류학의 지적 기능을 묻는 지시어와 측정 내용

목표 분류	측정 지시어의 예	측정 내용의 예
1.00 지식		
1.10 특수한 것에 대한 지식		
1.11 용어에 대한 지식	정의하라, 구별하라, 습득하라, 확인하라, 기억하라, 인지하라	단어, 용어, 의미, 정의, 참고 내용, 요소
1.12 특수한 사실에 대한 지식	기억하라, 인지하라, 습득하라, 확인하라	사실, 사실적 정보(근거, 날짜, 사건, 사람, 장소, 기간 등), 속성, 예, 현상
1.20 특수한 것을 다루는 방법과 수단에 대한 지식		
1.21 합의에 대한 지식	기억하라, 확인하라, 인지하라, 습득하라	형태, 합의, 사용법, 규칙, 방법, 수단, 기호, 표시방법, 양식, 형식
1.22 경향과 순서에 대한 지식	기억하라, 인지하라, 습득하라, 확인하라	행위, 과정, 이동, 연속성, 발전, 경향, 계열, 원인관계, 힘, 영향
1.23 분류와 유목에 대한 지식	기억하라, 인지하라, 습득하라, 확인하라	영역, 유형, 형태, 분류, 세트, 분리, 배열, 유목, 범주/범주화
1.24 준거에 대한 지식	상기하라, 인지하라, 습득하라, 확인하라	준거, 기초, 요소
1.25 방법론에 대한 지식	상기하라, 인지하라, 습득하라, 확인하라	방법, 기술, 접근, 사용 절차, 처치

1.30 보편적인 것과 추상적인 것에 대한 지식		
1.31 원리와 일반화된 내용에 대한 지식	기억하라, 인지하라, 습득하라, 확인하라	원리, 일반법칙, 명세, 기초 법칙, 주된 요소, 함축 내용
1.32 이론과 구조에 대한 지식	기억하라, 인지하라, 습득하라, 확인하라	이론, 근거, 상호 관련성, 구조, 조직, 공식
2.00 이해		
2.10 번역	번역하라, 변환하라, 자기말로 표현하라, 예시하라, 읽어라, 변화시켜라, 다른 말로 표현하라, 재진술하라, 제시하라	의미, 표본, 정의, 추상성, 설명, 단어, 구
2.20 해석	해석하라, 재정리하라, 재배열하라, 차별화하라, 구별하라, 만들어라, 그려라, 설명하라, 시범을 보여라	관련성, 관계, 본질적인 것, 관점, 새로운 관점, 질, 결론, 방법, 이론, 추상성
2.30 추론	추정하라, 추리하라, 결론을 내려라, 예언하라, 변별하라, 결정하라, 채워라, 확대시켜라, 결론을 유도하라	결과, 함축성 요인, 의미, 귀결, 효과, 가능성
3.00 적용	응용하라, 일반화하라, 관련시켜라, 선택하라, 발전시켜라, 조직하라, 사용하라, 변화시켜라, 재구성하라, 분류하라	원리, 법칙, 결론, 영향, 방법, 이론, 추상성, 상황, 일반법칙, 과정, 현상, 절차
4.00 분석		
4.10 요소분석	구별하라, 추출하라, 확인하라, 분류하라, 인지하라, 범주화하라, 추론하라	요소, 가설, 결론, 가정, (사실적) 진술, (의도하고 있는) 진술, 논쟁점, 특수한 관계, 상호관계
4.20 관계분석	분석하라, 대비하라, 비교하라, 식별하라, 구별하라, 추론하라	관련성, 주제, 증거, 오류, 논쟁, 인과, 일관성, 부분, 아이디어, 가정
4.30 조직원리분석	분석하라, 구별하라, 추출하라, 추론하라	형상, 유형, 목적, 관점, 기법, 편견, 구조, 주제, 배열, 조직

5.00 종합		
5.10 독특한 의사전달 창안	써라, 말하라, 관계 지어라, 생산하라, 구성하라, 고안하라, 수정하라, 입증하라	구조, 유형, 생산물, 수행, 설계, 작업, 의사소통, 노력, 세목, 구성
5.20 계획 혹은 목표의 창안	제안하라, 계획하라, 만들어라, 설계하라, 수정하라, 구체화하라	계획, 목적, 도식, 조작 방법, 해결책, 수단
5.30 추상적 관계 도출	만들어라, 도출하라, 개발하라, 묶어라, 조직하라, 종합하라, 분류하라, 추리하라, 고안하라, 수정하라	현상, 분류학, 개념, 도식, 이론, 관계, 추상성, 일반법칙, 가설, 지각, 방법, 발견
6.00 평가		
6.10 내적 근거에 의한 판단	판단하라, 논하라, 타당화하라, 총평하라, 결정하라	정확성, 일관성, 오류, 신뢰성, 결점, 실수, 정밀성
6.20 외적 근거에 의한 판단	판단하라, 논하라, 고려하라, 비교하라, 대비하라, 표준화하라, 평가하라	목적, 수단, 효율성, 경제성, 유용성, 대안, 행위과정, 표준, 이론, 일반법칙

지식과 지적 기능을 측정하기 위한 질문의 지시어는 해당 능력을 측정하기에 밀접하게 연관되어 있으며, 측정하고자 하는 내용도 다양하다. 예를 들어, 피험자의 지식 수준에서 용어에 관한 지식을 측정하고자 할 때 '용어를 정의하라' '의미를 확인하라' '요소를 인지하라' 등으로 표현할 수 있다. 여기서 '정의하라' '확인하라' '인지하라' 등은 지적 수준을 측정하는 지시어가 되며, '용어' '의미' '요소' 등이 측정 내용이 된다.

Gronlund(1988)는 인지적 영역 측정목표분류에 따른 지시어를 보다 간결하게 제시하고 있으며 〈표 4-4〉와 같다.

〈표 4-4〉 Gronlund의 교육목표분류에 따른 지시어

목표분류	학습결과 측정을 위한 지시어
지식	확인하라, 명명하라, 규정하라, 설명하라, 열거하라, 연결하라, 선택하라, 약술하라
이해	분류하라, 설명하라, 종합하라, 변환하라, 예측하라, 구별하라
적용	증명하라, 계산하라, 풀어라, 수정하라, 재배열하라, 조직하라, 관계 지어라
분석	차별화하라, 도식화하라, 추정하라, 분리하라, 추론하라, 구성하라, 세분하라
종합	종합하라, 창안하라, 고안하라, 설계하라, 합성하라, 구조화하라, 재배열하라, 개정하라
평가	판단하라, 비판하라, 비교하라, 정당화하라, 결론지어라, 판별하라, 지지하라

일반적으로 이원분류표의 행동소는 Bloom의 인지적 영역 교육목표분류학에 의존하나, Hannah와 Michaelis(1977)는 지적 기능을 〈표 4-5〉와 같이 분류하고 있다.

〈표 4-5〉 Hannah와 Michaelis의 지적 기능

해석(Interpretation)	비교(Comparing)
분류(Classifying)	일반화(Generalizing)
추리(Infering)	분석(Analyzing)
종합(Synthesizing)	가설화(가정, Hypothesizing)
예측(Predicting)	평가(Evaluation)

예를 들어, M중학교에서 1학년생들의 영어 교과서 3단원의 내용을 알고 있는지를 알아보기 위한 검사의 이원분류표는 〈표 4-6〉과 같다.

〈표 4-6〉 M중학교 1학년 영어검사를 위한 이원분류표

내용소 \ 행동소	지식	이해	적용	분석	종합	평가	문항 수
1. 강세 위치	1						1
2. 발음과 철자	1						1
3. 억양			1				1
4. be동사 의문문		1			1		2
5. who 의문사					1		1
6. what 의문사와 용법					1		1
7. 선택의문문				1	1		2
8. 부정관사 a, an의 용법	1		1				2
9. 국적의 표현			1				1
10. this, that의 형용사 용법과 대명사 용법		1	1			1	3
문항 수	3	2	4	1	4	1	15

〈표 4-6〉의 이원분류표를 통하여 검사 내용은 강세 위치, 발음과 철자, 억양, be동사 의문문, who와 what 의문문, 선택의문문, 부정관사, 국적 표현 그리고 this와 that의 용법 등을 묻는 15문항으로 구성되어 있으며, 각 문항이 측정하고자 하는 지적 기능이 다양함을 알 수 있다. a나 an의 부정관사 용법에 대하여 두 문항이 출제되며 한 문항은 지식수준의 내용을, 다른 문항은 적용단계의 지적 기능을 측정한다. 이와 같이 이원분류표에 의하여 검사의 내용을 조절할 수 있을 뿐 아니라 의도하는 수준의 지적 기능을 측정하는 문항제작 계획을 수립할 수 있다.

교과의 특성이나 검사목적상 다소 상이한 지적 기능을 측정하는 경우가 있다. 그 예로 2013학년도 대학수학능력시험 수학영역 가형 과목 출제를 위한 이원분류표를 들 수 있으며, 〈표 4-7〉과 같다(한국교육과정평가원, 2014).

〈표 4-7〉 2013학년도 대학수학능력시험 수학영역 가형 이원분류표

행동영역 / 내용영역	계산	이해	추론		문제해결		문항 수	비율 (%)
			발견적	연역적	수학 내적	수학 외적		
행렬과 그래프								
지수함수와 로그함수								
수열								
수열의 극한								
방정식								
부등식								
삼각함수								
함수의 극한과 연속								
미분법								
적분법								
순열과 조합								
확률								
통계								
일차변환과 행렬								
이차곡선								
공간도형과 공간좌표								
벡터								
비율(%)								

내용영역은 이원분류표의 내용소로 검사의 출제내용이 되며, 행동영역은 행동소로 수리능력을 측정하는 지적 기능으로서 계산, 이해, 추론에서 발견과 연역을, 그리고 문제해결에서 수학 내적 관련성과 수학 외적 관련성을 들고 있다. 문제해결에서 수학 외적 관련 능력 측정은 대학수학능력시험이 통합교과적 출제를 지향하기 때문에 수학과 관련된 다른 능력도 측정하여야 하므로 추가한 특수한 지적 기능이라 할 수 있다.

이와 같이 Bloom의 교육목표분류학은 현재까지도 다양한 검사제작 상황에서 활

용되고 있지만 그 활용에 제한점이 존재한다. 교육목표분류학은 지적 기능에는 위계가 있어 하위 위계가 충족되어야 상위 지적 기능 단계로 전이할 수 있다고 하였으나, 하위 위계의 정신기능이 충족되지 않아도 상위 위계 지적 기능은 발휘할 수 있다는 점과 각 지적 기능의 단계를 구분하기가 용이하지 않은 경우가 있다는 점을 문제점으로 들 수 있다.

Anderson 외(2001)는 교육자의 관심을 재조명하고 기존의 틀에 새로운 지식과 사고를 포함시키기 위해 Bloom의 인지적 영역 체계를 지식 차원과 인지과정 차원으로 수정한 **신교육목표분류학**을 발표하였다. 신교육목표분류학의 지식 차원은 사실적 지식, 개념적 지식, 절차적 지식, 메타인지적 지식으로, 인지과정 차원은 복잡한 사고과정을 나타낼 수 있는 6개의 범주인 '기억하다' '이해하다' '적용하다' '분석하다' '평가하다' '창안하다'로 구분하여 교육목표를 24개의 유형으로 분류할 수 있도록 하였다. Bloom의 교육목표분류에서 가장 하위 단계인 지식을 별도의 4개 차원으로 구분하였고, 기존 지적 기능 중 종합을 평가보다 상위 능력인 '창안하다'로 변경하였다. 또한 기존에 명사형으로 제시하였던 분류 차원을 학생이 할 수 있는 것에 초점을 맞추어 동사형으로 제시하였다. 신교육목표분류학에 따른 교육목표분류는 〈표 4-8〉과 같다.

〈표 4-8〉 Anderson 외(2001)의 신교육목표분류학

지식 차원	인지과정 차원					
	1. 기억하다	2. 이해하다	3. 적용하다	4. 분석하다	5. 평가하다	6. 창안하다
A. 사실적 지식						
B. 개념적 지식						
C. 절차적 지식						
D. 메타인지적 지식						

지식 차원은 사실적 지식, 개념적 지식, 절차적 지식, 메타인지적 지식으로 구분되며, 하위 유형과 예시는 〈표 4-9〉와 같다.

〈표 4-9〉 신교육목표분류학의 지식 차원

주요 유형 및 하위 유형	예시
A. 사실적 지식(Factual knowledge) – 교과나 교과의 문제를 해결하기 위해 숙지해야 할 기본적 요소	
AA. 전문용어에 대한 지식	전문용어, 음악부호
AB. 구체적 사실과 요소에 대한 지식	주요 자원, 신뢰로운 정보원
B. 개념적 지식(Conceptual knowledge) – 기본적인 요소들이 통합적으로 기능하도록 하는 상위구조 내에서 기본 요소들 간의 상호관계	
BA. 분류와 유목에 대한 지식	지질학 연대, 기업소유 형태
BB. 원리와 일반화에 대한 지식	피타고라스 정리, 수요와 공급의 법칙
BC. 이론, 모형, 구조에 대한 지식	진화론, 의회조직
C. 절차적 지식(Procedure knowledge) – 어떤 것을 수행하는 방법, 탐구방법과 기능을 활용하기 위한 준거, 알고리즘, 기법, 방법	
CA. 교과에 특수한 기능과 알고리즘에 대한 지식	수채화를 그리는 방법 정수 나눗셈 알고리즘
CB. 교과에 특수한 기법과 방법에 대한 지식	면접기법, 과학적 방법
CC. 적절한 절차의 사용 시점을 결정하기 위한 준거에 대한 지식	뉴턴의 제2법칙이 포함된 절차의 적용시점을 결정하기 위한 준거, 사업비용 추정방법의 실현 가능성을 판단하기 위한 준거
D. 메타인지적 지식(Meta–cognitive knowledge) – 지식의 인지에 대한 인식 및 지식과 인지 전반에 대한 지식	
DA. 전략적 지식	교재 단원의 구조를 파악하기 위한 수단으로서 개요를 작성하는 지식, 발견법 활용에 대한 지식
DB. 인지 과제에 대한 지식(적절한 맥락적 지식 및 조건적 지식 포함)	특정 교사가 실시하는 시험유형에 대한 지식, 과제의 인지적 요구에 대한 지식
DC. 자기–지식	논문 비판은 잘하지만 논문 작성은 잘하지 못한다는 등 자신의 능력에 대한 인식, 자신의 지식수준에 대한 인식

신교육목표분류학의 지식 차원은 Bloom의 교육목표분류학의 '지식'을 별도의 차원으로 구분하면서 보다 구체적으로 유형화되었다. '사실적 지식'은 전문용어나 구체적 사실 등에 대한 지식으로, 문제해결을 위해 숙지해야 할 기본적인 요소이다. '개념적 지식'은 분류와 유목, 원리와 일반화, 이론, 모형, 구조에 대한 지식으로 교과의 기본적인 요소들이 함께 기능하도록 상위구조로 통합하는 기본 요소들 간의 관계에 대한 지식을 의미한다. '절차적 지식'은 어떤 것을 수행하는 방법, 탐구방법과 기능을 활용하는 준거를 말한다. '메타인지적 지식'은 일반적인 인지에 대한 지식과 인지 전반에 대한 지식으로 전략적 지식, 인지 과제에 대한 지식, 자기-지식 등을 포함한다.

인지과정 차원은 동사형으로 '기억하다' '이해하다' '적용하다' '분석하다' '평가하다' '창안하다'로 구성되며 하위 유형과 예시는 〈표 4-10〉과 같다.

〈표 4-10〉 신교육목표분류학의 인지과정 차원

인지과정 유목	관련 용어	예시
1. 기억하다(remember) - 장기기억으로부터 관련된 지식을 인출한다.		
1.1 인지하기 (recognizing)	확인하기	제시된 자료와 일치하는 지식을 장기기억 속에 넣기(역사적 사건들의 날짜 인지하기)
1.2 상기하기 (recalling)	검색하기	장기기억으로부터 관련된 지식 찾기(역사적 사건들의 날짜 상기하기)
2. 이해하다(understand) - 구두, 문자, 그래픽을 포함한 수업 메시지로부터 의미를 구성한다.		
2.1 해석하기 (interpreting)	명료화하기 바꿔 쓰기 표현하기 번역하기	하나의 표현형태(예: 숫자)를 다른 표현형태(예: 단어)로 바꾸기(연설이나 기록을 다른 말로 바꾸어 쓰기)
2.2 예시하기 (exemplifying)	예를 들기 예를 들어 설명하기	개념이나 원리의 구체적인 예나 범례 찾기(다양한 미술 양식의 예시 제시하기)
2.3 분류하기 (classifying)	범주화하기 포괄하기	사물이 특정 유목에 속한다는 것을 결정하기(주요 정신 질환의 사례 분류하기)

2.4 요약하기 (summarizing)	추상화하기 일반화하기	일반적 테마나 요점 요약하기(어떤 사건에 대한 짧은 요약문 쓰기)
2.5 추론하기 (inferring)	결론짓기 추론하기 덧붙이기 예측하기	제시된 정보들로 논리적인 결론 도출하기(외국어 학습 중 여러 사례에서 문법적 원리 추론하기)
2.6 비교하기 (comparing)	대조하기 도식화하기 연결하기	두 개의 아이디어, 대상들 간 일치점 탐색하기(역사적 사건을 현대의 상황과 비교하기)
2.7 설명하기 (explaining)	모형 구성하기	인과관계 모형 구성하기(프랑스의 18세기 주요 사건들의 원인 설명하기)
3. 적용하다(apply) – 특정한 상황에 어떤 절차들을 수행하거나 사용한다.		
3.1 수행하기 (executing)	수행하기	어떤 절차를 유사한 과제에 적용하기(하나의 정수를 다른 정수로 나누기)
3.2 실행하기 (implementing)	사용하기	어떤 절차를 친숙하지 못한 과제에 적용하기(뉴턴의 제 2법칙을 적절한 상황에 활용하기)
4. 분석하다(analyze) – 자료를 구성 부분으로 나누고, 그 부분들 간의 관계와 부분과 전체 구조나 목적과의 관계를 결정한다.		
4.1 구별하기 (differentiating)	변별하기 식별하기 초점화하기 선정하기	제시된 자료를 관련된 부분과 관련되지 않은 부분으로, 중요한 부분과 중요하지 않은 부분으로 구분하기(수학 문장제 문제에서 적절한 숫자와 부적절한 숫자 구별하기)
4.2 조직하기 (organizing)	발견하기 정합성 찾기 통합하기 개요 만들기 분석하기 구조화하기	요소들이 구조 내에서 어떻게 기능하는지 결정하기(역사적 기술에서의 증거를 특정 역사적 설명에 대한 찬반의 증거로 구조화하기)
4.3 귀속시키기 (attributing)	해체하기	제시된 자료를 기반으로 하고 있는 관점, 편견, 가치 및 의도 결정(저자의 정치적 관점에 따라 저자의 관점 결정하기)

5. 평가하다(evaluate) – 준거나 기준에 따라 판단한다.		
5.1 점검하기 (checking)	조정하기 탐색하기 관찰하기 검사하기	과정이나 산출물 내부의 오류나 모순 탐지하기, 과정이나 산출물의 내적 일관성 여부 결정하기, 절차가 실행될 때 그 효과성 탐지하기(과학자들의 결론이 관찰된 데이터로부터 도출되었는지 결정하기)
5.2 비판하기 (critiquing)	판단하기	어떤 결과와 외적 기준 간의 불일치 여부 탐지하기, 어떤 결과가 외적 일관성이 있는지 결정하기, 특정 문제에 대한 절차의 적절성 탐지하기(주어진 문제를 해결하는 두 가지 방법 중 최선의 방법 판단하기)
6. 창안하다(create) – 요소들을 일관되거나 기능적인 전체로 형성하기 위해 함께 묶거나 요소들을 새로운 패턴이나 구조로 재조직한다.		
6.1 생성하기 (generating)	가설 세우기	준거에 기반을 둔 대안적인 가설 제안하기 (관찰된 현상을 설명하기 위해 가설 설정하기)
6.2 계획하기 (planning)	설계하기	어떤 과제를 성취하기 위한 절차 고안하기 (특정한 역사적 주제에 대한 연구보고서 계획하기)
6.3 산출하기 (producing)	구성하기	산출물 만들어 내기 (특정 목적을 위해 어떤 생물종의 서식지 짓기)

인지과정 차원의 '기억하다'는 기존 분류학의 지식에 해당하며 사실이나 정보를 인지하고 사실이나 기억된 정보를 회상하는 것을 말한다. '이해하다'는 구두, 문자, 그래픽을 포함한 자료에서 의미를 구성하는 것으로 해석하기, 예시하기, 분류하기, 요약하기, 추론하기, 비교하기, 설명하기 등을 포함한다. '적용하다'는 익숙한 절차를 실행하거나 기본 전략을 수행하거나 사용하는 것이고, '분석하다'는 자료의 내용을 부분으로 나눠서 각 부분을 구별하고 내용을 조직하고 하나의 관점을 정하거나 의미를 드러내는 것이며, '평가하다'는 자료나 산출물을 점검하여 기준에 따라 가치를 판단하는 것이다. '창안하다'는 기존 분류학의 종합을 신교육목표분류학에서 보다 고차적 정신능력으로 교체한 유목으로 이전에 흩어져 있던 요소들을 결합하여 새로운 것을 만들어 내는 것이다.

Anderson 외(2001)는 인지과정 차원에 해당하는 내용을 묻는 지시어를 〈표 4-11〉과 같이 예시하였다.

〈표 4-11〉 신교육목표분류학의 지적 기능을 묻는 지시어

인지과정 차원	측정 지시어의 예
1. 기억하다 1.1 인지하기 1.2 상기하기	선택하라, 정의하라, 찾아라, 열거하라, 연결하라, 명명하라, 생략하라, 기억하라, 관계 지어라, 보여라, 써라, 말하라
2. 이해하다 2.1 해석하기 2.2 예시하기 2.3 분류하기 2.4 요약하기 2.5 추론하기 2.6 비교하기 2.7 설명하기	분류하라, 비교하라, 대조하라, 입증하라, 설명하라, 확장하라, 예를 들어라, 추론하라, 해석하라, 개요를 서술하라, 관계 지어라, 다른 말로 표현하라, 보여라, 요약하라, 번역하라
3. 적용하다 3.1 수행하기 3.2 실행하기	적용하라, 만들어라, 선택하라, 구성하라, 발전시켜라, 실험하라, 확인하라, 조직하라, 계획하라, 해결하라, 활용하라
4. 분석하다 4.1 구별하기 4.2 조직하기 4.3 귀속시키기	분석하라, 추정하라, 분류하라, 구분하라, 비교하라, 대조하라, 찾아내라, 식별하라, 분리하라, 조사하라, 작동시켜라, 추론하라, 점검하라, 목록화하라, 질문하라
5. 평가하다 5.1 점검하기 5.2 비판하기	동의하라, 평가하라, 선택하라, 비교하라, 총평하라, 결론 내려라, 결정하라, 연역하라, 방어하라, 확정하라, 입증하라, 추정하라, 해석하라, 판단하라, 정당화하라, 측정하라, 인지하라, 우선순위를 정하라, 증명하라, 순위를 매겨라, 추천하라, 지지하라
6. 창안하다 6.1 생성하기 6.2 계획하기 6.3 산출하기	조정하라, 만들어라, 수정하라, 선택하라, 결합하라, 묶어라, 구성하라, 창안하라, 삭제하라, 설계하라, 발전시켜라, 논의하라, 설명하라, 추정하라, 표현하라, 상상하라, 개선하라, 최소화하라, 계획하라, 예측하라, 제안하라, 해결하라

신교육목표분류학은 교육목표를 보다 구체적이고 명확하게 기술하기 위해서 이러한 2차원의 분류를 적용하였으며, 교사들에게 다음과 같은 유용성을 제공할 수 있다(Anderson et al., 2001).

첫째, 학생의 관점에서 교육목표를 검토할 수 있다. 특정 목표를 성취하기 위해 학생들이 알아야 하고 할 수 있어야 하는 것이 무엇인지, 개별적 사실들에 대한 목록만으로 충분한지 아니면 이 요소들을 결합하는 일관성 있는 구조가 필요한지 등에 대한 목표를 검토할 수 있다.

둘째, 교육의 다양한 가능성을 고려할 수 있다. 교육목표를 구체화하고 지식의 차원을 다양화함으로써 고차적 목표를 지향하는 교수가 가능해진다.

셋째, 교육목표에 내재되어 있는 지식과 인지과정 사이의 통합적 관계를 파악할 수 있다. 학생들이 사실적 지식을 적용하거나 절차적 지식을 이해하도록 도울 수 있다는 것이다.

넷째, 양질의 평가 문항을 짧은 시간에 제작할 수 있다. 교육목표분류를 통해 측정해야 하는 문항을 찾고 교과 특성에 따라 적절하게 수정하면서 많은 문항을 제작할 수 있다.

다섯째, 교육목표, 교수방법, 평가 간의 일관성을 쉽게 파악할 수 있다. 수업 활동이 의도한 교육목표와 부합하는지, 평가 과제가 목표에 부합하는 활동을 측정할 수 있는지를 파악할 수 있다.

여섯째, 교육에서 사용하는 다양한 용어를 보다 잘 이해하게 해 준다. 신교육목표분류학에 포함되어 있는 19개의 인지과정은 매우 구체적인 의미를 가지고 있고, 이 용어들에 친숙해지면서 의사소통이 용이해진다.

그러나 신교육목표분류학은 지식 차원의 경우 4개의 수준 11개 하위유목으로, 인지과정 차원의 경우 사고과정을 기술하는 6개의 범주와 19개 하위유목으로 구성되기 때문에 지나치게 복잡하여 학교현장의 교사들이 적용하기에는 어려움이 따를 수 있다(McMillan, 2014).

2) 문항카드

문항카드는 제작된 문항의 내용 및 특성 등을 기록한 용지로서 문항들을 보관할뿐 아니라 문항에 대한 정보를 쉽게 알기 위한 기록지이다. 문항카드에 대한 일정한 양식은 없으나 문항의 내용뿐 아니라 정보를 기록하기 위하여 〈표 4-12〉와 같은 양식을 사용할 수 있다.

문항카드에는 교과목, 교과단원, 교과내용, 측정내용 그리고 측정의 지적 기능의 수준을 기록한다. 측정의 지적 기능은 Bloom이나 Anderson 등의 교육목표분류학에 의하거나 교과목과 관련된 특수한 지적 기능을 명시할 수 있다. 예상난이도는 검사 제작자의 경험에 따른 주관적 판단으로 문항의 쉽고 어려움을 표기한다. 문항난이도 범위는 0에서 1.0인데, 1.0은 모든 피험자가 문항의 답을 맞힐 수 있음을 의미하므로 매우 쉬운 문항이다. '완전학습자 정답 여부'는 문항제작자가 해당교과나 단원을 정상적으로 이수한 피험자가 문항의 답을 맞힐 수 있는지 혹은 맞힐 수 없는지를 판단한다. 완전학습자 '100명 중 정답자 비율' 항목은 교과나 단원을 정상적으로 이수한 피험자 100명 중 몇 명이 그 문항의 답을 맞힐 수 있는지 그에 해당하는 비율을 기록한다. 완전학습자에 해당하는 항목은 문항이 준거참조평가를 위하여 사용될 때 준거를 설정하기 위한 중요한 정보를 제공한다.

문항제작을 위한 연습지, 문항카드 등이 종전에는 자주 사용되었으나 컴퓨터의 사용이 활발해지면서 컴퓨터로 문항을 직접 제작하고 문항을 보관하는 일이 보편화되고 있는 추세이다. 특히 제작된 문항을 문제은행에 직접 보관하고 컴퓨터로 검사를 실시하며, 검사 결과에 의하여 문항이 분석되고 피험자 점수나 능력이 추정되는 컴퓨터화 검사가 일반화되고 있으므로 문항카드의 사용은 감소하고 있다.

〈표 4-12〉 문항카드

<table>
<tr><td>교 과 목</td><td colspan="3"></td></tr>
<tr><td>교과단원</td><td colspan="3"></td></tr>
<tr><td>단원 내용</td><td colspan="3"></td></tr>
<tr><td>측정 내용</td><td></td><td>지적 기능</td><td></td></tr>
<tr><td>제 작 자</td><td></td><td>제작 일시</td><td></td></tr>
<tr><td colspan="4">문제 및 답지</td></tr>
<tr><td colspan="4">예상난이도</td></tr>
<tr><td rowspan="2">완전 학습자</td><td>정답 여부</td><td colspan="2">맞힌다 ( ) 틀린다 ( )</td></tr>
<tr><td>100명 중 정답자 비율</td><td colspan="2">%</td></tr>
<tr><td colspan="4">특이사항</td></tr>
</table>

3 좋은 문항의 조건

좋은 문항을 제작할 때 공통적으로 장애가 되고 있는 점으로 Gronlund(1988)는 필요 이상의 어려운 단어, 불필요하게 복잡한 문장구조, 모호한 문장, 두서없이 기술된 문장, 불분명하게 제시된 그림, 혼돈스러운 지시문, 인종과 성별의 편파성이 포함된 자료를 들고 있다.

이상의 장애를 극복한 문항이 좋은 문항이라 할 수 있으나, 좋은 문항이 되기 위한 절대적 판단 기준을 세우는 데는 많은 어려움이 따른다. 왜냐하면 좋은 문항을 제작하는 것은 하나하나를 단편적으로 고려하여 제작하는 단순작업이 아니라 모든 것을 고려하여 질문하는 복합적인 작업이기 때문이다. 좋은 문항의 기준을 설정하기 어려운 데에는 다음과 같은 여러 가지 이유가 있다.

첫째, 좋은 문항을 제작하기 위하여 복합적 수준의 사고력이 요구되기 때문이다. 예를 들어, 어떤 글을 주고 질문을 만들어 보라고 하였을 때, 아예 그 글을 이해하지 못한 수준에서 만들어진 문항, 그 글을 이해한 수준에서 만들어진 문항, 어떤 사실들을 종합하는 내용을 묻는 문항, 앞으로 어떤 내용으로 전개될 것인가를 묻는 문항 등 매우 다양한 수준의 문항이 제작될 수 있다.

둘째, 문항제작은 여러 가지 기술이 요구된다. 문항의 유형과 특성에 따라 제작 방법이 다르기 때문이다. 다양한 문항제작 방법이 존재하므로 고려하여야 할 사항이 매우 많다.

셋째, 검사의 목적이 다양하기 때문이다. 검사의 목적에 부합하는 문항은 좋은 문항으로 평가되지만, 목적에 부합하지 않을 경우는 좋은 문항으로 평가되지 않을 수 있다. 예를 들어, 자격고시 등의 준거참조평가를 추구하는 검사를 제작할 때 매우 어려운 문항과 매우 쉬운 문항은 검사의 목적을 충족시키지 못한다.

이상의 이유에서 좋은 문항과 나쁜 문항이라고 단순히 평가하는 것은 적절하지 않을 수 있다.

좋은 문항이 되기 위해서는 다음과 같은 몇 가지 기준이 있다.

첫째, 문항의 내용이 측정하고자 하는 내용과 얼마나 일치하는가 하는 점이다. 문항 내용과 측정목적의 일치성 여부 확인은 문항제작자가 가장 먼저 고려하여야 할 점이다. 문항들이 측정하고자 하는 내용을 담고 있을 때, 검사의 타당도가 높다고 한다.

둘째, 문항 내용이 복합성(complexity)을 지녀야 한다. 복합성이라는 의미는 질문의 내용이 단순 기억에 의한 사실보다는 고등정신기능인 분석, 종합, 평가 등의 능력을 측정할 수 있는 문항이어야 한다는 것이다. 문항 내용의 복합성이란 복잡성과 구분된다. 질문이 간결, 명확하게 쓰여 있지 않은 경우를 복잡하다고 한다.

셋째, 문항 내용의 요약성을 들 수 있다. 문항은 열거된 단순 사실만을 질문하는 것이 아니라 열거된 사실들을 요약하고 일반화하며 나아가 추상화할 수 있는 내용을 포함하여야 한다.

넷째, 문항의 참신성이다. 이는 내용 측면이나 형식 측면에서 기존에 존재하는 진부한 형태의 문항이 아니라 새로운 문항을 의미한다. 참신한 문항의 출현은 새로운 지각에 의하여 제작된다. 그러므로 참신한 문항을 제작하기는 용이하지 않다. 제한된 교육과정의 내용을 측정하기 위하여 수년간 검사를 실시하였을 때 참신한 문항제작에는 많은 제한점이 따른다. 왜냐하면 중요한 내용을 묻는 문항들은 그전에 이미 출제되었기 때문이다.

다섯째, 문항이 구조화되어야 한다. 이는 문항의 체계성을 의미하는 것으로서 질문이 모호하지 않으며 구체화되어야 한다. 선택형 문항이 구성형 문항보다 구조화되어 있다고 할 수 있다. 예를 들어, '청년문화에 대하여 논하라'는 질문보다 '청년들의 소비문화에 대하여 논하라'는 질문이 보다 구조화되었다고 볼 수 있으며, 그보다 더욱 구조화된 문항은 '20대의 소비문화를 논하라'이다.

여섯째, 문항의 난이도가 적절하여야 한다. 때로는 검사도구에 포함시킬 이유가 없는 매우 어렵거나 쉬운 문항들도 있다.

일곱째, 문항은 학습동기를 유발할 수 있어야 한다. 교육평가, 측정, 검사의 목적이 학습목표 도달에 있을 때, 문항은 학습동기를 유발할 수 있도록 제작하여야 한다. 그러므로 학습동기에 따른 흥미를 유발하는 문항을 제작하여야 한다. 이와 같은 문항은 노력을 통한 성공적 경험을 하게 하여 긍정적 자아개념이 형성되도록 한다.

여덟째, 문항이 검사의 사용 목적에 부합하여야 한다. 검사의 목적은 상호 비교하는 규준참조검사와 목표의 도달 여부를 확인하는 준거참조검사로 구분되며, 각 검사의 사용목적에 부합하는 문항이라야 한다.

아홉째, 측정오차를 유발하지 않아야 한다. 문항을 제작함에 있어 문항의 답을 알고 있는 피험자임에도 불구하고 문항제작의 미숙으로 실수를 유발하여 답을 맞히지 못하는 경우 측정의 오차가 발생한다. 예를 들어, 오지 선다형의 문항에서 부정문으로 질문을 할 경우 부정문에 밑줄을 긋는 이유는 주의가 산만한 피험자에게 그 사실을 환기시켜 측정의 오차를 줄이기 위해서이며, 이는 검사의 신뢰도와 관계된다.

열째, 문항의 형식 면에서 각 문항 유형에 따른 제작지침에 근거해야 한다. 선택형 문항 중에 진위형, 배합형, 선다형, 그리고 구성형 문항 중에 단답형, 논술형의 문항 제작 요령에 따라 제작된 문항이어야 한다.

열한째, 문항편집 지침에 준한 문항이어야 한다. 문항의 체제, 인용문의 표현, 그림과 표 제시, 보기의 예시, 지문 등은 문항편집 지침을 따라야 한다. 문항편집 지침에 표준형은 없다. 그러나 기관마다 검사를 제작하기 위하여 통일된 편집 지침을 마련하고 있다. 통일된 문항편집 지침을 따르지 않으면 동일검사 내에서도 문항형식의 일관성이 결여된다.

열두째, 문항이 윤리적·도덕적으로 문제를 지니고 있지 않아야 한다. 검사도 교육의 연장이라는 관점에 비추어 보아 비도덕적·비윤리적 문항을 제작하지 않아야 한다. 국어의 경우 지문이 반사회적 내용이나 비윤리적 내용인 경우 그에 따른 질문은 좋은 문항이라 보기 힘들다. 특히 논술문의 경우 갈등상황을 제시하고 그에 대한 견해를 논하라는 문항 등은 좋은 문항이 될 수 없다.

열셋째, 특정 집단에 유리하게 제작되지 않아야 한다. 문항제작자의 자격 중 편견을 지니고 있지 않아야 한다는 것은 편견을 가진 사람은 어떤 특정 집단에 유리한 문항을 제작할 가능성이 높기 때문이다. 특정 집단에 유리하거나 불리하게 제작된 문항을 차별기능문항 혹은 편파성 문항이라고 한다.

4 문항 유형

1) 지필검사 문항 유형

지필검사의 문항 유형은 다양하며, 여러 가지 형태의 이름으로 불리고 있다. 그러나 여기서는 국제적으로 통용되고 있는 분류방법과 문항 유형을 따르기로 한다. 문항의 형태는 크게 두 종류로 구분된다. 하나는 선택형 문항이고, 다른 하나는 서답형 문항이다.

선택형 문항(selection type item)은 문항 내에 주어져 있는 답지 중에 하나를 고르는 문항 형태이고, 서답형 문항(supply type item)은 답이 문항 내에 주어진 것이 아니라 써넣는 문항 형태이다. 최근에는 서답형 문항을 구성형 문항(constructed type item)으로 분류하고 있다. 선택형 문항을 객관식 문항, 그리고 서답형 문항을 주관식 문항으로 부르기도 하나 학문적 용어는 아니다.

Mehrens과 Lehmann(1975)은 선택형 문항과 서답형 문항에 포함되는 문항 형태를 다음과 같이 구분한다.

- 선택형 문항(selection–type item; selected response)
  - 진위형(true–false form)
  - 선다형(multiple choice form)
  - 연결형(matching form)
- 서답형 문항(supply–type item)
  - 논술형(essay)
  - 단답형(short–answer form)
  - 괄호형(cloze form)
  - 완성형(completion form)

Gronlund(1988)는 선택형 문항과 서답형 문항을 다음과 같이 분류한다.

선택형 문항(selection-type item)
- 진위형(true-false form)
- 선다형(multiple choice form)
- 연결형(matching form)

서답형 문항(supply-type item)
- 단답형(short-answer form)
- 제한된 논술형(essay: restricted response form)
- 논술형(essay: extended response form)

McMillan(2014)은 선택형 문항과 구성형 문항을 다음과 같이 분류한다.

선택형 문항(selected-response item)
- 선다형(multiple-choice form)
- 양자택일형(binary-choice form)
- 연결형(matching form)

구성형 문항(constructed-response item)
- 단답형(completion form)
- 제한된 논술형(short-answer form)
- 논술형(essay form)

문항 유형을 분류할 때 Mehrens와 Lehmann의 분류나 McMillan의 분류가 보다 논리적이라 할 수 있다. 완성형 문항은 문장의 맨 끝에 단어나, 구 혹은 절을 써넣는 문항 형태로서 한글의 구문상 제작하기가 쉽지 않으므로 문항 유형의 특성상 괄호형 문항 유형에 포함할 수 있다.

이상에서 설명한 지필검사의 문항 유형 이외에 새로운 형태의 문항이 개발되고 있다. 선택형의 문항 유형으로 분류될 수 있는 진위형 문항에서 수정을 요구하는 진위형 문항, 옳은 진술만 선택하는 진위형 문항, 연계성 진위형 문항이 있다. 선다형 문항의 특수한 예로 그리드(grid) 문항이 있다.

2) 컴퓨터화 검사 문항 유형

컴퓨터화 검사는 전통적인 지필검사와 비교하였을 때 문항을 제시하는 방식에 차이가 있으나 검사 내 문항 유형은 지필검사 문항 유형과 크게 다르지 않다. 다만, 컴퓨터화 검사는 문항에서 활용할 수 있는 매체가 다양하고 답안 작성이 보다 자유롭기 때문에 지필검사에 비해 한 검사에서 다양한 문항 유형을 활용할 수 있다.

Sireci와 Zenisky(2006)는 제시된 응답의 제약 정도와 응답 방식에 따라 컴퓨터화 검사 문항 유형을 다음과 같이 구분하였다.

① 선다형(multiple choice)
② 확장된 선다형(extended multiple choice)
③ 다중 선택형(multiple selection)
④ 관계 특정형(specifying relationships)
⑤ 확장된 관계 특정형(drag–and–connect)
⑥ 순서 배열형(ordering information)
⑦ 분류형(select and classify)
⑧ 텍스트 이동/삽입형(inserting text)
⑨ 수정/대체형(correction and substitution)
⑩ 완성형(completion)
⑪ 그래프 완성형(graphical modeling)
⑫ 가설 설정형(formulating hypothesis)
⑬ 컴퓨터 기반 서술형(computer–based essay)
⑭ 문제 해결형(problem–solving vignette)

Parshall 외(2010)는 컴퓨터화 검사에서 활용할 수 있는 문항 유형을 선택형 문항, 구성형 문항, 확장형 문항으로 구분하고 각각에 포함되는 문항 유형을 다음과 같이 구분한다.

① 선택형(selected response item)
단수 선다형(multiple choice item)
다지 선다형(multiple response item format)
순서 배열형(ordered response item format)
영역 선택형(hot spot or figural response item)
대안 수정 선택형(selected response text-editing task)

② 구성형(constructed response item)
단답/서술/구술형(a short response-a verbal question)
영역 (재)구성형(figural constructed response item)
대안 수정 구성형(constructed response text-editing task)
생성형(generating expression)

③ 확장형(beyond constructed response item)

김경희 외(2018)는 피험자 응답양식에 근거한 웹 기반 검사의 문항 유형을 다음과 같이 분류하였다.

〈표 4-13〉 피험자 응답양식에 근거한 웹기반 검사 문항 유형

문항 유형		설명
선다(multiple choice: MC)		여러 개의 선택지 중에서 하나의 답을 고르는 유형
단답(short answer text response: SA)		키보드를 이용하여 텍스트 박스에 답을 입력하는 유형
그리드 (grid item: GI)	드래그 앤 드롭 (drag and drop)	항목을 선택한 다음에 끌어서 응답할 곳에 놓는 유형
	핫스폿(hot spot)	필요한 항목을 클릭하여 응답하는 유형
	graping, drawing	한 지점을 선택한 다음 선을 그려서 그래프를 그리는 유형
테이블상호작용 (table interaction: TI)		1개 이상의 텍스트 박스와 수학식과 숫자를 포함한 키패드로 구성되어 있는 문항으로, 제공된 키패드나 키보드를 이용하여 텍스트 박스에 방정식이나 숫자를 입력하는 유형

근거 기반 선택 반응 (evidence based selected response)	두 개의 영역(A, B)으로 구성되어 있는 문항. A 영역의 4개 선택지 중에서 정답을 선택한 다음, B 영역의 지문에서 그 근거가 되는 부분을 찾는 유형
핫 텍스트 (hot text, HTQ)	단어나 구를 클릭하여 선택하거나 클릭 및 드래그하여 단어나 구의 순서를 조정하는 유형
서술 (writing extended response: WER)	단답형보다 더 길게 응답해야 하는 유형으로, 키보드를 이용하여 답을 입력하는 유형

이재봉 외(2020)는 컴퓨터 기반 국가수준 학업성취도평가 도입을 위한 출제 방안 연구에서 지필검사 문항 유형에 기술공학적 유형을 접목하여 다음과 같이 문항 유형을 분류하였다.

〈표 4-14〉 컴퓨터 기반 국가수준 학업성취도 평가 문항 유형

문항 유형		설명
선택형	선다형	기존 지필평가의 5지 선다형 포함 그 외 다지 복수 선택 포함
	확장 선택형	기존 선다형 상당수 대체 가능 선지 구성을 위한 불필요한 문자화 과정 생략 핫스폿, 아래로 펼치기 방식 포함
	자료 연결형	기존 선다형 상당수 대체 가능 선지 구성을 위한 불필요한 문자화 과정 생략 다중 매칭 포함
	순서 배열형	해당 숫자, 단어, 구, 문장, 이미지 등을 선택하거나 끌어놓기로 순서 재정렬
구성형	단답형	단순 키보드 입력으로 작성하는 경우 기존 지필평가 서답형 유형과 동일
	서술형	단순 키보드 입력으로 작성하는 경우 기존 지필평가 서답형 유형과 동일
	수정형	틀린 내용을 선택하여 옳게 고쳐 쓰는 유형
	그래프/그림 완성형	그래프를 작성하거나 이동하는 것 포함 자유 드로잉 포함

컴퓨터화 검사의 문항 유형은 지속적으로 새로운 기법을 적용하게 되면서 기존 지필검사의 문항 유형에 더하여 다양한 매체를 활용할 수 있는 기술공학적 유형으로 확대될 것으로 예상된다. 기술공학적 유형은 지필검사 문항 유형 내에서 각각에 확장된 문항 유형 형태로 분류할 수 있다. 예를 들면, 선택형과 구성형 문항 내에 핫스폿이나 끌어놓기 등의 기술공학적 유형의 문항이 포함될 수 있다. 현재 다수의 검사가 지필형식으로 치러지고 있는 상황에서 컴퓨터화 검사가 점차 확대 적용되고 있으므로, 지필검사 문항 유형 내에 컴퓨터화 검사를 위한 기술공학적 유형을 포함하는 방식의 문항 유형 분류가 독자에게 보다 친숙할 것이다.

3) 수행평가 과제 유형

수행평가는 1990년대에 학계에 소개된 이후 다양한 유형으로 분류되어 왔다. Nitko와 Brookhart(2007)는 수행평가를 구조화된 수행평가, 전형적 수행에 대한 평가, 포트폴리오, 실기평가, 실험, 발표, 시뮬레이션으로 구분하였고, McMillan(2014)은 수행평가를 포트폴리오와 구분되는 평가방법으로 분류하면서 수행평가 과제의 유형을 제한형 과제와 확장형 과제로, 포트폴리오와 e-포트폴리오로 구분하여 설명하고 있다.

국내에서는 학생의 성장을 위한 교육에 초점을 두기 시작하면서 초·중등학교에 수행평가가 본격적으로 적용되었고 수행평가와 관련된 연구들이 수행되었다. 교육부와 한국교육과정평가원(2017)은 '학습결과에 대한 평가' 방식에서 '학습을 위한 평가/학습으로서의 평가' 방식으로 평가 패러다임이 변화되어야 하며, 이러한 과정 중심 평가에 적합한 대표적인 평가 방식으로 수행평가를 제안하면서 논술, 구술, 토의·토론, 프로젝트, 실험·실습, 포트폴리오, 관찰법, 자기평가·동료평가 등으로 분류하였다.

홍선주 외(2014)는 수행평가 과제 유형을 서술형 및 논술형, 구술, 토론, 실험·실습, 프로젝트, 포트폴리오로 분류하였고, 김선, 반재천, 박정(2017)은 구두발표, 토론, 역할놀이, 모둠 토의, 글쓰기, 포트폴리오로 분류하였다. 강대일과 정창규(2019)는 수행평가 방법을 기록 방법에 따라 체크리스트, 평정척도법, 일화기록법으로, 평가자에 따라 자기평가, 동료평가로, 평가 장면에 따라 논술, 구술, 토의, 토론, 실기, 보고서법, 프로젝트, 포트폴리오로 구분하였다.

이러한 분류들은 학생이 실제로 수행해야 하는 과제와 과제를 수행하는 방법이나 과제를 수행하는 과정에서의 평가방법들도 포함하고 있다. 수행평가는 과제의 특성에 따라 다양한 수행 유형을 활용하고, 평가의 주체도 교사로 한정되는 것이 아니라 관찰, 자기평가나 동료평가 등 학생도 주체가 될 수 있도록 활용하는 것이 바람직하다. 다만, 관찰, 자기평가, 동료평가 등은 실제로 학생이 수행해야 하는 과제 유형 내에 포함되어 이루어지는 경우가 대부분이다.

제5장 지필검사 문항제작

지필검사의 문항 유형은 Mehren과 Lehmann의 분류를 참조하여 문항제작 방법과 그에 따른 장단점을 설명한다. 문항 유형으로 선택형에 진위형, 선다형, 연결형이 있으며, 구성형에는 괄호형, 단답형, 논술형이 있다. 선택형의 완성형은 괄호형에 포함시킨다.

1 선택형

선택형 문항은 문항 내에 주어진 답지 중에서 정답을 선택하는 문항 유형이다. 선택형 문항에는 진위형, 선다형 그리고 연결형 문항 등이 있으며, 각 문항 유형에 대한 정의, 특징, 제작원리와 장단점을 살펴본다.

1) 진위형

(1) 정의

진위형 문항은 선다형 문항만큼 많이 사용되고 있는 문항 형태로서 교사들이 제작하는 검사에서 흔히 찾아볼 수 있다. 그 이유는 문항제작이 용이하기 때문이다. **진위형 문항**(true and false type)은 제시된 진술문에 피험자가 맞는지 틀리는지, 즉 옳은지 그른지를 응답하는 문항 형태이다. 변형된 형태로는 '예' '아니요' 혹은 '찬성한다' '반

대한다'로 응답하는 형태가 있다.

(2) 제작원리

진위형 문항의 제작원리는 다음과 같다.

① 질문, 즉 진술문에 중요한 내용을 포함한다.
② 복합적인 학습 내용을 측정하기 위하여 기초적 자료에 근거한 문항을 작성한다.
③ 일반화되지 않은 주장이나 이론의 옳고 그름을 묻지 않는다.
④ 하나의 질문에 하나의 내용만 포함되도록 한다.
⑤ 부정문의 사용을 삼가야 한다. 이중 부정은 더욱 삼가야 한다.
⑥ 교과서에 있는 똑같은 문장으로 질문하지 않는다.
⑦ 가능한 한 간단명료하게 단문으로 질문한다.
⑧ 답의 단서가 되는 부사어를 사용하지 않는다.

① 질문, 즉 진술문에 중요한 내용을 포함한다.

진위형 문항은 중요한 내용을 질문해야 하며 중요하지 않은 내용이 답에 영향을 주지 않아야 한다. 중요하지 않은 내용을 질문하여 오답을 유도하는 것은 바람직하지 않다. 문항의 답을 알고 있음에도 불구하고 중요하지 않은 내용에 대한 질문 때문에 답을 맞히지 못하였을 때 측정의 오차는 커지고 검사의 신뢰도는 감소하게 된다.

예 1

수정 전

1inch는 2.54mm이다. (×)

분석 1inch는 cm로 환산하여 계산하는 것이 일반적이므로 1inch가 2.54cm에 해당함을 알고 있는지가 중요 측정 내용이 되어야 한다. 따라서 2.54mm라고 질문하여 부주의한 학습자에게 오답을 유발하기보다는 3.54cm로 질문하여 중요한 학습 내용을 알고 있는지 질문하는 것이 바람직하다.

수정 후

1inch는 3.54cm이다. (×) 혹은
1inch는 2.54cm이다. (○)

예 2

수정 전

문항제작자가 선호하는 진위형 문항은 선택형 문항의 일종이다. (○)

분석 이 질문에서 '문항제작자가 선호하는'은 불필요한 문장이다. 그러므로 불필요한 지시문이나 문장은 제거하고 필요한 내용만을 포함해야 양질의 문항이 된다.

수정 후

진위형 문항은 선택형 문항의 일종이다. (○)

② 복합적인 학습 내용을 측정하기 위하여 기초적 자료에 근거한 문항을 작성한다.

진위형 문항으로 도표, 지도, 그림 등의 해석에 근거한 복합적 지식을 측정하는 경향이 있다. 다양한 정보에 의한 복합적 내용을 해석, 분석, 비판하는 능력을 측정하기 위하여 도표나 그림 등을 이용하는 것이 바람직하다.

예

수정 전

영국은 우리나라보다 9시간 느리다. (×)

분석 이 질문은 복합적 지식보다는 단순 암기로 풀이가 가능하다. 수정 후 문항과 같이 지도를 사용하여 시차의 원리를 이해하고 해석하는 능력을 측정하는 것이 바람직하다.

수정 후

다음은 세계의 시간대를 나타낸 지도이다. 이를 보고 다음 물음이 맞으면 ○, 틀리면 × 표시하시오.

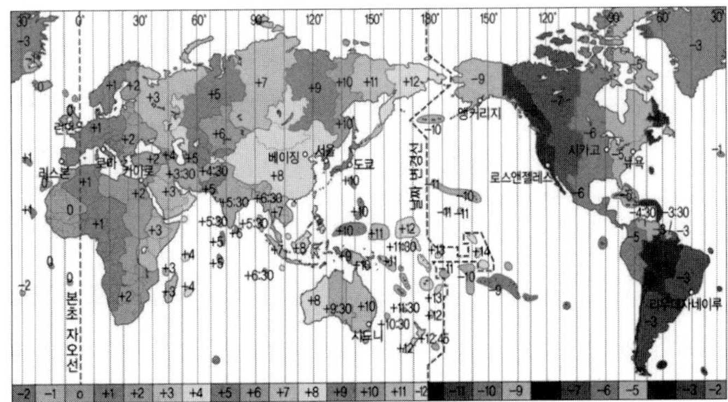

(1) 우리나라의 경우 동경 135°를 표준시로 사용한다. (○)
(2) 본초 자오선을 기준으로 15°씩 동쪽으로 갈수록 1시간씩 늦어진다. (×)
(3) 영국은 우리나라보다 9시간 느리다. (×)

③ 일반화되지 않은 주장이나 이론의 옳고 그름을 묻지 않는다.

일반화되지 않은 주장이나 이론은 정답에 대한 논란의 가능성이 있으므로 진술이 맞는지 혹은 틀리는지를 묻는 것은 질문의 내용이 될 수 없다. 일부 학자나 학파의 이론에 대하여 옳고 그름을 묻는 것은 학문적 논쟁의 대상이 될 수 있을지 몰라도 피험자의 인지능력을 측정하는 데는 적합하지 않다. 부득이 어떤 학자나 학파의 의견이나 이론에 대하여 질문을 하고자 할 때는 학자나 학파의 이름을 명기하고 질문을 할 수 있다. 이 역시 제한된 학자나 학파의 견해이므로 지엽적이 될 수 있다.

예

수정 전

사람은 8가지로 구분된 지적 능력을 가지고 있다. (×)

〈교육심리학(Robert E. Slavin, 강갑원 외 역, 2013)〉

분석 이 문항은 다중지능이론과 관련된 질문으로, 다중지능이론을 주장하는 경우에는 '참'이라고 응답할 것이며, 다중지능이론을 지지하지 않는 경우에는 '거짓'이라고 응답할 확률이 높다. 이와 같이 논쟁의 소지가 있는 진술문은 옳고 그름을 판단하는 진위형 문항에 적합하지 않다.

수정 후

×××는 사람은 8가지로 구분된 지적 능력을 가지고 있다고 하였다. (○)

④ 하나의 질문에 하나의 내용만 포함되도록 한다.

질문에 여러 가지 내용이 포함되면 피험자의 능력을 정확하게 추정하기 어렵다. 모든 내용을 모두 알고 있을 때 1점을, 어느 부분이라도 모르면 0점을 얻는다. 다수의 내용을 알지 못한 피험자나 일부만 모르는 피험자 역시 0점으로 처리되므로 능력추정이 정확하지 않을 뿐 아니라 피험자를 능력에 따라 구분하기가 용이하지 않다. 또한 질문이 많은 내용을 포함하면 여러 문항으로 폭넓은 내용을 측정할 수 있는 단답형 문항의 특징을 상실한다.

예

수정 전

고려는 왕건이 건국했고, 조선은 이성계가 건국했다. (○)

분석 이 질문은 두 가지 내용을 질문하고 있다. 그러므로 한 문제가 두 가지 내용을 포함할 때, 두 가지 내용을 모두 알고 있는 피험자만이 문항의 답을 맞힐 수 있다. 문항의 답을 맞히지 못한 피험자의 능력을 구분하기 위하여 두 문항으로 출제하거나 한 가지 내용만 질문하는 것이 바람직하다.

수정 후

고려는 왕건이 건국했다. (○) 혹은
조선은 왕건이 건국했다. (×)

⑤ 부정문의 사용을 삼가야 한다. 이중부정은 더욱 삼가야 한다.

부정문이 사용된 질문이 때로는 피험자에게 긍정문으로 인식되어 실수로 문항의 답을 맞히지 못하는 경우가 생기게 된다. 특히 능력수준이 높고 즉각적인 사고를 하는 피험자일수록 주의를 기울이지 않아 실수를 범하게 된다. 부득이하게 부정문을 사용할 때는 피험자의 주의를 환기시키기 위하여 밑줄을 긋는 것이 바람직하다. 이중부정문은 피험자를 혼란에 빠지게 하여 실수를 유발하게 되므로 삼가는 것이 좋다.

예 1

수정 전

문항제작에서 질문을 부정문으로 하는 것은 바람직하지 않다. (○)

분석 이 문항은 실질적으로 이중부정의 내용을 지니고 있다. 첫째, 부정문이란 단어가 부정의 의미를 지니고 있으며, 바람직하지 않다가 부정의 뜻을 지니고 있다. 그러므로 바람직하지 않다는 내용만 긍정문으로 교정하든가 혹은 질문 모두를 긍정문으로 수정할 수 있다.

수정 후

문항제작에서 질문을 부정문으로 하는 것이 바람직하다. (×) 혹은
문항제작에서 질문을 긍정문으로 하는 것이 바람직하다. (○)

예 2

수정 전

검사가 너무 어렵거나 쉬우면 검사 신뢰도는 높지 않다. (○)

분석 '높지 않다'는 것은 '낮음'은 물론 '높지도 낮지도 않은 상태'도 포함하는 것이므로 부정문을 사용함으로써 피험자의 실수를 야기할 뿐 아니라, 질문 내용도 분명하지 않다. 따라서 '높지 않다'를 긍정문으로 교정하여 질문 내용을 더욱 분명하게 수정하는 것이 좋다.

수정 후

검사가 너무 어렵거나 쉬우면 검사 신뢰도는 낮아진다. (○)

⑥ 교과서에 있는 똑같은 문장으로 질문하지 않는다.

교과서에 있는 문장을 그대로 진술하면 피험자들이 기억력에 의하여 문항의 답을 맞힐 확률이 높을 뿐 아니라 깊게 생각하지 않고 응답하는 경향이 있다. 가능하면 피험자가 생각하여 응답하게 하는 문항이 좋은 문항이므로 교과서나 어떤 참고서에 있는 내용을 그대로 진술하여 질문하는 것은 바람직하지 않다.

⑦ 가능한 한 간단명료하게 단문으로 질문한다.

질문은 간단명료하게 한다. 또한 문어체보다는 구어체가 더 간단할 수 있다. 복문이나 여러 개의 단문을 늘어놓은 형태의 질문은 질문의 내용이 불명확할 수 있다. 또한 긴 문장으로 제작된 질문은 측정 내용의 인지 여부를 확인하기 전에 질문에 대한 이해능력, 즉 독해능력이 요구되므로 독해능력이 없으면 측정하고자 하는 영역에 대한 지식은 있으나 답을 맞히지 못하게 된다. 이와 같은 문항은 검사의 신뢰도를 저하시킨다.

예

수정 전

국토 대부분이 산지로 이루어진 스위스, 오스트리아 등지는 깨끗한 자연환경을 이용하여 산악 스포츠 및 관광 산업이 발달하였다. (○)

〈EBS 중학 뉴런 사회 ①(2015 개정 교육과정)〉

분석 질문의 핵심 내용은 스위스와 오스트리아의 지형 특성과 주민 생활을 묻는 것으로, 정답을 유추할 수 있는 '국토 대부분이 산지로 이루어진'이나 '깨끗한 자연환경' 등의 내용을 제거하고 간결하게 질문하는 것이 바람직하다.

수정 후

스위스, 오스트리아 등지는 산악 스포츠 및 관광 산업이 발달하였다. (○)

⑧ 답의 단서가 되는 부사어를 사용하지 않는다.

'절대(absolutely)' '항상(always)' '모두(all)' '전혀(never)' '오직(only)' 등의 부사어는 진술문이 틀렸다는 단서가 될 수 있다. 반대로 '흔히(usually)' '간혹(sometimes)' 등의 부사어는 진술문이 옳음을 암시한다. 따라서 가능하면 두 종류의 부사어를 사용하지 않는 것이 바람직하다. 그 이유는 항상 진리일 수 있는 진술문에 '가끔'이라는 단어를 사용하거나, 반대로 항상 진리가 아닌 서술문에 '항상', '절대'라는 단어를 사용하면 틀린 답임을 암시하기 때문이다.

예 1

수정 전

문항 수를 추가하면 항상 신뢰도가 증가한다. (×)

분석 '항상'이란 단어는 일반적으로 답이 틀림을 암시한다. 문항을 증가시킨다고 신뢰도가 항상 증가하는 것이 아니라 양질의 문항을 추가할 때 신뢰도가 증가한다.

수정 후

양질의 문항 수를 추가하면 신뢰도는 증가한다. (○)

예 2

수정 전

시민 혁명을 통해 모든 사람은 참정권을 행사할 수 있게 되었다. (×)

〈완자 통합사회(2015 개정 교육과정)〉

분석 자연 현상이나 사회적 사건 등은 일반적으로 예외 사례를 포함하기 때문에, '모든' 등의 부사어를 사용하면 정답을 알지 못하는 피험자도 오답으로 응답할 가능성이 있다.

수정 후

시민 혁명을 통해 대다수의 사람이 참정권을 행사할 수 있게 되었다. (×)

⑨ 정답이 ○인 문항과 ×인 문항의 비율이 한편으로 치우치지 않게 한다.

답이 ○인 문항과 ×인 문항의 비율을 유사하게 하여야 한다. 예를 들어, 열 개의 진위형 문항이 있다면 ○가 답인 문항과 ×가 답인 문항의 비율을 4 : 6 혹은 5 : 5 혹은 6 : 4로 유지하는 것이 바람직하다. 이는 두 유형의 문항 비율을 꼭 동일하게 하여야 한다는 것을 의미하지는 않는다. 만약 두 유형의 문항 비율을 동일하게 제작한다면, 현명한 피험자는 알고 있는 문항들에 먼저 응답하고 모르는 문항의 답은 문항반응 비율에 따라 응답하여 답을 맞힐 수 있다. 예를 들어, 열 문항의 진위형 검사에서 아홉 문항의 답을 알고 있으며 한 문항의 답을 알지 못할 때, 응답을 한 아홉 문항 중 여섯 문항의 응답이 ○이었다면 답을 알지 못하는 한 문항의 답을 ×로 응답하여 문항의 답을 맞힐 수 있게 된다. 반대로 피험자가 많은 문항의 답을 ×로 응답하고 난 후, 답을 모르는 어떤 문항이 있다면 답이 ○이거나 ×인 비율에 의하여 그 문항은 ○라고 응답하는 경향이 있다. 이런 관점에 비추어 가능한 한 추측에 의하여 문항의 답을 맞힐 수 있는 기회를 최소화할 수 있도록 문항을 제작하는 것이 바람직하다.

⑩ 정답의 유형이 고정되지 않고 무선적이 되게 한다.

정답 유형이 ○, ×, ○, ×, ○, ×로 되거나, ○, ○, ×, ×, ○, ○, ×, ×, 혹은 ○, ×, ×, ○, ×, × 등의 어떤 규칙성을 가진 유형이 되지 않도록 무선적으로 배열한다. 정답 유형이 어떤 형태를 이룰 때, 피험자는 문항의 답을 알지 못하면 그 정답 유형에 맞추어 답을 하게 된다. 예를 들어, 첫 번째 정답 유형의 응답 형태가 ○, ×, ○, ×, ○, ×인 여섯 문항의 진위형 문항이 있을 때 만약 네 번째 문항의 답을 알지 못한 현명한 피험자는 ×로 응답하게 된다.

(3) 특수한 형태의 진위형 문항

진위형 문항의 특수한 형태로 Oosterhof(1994)는 세 가지를 제안하고 있다. 교정진위형 문항, 옳은 진술만 선택하는 문항, 연계성 진위형 문항이 그것이다.

교정진위형 문항(true-false requiring correction item)이란 진위형 문항에서 만약 질문의 내용이 틀리다고 응답하였을 때 틀린 내용을 수정하게 하는 문항이다.

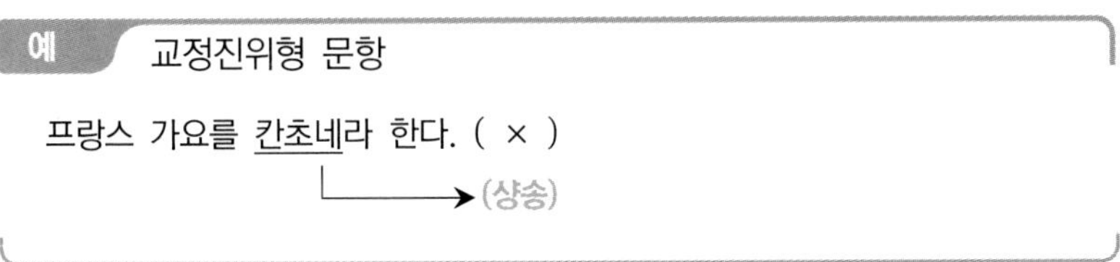

예 교정진위형 문항
프랑스 가요를 칸초네라 한다. (×)
(샹송)

옳은 진술만 선택하는 문항(multiple true-false item)이란 답지 중에서 옳은 답지만 선택하게 하는 질문 유형이다.

예 옳은 진술만 선택하는 문항

* 다음 답지를 읽고 옳은 것만 고르시오. (정답: ① ③ ④)

선다형 문항과 비교하여 진위형 문항의 특징은?

① 문항추측도가 높다.
② 신뢰도를 높일 수 있다.
③ 문항 개발에 시간이 적게 걸린다.
④ 많은 문항으로 검사를 실시할 수 있다.

연계성 진위형 문항(sequential true-false item)이란 논리를 전개하는 문항이나 그 계산절차에 의한 단계에서 각 단계마다 맞고 틀림을 묻는 문항이다.

예 연계성 진위형 문항

* 다음은 $(4x-3)(3x+8)=(3x+4)(3x+6)$의 식에 의하여 x의 값을 구하는 절차이다. 각 절차가 맞으면 ○, 틀리면 ×를 표시하시오.

1. $12x^2-24=9x^2+24$ (×)
2. $3x^2=48$ (○)
3. $x^2=16$ (○)
4. $x=8$ (×)

이 문항은 연속적으로 전개되는 계산절차에서 연속적으로 제시되는 질문에 대하여 진위형으로 응답하는 유형이다.

(4) 장단점

진위형 문항은 일반적으로 능력수준이 낮은 피험자 집단인 초등학교에서 자주 사용되나 많은 피험자를 간단하게 분류하는 방법으로도 이용된다. 그 예로 회사의 입사시험과 수강생이 많은 교양과목에 자주 사용된다. 진위형 문항의 장점은, 첫째, 문항제작이 용이하다. 간단한 진술문, 즉 문장으로 질문하므로 문항제작이 쉽다. 둘째, 채점의 객관성을 높일 수 있다. 문항의 답이 정해져 있으므로 채점과정이나 결과에 대해 논란이 일지 않는다. 셋째, 정해진 검사 시간 내에 다수의 문항으로 많은 교과내용을 측정할 수 있다.

이상과 같은 장점이 있는 진위형 문항은 다음과 같은 단점 또한 지니고 있다.

첫째, 추측에 의하여 문항의 답을 맞힐 수 있다. 즉, 문항의 답을 알지 못하더라도 답을 맞힐 확률이 .5가 되므로 추측에 의하여 문항의 답을 맞힐 확률이 높아 검사의 신뢰도가 낮아질 수 있다. Downing(1992)은 진위형 문항이 선다형 문항보다 쉽고 신뢰도도 낮게 추정된다고 보고하였다.

둘째, 고등정신능력보다는 단순정신능력을 측정할 가능성이 높다. 물론 문항제작자의 능력과 문항의 측정목적에 의하여 문항의 기능이 달라지지만 일반적으로 단순정신능력을 측정하기가 쉽다.

셋째, 학습동기가 감소된다. 검사의 문항 형태가 진위형으로 출제된다고 할 때, 학생들의 학습동기가 저하되는 경향이 있으며, 심지어는 그날의 운에 의지하는 경향마저 보이는 경우가 있다.

넷째, 문항의 변별력이 감소할 수 있다. 문항의 답을 맞히고 틀리는 이분 점수이므로 선다형 문항보다 문항변별도가 낮은 경향이 있다.

다섯째, 곁눈질이 용이하다. 응답의 형태가 ○나 ×로 표기되므로 시험에서 부정행위인 곁눈질에 의하여 문항의 답을 맞히기 쉽다.

2) 선다형

(1) 정의

선다형 문항(multiple choice form item)은 선택형 문항 유형 중 가장 많이 쓰이는 유형으로, 세 개 이상의 답지가 부여되어 그중 맞는 답지나 혹은 가장 알맞은 답지를 선택하는 문항이다. 다수의 피험자에 대한 검사의 효율성을 높이고 과정의 정확성을 기하기 위하여 1914년 Kelly가 고안하였다(Madaus, Russell, & Higgins, 2009). 선다형 문항은 매우 쉬운 문항에서부터 어려운 문항을 제작할 수 있어 학업성취도검사에 흔히 사용된다. 여러 개의 답지(alternative, choice, option) 중에 정답이 아닌 틀린 답지(distract, foil)를 어떻게 제작하는가에 따라 문항난이도가 변화되는 특징을 지니고 있다. 만약 답지들을 단순하게 제작하면 단순기억능력을 측정하는 문항이 되며, 복합적인 답지를 제작하면 고등정신능력까지 측정할 수 있는 특징을 지니고 있다. 그러므로 선다형 문항이 암기 위주의 교육을 유도한다는 주장은 타당하지 않다. Wood(1977)도 선다형 문항이 창의성과 감각적 사고를 저해한다는 비판에 대하여 반론을 제기하고 있다. 즉, 잘못 제작된 문항으로 검사가 실시될 때 암기 위주의 교육이 이루어지며, 학생들의 '찍기기술'이 발달된다고 보았다.

선다형 문항은 일반적으로 답지가 세 개, 네 개 혹은 다섯 개로 이루어진다. 진위형의 경우 주어진 질문에 대하여 맞고 틀림을 결정하는 문항으로 이 문항 역시 두 개의 답지가 제공된 선다형 문항의 특수한 예라 할 수 있다. 선다형 문항이 측정하는 내용은 일반적으로 용어, 사실, 개념, 원리, 이론 등에 대한 지식이다.

선다형 문항은 옳은 답을 선택하는 정답형 문항(absolutely-correct type item)과 여러 답지 중 가장 옳은 답을 선택하는 최선답형 문항(best answer type item)이 있다. 최선답형은 학습내용을 정확하게 이해하지 못한 피험자에게 혼동을 일으킬 수 있도록 해야 하므로 문항제작이 정답형보다 다소 어렵다. 정답형 문항이나 최선답형 문항 모두 선다형 문항으로 분류한다.

선다형 문항의 적절한 답지 수에 대한 공통적 연구결과는 없다. 사지 선다형이나 오지 선다형 문항을 제작하는 것이 일반적 경향이다. 답지 수와 문항 수는 신뢰도에 영향을 주며, Ebel(1969)은 문항 수가 적을 때는 답지 수를 늘리는 것이 좋고, 문항 수가 많을 때는 답지 수가 적어도 된다고 하였다. 그 예로, 1시간이 소요되는 검사에서 삼지 선다형 70문항의 검사와 사지 선다형 50문항의 검사가 유사한 신뢰도를 지닌다고 보고하였다. 그러나 Budescu와 Nevo(1985)는 이와 같은 문항 수와 답지 수의 비율적 관계에 대한 개념을 모순이라고 지적하고 질문 자체에 의하여 답지 수가 결정되어야 한다고 주장한다. 즉, 질문의 내용에 따라 답지 수가 결정될 수 있으며, 답지 수를 증가시키기 위한 고의적 시도는 문항의 질을 저하시킬 가능성을 내포하고 있다. 이뿐 아니라 매력도가 떨어지는 답지는 오답지로서의 기능을 상실하므로 오지 선다형의 문항이라도 매력적이지 않은 오답지의 수에 따라 사지 혹은 삼지 선다형 문항이 될 수 있다. 답지 수를 늘려야 하는 의무감 때문에 '모든 것이 정답' 혹은 '답지 없음'의 답지를 작성하는 경우도 있다.

(2) 제작원리

"문항제작은 예술이다."(Embreston, 1985; Popham, 1984)라는 말과 같이 문항제작에 많은 공을 들일수록 문항은 세련되고 좋은 문항이 된다. 선다형 문항의 제작원리는 다음과 같다.

① 문항은 중요한 학습내용을 포함한다.
② 문항마다 질문의 내용이 하나의 사실을 묻도록 단순, 명쾌하게 구조화한다.
③ 용어의 정의나 개념을 묻는 질문에서는 용어를 질문하고 답지에 용어의 정의나 개념을 나열한다.
④ 문항이나 답지는 간단하고 명확한 단어로 진술한다.

⑤ 문항의 질문 형태는 가능하면 긍정문으로 한다.
⑥ 문항의 질문내용 중 답을 암시하는 내용이 포함되지 않도록 한다.
⑦ 그럴듯하고 매력적인 오답지를 포함한다.
⑧ 답지들 중 정답이 두 개 이상일 경우 최선의 답을 선택하도록 환기시킨다.
⑨ 피험자에게 옳은 답지를 선택하거나 틀린 답지를 제거할 수 있는 단서를 제공하지 않도록 한다.
⑩ 답지만을 분석하여 문항의 답을 맞히지 않도록 답지를 구성한다.
⑪ 답지는 가능하면 짧게 제시한다.
⑫ 문항의 답지들은 상호 독립적인 내용으로 구성한다.
⑬ 각 답지에 똑같은 단어들이 반복되는 것을 피한다.
⑭ 답지들의 형태를 유사하게 구성한다.
⑮ 유사한 답지끼리 인근 답지가 되게 배열한다.
⑯ 답지 사이에 중복을 피한다.
⑰ 답지의 길이를 가능하면 비슷하게 하고, 다소 상이할 때는 짧은 길이의 답지부터 배열한다.
⑱ 답지들이 수나 연도로 서술될 때, 일반적으로 작은 수부터 큰 수로 배열한다. 또한 답지들이 간단한 하나의 단어로 표기될 때 가나다순 혹은 알파벳순으로 나열한다.
⑲ 답지에 어떤 논리적 순서가 있다면 논리적 순서에 따라 배열한다.
⑳ 답지 중 '모든 것이 정답' 혹은 '정답 없음' 답지를 사용하지 않는다.
㉑ 질문에 그림이나 도표 등을 포함할 경우 그림, 도표, 질문 그리고 답지가 모두 동일 쪽에 인쇄되도록 배치한다.
㉒ 정답의 번호가 일정 형태를 유지하지 않도록 무선순으로 구성한다.
㉓ 정답이 일정 번호에 치우치지 않도록 작성한다.

① 문항은 중요한 학습내용을 포함한다.

문항은 중요한 학습내용을 측정할 수 있도록 제작되어야 한다. 교수·학습과정에서 중요하게 다루지 않은 교과내용을 묻는 질문은 피하여야 한다. 교과내용은 제한되어 있고 많은 문항이 출제되다 보면 측정되지 않은 내용이 거의 없어 지엽적이고 중요하지 않은 내용을 묻는 문항을 제작하는 경우가 있다. 그러므로 어떤 내용을 모두 이해하였다면 다른 교육내용으로 대치하여 교육과정의 변화를 가져와야 한다. 이런 관점에서 교육평가와 교육과정은 상호 밀접한 관계를 지녀야 한다. 중요한 교과내용의 인지 여부를 측정하여야만 교육목표 성취수준을 파악할 수 있다.

② 문항마다 질문의 내용이 하나의 사실을 묻도록 단순, 명쾌하게 구조화한다.

질문이 무엇을 묻는지가 명확하여야 한다. 질문이 모호하면 피험자는 답지를 보고 응답하기 때문에 답지를 읽지 않고도 질문을 이해할 수 있어야 한다.

예 1

수정 전

다음 중 '지식의 구조'와 관계가 가장 먼 것은?

① 기본 개념 ② 핵심적 아이디어
❸ 교과의 중간 언어 ④ 학문중심 교육과정

분석 질문의 내용이 '지식의 구조'를 물을 때 이는 일반적 지식의 구조인지 혹은 어떤 이론에 의한 지식의 구조를 묻는지 분명하지 않다. 즉, 질문이 구조화되어 있지 않고 모호하므로 '지식의 구조'에 대한 구체적 내용을 제시하여야 한다.

수정 후

다음 중 브루너(Bruner)의 '지식의 구조'와 관계가 가장 먼 것은?

① 기본 개념 ② 핵심적 아이디어
❸ 교과의 중간 언어 ④ 학문중심 교육과정

예 2

수정 전

다음의 설명 중에서 옳지 않은 것은?

① 촌락은 자연환경이 반영된 형태를 띤다.
❷ 자연발생적인 촌락은 규칙적 가옥 분포를 보인다.
③ 남향에 입지한 촌락이 북향에 비해 일조량이 풍부하다.
④ 촌락의 주거공간으로는 배산임수를 선호한다.

〈천재교육 고등학교 한국지리 교사용 지도서(2009 개정 교육과정)〉

분석 수정 전 문항은 질문내용이 모호하며 구체적이지 않기 때문에 피험자가 답지를 읽으면서 질문의 의도를 파악해야 한다. 따라서 문항이 묻고자 하는 내용, 즉 답지를 읽지 않아도 질문이 어떠한 내용을 묻는지 피험자가 알 수 있도록 '촌락의 입지나 형태'를 질문에 제시하는 것이 좋다.

수정 후

다음 중 촌락의 입지나 형태에 대한 설명으로 옳지 않은 것은?

① 촌락은 자연환경이 반영된 형태를 띤다.

② 촌락의 주거공간으로는 배산임수를 선호한다.

❸ 자연발생적인 촌락은 규칙적 가옥 분포를 보인다.

④ 남향에 입지한 촌락이 북향에 비해 일조량이 풍부하다.

③ 용어의 정의나 개념을 묻는 질문에서는 용어를 질문하고 답지에 용어의 정의나 개념을 나열한다.

용어의 정의와 개념에 대한 이해 여부를 묻기 위하여 두 가지 형태로 질문할 수 있다. 하나는 용어에 대한 정의나 개념을 설명하고 그에 대한 용어를 답지에서 찾게 하는 질문 형태이다. 이와 같은 문항은 설명된 개념이나 관련 있는 용어를 답지에서 선택하게 하므로 용어를 구분하는 능력을 측정할 뿐, 복잡한 용어에 대한 정확한 이해 정도를 측정할 수 없다. 고등정신능력을 측정하려면 용어에 대한 정의나 개념을 질문하고 그 용어나 개념에 대한 설명을 답지에 열거하여 그중 가장 옳은 답지를 선택하게 하는 것이 바람직하다. 용어의 정의나 개념을 정확하게 이해하지 못한 피험자에게 이와 같은 문항은 어려운 문항이 되며 문항의 교수적 기능도 높다. 중요한 용어나 혼동이 자주 일어나는 용어에 대한 이해 여부를 묻기 위하여 자주 이용된다.

예

수정 전

모집단을 대표하는 표본을 반복하여 추출하였을 때 모집단 평균과 표본 평균과 차이의 표준편차는?

① 편차 ❷ 표준오차

③ 표준편차 ④ 표집오차

분석 이 질문은 표집에 따른 표준오차를 묻기 위하여 용어에 대한 정확한 설명을 하고 그에 대한 용어를 묻는 질문 형태이다. 표준오차에 대한 이해가 확실하지 않더라도 네 개의 답지 중에 유사한 답지를 선택할 수 있다. 그러나 수정 후 문항 형태로 수정하였을 때 표준오차에 대한 정확한 이해 없이는 답을 맞히기 어려우며 혼동을 주어 답지의 비교, 분석 등의 고등정신능력을 측정할 수 있다.

수정 후

표준오차란?
① 표본분포 평균들의 표준편차
② 모집단 평균과 표본 평균과 차이의 평균
❸ 모집단 평균과 표본 평균과 차이의 표준편차
④ 표집분포의 평균과 모집단 평균과 차이의 표준편차

④ 문항이나 답지는 간단하고 명확한 단어로 진술한다.

질문이나 답지를 서술할 때 가능한 한 정확한 단어로 서술하여야 하며, 불필요하게 어려운 단어나 복잡한 구문을 사용하지 않아야 한다. 복잡한 구문에 의한 서술은 측정하고자 하는 교과내용을 측정하기보다는 언어능력을 측정할 가능성이 크기 때문이다.

예 1

수정 전

행정문화란 행정체제의 구성원들이 공유하는 가치와 신념, 그리고 태도와 행동양식의 총체라고 할 수 있다. 호프스테드(Hofsteds)의 문화차원을 근거로 하였을 때 한국문화의 특성으로 보기 어려운 것은?

❶ 개인주의 ② 온정주의
③ 권위주의 ④ 안정주의

〈2015년 7급 공무원시험(국가직) – 행정학〉

분석 이 문항은 호프스테드(Hofsteds)의 문화차원에 대한 지식이 있으면 해결할 수 있으므로 지문의 첫 번째 문장은 문항을 푸는데 반드시 필요한 정보라고 보기 어렵다. 따라서 문제해결에 불필요한 정보 없이 질문을 간결하게 하여야 하며, 답지도 가나다순으로 배열하는 것이 보기에 좋다.

수정 후

호프스테드(Hofsteds)의 문화차원을 근거로 하였을 때 한국문화의 특성으로 보기 어려운 것은?

❶ 개인주의 ② 권위주의
③ 안정주의 ④ 온정주의

예 2

수정 전

로위(Lowi)는 강제력의 행사방법과 강제력의 적용영역 차이에 따라 정책을 네 가지(A~D)로 유형화하고, 정책유형별 특징과 사례를 제시하였다. 이에 대한 설명으로 옳지 <u>않은</u> 것은?

강제력의 적용영역 / 강제력의 행사방법	개별적 행위	행위의 환경
간접적	A	B
직접적	C	D

① A에서는 정책내용이 세부 단위로 쉽게 구분되고 각 단위는 다른 단위와 별개로 처리될 수 있다.
② B에는 선거구 조정, 정부조직이나 기구 신설, 공직자 보수 등에 관한 정책이 포함된다.
③ C에서는 피해자와 수혜자가 명백하게 구분되며 정책결정자와 집행자가 서로 결탁하여 갈라먹기식(log-rolling)으로 정책을 결정하는 것이 어렵다.
❹ D에서는 지방적 수준에서 분산적인 정책결정이 이루어진다.

〈2016년 7급 공무원시험(지방직) - 행정학〉

분석 이 문항은 질문과 답지에 읽어야 할 정보가 많으므로 질문과 답지를 간결하게 서술하면 피험자의 피로도를 줄여 줄 수 있다.

수정 후

로위(Lowi)가 강제력의 행사방법과 강제력의 적용영역 차이에 따라 네 가지(A~D)로 유형화한 정책유형별 특징과 사례에 대한 설명으로 옳지 <u>않은</u> 것은?

강제력의 적용영역 / 강제력의 행사방법	개별적 행위	행위의 환경
간접적	A	B
직접적	C	D

① A에서는 정책내용이 세부 단위로 쉽게 구분되고 각 단위는 다른 단위와 별개로 처리될 수 있다.
② B에는 선거구 조정, 정부조직이나 기구 신설, 공직자 보수 등에 관한 정책이 포함된다.
③ C에서는 피해자와 수혜자가 명백하게 구분되며 정책결정자와 집행자가 서로 결탁하여 갈라먹기식(log-rolling)으로 정책을 결정하는 것이 어렵다.
❹ D에서는 지방적 수준에서 분산적인 정책결정이 이루어진다.

⑤ 문항의 질문 형태는 가능하면 긍정문으로 한다.

틀린 답을 찾는 것보다 맞는 답을 찾게 하는 것이 보다 교육적이다. 검사도 교육적 행위의 일부이므로 옳은 답을, 그리고 가장 옳은 답을 찾게 하는 것이 바람직하다. 또한 질문이 부정문으로 되어 있을 때, 높은 능력은 소유하고 있으나 주의력이 산만한 피험자는 부주의로 답을 맞히지 못하는 경우가 발생한다. 이는 측정의 오차가 발생하는 원인이 되어 검사도구의 신뢰도를 저하시킨다. 선다형 문항을 제작할 때 문항제작 경험이 풍부하지 않은 문항제작자는 부정문 형태로 문항을 제작하는 것이 편리할 때가 있다. 그러나 가능하면 부정의문문의 형태를 삼가고, 부득이 부정의문문을 사용하여야 할 경우에는 피험자의 주의를 환기시키기 위하여 밑줄을 긋거나 진하게 표시하는 것이 바람직하다.

예 1

수정 전

행정법의 법원(法源)에 관한 설명으로 옳지 <u>않은</u> 것은?

① 처분적 법률은 형식적 의미의 법률에 해당한다.

❷ 일반적으로 관습법은 성문법에 대하여 개폐적 효력을 가진다.

③ 행정규칙이 법규성을 가지는 경우에는 법원성을 인정할 수 있다.

④ 법원(法源)은 보충적 법원으로서의 조리에 따라 재판할 수 있다.

〈2018년 9급 공무원시험(교육행정직) - 행정법〉

분석 부정의 질문보다는 행정법의 법원(法源)에 대한 옳은 설명을 찾게 하는 것이 보다 좋은 문항이라 할 수 있다.

수정 후

행정법의 법원(法源)에 관한 설명으로 옳은 것은?

① 처분적 법률은 실질적 의미의 법률에 해당한다.

② 일반적으로 관습법은 성문법에 대하여 개폐적 효력을 가진다.

③ 법원(法院)은 보충적 법원으로서의 조리에 따라 재판할 수 없다.

❹ 행정규칙이 법규성을 가지는 경우에는 법원성을 인정할 수 있다.

예 2

수정 전

운영체제는 사용자 편의성과 시스템 생산성을 높이기 위한 프로그램이다. 다음 중 운영체제의 목적으로 가장 거리가 먼 것은?

① 처리 능력 증대　　② 신뢰도 향상
③ 응답 시간 단축　　❹ 파일 전송

〈2018년 제15회 컴퓨터활용능력시험 1급〉

분석 부정문 형태의 선다형 문항일 경우, 답지 하나가 나머지 답지들과 내용이나 의미에 차이가 있으면 그 답지가 정답임을 쉽게 알 수 있다. 이 문제의 경우, 답지 ①~③과 ④가 형식적으로 다르다. 이 문제의 형식상 결점은, 첫째, 부정 질문임에도 불구하고 피험자에게 주의를 환기할 수 있게 밑줄이나 굵은 글씨로 하지 않았고, 둘째, 질문이 간결하게 진술되어 있지 않으며, 셋째, 답지를 배열할 때 글자순, 가나다순으로 배열하지 않았다는 점이다. 부정문으로 질문을 하여야 할 필요가 있다면 다음과 같이 수정할 수 있다.

수정 후

사용자 편의성과 시스템 생산성을 높이기 위한 운영체제 프로그램의 목적으로 가장 거리가 먼 것은?

① 신뢰도 증가　　❷ 응답 시간 증가
③ 처리 능력 증가　　④ 사용 가능도 증가

⑥ 문항의 질문내용 중 답을 암시하는 내용이 포함되지 않도록 한다.

문항제작의 경험이 풍부하지 않은 문항제작자는 질문의 내용 중에 답을 암시하는 내용을 기술하는 경우가 있다. 물론 검사가 교육적 기능을 지니고 있으므로 질문을 하기 전에 질문내용을 설명할 수 있다. 그러나 질문의 내용에 답을 암시하는 내용이 포함되어 있다면 이는 피험자의 능력을 구분할 수 없으며 질문의 기능을 상실한다.

예

수정 전

조선 중기 사림파와 훈구파가 붕당을 만들어 정치적으로 대립하던 시기의 정치 형태는?

❶ 붕당정치　　② 세도정치
③ 탕평정치　　④ 척신정치

분석 이 질문에서 '붕당을 만들어'라는 표현이 이미 포함되어 있어 답을 알지 못하는 피험자도 '붕당정치'를 선택할 가능성이 높다. 이러한 문항으로는 피험자의 지식 소유 여부를 변별하기 어려우므로 질문에서 단서가 될 수 있는 표현은 삼가야 한다.

수정 후

조선 중기 사림파와 훈구파가 대립하던 시기의 정치 형태는?

❶ 붕당정치　　② 세도정치

③ 탕평정치　　④ 척신정치

⑦ 그럴듯하고 매력적인 오답지를 포함한다.

이 원리는 선다형 문항제작에서 가장 중요한 주의사항 중의 하나이다. 개념, 정의, 사실 등에 확실한 지식을 갖고 있지 않은 피험자는 매력적인 틀린 답지에 의하여 혼동을 하게 된다. 그러므로 선다형 문항에 대한 평가는 답지들의 매력도에 의존한다 하여도 과언이 아니다. 매력적인 틀린 답지들을 만든다는 것은 어려운 작업이며, 이와 같은 작업의 정도에 따라 선다형 문항은 단순기억을 측정하는 문항이 될 수도 있고 고등정신능력을 측정할 수 있는 문항이 될 수도 있다. 저자들의 경험에 의하면 선다형 문항도 피험자들의 고등정신능력을 측정할 수 있다고 본다. 매력적인 답지를 만들기 위해서는 교과내용에 대한 충분한 이해와 더불어 문항제작 경험과 문항분석에 의한 문항교정 경험이 풍부하여야 한다.

우리나라에서는 문항분석이 아직까지 문항수준에 그치고 있으나 답지에 대한 분석까지 확장되어야 할 것이며, 이는 제3부에서 설명한다. 선다형 문항이 단순기억에 의한 지식만을 측정하기 때문에 오늘의 교육이 암기 위주의 교육으로 전락하였다는 주장은 모순이며, 선다형 문항을 잘못 제작하고 사용하였기에 암기 위주의 교육이 되었다고 분석하여야 할 것이다.

예 1

수정 전

다음 글의 빈칸에 들어갈 용어로 가장 적절한 것은?

인류 진화의 역사는 곧 인간이 주어진 환경의 요구에 적응하고 발전한 (　　)발전사이다. 선천적으로 타고난 생리적 본능에 의하여 행위가 결정되는 다른 동물들과는 달리 인간은 그들의 (　　)을(를) 통하여 주어진 환경에 어떻게 적응해야 하는가를 배운다.

❶ 문화　② 문명　③ 지식　④ 언어　⑤ 본능

〈금성출판사 중학교 사회1 교사용지도서(2009 개정 교육과정)〉

분석 제시문에 '본능'이라는 단어가 이미 언급되었으므로 정답을 정확히 알지 못하는 피험자라도 '본능'이 올바른 답일 가능성이 낮음을 쉽게 유추할 수 있다. 따라서 답지 ⑤ '본능'은 매력적인 오답으로서의 기능을 수행하지 못한다.

수정 후

다음 글의 빈칸에 들어갈 용어로 가장 적절한 것은?

인류 진화의 역사는 곧 인간이 주어진 환경의 요구에 적응하고 발전한 (　　)발전사이다. 선천적으로 타고난 생리적 본능에 의하여 행위가 결정되는 다른 동물들과는 달리 인간은 그들의 (　　)을(를) 통하여 주어진 환경에 어떻게 적응해야 하는가를 배운다.

① 문명　❷ 문화　③ 사상　④ 언어　⑤ 지식

예 2

수정 전

일반적인 정책평가의 절차를 순서대로 연결한 것은?

ㄱ. 인과모형의 설정	ㄴ. 자료 수집 및 분석
ㄷ. 정책목표의 확인	ㄹ. 정책평가 대상 및 기준의 확정
ㅁ. 평가결과의 환류	

① ㄱ → ㄴ → ㄷ → ㄹ → ㅁ　② ㄴ → ㄷ → ㄱ → ㄹ → ㅁ
❸ ㄷ → ㄹ → ㄱ → ㄴ → ㅁ　④ ㄹ → ㄱ → ㄴ → ㄷ → ㅁ

〈2017년 서울시 9급 공무원시험(사회복지직) - 행정학〉

분석 각 답지는 보기 순서대로 첫 번째 절차가 하나씩 배열되어 있다. 첫 번째 절차가 무엇인지 알고 있는 피험자에게는 다른 답지가 매력적인 오답지로 기능할 수 없다. 따라서 피험자들이 첫 번째 절차로 생각하기 쉬운 보기로 매력적인 오답을 작성하면 보다 세련된 문항이 될 수 있다.

수정 후

① ㄱ → ㄴ → ㄷ → ㄹ → ㅁ　② ㄱ → ㄷ → ㄹ → ㄴ → ㅁ
③ ㄷ → ㄴ → ㄱ → ㄴ → ㅁ　❹ ㄷ → ㄹ → ㄱ → ㄴ → ㅁ

⑧ 답지들 중 정답이 두 개 이상일 경우 최선의 답을 선택하도록 환기시킨다.

선다형 문항 중에는 답이 하나 이상인 경우가 있다. 답지 중 정답이 하나 이상인 경우에 그중 가장 알맞은 답지를 선택하라는 내용이 질문내용에 포함되어야 한다. 검사제작자는 문항의 답이 하나인지 혹은 둘 이상인지를 정확히 알고 있어야 한다. 그래야만 문항의 질을 향상시킬 수 있을 뿐 아니라, 시험 후 발생할 수 있는 문제를 방지할 수 있다.

예

수정 전

A로 인해 발생할 경제 상황에 대한 옳은 추론을 〈보기〉에서 고른 것은?

가계의 소비와 기업의 투자가 크게 증가하면 물가가 지속적으로 상승하는 현상, 즉 A가 발생할 수 있다.

〈보기〉

ㄱ. 은행 예금자는 불리해질 것이다.
ㄴ. 연금 생활자는 유리해질 것이다.
ㄷ. 수출은 감소하고, 수입은 증가할 것이다.
ㄹ. 돈을 빌린 사람은 불리해지고, 빌려 준 사람은 유리해질 것이다.

① ㄱ, ㄴ　❷ ㄱ, ㄷ　③ ㄴ, ㄷ
④ ㄴ, ㄹ　⑤ ㄷ, ㄹ

〈2020학년도 3월 고1 전국연합학력평가 – 사회탐구〉

분석 최근에 많이 사용되고 있는 합답형 문항은 답지 제작이 보다 편리하고 자유로울 수 있지만 문항제작 측면에서는 적은 수의 답지로 피험자의 능력을 측정하는 것이므로 바람직하지 않다. 이 예에서와 같이 실제 오지 선다형 문항이지만 네 개의 보기 중 맞는 진술과 틀린 진술을 고르게 되므로 사지 선다형 문항이 된다. 따라서 측정 범위 내에서 답지를 작성하는 것이 불가능한 경우가 아니라면 매력적인 오답지를 추가하고 가장 옳은 진술을 고르도록 하는 것이 바람직하다.

수정 후

A로 인해 발생할 경제 상황에 대한 추론으로 <u>가장</u> 옳은 것은?

가계의 소비와 기업의 투자가 크게 증가하면 물가가 지속적으로 상승하는 현상, 즉 A가 발생할 수 있다.

① 연금 생활자는 유리해질 것이다.
② 은행 예금자는 유리해질 것이다.
③ 월급을 받는 직장인은 불리해질 것이다.
❹ 수출은 감소하고, 수입은 증가할 것이다.
⑤ 돈을 빌린 사람은 불리해지고, 빌려 준 사람은 유리해질 것이다.

⑨ 피험자에게 옳은 답지를 선택하거나 틀린 답지를 제거할 수 있는 단서를 제공하지 않도록 한다.

예를 들어, 답지들 중 특이한 형태로 서술된 답지는 정답이나 오답이 될 것이라 암시할 수 있다. 또한 교재에 있는 문장을 그대로 답지에 사용하지 않아야 한다. 이는 피험자가 자연스럽게 정답으로 선택할 가능성이 높기 때문이다. 또한 답지를 서술할 때, 다른 답지보다 구체적이고 상세한 답지 역시 자연스럽게 정답이라는 암시를 줄 수 있다.

예 1

수정 전

다음 에너지 중 미래의 에너지원으로 적절하지 <u>않은</u> 것은?

① 풍력 에너지 ② 태양 에너지 ❸ 석탄과 석유
④ 지열 에너지 ⑤ 핵융합 에너지

〈금성출판사 중학교 과학2 교과서(2009 개정 교육과정) 재구성〉

분석 문항의 질문내용에 '에너지원'이라는 단어가 포함되어 있어, 답지 중 '에너지'라는 단어가 없는 ③을 정답으로 쉽게 선택할 가능성이 있다. 이는 적절하지 않은 답지를 선택하는 데 단서를 제공한 것이므로 가능하면 '에너지'라는 단어가 포함되지 않는 답지를 제시하여 정답에 대한 암시를 제거하는 것이 바람직하다.

수정 후

다음 중 미래의 에너지원으로 적절하지 않은 것은?

① 지열 ② 풍력 ③ 태양열

❹ 석탄과 석유 ⑤ 음식물 쓰레기 발효 가스

예 2

수정 전

다음 중 운영체제의 구성에서 제어 프로그램에 속하지 않는 것은?

❶ 다중 프로그램(Multi Program)

② 감시 프로그램(Supervisor Program)

③ 작업 관리 프로그램(Job Management Program)

④ 데이터 관리 프로그램(Data Management Program)

〈2013년 제3회 컴퓨터활용능력시험 1급〉

분석 이 문항은 질문에 제시된 '제어'라는 단어가 ②번 답지의 '감시', ③번과 ④번 답지의 '관리'라는 단어와 연관성이 있는 반면, ①번 답지는 그렇지 않아 정답을 암시하고 있다. 따라서 '제어'와 연관시킬 수 있는 답지로 교체하는 것이 바람직하다.

수정 후

다음 중 운영체제의 구성에서 제어 프로그램에 속하지 않는 것은?

① 감시 프로그램(Supervisor Program)

❷ 문제 프로그램(Problem Program)

③ 작업 관리 프로그램(Job Management Program)

④ 데이터 관리 프로그램(Data Management Program)

⑩ 답지만을 분석하여 문항의 답을 맞히지 않도록 답지를 구성한다.

논리적 분석을 즐기는 피험자는 질문의 내용 혹은 지시문을 읽지 않고 답을 맞힐 수 있다. 또한 정답을 알지 못하더라도 답지배열의 논리성을 분석하여 답을 찾을 수 있다. 예를 들어, 여러 답지에 열거된 보기나 항목이 있으면 공통적으로 열거된 보기나 항목을 포함하는 답지를 정답으로 선택하게 된다.

예

수정 전

정치를 바라보는 관점 A, B에 대한 옳은 설명만을 〈보기〉에서 고른 것은?

교사: 정치의 사례를 말해 보세요.
갑: ○○ 고등학교에서 학생의 의견을 적극적으로 반영하여 기숙사 규칙을 개정한 사례가 있습니다.
을: 국회에서 선거 연령을 만 18세로 하향 조정하는 내용이 포함된 공직 선거법을 개정한 사례가 있습니다.
교사: A에서 보면 갑, 을은 모두 적합한 사례를 제시하였으나 B에서 보면 을만 적합한 사례를 제시하였습니다.

〈보기〉
ㄱ. A는 정치를 국가 수준에서 나타나는 고유의 현상이라고 본다.
ㄴ. B는 정치권력을 획득하고 유지, 행사하는 활동을 정치로 본다.
ㄷ. A는 B에 비해 다원화된 현대 사회의 정치 현상을 설명하기에 용이하다.
ㄹ. A, B는 모두 국가 성립 이전의 정치 현상을 설명할 수 있다.

① ㄱ, ㄴ ② ㄱ, ㄷ ❸ ㄴ, ㄷ
④ ㄴ, ㄹ ⑤ ㄷ, ㄹ

〈2020학년도 6월 고2 전국연합학력평가 사회탐구영역 - 정치와 법〉

분석 다섯 개의 답지를 분석할 때 ㄱ이 두 개의 답지에, ㄴ이 세 개의 답지에, ㄷ이 세 개의 답지에, ㄹ이 두 개의 답지에 포함되어 있으므로 가장 많이 열거된 보기는 ㄴ과 ㄷ이다. 그러므로 ㄴ과 ㄷ을 포함한 답지가 확률적으로 정답이 될 수 있음을 인지할 수 있다. 각각의 보기가 동일하게 열거될 수 있도록 답지를 작성한다.

수정 후

① ㄱ, ㄴ ② ㄱ, ㄹ ❸ ㄴ, ㄷ
④ ㄱ, ㄷ, ㄹ ⑤ ㄴ, ㄷ, ㄹ

⑪ 답지는 가능하면 짧게 제시한다.

질문이 짧고 답지들이 긴 질문들은 피험자들이 응답하기에 많은 시간과 더불어 집중력이 요구된다. 그러므로 질문을 자세하고 길게 하더라도 답지는 짧게 하는 것이 바람직하다.

예 1

수정 전

다음 중 식품의 장기 보관을 위한 올바른 방법이 아닌 것은?

❶ 식품에 열을 가한다.
② 말려서 습기를 제거한다.
③ 신선하게 보관하기 위해 얼린다.
④ 공기가 통하지 않도록 밀봉한다.
⑤ 설탕 또는 소금 등을 이용해 절인다.

〈천재교육 고등학교 과학 교사용 지도서(2009 개정 교육과정)〉

분석 이 문항의 답지는 식품 보관을 위한 구체적 방법을 포함하고 있고, 수정 후 문항에서는 보관 방법의 명칭을 제시하고 있다. 각 방법의 '명칭'과 '내용'을 아는 것 사이의 인지적 차이가 없다면, 답지는 가능한 한 짧게 제시하는 것이 불필요한 시간과 피험자의 인지적 부담을 줄여 줄 수 있다.

수정 후

다음 중 식품의 장기 보관을 위해 올바른 방법이 아닌 것은?

❶ 가열 ② 건조 ③ 냉동 ④ 밀봉 ⑤ 절임

예 2

수정 전

아이스크림을 포장할 때 넣어 주는 드라이아이스는 밀폐되지 않은 휴지통에 버려야 한다. 그 까닭으로 가장 적절한 것은?

① 드라이아이스가 승화하여 성질이 변하기 때문
② 드라이아이스가 응고하여 질량이 증가하기 때문
❸ 드라이아이스가 승화하여 부피가 급격하게 증가하기 때문
④ 드라이아이스가 융해하여 입자 배열이 불규칙적으로 되기 때문
⑤ 드라이아이스가 기화하여 입자 사이에 서로 잡아당기는 힘이 줄어들기 때문

〈오투 중등과학 1-2(2015 개정 교육과정)〉

분석 질문에서 '드라이아이스를 밀폐되지 않은 휴지통에 버려야 하는 까닭이 무엇인지'를 묻고 있고, 다섯 개 답지 모두 '드라이아이스가 ~ 때문'의 형식으로 진술되어 있어 피험자는 중복되는 내용을 읽으면서 문항을 풀어야 한다. 따라서 질문도 한 문장으로 진술하고, 답지에서 반복되는 내용을 제거하면 피험자의 피로도를 줄여 줄 수 있다.

수정 후

아이스크림을 포장할 때 넣어 주는 드라이아이스를 밀폐되지 않은 휴지통에 버려야 하는 이유로 가장 적절한 것은?

① 승화로 인한 성질 변화 때문
❷ 승화로 인한 부피의 급격한 증가 때문
③ 응고로 인한 질량 증가 때문
④ 융해로 인한 입자 배열의 불규칙적 변화 때문
⑤ 기화로 인한 입자 사이에 서로 잡아당기는 힘의 감소 때문

⑫ 문항의 답지들은 상호 독립적인 내용으로 구성한다.

답지들이 매력적이나 어떤 답지들이 내용에서 상호 연관성이 있을 경우, 그 답지가 답이 아니면 그와 관련된 다른 답지 역시 정답이 될 수 없으므로, 답지의 기능을 상실하게 된다. 예를 들어, 답지가 네 개일 때 내용의 연관성이 있는 답지가 두 개라면 사지 선다형의 문항이 아니라 삼지 선다형의 문항이 된다.

예

수정 전

다음과 같이 다국적 기업 S사가 생산 시설을 이동시킨 이유를 추론한 것으로 적절하지 않은 것은?

① 생산비 절감
② 현지 시장 확보
❸ 자본과 정보 수집
④ 중국의 인건비 상승
⑤ 인건비가 저렴한 노동력 확보

〈고등 셀파 통합사회(2015 개정 교육과정)〉

분석 답지 ①, ④, ⑤는 논리적으로 상호 연관된 내용이므로 질문의 정답이 될 수 없음을 알 수 있다. 즉, 중국의 인건비 상승으로 생산비 절감을 위

해서는 인건비가 저렴한 노동력이 필요하다. 그러므로 세 개의 답지를 하나의 답지로 구성하고 매력적인 오답을 추가하는 것이 바람직하다.

수정 후

① 현지 시장 확보
❷ 자본과 정보 수집
③ 다수의 젊은 노동력 확보
④ 공장 운영에 필요한 기반 시설 확보
⑤ 인건비가 저렴한 노동력 확보를 통한 생산비 절감

⑬ 각 답지에 똑같은 단어들이 반복되는 것을 피한다.

답지에 공통적으로 반복하여 나타나는 단어를 가능한 한 질문에 서술하여 피험자가 답지들을 읽을 때 소요되는 시간과 지겨움을 줄여야 한다. 답지에서 공통적으로 반복되는 단어나 문장을 제거하기가 용이하지 않을 때는 문항의 서술 형태를 변화시킬 수 있다.

예 1

수정 전

상법상 회사에 대한 주주의 회계감독권 중 단독주주권이 아닌 것은?
① 회계장부 열람권
② 영업보고서 열람권
③ 대차대조표 열람권
❹ 손익계산서 열람권
⑤ 감사보고서 열람권

〈2019년 공인회계사시험 – 상법〉

분석 단독주주권에는 의결권, 설립무효판결 청구권, 신주발행유지 청구권, 정관 · 재무제표 · 영업보고서의 열람권 등이 포함되는데, 질문은 이 중 정관 · 재무제표 · 영업보고서의 열람권을 묻고 있다. 그러므로 질문에 '단독주주권을 행사하여 열람이 가능'이라는 문구를 추가하여 답지에서 반복되는 '열람권'을 생략하고 핵심만 서술하는 것이 피험자의 피로를 줄일 수 있다.

수정 후

상법상 회사에 대한 주주의 회계감독권 중 단독주주권을 행사하여 열람이 가능하지 않은 것은?

① 감사보고서
② 대차대조표
❸ 손익계산서
④ 영업보고서
⑤ 회계장부

예 2

수정 전

다음 지구온난화로 인한 현상 중 옳은 것은?

① 기온이 상승하면 조경수역이 확대된다.
② 기온 상승으로 인해 침엽수 분포지역이 확대된다.
③ 기온 상승으로 다양한 어종을 포획할 수 있다.
④ 기온 상승으로 채소 등의 농작물 공급이 감소할 것이다.
❺ 기온이 상승하면 고랭지 채소 재배 적지가 더 높은 고도로 이동할 것이다.

〈천재교육 고등학교 한국지리 교사용 지도서(2009 개정 교육과정) 재구성〉

분석 수정 전 문항은 '기온 상승'과 관련된 표현을 모든 답지에서 제시하고 있다. 이는 답지 길이를 불필요하게 증가시키므로, 답지에 공통적으로 포함된 구나 절은 수정 후 문항과 같이 질문에 포함하여 답지를 보다 간결하게 표현할 수 있다.

수정 후

다음 지구온난화로 기온이 상승하여 나타나는 현상 중 옳은 것은?

① 조경수역이 확대된다.
② 침엽수 분포지역이 확대된다.
③ 다양한 어종을 포획할 수 있다.
④ 채소 등의 농작물 공급이 감소할 것이다.
❺ 고랭지 채소 재배 적지가 더 높은 고도로 이동할 것이다.

⑭ 답지들의 형태를 유사하게 구성한다.

우선 답지들의 길이뿐 아니라 문법적 구조와 내용도 유사하게 하는 것이 바람직하다. 일반적으로 유난히 긴 답지가 정답이 될 수 있는 가능성이 있다. 검사제작 경험이 적은 문항제작자는 정답이 되는 답지를 길게 하는 경향이 있으며, 검사 지혜가 풍부한 피험자는 긴 답지를 정답으로 선택하기 쉽다.

예 1

수정 전

다음에서 설명하는 농업 방식은?

> 서안 해양성 기후 지역에서 전통적으로 이루어지는 농업 방식으로 신선한 여름 날씨에도 잘 자라나는 밀, 호밀, 감자 등을 주로 재배하면서 목초지 조성에 알맞은 기후를 바탕으로 소를 방목하여 사육한다.

① 벼농사 ② 수목 농업
❸ 혼합 농업 ④ 플랜테이션
⑤ 이동식 화전 농업

〈한끝 중등사회 1-1(2015 개정 교육과정)〉

분석 답지 ①은 다른 답지와 달리 농업 방식이 아닌 농업의 한 종류를 제시한 것으로 오답으로 제외할 가능성이 높다. 다른 답지들과 형태가 유사하도록 농업 방식을 나타내는 답지로 수정할 필요가 있다.

수정 후

① 관개 농업 ② 수목 농업
③ 재식 농업 ❹ 혼합 농업
⑤ 이동식 화전 농업

예 2

수정 전

서울특별시 소속의 공무원이 공무집행 중 폭행을 가하여 손해를 입힌 경우에 피해자는 누구를 피고로 하여 손해배상청구소송을 제기하여야 하는가?

❶ 서울특별시
② 서울특별시장
③ 행정안전부장관
④ 경찰청장
⑤ 서울시지방경찰청장

〈2013년 서울시 9급 공무원시험-행정법〉

분석 답지 ①은 단체명인 반면, ②~⑤는 단체장을 나타낸다. 답지들의 동질성을 유지하기 위하여 모두 단체명으로 서술하되, 답지 길이의 순서로 배열하는 것이 세련된 문항이라 할 수 있다.

수정 후

① 경찰청
❷ 서울특별시
③ 행정안전부
④ 서울지방법원
⑤ 국가인권위원회

⑮ 유사한 답지끼리 인근 답지가 되게 배열한다.

답지 내용에 유사성이 있다면 유사한 내용의 답지들을 인접하게 배열한다. 그림으로 제시된 답지의 경우도 유사한 그림을 인접하게 배열한다. 답지들이 여러 개의 유사한 단어로 서술될 때, 유사한 답지끼리 인접하게 하여야 피험자가 혼동하지 않고 비교 · 구별하기 용이하며, 응답하는 데 불필요한 시간을 낭비하지 않는다. 답지가 유사한 문법적 구조를 지니면 응답자가 쉽게 다른 답지들의 내용을 파악할 수 있다. 그러므로 어순도 유사하게 배열하는 것이 바람직하다.

예 1

수정 전

빈칸 ㉠~㉢에 해당하는 말을 바르게 연결한 것은?

> 정빈: 세계 지도를 보면 정말 많은 나라와 여러 지역을 볼 수 있어서 좋아. 세계에서 가장 넓은 나라인 (㉠)의 영토는 정말 광활해.
> 윤환: 하지만 가장 넓은 해양인 (㉡)의 면적은 비교할 수 없을 만큼 넓어.
> 정빈: 맞아. 지구 표면의 70%는 바다로 되어 있다고 해. 또한 가장 높은 산인 (㉢)은 무려 바다 표면으로부터 8,848m나 높기도 하지.

	㉠	㉡	㉢
①	중국	태평양	킬리만자로산
❷	러시아	태평양	에베레스트산
③	캐나다	인도양	후지산
④	러시아	대서양	에베레스트산
⑤	캐나다	대서양	킬리만자로산

〈EBS 중학 뉴런 사회 ①(2015 개정 교육과정)〉

분석 다섯 개의 답지를 분석하면 답지의 배열이 유사한 내용을 인접하게 배열하지 않고 혼합된 형태를 지니고 있어 긴장하고 있는 수험생들에게 편안함을 주지 못하며, 때로는 피험자의 혼란을 야기할 가능성도 지니고 있다. 그러므로 이와 같은 답지에서는 길이순, 가다나순에 우선하면서 유사 내용의 답지를 인접하게 배열하는 것이 바람직하다.

수정 후

	㉠	㉡	㉢
①	중국	태평양	킬리만자로산
②	러시아	대서양	에베레스트산
❸	러시아	태평양	에베레스트산
④	캐나다	대서양	킬리만자로산
⑤	캐나다	인도양	후지산

예 2

수정 전

다음 글의 내용을 한 문장으로 요약하고자 한다. 빈칸 (A), (B)에 들어갈 말로 가장 적절한 것은?

Why do we help? One widely held view is that self-interest underlies all human interactions, that our constant goal is to maximize rewards and minimize costs. Accountants call it cost-benefit analysis. Philosophers call it utilitarianism. Social psychologists call it social exchange theory. If you are considering whether to donate blood, you may weigh the costs of doing so (time, discomfort, and anxiety) against the benefits (reduced guilt, social approval, and good feelings). If the rewards exceed the costs, you will help. Others believe that we help because we have been socialized to do so, through norms that prescribe how we ought to behave. Through socialization, we learn the reciprocity norm: the expectation that we should return help, not harm, to those who have helped us. In our relations with others of similar status, the reciprocity norm compels us to give (in favors, gifts, or social invitations) about as much as we receive.

↓

People help because helping gives them (A) , but also because they are socially learned to (B) what others have done for them.

(A) (B)

❶ advantage …… repay
② patience …… evaluate
③ wisdom …… forget
④ advantage …… accept
⑤ patience …… appreciate

〈2020학년도 6월 고2 전국연합학력평가 영어영역〉

분석 이와 같은 답지에서는 알파벳 순서에 우선하면서 유사 내용의 답지를 인접하게 배열하는 것이 바람직하다.

수정 후

다음 글의 내용을 한 문장으로 요약하고자 한다. 빈칸 (A), (B)에 들어갈 말로 가장 적절한 것은?

(A) (B)

① advantage …… accept
❷ advantage …… repay
③ patience …… appreciate
④ patience …… evaluate
⑤ wisdom …… forget

예 3

수정 전

판의 경계 중에서 발산 경계에 관한 설명으로 옳지 않은 것은?

① 해령에서는 맨틀물질이 상승하여 새로운 해양판을 만든다.
② 해령에서는 V자형 열곡이 발달한다.
③ 육지에도 발산 경계가 분포한다.
④ 해령에서는 지각 열류량이 주변 해저에 비해 높다.
❺ 산안드레아스 단층은 발산 경계 중 하나이다.

〈2020년도 제57회 변리사시험 - 자연과학개론〉

분석 5개의 답지 중 3개 답지가 '해령에서는 ~'으로 제시되고 있으므로 이 3개 답지를 인근답지로 구성하되, 답지의 길이 순으로 배열하면 피험자에게 편안함을 줄 수 있다.

수정 후

판의 경계 중에서 발산 경계에 관한 설명으로 옳지 않은 것은?
① 육지에도 발산 경계가 분포한다.
❷ 산안드레아스 단층은 발산 경계 중 하나이다.
③ 해령에서는 V자형 열곡이 발달한다.
④ 해령에서는 지각 열류량이 주변 해저에 비해 높다.
⑤ 해령에서는 맨틀물질이 상승하여 새로운 해양판을 만든다.

⑯ 답지 사이에 중복을 피한다.

답지들이 어떤 기간이나 수를 말할 때 '이상'과 '이하'가 동시에 답지들에 포함되는 경우가 있다. 이럴 경우 두 개 이상의 답지에 어떤 수나 기간이 포함되어 있으면 정답이 두 개가 되는 실수를 범하게 된다. 간단한 실수로 어려움에 처하는 경우가 가끔 있으므로 주의가 필요하다.

예 2

수정 전

다음과 같이 6개의 기호가 특정 숫자를 의미할 때 '☆△▲○'가 포함되는 구간은?

○=1 △=2 ☆=3 □=4 ▲=5 ★=6

① 3245에서 3250까지 ❷ 3250에서 3255까지
③ 3255에서 3260까지 ④ 3260에서 3265까지

분석 수정 전 문항은 수의 범위를 명확하게 특정하지 않음으로써 특정수는 두 개 답지에서 중복으로 제시되고 있다. 이런 경우 '이상'과 '미만' 혹은 '초과'와 '이하'로 범위를 제시하거나 답지 간에 서로 다른 수를 포함하도록 제작하는 것이 바람직하다.

수정 후

① 3245 이상 3250 미만 ❷ 3250 이상 3255 미만
③ 3255 이상 3260 미만 ④ 3260 이상 3265 미만

⑰ 답지의 길이를 가능하면 비슷하게 하고, 다소 상이할 때는 짧은 길이의 답지부터 배열한다.

열거된 답지 중 답지의 길이가 유난히 길거나 그 형태가 다른 답지들과 유사하지 않으면 그 답지는 정답이거나 혹은 선택할 고려의 대상이 되지 않는 오답이 될 가능성이 크다. 그러므로 답지의 길이를 유사하게 하여야 한다. 부득이 답지의 길이가 다를 경우는 짧은 답지부터 가나다순 혹은 논리의 전개 순으로 배열한다.

예 1

수정 전

하드디스크의 헤드를 움직이는 장치에 사용하는 물질로, 다음과 같은 특징을 가지고 있는 신소재는?

> 철 원자 사이에 다른 원소를 첨가하여 철 원자의 자기장 방향이 흐트러지지 않도록 만든 물질로, 고출력 소형 스피커나 강력 모터 등에 이용된다.

① 액정 ② 전자석 ③ 반도체
④ 그래핀 ❺ 네오디뮴 자석

〈완자 통합과학(2015 개정 교육과정)〉

분석 제시된 답지들의 글자 수가 다르고 '그래핀'과 '반도체', '전자석'은 글자 수가 같다. 이와 같은 답지들은 짧은 답지에서 긴 답지 순으로, 글자 수가 같으면 가나다순으로 배열하는 것이 바람직하다.

수정 후

① 액정 ② 그래핀 ③ 반도체
④ 전자석 ❺ 네오디뮴 자석

예 2

수정 전

자본구조이론에서 고려하는 기업의 대리인문제와 가장 관련이 없는 것은?

❶ 잠식비용(erosion cost)
② 감시비용(monitoring cost)
③ 과소투자유인(under-investment incentive)
④ 확증비용(bonding cost)
⑤ 위험선호유인(risk incentive)

〈2020년도 제55회 공인회계사시험-경영학〉

분석 답지의 길이가 상이할 때는 답지의 길이순, 길이가 같은 답지 사이에는 가나다순으로 배열하면 문항의 완성도를 보다 높일 수 있다.

수정 후

① 감시비용(monitoring cost)
❷ 잠식비용(erosion cost)
③ 확증비용(bonding cost)
④ 과소투자유인(under-investment incentive)
⑤ 위험선호유인(risk incentive)

⑱ 답지들이 수나 연도로 서술될 때, 일반적으로 작은 수부터 큰 수로 배열한다. 또한 답지들이 간단한 하나의 단어로 표기될 때 가나다순 혹은 알파벳순으로 나열한다.

혹자는 숫자인 답지를 배열할 때 큰 수부터 작은 수로 배열한다. 어떤 원칙이든 검사 안에서 하나의 원칙을 지키면 큰 문제가 되지 않는다. 답지들이 한 단어이고 단어의 글자 수가 동일하거나 유사할 경우 글자순, 가나다순으로 답지를 배열한다. 그러나 어떤 답지는 단어 그리고 어떤 답지는 구(句)로 구성되는 경우는 단어로 된 답지를 먼저 제시하고 그다음 구로 된 답지를 배열한다. 단어와 구로 된 답지 중에서도 올바른 배열은 글자순에 의한 것이다.

예 1

수정 전

오늘날 법률유보원칙은 단순히 행정작용이 법률에 근거를 두기만 하면 충분한 것이 아니라, 국가공동체와 그 구성원에게 기본적이고도 중요한 의미를 갖는 영역, 특히 국민의 기본권 실현과 관련된 영역에 있어서는 국민의 대표자인 입법자가 그 본질적 사항에 대해서 스스로 결정하여야 한다는 요구까지 내포하고 있다는 헌법재판소 결정과 가장 관계가 깊은 것은?

① 법률우위원칙 ❷ 의회유보원칙
③ 침해유보원칙 ④ 과잉금지원칙
⑤ 신뢰보호원칙

〈2014년 서울시 9급 공무원시험-행정법〉

분석 답지가 모두 글자 수와 형태가 같음에도 불구하고 어떤 규칙 없이 답지를 배열하고 있다. 이와 같은 경우 가나다순으로 배열하면 세련된 문항이 될 수 있다. 또한 가능하다면 용어를 질문하고 개념을 답지에 제시하는 형태로 수정하는 것이 더 바람직하다.

수정 후

① 과잉금지원칙 ② 법률우위원칙
③ 신뢰보호원칙 ❹ 의회유보원칙
⑤ 침해유보원칙

예 2

수정 전

$\lim_{x \to 2}(x^2+5)$의 값은? [2점]

① 5 ② 7 ❸ 9
④ 11 ⑤ 13

〈2020학년도 3월 고3 전국연합학력평가 수학영역-나형〉

$a>1$인 실수 a에 대하여 직선 $y=-x$가 곡선 $y=a^x$과 만나는 점의 좌표를 $(p,\ -p)$, 곡선 $y=a^{2x}$과 만나는 점의 좌표를 $(q,\ -q)$라 할 때, $\log_a pq=-8$이다. $p+2q$의 값은? [3점]

① 0 ② −2 ③ −4
④ −6 ❺ −8

〈2020학년도 3월 고3 전국연합학력평가 수학영역-나형〉

분석 이 문항들은 모두 2020학년도 고3 전국연합학력평가의 문항으로서 수로 된 답지들의 배열이 일관성을 결여하고 있다. 한 검사지 내에서는 되도록 답지 배열에 규칙성이 있어야 피험자의 혼동을 방지할 수 있다. 일반적으로는 작은 수에서 큰 수로 배열하지만, 작은 수에서 큰 수의 순서로 배열하든지, 큰 수에서 작은 수의 순서로 배열하든지 어떤 규칙을 지켜야 한다.

예 3

수정 전

다음 토지의 정착물 중 토지와 독립된 것이 아닌 것은?

① 건물 ② 소유권보존등기된 입목

❸ 구거 ④ 명인방법을 구비한 수목

⑤ 권원에 의하여 타인의 토지에서 재배되고 있는 농작물

〈2014년 제25회 공인중개사시험 - 부동산학개론〉

분석 이 문항은 답지들이 단어와 구(句)로 구성되어 있다. 이러한 경우 단어와 구 순서대로 배열하되, 각각 글자순, 가나다순으로 배열하면 문항의 완성도를 높일 수 있다.

수정 후

① 건물 ❷ 구거

③ 명인방법을 구비한 수목 ④ 소유권보존등기된 입목

⑤ 권원에 의하여 타인의 토지에서 재배되고 있는 농작물

예 4

수정 전

다음 빈칸에 들어갈 말로 가장 적절한 것을 고르시오.

Remember that ________ is always of the essence. If an apology is not accepted, thank the individual for hearing you out and leave the door open for if and when he wishes to reconcile. Be conscious of the fact that just because someone accepts your apology does not mean she has fully forgiven you. It can take time, maybe a long time, before the injured party can completely let go and fully trust you again. There is little you can do to speed this process up. If the person is truly important to you, it is worthwhile to give him or her the time and space needed to heal. Do not expect the person to go right back to acting normally immediately.

* reconcile: 화해하다

① curiosity ② independence

❸ patience ④ creativity

⑤ honesty

〈2020학년도 3월 고1 전국연합학력평가 영어영역〉

분석 답지에 특별한 의미가 없는 한 알파벳순으로, 그리고 단어의 길이순으로 배열하는 것이 보기에 좋다.

수정 후

① creativity ② curiosity
③ honesty ④ independence
❺ patience

⑲ 답지에 어떤 논리적 순서가 있다면 논리적 순서에 따라 배열한다.

답지 배열 시 가나다순 혹은 크기순으로 배열하지만 답지에 어떤 논리적 근거, 예를 들어 기승전결 혹은 시대사적 근거가 있다면 논리적 근거에 따른다.

예 1

수정 전

헌법을 개정하여야만 할 수 있는 것은?
❶ 감사원의 감사위원을 12인으로 한다.
② 국회의원 수를 400인으로 한다.
③ 국무위원 수를 15인으로 한다.
④ 대법관 수를 12인으로 한다.

〈2020년도 5급 공무원시험 - 헌법〉

분석 이 문항은 헌법에 제시된 헌법기관의 인원수를 묻고 있다. 특별한 이유가 없다면 법조순으로 배열하는 것이 피험자에게 익숙하므로 제41조 국회의원, 제88조 국무위원, 제98조 감사원, 제104조 대법관순으로 답지를 배열하는 것이 바람직하다.

수정 후

① 국회의원 수를 400인으로 한다.
② 국무위원 수를 15인으로 한다.
❸ 감사원의 감사위원을 12인으로 한다.
④ 대법관 수를 12인으로 한다.

예 2

수정 전

다음 설명에 해당하는 원소가 아닌 것은?

- 광택이 없다.
- 열과 전기가 잘 통하지 않는다.
- 주기율표의 오른쪽에 위치한다.

❶ 철　② 황　③ 질소
④ 헬륨　⑤ 염소

〈오투 통합과학(2015 개정 교육과정)〉

분석 답지들은 모두 주기율표상의 원소이므로 피험자에게 익숙한 주기율표상의 원소 번호 순서대로 답지를 배열하는 것이 피험자에게 편안함을 줄 수 있다.

수정 후

① 헬륨　② 질소　③ 황
④ 염소　❺ 철

예 3

수정 전

표는 지구를 기준으로 여러 천체에서의 상대적인 중력의 크기를 나타낸 것이다.

천체	금성	지구	화성	목성	토성
중력크기	0.91	1.00	0.38	2.54	0.93

우주 비행사가 여러 천체의 각 표면에 도달하였을 때, 자신의 몸무게를 가장 무겁다고 느끼는 곳은?

① 금성　② 화성　❸ 목성
④ 토성　⑤ 지구

〈하이탑 중학교 과학 1(2015 개정 교육과정)〉

분석 답지들은 태양계의 천체에 해당하는 내용이나 특별한 규칙 없이 나열되어 있다. 제시한 표에서 태양에 가까운 순서로 천체를 나열하고 있으므로 답지도 동일하게 배열하는 것이 바람직하다.

수정 후

① 금성　② 지구　③ 화성
❹ 목성　⑤ 토성

⑳ 답지 중 '모든 것이 정답' 혹은 '정답 없음' 답지를 사용하지 않는다.

'모든 것이 정답' 혹은 '정답 없음'의 답지는 선다형 문항에서 답지 수를 늘리기 위해 간혹 사용된다. 두 유형의 답지는 선다형 문항에서 사용이 권장되지 않는다 (Haladyna & Downing, 1989a, 1989b).

피험자는 답지를 보고 정답이 되는 보기가 두 개 이상이라 판단할 경우 '모든 것이 정답'이라는 답지를 답으로 선택하는 경향이 있다. 또한 피험자가 답지 중 하나라도 답이 아닌 답지를 발견하면 '모든 것이 정답'이라는 답지는 답지로서의 기능을 상실하게 된다. 반대로 피험자가 답지 중 하나라도 정답인 답지가 있음을 알 때 '정답 없음' 답지는 자연적으로 제거되므로 답지의 기능을 상실한다.

'정답 없음'과 '모든 것이 정답'이라는 답지는 매력적인 답지들을 제작하기가 용이하지 않을 때 간혹 사용되고 있으나 '정답 없음'이라는 답지 사용은 교육적으로도 문제를 지닌다. 시험을 교육의 연장선상에서 교육목표 도달의 보조 수단이라 볼 때, 답이 없는 문제를 출제하여 피험자를 변별한다 하여도 어떤 교육적 효과를 지니고 있는지를 고려하여야 한다.

'정답 없음' 혹은 '모든 것이 정답'이라는 답지의 사용에 대하여 여러 주장이 있다. Gronlund(1971), Conoley와 O'Neil(1979)은 '정답 없음'과 '모든 것이 정답'이라는 답지의 사용을 삼가는 것이 바람직하다고 하였다. Oosterhof와 Coats(1984) 역시 '정답 없음'과 '모든 것이 정답'이라는 답지를 사용하는 데 주의를 기울여야 하며, '정답 없음' 답지는 계산문제, 논리전개, 철자법, 역사적 사건, 역사적 일자 등을 묻거나 단순 기억을 측정하고자 할 때 출제될 수 있다고 하였다. Kubiszyn과 Borich(1993)는 '정답 없음' 답지를 가능하면 사용하지 말고 정답에 대한 논란의 여지가 없을 때 사용할 수 있으나 가장 알맞은 답을 고르는 문항에서는 사용하지 말라고 하였다. 또한 '모든 것이 정답'이라는 답지는 일반적으로 정답이 되는 경향이 있고 부분 정보만 가지고 있는 피험자에게 매우 쉬운 문항이 되므로 이러한 답지를 사용하지 않아야 한다고 주장한다. Oosterhof와 Coats(1984)는 수학문제에서 '정답 없음' 답지는 신뢰도를 낮추고, '정답 없음' 답지가 정답일 때는 효과적이며, 능력이 낮은 학생들은 '정답 없음' 답지를 정답으로 고르지 않는 경향이 있음을 발견하였다. Oosterhof와 Coats(1984), Tollefson(1987)은 '정답 없음' 답지가 문항의 난이도를 높인다는 연구결과를 발표하였지만, 모든 문항에 적용되는 일반화된 결과는 아니며 문항의 난이도가 낮아질 수 도 있다고 하였다. Kromhout(1987)는 '정답 없음'과 '모든 것이 정답'이라는 답지를 포함한 문항은 속임수를 쓰는 경향이 있는 문항이며, 그런 답지들이 쉽게 제외되어 좋은 문항이 될 수 없으므로 문항제작 시 두 답지는 삼가는 것이 좋다고 하였다. 실제 대학수학능력시험의 '정답 없음' 혹은 '모든 것이 정답' 답지를 포함한 선다형 문항 특성을 분석한 성태제와 윤혜경(1998)은 난이도, 변별도, 추측도 측면에서 두 답지의 사용이 바람직하지 않음을 입증하였다.

예

수정 전

실용신안에 관한 설명으로 옳지 않은 것은 모두 몇 개인가?

- ○ 실용신안등록출원에 대하여 심사청구가 있을 때에만 이를 심사한다.
- ○ 출원심사의 청구는 취하할 수 없다.
- ○ 실용신안등록출원인이 아닌 자가 출원심사의 청구를 한 후 그 실용신안등록출원서에 첨부한 명세서를 보정하여 청구범위에 적은 청구항의 수가 증가한 경우에는 그 증가한 청구항에 관하여 내야 할 심사청구료는 실용신안등록출원인이 내야 한다.
- ○ 실용신안권 또는 전용실시권 침해행위를 조성한 물품 또는 그 침해행위로부터 생긴 물품은 몰수하거나 피해자의 청구에 따라 그 물품을 피해자에게 교부할 것을 선고하여야 한다.

① 0개　❷ 1개　③ 2개
④ 3개　⑤ 4개

〈2020년도 제57회 변리사시험-상표법〉

분석 이 문항의 답지는 '정답 없음(0개)'과 '모든 것이 정답(4개)' 답지를 모두 포함한 형태라고 볼 수 있다. 피험자가 답지 중 어떤 하나의 진위 여부를 알게 되면 ①이나 ⑤ 답지가 정답이 될 수 없음을 유추할 수 있고, 두 개 보기의 진위 여부를 알게 되면 ①과 ⑤ 답지 모두가 답지로서의 기능을 상실하게 되므로 사용하지 않는 것이 바람직하다.

수정 후

실용신안에 관한 설명으로 옳은 것만을 고르면?

ㄱ. 실용신안등록출원에 대하여 심사청구가 있을 때에만 이를 심사한다.
ㄴ. 출원심사의 청구는 취하할 수 없다.
ㄷ. 실용신안등록출원인이 아닌 자가 출원심사의 청구를 한 후 그 실용신안등록출원서에 첨부한 명세서를 보정하여 청구범위에 적은 청구항의 수가 증가한 경우에는 그 증가한 청구항에 관하여 내야 할 심사청구료는 실용신안등록출원인이 내야 한다.
ㄹ. 실용신안권 또는 전용실시권 침해행위를 조성한 물품 또는 그 침해행위로부터 생긴 물품은 몰수하거나 피해자의 청구에 따라 그 물품을 피해자에게 교부할 것을 선고하여야 한다.

① ㄱ, ㄹ ② ㄴ, ㄷ ③ ㄷ, ㄹ
❹ ㄱ, ㄴ, ㄷ ⑤ ㄱ, ㄴ, ㄹ

㉑ 질문에 그림이나 도표 등을 포함할 경우 그림, 도표, 질문 그리고 답지가 모두 동일 쪽에 인쇄되도록 배치한다.

양질의 문항은 문항내용 못지않게 문항의 도안도 중요하다. 그러므로 그림이나 표 등의 제시가 정확하여야 하고 질문과 관계된 그림, 도표뿐 아니라 답지들도 동일 쪽에 있어야 피험자들의 불편을 줄일 수 있다. 간혹 긴 지문이나 그림 등에 의하여 답지 등이 다른 쪽에 인쇄될 경우 두 쪽으로 번갈아 가며 보아야 하는 불편함을 주기 때문에 이를 피해야 한다.

㉒ 정답의 번호가 일정 형태를 유지하지 않도록 무선순으로 구성한다.

만약 정답이 ①, ②, ③, ④, ①, ②, ③, ④ 순으로 된다면, 피험자는 정답을 모르지라도 이 유형에 따라 문항의 답을 예측할 수 있다. 우연히 정답이 일정한 순서로 나타날 때는 검사의 내용에 영향을 주지 않는 범위에서 문항이나 답지의 순서를 바꾸는 것이 바람직하다.

㉓ 정답이 일정 번호에 치우치지 않도록 작성한다.

20문항으로 제작된 검사에서 답지 ③이 정답인 문항이 15문항이 된다든지 혹은

②가 정답인 문항이 10문항 이상이 되게 제작하지 않아야 한다. 그렇다고 20문항을 각 답지인 ①, ②, ③, ④ 답지에 고루 5문항씩 정답이 되게 인위적으로 조절할 필요는 없다. 왜냐하면, 검사 지혜가 있는 피험자는 알고 있는 문항의 답을 먼저 쓰고, 모르는 문항의 답은 답지 중 적은 수에 해당하는 답지 번호를 정답으로 고를 수 있기 때문이다. 따라서 출제 후 정답 빈도표를 작성하여 정답이 특정 번호에 치우쳐 있지 않은지 점검해 볼 필요가 있다.

이상의 문항제작원리가 절대적인 것은 아니다. 문항제작 초보자에게 기본원리를 제공하여 피험자의 능력을 보다 정확하게 측정할 수 있도록 문항제작 경험을 풍부하게 하는 데 도움을 주고자 한 것이다. 문항제작 경험이 풍부해지면 이상에서 열거한 문항제작원리를 응용하여 때로는 문항제작원리에 예외가 되게 문항을 제작할 수 있으며, 기본원리를 응용하여 참신하고 좋은 문항을 제작할 수 있다.

(3) 특수한 형태의 선다형 문항

선택형 문항 중 최근에 사용 빈도가 증가하는 문항 형태로 그리드 문항이 있다. 그리드 문항(grid item)은 수학 검사에서 자주 사용되는 문항으로 SAT math section, 대학수학능력시험 수학영역에서도 사용되고 있다. 그리드 문항은 어떤 값을 구하는 문항에서 답을 쓸 경우 채점에 시간이 많이 소요되므로 답이 되는 수와 관련된 칸에 검게 칠하도록 하는 문항으로 다음 예와 같다.

정답은 15로 ⓪, ①, ⑤에 칠하는 형태의 문항이다. 이 문항의 경우 답지 수가 1,000개가 될 수 있어 선다형 문항의 특수한 예라 할 수 있다. 이 문항은 사실상 구성형 문항이나 채점에 따른 시간을 절약하기 위하여 답지를 제공하는 형태의 문항이다. 그리드 문항을 사용하면 채점이 용이하고 추측에 의하여 답을 맞힐 확률이 낮은 장점이 있다.

예

수정 전

확률변수 X가 이항분포 $B(80, p)$를 따르고 $E(X)=20$일 때, $V(X)$의 값을 구하시오. [3점]

〈답지〉

❶	⓪	⓪
①	❶	①
②	②	②
③	③	③
④	④	④
⑤	⑤	❺
⑥	⑥	⑥
⑦	⑦	⑦
⑧	⑧	⑧
⑨	⑨	⑨

〈2020학년도 대학수학능력시험 수학영역 가형〉

(4) 장단점

앞의 문항제작원리를 통해 선다형 문항제작이 용이하지 않음을 느꼈을 것이다. 선다형 문항의 장단점을 살펴보면 다음과 같다.

장점으로는, 첫째, 모든 문항 유형 중에서 학습 영역의 많은 내용을 측정할 수 있다(Nitko, 1983). 둘째, 다른 문항 유형보다 넓은 교육내용을 대표하는 내용을 추출하여 측정하기가 용이하다. 그러므로 Haladyna와 Downing(1993)은 교과내용 전문가이자 검사제작 경험이 풍부한 교사는 선다형 문항을 선호한다고 하였다. 셋째, 선다형 문항들은 내용타당도를 증진시킬 수 있다. 넷째, 채점 시 주관성을 배제할 수 있다. 다섯째, 양질의 문항은 고등정신능력을 측정할 수 있다.

요약하면, 문항이 지니는 구조적 특성 때문에 문항의 모호성을 배제할 수 있으며, 주어진 시험시간에 많은 문항으로 검사를 실시할 수 있으므로 넓은 영역의 학업성취 수준을 파악할 수 있어 검사도구의 내용타당도를 증진시킬 수 있다.

단점으로는, 첫째, 주어진 답지에서 하나를 선택하게 하므로 창의성 계발, 분석적 능력, 문제해결능력 등의 복합적 인지구조의 발달을 제한할 수 있다. 둘째, 그럴듯하고 매력적인 틀린 답지를 제작하기가 용이하지 않으며 문항제작에 많은 시간이 소요된다. 셋째, 좋지 않은 문항은 피험자 기억에 의한 단순지식을 측정할 가능성이 있다. 넷째, 주어진 답지에서 정답을 선택하므로 문항의 답을 모를 때 추측에 의하여 답을 맞힐 확률이 존재한다.

3) 연결형

(1) 정의

연결형 문항(matching item)이란 일련의 문제군과 답지군을 배열하여 문제군의 질문에 대한 정답을 답지군에서 찾아 연결하는 문항 형태로, 배합형 문항이라고도 한다. 연결형 문항 역시 선다형 문항의 특수한 형태로 볼 수 있다. 문제군에 있는 질문의 정답을 답지군에 있는 답지들 중에서 하나를 선택하는 것이므로 답지가 많은 선다형 문항으로 간주할 수 있다. 연결형 문항은 두 가지 내용의 연관성에 대한 기초지식을 측정하는 데 적합하며, 그림, 지도, 표 등을 사용할 수 있다.

연결형 문항은 문제군과 답지군의 연관된 내용을 연결하는 문항으로 Linn과 Gronlund(1995)는 〈표 5-1〉의 내용을 서로 문제군과 답지군으로 하여 연결형 문항을 제작할 수 있다고 설명하였다.

〈표 5-1〉 연결형 문항의 문제군과 답지군의 내용

문제군	답지군
업적	사람 이름
역사적 사건	연/월
용어	정의
규칙	예
기호/부호	개념
작품	저자
기계	사용 목적
동/식물	분류
위계부분	기능

(2) 제작원리

연결형 문항의 제작원리를 정리하면 다음과 같다.

① 문제군과 답지군은 각각 동질성이 유지되도록 한다.
② 답지군의 답지 수는 문제군의 문제 수보다 많게 한다.
③ 문제군의 문제들은 왼쪽에, 답지군의 답지들은 오른쪽에 배열하고 번호를 다르게 부여한다.
④ 문제군의 문제들과 답지군의 답지들은 각각 문자순이나 연대순으로 배열한다.
⑤ 문제군과 답지군은 같은 쪽에 인쇄되도록 한다.
⑥ 문제군의 문제 수는 10개 이상이 되지 않도록 한다.
⑦ 문제와 답지들은 가능한 한 짧게 제시한다.
⑧ 지시문을 명확하게 제시한다.

① 문제군과 답지군은 각각 동질성이 유지되도록 한다.

문제군을 이루는 문항이 다른 문항들과 이질적일 때 그 문항에 대한 정답을 답지군에서 쉽게 찾을 수 있다. 예를 들어, 문학작품과 해당 작자를 연결할 때, 문제군의 문항들이 한국 문학작품인데 한 문항이 외국 문학작품이었다면 작자는 쉽게 찾아질 수 있다. 이와 같은 문제점을 방지하려면 문제군의 문항들끼리, 답지군의 답지들끼리 서로 동질적이어야 한다.

② 답지군의 답지 수는 문제군의 문제 수보다 많게 한다.

문제군의 문제 수와 답지군의 답지 수가 동일하다면 문제군의 정답을 답지에서 고르고 한 문제의 답을 모를 경우 남은 하나의 답지가 자연적으로 정답이 되게 된다. 그러므로 답지군의 답지 수를 문항군의 문제 수보다 많게 하여 자연적으로 문항의 답을 맞히는 일이 일어나지 않도록 한다. 일반적으로 답지군의 답지 수는 문제군의 문제 수보다 1.3~1.5배 정도가 되게 한다.

③ 문제군의 문제들은 왼쪽에, 답지군의 답지들은 오른쪽에 배열하고 번호를 다르게 부여한다.

문제군의 문제들과 답지군의 답지들을 배열하는 데에 절대적 규칙이 있는 것은 아니나 일반적으로 왼쪽에 문제군을, 오른쪽에 답지군을 둔다. 또한 문제군의 문제 번호와 답지군의 답지 번호를 부여할 때 각기 다른 형태로 번호를 부여한다. 예를 들어, 문제군의 문제 번호를 ①, ②, ③, ④로 하였다면 답지군의 답지들이 한글인 경우 답지 번호는 ⓐ, ⓑ, ⓒ, ⓓ, ⓔ로 한다든가, 답지들이 영어인 경우 답지 번호는 ㉠, ㉡, ㉢, ㉣, ㉤으로 한다. 최근에는 문제군의 문제를 위에, 답지군의 답지를 아래에 배치하는 문항 형태도 있다.

④ 문제군의 문제들과 답지군의 답지들은 각각 문자순이나 연대순으로 배열한다.

문제군의 문제들과 답지군의 답지들이 글로 되어 있으면 글자순으로 배열하고, 역사적 사건과 연대를 연결하고자 할 때 문제군은 글자순으로 답지군은 시대순으로 한다. 특히 역사적 사건과 관계된 연대를 연결할 때, 답지군의 답지들을 시대순에 의하여 배열하지 않으면 피험자들이 해당 연대를 찾는 데 시간을 소비할 수 있다.

⑤ 문제군과 답지군은 같은 쪽에 인쇄되도록 한다.

문제군의 문제와 답지군의 답지들이 모두 동일 쪽에 배치될 수 있도록 편집한다. 문제군과 답지군의 일부분이 다음 쪽으로 넘어가면 전체 문제들과 답지들을 볼 수 없으므로 정답을 선택하는 데 불편함을 줄 수 있고, 때로는 틀린 정답을 연결할 수 있기 때문이다.

⑥ 문제군의 문제 수는 10개 이상이 되지 않도록 한다.

문제군의 문제 수를 제한하는 이유는 문제군의 문제들이 많아질 때 문제들의 동질성을 유지하기가 곤란하기 때문이다. 만약에 역사적 사건과 연대를 연결하게 할 때, 역사적 사건이라도 유사한 역사적 사건을 나열하는 것이 피험자의 높은 기억력을 측정할 수 있다.

⑦ 문제와 답지들은 가능한 한 짧게 제시한다.

일반적으로 연결형 문항은 논리적 사고나 창의성보다는 단순기억능력을 측정하는 경향이 있다. 그러므로 문제군의 문제들은 역사적 사건 혹은 문학작품, 간단한 사실들이 될 수 있다. 가능하면 문제들이나 답지들을 짧게 제시하는 것이 피험자의 단순기억능력을 측정하기에 용이하다.

⑧ 지시문을 명확하게 제시한다.

지시문에서 답지를 하나만 연결하는지 혹은 다수를 연결하는지를 밝힌다. 연결형 문항에서 답이 하나일 때와 여러 개가 있을 때가 있다. 문제군의 문제에 대한 답지군의 답지들을 선택할 때 혼동이 없도록 지시문을 정확히 제시하여야 한다.

(3) 장단점

연결형 문항은 진위형이나 선다형과 같이 답이 정해져 있으므로 채점이 용이한 장점을 지니고 있으며, 역사적 사건이 발생한 연도나 문학작품의 작가들을 구별하는 능력을 측정할 수 있는 장점이 있다. 유사한 사실을 비교하여 구분하고 판단하는 능력을 측정하기에 좋은 문항 형태이다.

단점으로는, 첫째, 문항제작의 경험이 풍부하지 않으면 문항제작에 많은 시간이 소요되고, 둘째, 문제군과 답지군이 동질성을 상실하였을 경우 피험자가 쉽게 해답을 찾게 된다. 셋째, 단순한 사실이나 역사적 사건을 질문하므로 고등정신능력을 측정하기가 다소 어렵고, 단순정신능력을 측정하는 경향이 있기 때문에 암기 위주의 교육을 유도할 수 있다.

2 구성형

구성형 문항은 괄호형, 단답형, 논술형이 있다. 채점자의 신뢰성에 대한 문제를 심각하게 고려할 경우에는 선택형 문항의 출제 비중이 높아지고, 채점자의 신뢰성보다는 고등정신능력을 측정하고자 하는 목적이 강하게 대두될 때는 구성형, 특히 논술형 문항의 출제가 증가한다.

최근 제4차 산업혁명 시대가 도래하면서 미래사회를 살아갈 인재양성을 위해 핵심역량의 중요성이 부각되고 있으며, 핵심역량을 측정하기 위해 교육평가 분야에 대해서도 혁신이 요구되고 있다. 이에 학교현장에서도 수행평가나 과정중심평가의 한 방법으로 '서술형 · 논술형 문항'에 대한 관심이 높아지고 있으며(김경희, 2020b), 더 나아가 대학수학능력시험에도 '서술형 · 논술형 문항'을 도입해야 한다는 주장이 제기되기도 한다. 단, 서술형 문항은 논술형의 하위 유형으로 보는 것이 타당하므로(김경희, 2020b), 이 책에서는 논술형 문항, 단답형 문항, 괄호형 문항 순서로 설명한다.

1) 논술형

(1) 정의

논술형 문항(essay)은 최초의 문항 유형이라 볼 수 있으며, 주어진 질문에 제한 없이 여러 개의 문장으로 응답하는 문항 형태를 말한다. 피험자가 질문에 접근하는 방법, 정보를 이용하는 부분, 응답을 구성하는 모든 부분에서 제한을 받지 않는다. 그러므로 논술형 문항은 피험자의 분석력, 비판력, 조직력, 종합력, 문제해결력, 창의력을 측정할 수 있다.

그러나 인간의 고등정신능력을 측정할 수 있는 장점에 비하여 채점의 주관성 문제가 제기되므로 응답의 범위를 제한하는 **제한된 논술형 문항**(restricted response question; restricted response essay item)을 활용할 수 있다. 제한된 논술형 문항은 논술의 범위를 지시문에서 축소시키거나 글자 수를 제한하는 문항을 말한다. 제한된 논술형 문항이 갖는 이점은 구체화된 학습내용과 연계시킬 수 있으며 채점이 용이하다는 것이다. 반면, 피험자가 제한된 범위에서 사고하고 분석하고 종합하므로 고등정신능력을 충분히 측정하지 못한다는 단점이 있다.

제한된 논술형 문항과 비교하여 제한이 없는 문항을 **확장된 논술형 문항**(extended response question; extended response essay item)이라 한다. 확장된 논술형 문항은 시간제한이나 글자 수에 제한이 없음은 물론 지시문에 의해 서술 범위를 제한하지 않는다. 그러므로 확장된 논술형 문항은 피험자의 인지구조까지 측정할 수 있는 것이 장점이다.

(2) 제작원리

논술형 문항의 제작원리는 다음과 같다.

① 복잡한 학습내용의 인지 여부는 물론 분석 · 종합 등의 고등정신능력을 측정할 수 있도록 한다.
② 논술형 문항의 지시문은 '비교 · 분석하라' '이유를 설명하라' '견해를 논하라' 등으로 한다.
③ 논쟁을 다루는 논술형 문항은 어느 한편의 견해를 지지하는 입장에서 논술을 지시하지 말고 피험자의 견해를 밝히고 그의 견해를 논리적으로 전개할 수 있도록 유도한다.
④ 질문의 요지가 분명하게 드러나도록 구조화하여 진술한다.
⑤ 제한된 논술형 문항인 경우 응답의 길이를 제한한다.
⑥ 논술문의 제한된 내용이나 지시문 등에는 피험자의 어휘 능력수준에 부합하는 어휘를 사용한다.
⑦ 여러 논술형 문항 중 선택하여 응답하는 것을 지양한다.
⑧ 질문의 내용이 광범위한 소수의 문항보다는 협소하더라도 다수의 문항으로 질문한다.
⑨ 쉬운 문항에서 어려운 문항으로 배열한다.
⑩ 각 문항에 응답할 수 있는 적절한 응답시간을 부여한다.
⑪ 문항점수를 제시한다.
⑫ 채점기준을 마련한다.

① 복잡한 학습내용의 인지 여부는 물론 분석 · 종합 등의 고등정신능력을 측정할 수 있도록 한다.

학습내용을 분석, 종합, 혹은 평가하는 능력을 측정하기 위하여 선택형 문항을 사용하는 데에는 한계가 있다. 이와 같은 경우, 교과내용의 전반적 사실의 이해, 분석, 종합, 평가 등의 고등정신능력을 측정할 수 있도록 문항을 제작하여야 한다.

예

그림과 같이 $\overline{AC}=1$, $\overline{BC}=a$ $(a>0)$이고 $\angle BCA=\frac{\pi}{2}$인 삼각형 ABC가 있다. 자연수 n에 대하여 선분 CA를 n등분한 각 분점을 점 C에서 가까운 것부터 차례로 $P_0(=C)$, P_1, P_2, P_3, $\cdots$, P_{n-1}, $P_n(=A)$이라 하자. $1 \le k \le n$인 자연수 k에 대하여 선분 BP_k에 내린 수선의 발을 Q_k라 하고, 선분 CQ_k의 길이를 h_k라 하자. h_k의 평균을 H_n이라 할 때, $\lim_{n=\infty} H_n$을 구하시오.

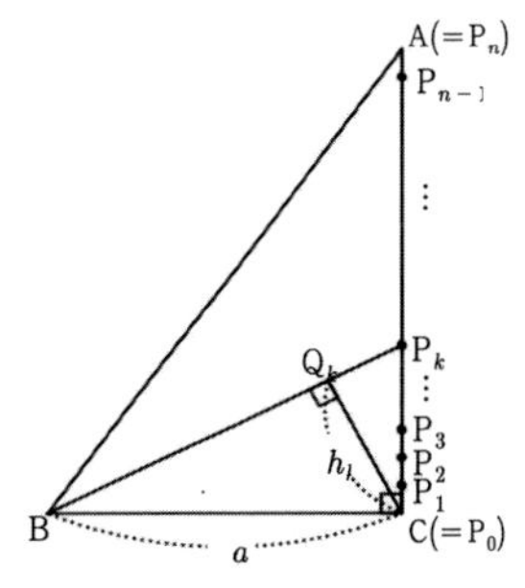

〈2020학년도 연세대학교 정시 자연계열 논술〉

분석 이 문항은 고등학교 교육과정에서 중요하게 다루는 〈미적분 I〉, 〈미적분 II〉 과목에서 출제하였다. 구체적으로 정적분, 급수, 치환적분법에 관한 기본적인 개념 및 원리를 묻는 문항으로, 고등학교 수학에서 다루는 중요한 개념의 확실한 이해를 바탕으로 제시된 조건과 상황을 정확히 분석하여 논리적 사고력과 창의적 문제해결능력을 발휘할 수 있는지를 평가한다. 따라서 이 문항은 논술형 제작원리에서 강조하는 고등정신능력을 측정하는 데 적합한 문항이다.

② 논술형 문항의 지시문은 '비교 · 분석하라' '이유를 설명하라' '견해를 논하라' 등으로 한다.

논술형 문항에서 그냥 간단하게 무엇에 대하여 '서술하라'는 형태의 문항은 암기 내용을 서술하라는 것밖에 되지 않는다. 이와 같은 단순한 지시문은 피험자의 이해력을 넘어서 종합력, 분석력, 문제해결능력, 창의력을 측정하기가 용이하지 않다.

예 1

수정 전

임상장학과 자기장학에 대하여 이야기해 보시오.

분석 논술형 문항의 지시문을 그냥 단순하게 무엇에 대해 '써라' 혹은 '이야기하라'와 같은 방식으로 진술하는 것은 암기능력을 측정하는 문항이므로 '비교하라' '같은 점과 차이점을 논하라' 등의 지시문을 사용하여야 고등정신능력을 측정할 수 있다.

수정 후

임상장학과 자기장학에 대하여 비교 · 분석하고 장단점을 논하시오.

예 2

수정 전

영동지방과 영서지방의 자연적 환경과 문화적 환경에 대하여 설명하시오.

분석 '설명하시오'로 질문할 경우, 각 지방의 환경에 대해 알고 있는 내용을 단순히 나열하는 것에 그칠 수 있다. '비교하시오'로 표현하면 각 환경의 공통점과 차이점을 분석하는 등 보다 고차원적 능력을 활용하도록 유도할 수 있다.

수정 후

영동지방과 영서지방의 자연적 환경과 문화적 환경에 대하여 비교·분석하시오.

③ 논쟁을 다루는 논술형 문항은 어느 한편의 견해를 지지하는 입장에서 논술을 지시하지 말고 피험자의 견해를 밝히고 그의 견해를 논리적으로 전개할 수 있도록 유도한다.

예를 들어, 어떤 나라에서 산아제한에 대한 논쟁이 뜨거울 때 산아제한에 대한 찬성·반대 문제를 피험자에게 먼저 선택하도록 하고 그 논거를 열거하는 것이 바람직하다. 인구정책의 일환으로 국가정책상 산아제한을 지지할 수밖에 없는 입장에서 인구정책을 논술하라는 지시문은 논술형 문항의 특징을 상실할 뿐 아니라 반론을 지니고 있는 피험자의 논리적 사고를 평가하는 데 한계가 있다. 왜냐하면 산아제한에 대하여 반대 의견을 논리적, 분석적으로 전개할 수 있는 능력이 뛰어난 피험자도 있기 때문이다.

예

수정 전

다음 자료의 주장에 대해 반박하는 글을 쓰려고 한다. '문화의 세계화로 인한 부정적인 영향'이라는 주제로 300자 이내의 반박문을 논술하시오.

> 문화는 시대의 흐름에 따라 항상 변화합니다. 다른 문화와 교류하지 않고 변화를 받아들이려 하지 않으면 우리 문화는 점점 고립됩니다. 한류는 다양한 문화가 창조적으로 발전한 사례이지요. 이처럼 세계화는 우리의 문화를 발전시키는 기회가 될 수 있습니다. 지금은 더욱더 세계화의 문을 열어야 할 때입니다.

〈EBS 중학 뉴런 사회 ①(2015 개정 교육과정)〉

분석 이 문항은 어느 한쪽의 견해를 부정하는 입장에서 논박할 것을 지시하고 있다. 이는 피험자가 논제에 대해 나름의 견해를 가지고 있거나, 지시와 다른 견해에서 보다 논리적이고 분석적으로 전개할 가능성을 배제한 것이다. 따라서 어느 한편의 입장으로 사고 및 서술을 제한하는 것보다는 피험자가 자신의 견해를 택하도록 하고, 그 견해에 맞는 주장을 전개할 수 있도록 제작해야 한다.

수정 후

다음 자료를 보고 '문화의 세계화'의 긍정적 혹은 부정적인 영향에 대한 자신의 견해를 밝히고 그 이유에 대하여 근거를 들어 300자 이내로 논술하시오.

④ 질문의 요지가 분명하게 드러나도록 구조화하여 진술한다.

질문의 요지가 무엇인지 분명하지 않을 때, 출제자가 원하지 않는 답안이 제시되어 채점자를 당혹하게 하는 경우가 있다. 질문이 보다 구조화될 때, 정답이 분명해지며 채점이 용이하게 된다. 예를 들어, "조선 문화에 대하여 논하라"보다 "조선 백자에 대하여 논하라"라는 질문이 보다 구조화되었다 할 수 있다.

예

수정 전

다음 글을 읽고 물음에 답하시오.(총 40점)

A국은 대기오염 규제를 위해 상대적으로 공해물질 배출이 적은 하이브리드 자동차에 대하여 취득세 10%를 부과하고, 일반 자동차에 대하여는 취득세 15%를 부과하는 조치를 취하였다('조치 1'). 또한 공해물질 배출 정도를 표시하는 스티커를 자동차 번호판 우측 상단에 부착하도록 하는 행정규칙을 시행하였다('조치 2'). 이러한 스티커 부착은 소비자들의 일반 자동차 구매의사 결정에 부정적 영향을 미쳤다. A국은 하이브리드 자동차를 주로 생산하고 있는 반면, B국은 일반 자동차만을 생산하여 A국에 수출하고 있다. B국은 이러한 조치들과 관련하여 A국을 WTO 분쟁해결절차에 제소하려고 한다(단, A국과 B국은 WTO 회원국이다).

1) '조치 1'은 GATT상 내국민대우 원칙에 위반되는가? (20점)

2) '조치 2'는 TBT협정상 내국민대우 원칙에 위반되는가? (20점)

〈2019년도 5급(행정) 공무원시험(2차) – 국제법(국제통상)〉

분석 이 문항은 질문의 초점이 불분명하다. 질문에서는 '조치 1'은 GATT(관세 및 무역에 관한 일반 협정)상 내국민대우 원칙에 위반되는지, '조치 2'는 TBT협정(무역상 기술장벽협정)상 내국민대우 원칙에 위반되는지만을 묻고 있다. 이 경우 피험자는 이 질문에 대하여 어느 수준으로 답해야 할지 혼란을 겪게 된다. 따라서 피험자들이 질문의 의도를 파악하여 답할 수 있도록 질문을 구조화할 필요가 있다.

수정 후

1) '조치 1'이 내국민대우 원칙에 위반되는지 여부를 GATT에 근거하여 설명하고, WTO는 B국의 제소에 대한 분쟁해결절차에서 어떠한 결정을 내려야 하는지 논하시오. (20점)
2) '조치 2'가 내국민대우 원칙에 위반되는지 여부를 TBT협정에 근거하여 설명하고, WTO는 B국의 제소에 대한 분쟁해결절차에서 어떠한 결정을 내려야 하는지 논하시오. (20점)

⑤ 제한된 논술형 문항인 경우 응답의 길이를 제한한다.

일반적으로 응답을 제한하지 않을 경우 채점의 신뢰도가 낮아지기 때문에 질문에 대한 응답의 길이를 제한하는 것이 바람직하다. 응답의 길이를 제한하는 경우 '500자 이내로 서술하라'고 할 때 빈칸이나 부호의 포함 여부를 밝혀 주는 등 지시문을 명료화하면 피험자의 불필요한 질문을 방지할 수 있다.

⑥ 논술문의 제한된 내용이나 지시문 등에는 피험자의 어휘 능력수준에 부합하는 어휘를 사용한다.

논술문의 내용이나 지시문 내용이 너무 난해한 수준으로 표기될 때 피험자가 질문의 요지를 파악할 수 없어 피험자의 의견을 서술할 수 없게 된다. Oosterhof(1994)는 지문이나 지시문의 내용이 피험자에게 어려우면 측정내용에 대한 인지능력과 독해력이 포함되어 피험자의 능력 추정이 부정확해질 수 있다고 보고하였다.

⑦ 여러 논술형 문항 중 선택하여 응답하는 것을 지양한다.

여러 논술형 문항 중 피험자가 좋아하는 문항을 선택하여 응답하게 하는 것이 피험자에게 자유스러움과 융통성을 주므로 바람직하게 보이나, 이는 서로 다른 피험자들이 서로 다른 조건하에서 검사를 치르게 되는 것이므로 평가의 기준이 달리 설정된다 할 수 있다. 또한 여러 개의 논술형 문항을 같은 수준의 문항난이도로 제작하는 것은 불가능하므로 선택하여 응답하게 하는 것은 삼가야 하고, 피험자에게 같은 문항을 제시하여 응답하게 하는 것이 가장 바람직하다. 만약 '다섯 문제 중 아는 것 세 문제만 논하라'는 문항 형태에 익숙한 피험자는 넓은 교과 내용 중 본인이 원하는 내용만을 공부하는 부분 학습 습관 및 요행심을 키우게 될 가능성도 있다.

⑧ 질문의 내용이 광범위한 소수의 문항보다는 협소하더라도 다수의 문항으로 질문한다.

광범위한 내용을 질문하는 소수의 문항으로는 넓은 영역의 내용에 대한 인지 여부를 측정하기에 제한점을 지니고 있다. 가능하면 다수의 논술형 문항으로 넓은 학습 내용을 질문하여야 가르치고 배운 모든 범위의 내용에 대한 인지 여부를 알 수 있다.

⑨ 쉬운 문항에서 어려운 문항으로 배열한다.

피험자가 만약 어려운 문항을 처음에 접하게 되면, 검사불안도가 높아져 답을 알고 있는 문항에도 응답하지 못하는 경우가 있다. 이와 같은 경우 피험자 능력 추정의 오차가 발생하여 검사의 신뢰도가 떨어진다.

⑩ 각 문항에 응답할 수 있는 적절한 응답시간을 부여한다.

피험자가 문제를 인지하고 문제해결전략을 구상하여 비교·종합·분석하고 새로운 의견을 제시하도록 하려면 충분한 응답시간을 주어야 한다. 가능한 문항의 난이도 수준에 비추어 적절한 시간이 부여될 때 피험자의 고등정신능력을 측정할 수 있다.

⑪ 문항점수를 제시한다.

다수의 간단한 논술형 문항으로 인지능력을 측정할 때 혹은 학업성취도를 측정할 때 각 문항에 대한 점수를 명시하는 것이 바람직하다. 문항의 점수가 제시될 때 피험자는 문항의 점수를 고려하여 문항에 응답하는 전략을 세울 수 있다. 문항점수가 높은 문항 중 피험자에게 보다 익숙한 문항이 있다면 그 피험자는 편안함을 느끼고 높은 문항점수가 부여된 문항부터 답안을 작성할 수 있기 때문이다.

⑫ 채점기준을 마련한다.

논술형 문항의 가장 큰 단점은 채점에 있다. 문항 특성상 구조화될 수 없는 특성 때문에 동일한 답안이라도 채점자마다 다른 점수를 부여할 수 있으며, 심지어 동일한 답안을 동일한 채점자가 다시 채점을 하더라도 다른 점수를 부여할 수 있다. 이를 방지하기 위하여 채점기준을 마련하여야 한다. 채점기준은 가능한 모든 답안을 열거하여 해당 부분에 몇 점을 주어야 할 것인가까지 결정되어야 한다. 모범 답안을 허술하게 작성하여 놓고 피험자들의 답안을 보아 가면서 채점을 하면 채점의 일관성이 결여되기 쉽다.

채점기준이 추상적일 경우 때로는 문제지에 명시하는 것도 바람직하다. 피험자가 이 문항이 어떤 정신능력을 측정하는 것인지 몰라서 당황해하는 것을 방지하기 위해서라도 채점기준을 명시하는 것이 바람직하다.

(3) 장단점

논술형 문항의 가장 중요한 장점은 피험자의 응답을 어느 형태로든 제한하지 않고 자유를 주므로 피험자가 지니고 있는 모든 정신능력을 발휘할 수 있다는 점이다. 예를 들어, 문제를 이해하는 능력, 문제를 해결하는 능력, 논리적으로 전개하는 능력, 분석적 사고력, 논리 전개에 따라 결론을 유도하는 능력, 그리고 새로운 견해와 문제를 제시하는 능력 등 매우 다양한 정신능력을 측정할 수 있다. 수리능력과 관계된 논술형 검사는 문제풀이과정을 통하여 피험자의 문제해결능력과 인지구조를 분석할 수 있다. 그러므로 논술형 문항은 피험자들의 조직력, 분석력, 비판력, 종합력, 창의력, 문제해결능력을 함양시킬 수 있다. 문항의 형태에 따르는 장점으로는 선다형이나 단답형에 비해 문항제작이 상대적으로 수월하다는 점이다.

이상의 중요한 장점에 못지않은 단점도 있다.

첫째, 논술형 검사는 많은 문항을 출제하기가 용이하지 않으므로 학업성취도검사의 경우 넓은 교과 영역을 측정하기가 쉽지 않다.

둘째, 광범위한 내용을 포함하는 논술형 문항은 어렵게 인식될 수 있다. 교수·학습에 근거한 내용을 물어보는 논술형 문항은 학습내용에 근거하므로 추상적이지 않지만, 대학별고사에서 실시하는 논술형 문항은 매우 추상적인 경우도 있다. 이런 경우 무엇을 써야 할지 막연하다.

셋째, 문장력이 작용하여 채점에 영향을 줄 수 있다. 논술형 문항은 일반적으로 고등정신능력을 측정하기 위한 문항임에도 불구하고 문장력이 뛰어난 피험자의 답안은 상대적으로 높은 점수를 얻을 수 있다.

넷째, 가장 심각한 단점이라 할 수 있는 채점의 일관성 문제이다. 논술형 문항의 답을 여러 채점자가 채점할 때, 모두 다른 점수를 부여할 수밖에 없다. 같은 피험자의 답안지를 같은 채점자가 다른 시간에 채점할 때 다른 점수를 부여할 수도 있다. 이와 같은 문제는 채점자간신뢰도와 채점자내신뢰도로 채점의 객관성을 확보하여야 할 부분이다.

다섯째, 문항이 제대로 제작되지 않는다면 선택형보다 더욱 단순한 지식의 인지 여부를 묻는 질문이 될 수 있다. '무엇에 대하여 써라'는 형태의 문항은 단순한 사실에 대한 기억 여부나 이해 정도를 묻는 질문이 된다. 그러므로 논술형 문항이라 해서 모두 고등정신능력을 측정한다고 볼 수는 없다.

(4) 채점방법

논술형 문항에 대하여 주의를 기울여야 할 점은 채점에 있어서 주관성이 개입될 가능성이 있다는 것이다. 즉, 채점자가 피험자에 대한 인상이나 느낌에 따라 채점에 영향을 주는 후광효과(halo effect)가 나타날 수 있다. 또한 피험자별로 전체 문항을 채점한다면 앞에 있는 문항의 응답결과가 다음 문항의 채점에 영향을 주는 문항 간 시행효과(carry over effect)가 발생할 수 있다.

이와 같은 채점상의 문제점을 제거하기 위해서는 점수 부여 기준을 명료화하거나 채점방법을 체계화하여야 한다. 채점방법에는 총괄적 채점방법과 분석적 채점방법이 있다.

총괄적 채점방법(global scoring method; holistic scoring method)은 피험자의 응답을 전반적으로 읽은 후 전체적인 느낌에 의하여 점수를 부여하는 방법이다. 정답을 구성 요소로 나누지 않아 상대적으로 빠른 시간에 채점할 수 있다는 장점이 있으나, 채점의 신뢰도가 떨어지며 피험자의 응답이 정답이 되거나 안 되는 이유를 설명하지 못하는 단점이 있다. 총괄적 채점방법은 피험자의 응답이 다양하게 나타나는 보다 복합적인 논술형 문항을 채점하는 데 이용된다.

분석적 채점방법(analytical scoring method)은 응답내용을 요소요소로 구분하여 점수를 부여하는 채점방법으로, 채점을 하기 전에 교재, 노트, 참고서 등을 종합하여 모범답안을 작성하고 그에 따른 부분 점수 부여 기준을 설정하는 것이 총괄적 채점방법과 다르다. 특히 답안 요소의 중요성에 따라 점수가 배분되고, 부분 점수 채점 기준이 명시되어야 한다. 그렇지 않으면, 채점의 일관성을 상실하여 평가가 타당하지 못하게 된다. 총괄적 채점방법이든 분석적 채점방법이든 채점의 신뢰성을 높이기 위한 방법은 다음과 같다.

첫째, 답안지를 일차적으로 한번 읽고 난 뒤, 구체적으로 채점기준에 의하여 채점하여야 한다. 피험자에 따라서 서술하는 방법이 다르므로 응답의 내용이 다른 순서에 의하여 기술될 수 있기 때문이다.

둘째, 후광효과를 없애기 위하여 피험자의 성명과 수험번호를 가리고 채점을 하여야 한다.

셋째, 문항 간의 시행효과를 없애기 위하여 피험자의 답안지별로 채점하지 말고 문항별로 채점하여야 한다. 즉, 모든 피험자의 논술형 문항 1번의 응답을 채점하고 난 후, 모든 피험자의 2번 문항의 응답을 채점하며, 이후에 모든 피험자의 3번 문항의 응답을 채점하는 방식이다.

넷째, 두 명 이상의 채점자를 필요로 한다. 이는 주관성을 배제하고 채점의 객관성을 유지하기 위해서이다. 논술형 검사에서 고려되는 것은 채점자간신뢰도(inter-rater reliability)로서, 채점자들의 채점이 얼마나 유사한가를 측정한다. 채점자간신뢰도를 추정하는 방법으로 간단히 채점자 간 점수의 상관관계로 입증하는 방법이 있으며, 나아가서는 일반화가능도이론이 있다.

1994학년도부터 실시하고 있는 우리나라 대학별고사의 논술형 시험의 타당성을 확보하기 위해서는 다음의 측면들을 고려할 필요가 있다.

논술고사는 분석력, 비판력, 문제해결능력, 창의력 등의 고등정신능력을 함양하기 위하여 실시되었으나 마치 문장력을 측정하거나 철학적 사고 여부를 측정하는 검사인 듯하여 논술시험에 대한 출제와 채점방법에 대한 연구가 필요하다. 김성숙(1995)은 논술고사에서 채점자의 영향을 무시할 수 없다고 보고하고 있다. 이에 비추어 볼 때 논술고사에서 무엇을 측정하는지 측정의 목적을 분명히 하여야 한다. 철학과 신입생 선발을 위한 검사라면 철학적 사고 능력이 측정내용이 될 수 있으며, 국문학과 신입생 선발을 위한 검사라면 문장력과 문학적 표현이 평가항목으로 충분하다. 대학별고사에서 실시되는 논술고사의 경우는 고등학교 수준에 맞는 보편적인 주제에 대한 피험자의 생각을 서술하는 능력을 측정하여야 한다. 논술형 문항의 평가 항목으로 Kubiszyn과 Borich(1993)는 〈표 5-2〉와 같이 여섯 가지 요소를 열거하였으며, 질문내용에 따라 평가항목이 변화될 수 있다.

〈표 5-2〉 논술형 문항의 평가 요소

항목	내용	항목별 평가방법
내용(content)	질문의 내용에 타당한 응답 여부	〈5단계 평정〉
조직(organization)	서론, 본론, 결론 혹은 기승전결에 따른 문장의 조직	매우 우수함 우수함
과정(process)	응답내용이 정신기능의 이해, 적용, 분석, 종합, 평가의 어느 수준에 해당하는지의 여부	보통 부족함 매우 부족함
정확성/합리성 (accuracy/rationality)	과학적 질문에 대한 응답의 정확성 논리적 질문에 대한 응답의 합리성	〈3단계 평정〉
완성도/내적 일관성	질문의 내용에 대한 응답의 완성도 응답내용의 일관적 서술	A B
독창성/창의성	응답내용의 독창성 및 창의성 여부	C

논술형 문항에 대한 여섯 가지 평가요소를 5단계의 평정법에 의하여 '매우 우수함' '우수함' '보통' '부족함' '매우 부족함'으로 평가하거나, 'A' 'B' 'C'의 3단계 평정법으로 평가할 수 있다. 보다 구체적인 채점표로서 각 평가항목을 구체화하여 부분 점수를 부여하는 방법을 적용할 수도 있다.

2) 단답형

(1) 정의

단답형 문항(short-answer form item; short type answer)이란 간단한 단어, 구, 절 혹은 수나 기호로 응답하는 문항 형태로, 용어의 정의나 의미를 물을 때나 계산 문제에 자주 사용된다. 단답형 문항제작이 선다형 문항제작에 비하여 상대적으로 용이하나, 다음과 같은 문제점을 지니고 있다.

첫째, 정답이 하나가 되도록 질문을 하기가 쉽지 않다.

둘째, 답에 틀린 글자가 있을 때 정답 처리의 문제에 직면하게 된다. 가능하면 철자법에 따라 점수 부여가 영향을 받지 않아야 하지만, 철자법이 틀린 정도의 기준을 설정하기가 용이하지 않다.

(2) 제작원리

단답형 문항의 제작원리는 다음과 같다.

① 가능한 한 간단한 형태의 응답이 되도록 질문한다.
② 직접화법으로 질문한다.
③ 교과서에 있는 구, 절의 형태와 같은 문장으로 질문하지 않는다.
④ 채점하기 전에 정답이 될 수 있는 답들을 준비한다.
⑤ 계산 문제의 경우 계산의 정확성 정도나 계산 절차의 수준을 명시한다.
⑥ 정답이 단위를 갖는 숫자인 경우 단위를 표기한다.

① 가능한 한 간단한 형태의 응답이 되도록 질문한다.

질문의 내용이 간결·명확할 때, 정답이 여러 개가 될 수 있는 가능성을 배제할 수 있다. 그러므로 질문에서 어떠한 답을 원하는지를 묻는 정확한 용어가 사용되어야 한다. 단답형은 일반적으로 정의나 간단한 개념, 법칙, 사실 등을 질문하므로 간단한 응답이 되도록 질문하여야 한다.

예

수정 전

다음 글을 읽고 물음에 답하시오.

> 일부 이슬람 국가에서는 여성의 외부 활동을 엄격히 제한하며, 외출 시에 전신을 가리는 '아바야'를 의무적으로 착용하게 한다. 또한 남편, 아버지 등 남성 가족의 동반 없이는 여성의 자유로운 이동을 금지하고 있다. 또한 여성의 운전면허 취득을 막고, 여성의 올림픽 경기 출전은 물론, 경기장 구경까지 금지하고 있다.

(1) 윗글에 나타난 인권 문제가 무엇인지 쓰시오.

(2) (1)과 같은 인권 문제가 주로 나타나는 지역의 특징을 쓰시오.

〈완자 통합사회(2015 개정 교육과정)〉

분석 (2)번 문항에서 '지역의 특징'이라는 표현이 모호하다. 일부 이슬람 국가의 성차별 문제는 사회적 관습과 종교에 기인하므로 이를 구체적으로 제시해주면 질문이 보다 구조화될 수 있다.

수정 후

(2) 윗글의 국가들에서 (1)과 같은 인권 문제가 나타나게 되는 사회적 · 문화적 특징을 쓰시오.

② 직접화법으로 질문한다.

질문의 방법이 간접적일 때 질문의 초점이 흐려져 모호해질 수 있으므로 직접화법으로 질문한다.

예

수정 전

중국 남북조시대에 보리달마에 의하여 창립되었다고 하고, 자기 마음이 곧 부처라고 하는 불교의 종파 이름은 무엇인가?

분석 질문에서 '창립되었다고 하고'와 '부처라고 하는' 등의 표현은 간접적 표현으로 확실하지 않은 내용을 질문한다고 할 수 있다. 이 내용이 정확한 사실이라면 간접적 표현보다 직접적 표현을 사용하는 것이 바람직하다.

수정 후

중국 남북조시대에 보리달마에 의하여 창립되었고 자기 마음이 곧 부처라는 불교의 종파 이름은 무엇인가?

③ 교과서에 있는 구, 절의 형태와 같은 문장으로 질문하지 않는다.

교과서에 있는 문장을 그대로 출제한다면 피험자들이 교과서에 있는 내용을 이해하기보다는 암기한다. 새로운 문장으로 질문을 할 때, 피험자의 단순기억능력보다 분석, 종합, 문제해결 등의 고등정신능력을 측정할 수 있다. Ebel과 Frisbie(1986)는 단답형 문항작성 요령으로 정답을 얻을 수 있는 단어나 구를 우선 결정하고 질문을 만들기 위하여 선택된 단어나 구를 배열하라고 권유하고 있다.

④ 채점하기 전에 정답이 될 수 있는 답들을 준비한다.

가능하면 정답이 하나가 되게 질문을 하여야 하나, 동의어 문제로 여러 개의 정답이 될 수 있는 경우가 있다. 그러므로 이 같은 경우, 여러 개의 정답을 예시하는 것이 좋다.

예

다음은 채린이의 일기이다. 〈조건〉에 맞게 빈칸에 적절한 문항을 완성하시오.

〈조 건〉

- 그림의 상황에 맞게 'rest'라는 단어를 포함하여 문장을 완성할 것
- 4~7개의 단어로 문항을 완성할 것

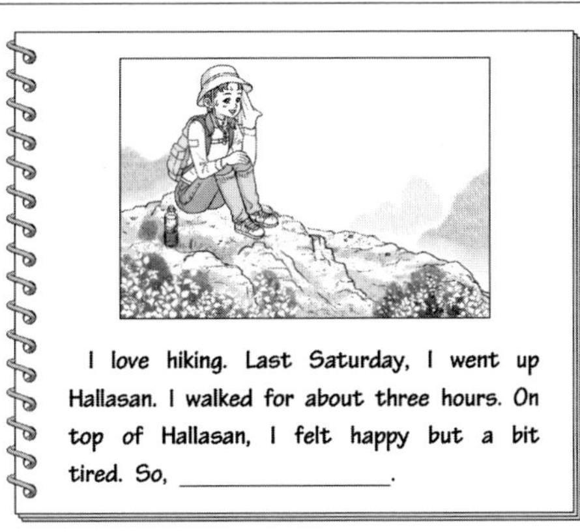

I love hiking. Last Saturday, I went up Hallasan. I walked for about three hours. On top of Hallasan, I felt happy but a bit tired. So, ______________.

〈2019 국가수준 학업성취도 평가 중학교 3학년 영어〉

분석 'rest'라는 단어를 포함하도록 조건을 주었더라도 정답이 될 수 있는 가능한 모든 답을 추출하여 정답 기준을 마련하여야 한다(I had a rest, I took a rest, I rested a while 등).

⑤ 계산 문제의 경우 계산의 정확성 정도나 계산 절차의 수준을 명시하여야 한다.

계산하여 간단한 답을 쓰는 계산 문제의 경우 소수 셋째 자리에서 반올림하여 계산하라든지, 혹은 계산 절차를 어느 수준까지 제시하라는 지시가 포함되어야 한다.

⑥ 정답이 단위를 갖는 숫자인 경우 단위를 표기한다.

정답이 어떠한 단위를 갖는 숫자일 경우 단위를 표기하지 않는다면 피험자들은 어떤 단위로 환산된 정답을 써야 되는지 혼동할 경우가 있을 뿐 아니라 정답이 여러 개가 되므로 채점에도 번거로움이 따른다. 따라서 문항 끝부분에 (단위, cm), (단위, ml) 등과 같이 단위를 제시해 주는 것이 좋다.

예

그림과 같이 $\overline{AB}=\overline{AD}$, $\angle ABC = 80°$인 평행사변형 $ABCD$에서 $\overline{AC}$와 $\overline{BD}$의 교점을 E라 하자. 물음에 답하시오.

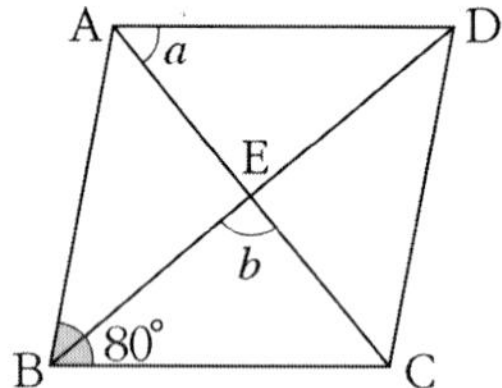

□ $ABCD$의 넓이가 100cm²일 때, $\triangle AED$의 넓이를 구하시오.

〈답〉 ____________ cm²

〈2019 국가수준 학업성취도 평가 중학교 3학년 수학〉

(3) 장단점

단답형 문항의 장점은 문항제작이 용이하며, 정의, 개념, 사실 등을 질문하므로 넓은 범위의 내용을 측정할 수 있다. 또한 추측에 의하여 정답을 맞힐 수 있는 요인을 배제할 수 있으며, 논술형보다 객관적으로 채점할 수 있다. 그리고 문장력에 의하여 점수가 부여되는 효과를 배제할 수 있다. 반면, 짧은 답을 요구하는 문항 유형의 특성상 단순 지식, 개념, 사실 등을 측정할 가능성이 높으며, 선택형 문항에 비하여 채점의 객관성을 보장받기 힘들다는 단점이 있다. 특히 다양한 정답이 만들어지는 문항의 경우 정답의 다양성 때문에 논란이 야기될 수 있다. 그러므로 주로 단답형 문항으로 평가가 이루어질 때 기억능력에 의존하는 학습이 조장될 수 있다.

3) 괄호형, 완성형

(1) 정의

괄호형 문항(cloze form item)은 질문을 위한 문장에 여백을 두어 응답을 유도하는 문항 형태를 말한다. 여백의 형태가 괄호일 수도, 상자일 수도, 밑줄이 그어질 수도 있으며, 어떤 형태라도 무방하다. **완성형 문항**(completion form item)은 질문을 위한 문장의 끝에 응답을 하게 하는 문항 형태이다. 즉, 문장의 끝에 응답을 하므로 문장을 완결한다는 의미에서 완성형 문항으로 불린다. 괄호형이나 완성형 문항 모두 질문을 위한 문장에 여백을 두어 질문하는 형태로 정의할 수 있다. 그러므로 완성형 문항은 괄호형 문항의 특수한 예로 볼 수 있다.

괄호형 문항은 처음에 Taylor(1953)에 의하여 완성형 문항의 중간에 여백을 주어 써넣게 하는 방법으로 여백 앞뒤의 문맥을 파악하는 독해능력을 측정하기 위하여 고안되었다. 독해능력을 측정하는 괄호형 문항의 난이도는 제시된 지문의 난이도와 관계가 있다. 이후 Bormuth(1970)가 괄호형 문항의 이용과 개발을 위한 이론을 제시하였다. 처음에는 질문의 문장에 언제, 어디서, 무엇을, 어떻게, 왜 등을 묻기 위하여 여백을 두었으나, 이와 같은 질문은 좋은 문항이 되지 못하며, 시(詩)에 대한 내용을 묻는 질문이 되기가 쉽지 않으므로 문항의 형태가 발전하게 되었다.

완성형 문항의 특징은 문장의 끝에 응답해야 하는 여백이 주어지므로 우리 한글 구문상 제작하기가 쉽지 않다. 예를 들어, 영문으로 색의 삼원색을 질문할 때 질문은 다음과 같다.

The three primary colors of the light are red, yellow, and (   ).

이 영문은 한글로 질문할 때는 “색의 삼원색은 빨강, 노랑, (   )이다.”가 된다. 그러므로 우리 문법에 의한 문항 형태를 분류할 때 완성형 문항을 달리 구분하지 않고 괄호형 문항에 완성형 문항을 포함하는 것이 바람직하다.

(2) 제작원리

Finn(1978), Roid와 Haladyna(1978)가 제시한 괄호형 문항의 제작원리를 정리하면 다음과 같다.

① 중요한 내용을 여백으로 한다.
② 여백은 질문의 후미에 둔다.
③ 정답은 가능한 한 단어나 기호로 응답하도록 질문한다.
④ 교과서에 있는 문장을 그대로 사용하지 않는다.
⑤ 질문의 여백 뒤의 조사가 정답을 암시하지 않게 한다.
⑥ 여백에 들어갈 모든 정답을 열거한다.
⑦ 채점 시 여백 하나를 채점단위로 한다.

괄호형 문항을 제작하는 것은 쉽지 않다. 왜냐하면 단순히 어떤 문장이나 단어에 대하여 무선적으로 여백을 두는 것이 아니라 질문의 의미를 파악하고 중요한 부분을 여백으로 남겨야 하기 때문이다.

① 중요한 내용을 여백으로 한다.

검사는 학습의 내용을 알고 있는가를 확인하는 작업이므로 질문은 중요한 내용의 인지 여부를 확인하여야 한다. 따라서 괄호형 문항은 지엽적이고 미세한 내용보다는 중요한 내용을 물어야 한다.

② 여백은 질문의 후미에 둔다.

질문을 위한 여백은 문장의 어느 부분에도 둘 수 있으나, Oosterhof(2001)는 문장의 후반부에 여백을 두도록 권장한다. 문장의 뒷부분에 여백을 둠으로써 피험자들이 문장을 읽고 자연스럽게 응답할 수 있기 때문이다.

예

수정 전

(   )는 범죄의 종류와 그 처벌의 내용은 범죄 행위 이전에 미리 성문의 법률에 규정되어 있어야 한다는 근대 형법의 기본 원리이다.

〈2021학년도 수능특강-정치와 법〉

분석 피험자들이 여백 뒤의 내용을 먼저 읽고 다시 가장 처음의 여백으로 돌아와 정답을 쓰게 하는 것보다는 문장의 뒷부분에 여백을 두어 내용을 읽어 가면서 응답할 수 있도록 서술하는 것이 바람직하다.

수정 후

범죄의 종류와 그 처벌의 내용은 범죄 행위 이전에 미리 성문의 법률에 규정되어 있어야 한다는 근대 형법의 기본 원리는 (   )이다.

③ 정답은 가능한 한 단어나 기호로 응답하도록 질문한다.

괄호형 문항은 문장의 중간이나 끝에 여백을 두어 질문하는 형태이므로 긴 형태의 서술이 응답이 될 수 없다. 그러므로 가능한 한 짧은 단어로 응답할 수 있도록 하여야 한다.

예

다음 글을 읽고, 내용과 일치하도록 빈칸 (1)과 (2)에 적절한 말을 본문에서 찾아 각각 한 단어로 쓰시오.

> Walking in the morning regularly benefits everyone who does it and anyone can become a regular morning walker. The benefits of a morning walk for your health are numerous. Science says that walking regularly in the morning controls blood pressure, lessens stress, and energizes you. If the habit of morning walks is practiced from childhood, there is a much greater chance of developing a sound body and mind. We live a very fast paced life. We work around the clock. We rarely have time to care for our health, but if we walk each morning, we can enjoy all the benefits it provides.

↓

A morning walk has many (1) ______. For example, if you walk (2) _____ in the morning, you can keep your body and mind healthy.

〈2018년 국가수준 학업성취도 평가 중학교 3학년 영어〉

④ 교과서에 있는 문장을 그대로 사용하지 않는다.

질문의 문장이 교과서에 있는 문장 그대로일 때, 피험자들은 암기력에 의하여 쉽게 응답할 수 있다. 완성형의 문항이라도 암기력보다는 이해력, 응용력, 분석력, 종합력 등을 측정하는 것이 바람직하므로 교과서에 있는 문장을 그대로 쓰기보다는 다른 문장으로 구성하여 질문하는 것이 바람직하다. 또한 여러 문장을 조합하여 간단한 문장으로 변형시켜 여백을 두는 문항이 좋은 문항이라 할 수 있다.

⑤ 질문의 여백 뒤의 조사가 정답을 암시하지 않게 한다.

질문의 중간에 여백을 두어 질문을 하게 되면 여백 뒤에 조사나 어떤 글자를 쓰게 된다. 예를 들어, '을'과 '를', 혹은 '이'와 '가' 등이다. '을' 대신에 '를'을 쓰면 '를'과 관계된 단어가 정답이 될 것임을 암시할 수 있다. 그러므로 문장의 여백 뒤에 '을'과 '를'을 모두 사용하는 것이 바람직하다.

예

수정 전

빈칸에 공통으로 들어갈 용어를 쓰시오.

(　　　)은 인간이 살아가는 데 필요한 토대를 마련해 준다는 점에서 그 의의가 매우 크다. 지역마다 기후, 지형, 식생, 토양 등의 (　　　)과 이에 따라 발달하는 산업이 다르기 때문에 사람들이 생활하는 모습도 다르게 나타난다.

〈완자 통합사회(2015 개정 교육과정)〉

분석 피험자들이 여백 뒤의 조사와 관계된 단어를 정답으로 연상하기 쉬우므로 여백 뒤에 가능한 조사를 모두 서술하는 것이 바람직하다.

수정 후

빈칸에 공통으로 들어갈 용어를 쓰시오.

> (　　　)은/는 인간이 살아가는 데 필요한 토대를 마련해 준다는 점에서 그 의의가 매우 크다. 지역마다 기후, 지형, 식생, 토양 등의 (　　　)와/과 이에 따라 발달하는 산업이 다르기 때문에 사람들이 생활하는 모습도 다르게 나타난다.

⑥ 여백에 들어갈 모든 정답을 열거한다.

여백 안에 들어갈 정답이 하나가 아니라 여러 개일 때 가능한 모든 답을 추출하여 정답 기준을 설정하여야 한다. 간단한 정의를 물어 하나의 명사로 대답하는 괄호형 문항에는 별 문제가 없으나 형용사나 부사, 동사가 정답이 될 때는 정답이 여러 개가 될 수 있다. 예를 들어, "소비가 증가하면 물가는 (　)한다."는 질문에 정답은 여러 개가 될 수 있다. 정답의 예로 '상승' '증가' '올라간다' 등이 나올 수 있다. 여기서 '올라간다'라는 응답은 문장의 구문상 말이 되지 않으므로 피험자의 응답이 틀렸다고 할 수 있다. 그러나 이 문제는 국어의 문법 시험이 아니므로 구문이 옳지 않은 응답이라도 질문에 대한 정답을 알고 있으므로 정답으로 처리하여야 한다. 그러므로 정답이 되는 모든 내용을 채점 전에 열거하여야 한다.

예

대부분의 고체 물질이 액체로 융해하면 부피가 ①(　　　　)하지만, 예외적으로 얼음이 물로 융해하면 부피가 ②(　　　)한다.

〈오투 중등과학 1-2(2015 개정 교육과정)〉

분석 ①의 정답은 증가, ②의 정답은 감소이지만, ①의 답으로 '커진다' '늘어난다' ②의 답으로 '작아진다' '줄어든다' 등으로 응답할 가능성을 고려하여 정답의 기준을 마련하여야 한다.

⑦ 채점 시 여백 하나를 채점단위로 한다.

채점의 정확성과 체계성을 위하여 여백 하나하나를 채점단위로 한다. 어떤 여백의 경우 두 개를 묶어 점수를 부여하고 다른 여백의 경우 세 개를 묶어 점수를 부여할 때, 여백을 묶는 방법에 대한 논란이 일 수 있으며, 채점의 일관성이 결여된다.

예

수정 전

다음은 생명체를 구성하는 어떤 화합물에 대한 설명이다.

대부분의 생명체는 물과 소량의 무기염류를 제외하면 유기물인 (㉠)(으)로 이루어져 있다. (㉠)은/는 원자가 전자가 4개인 (㉡)을/를 기본 골격으로 하는 화합물이다.

㉠, ㉡에 알맞은 말을 각각 쓰시오.

〈하이탑 고등학교 통합과학(2015 개정 교육과정)〉

분석 이 문항은 고등학교 참고서에서 학습내용을 확인하는 용도로 제작된 문항이므로 점수를 기재할 필요가 없다. 만약 시험 상황이라고 가정한다면 한 질문에 두 개의 여백을 둘 경우, 두 개의 응답이 모두 맞았을 때 문항의 전체 점수를 부여하기보다는 여백 하나하나에 독립된 점수를 부여하거나, 중요한 내용 하나만을 여백으로 남겨 두는 것이 더욱 바람직하다.

수정 후

㉠, ㉡에 알맞은 말을 각각 쓰시오. (각 2점)

(3) 장단점

괄호형 문항의 장점으로는, 첫째, 정의, 개념, 간단한 사실 등의 인지 여부를 질문하므로 광범위한 내용을 측정할 수 있다. 둘째, 선택형 문항처럼 답지가 제공되지 않으므로 추측요인을 배제할 수 있다. 셋째, 검사의 타당도와 신뢰도가 높다. Hively, Patterson과 Page(1968), Finn(1978), Roid와 Haladyna(1982)는 괄호형 문항이 구성형의 논술형 문항이나 단답형 문항보다 신뢰도뿐 아니라 타당도가 높으며, 선택형 문항인 선다형 문항보다 신뢰도가 높다고 밝히고 있다. 특히 괄호형 문항이 선택형 문항보다 높은 신뢰도를 갖는 것은 문항의 추측 요인을 배제하기 때문이다. 넷째, 문항제작이 수월한 편이다. 선택형의 선다형 문항제작에서 답지를 제작하는 것보다 문장 내용의 중요 부분에 여백을 남기는 것이 더 수월하다. 다섯째, 채점의 객관성을 유지할 수 있다. 정답이 간단한 용어이므로 채점자 간의 일치도를 높일 수 있어 채점이

용이하다. 여섯째, 문장력에 의한 효과를 배제할 수 있다. 여러 문장으로 응답하는 문항일 경우 문장력이 점수 부여에 영향력을 줄 수 있으나, 명사, 형용사, 부사로 응답되는 괄호형 문항은 문장력이 채점에 영향을 주지 않는다.

이에 비하여 단순한 지식, 개념, 사실 등만을 측정할 가능성이 높다는 단점이 있다.

제6장 컴퓨터화 검사 문항제작

컴퓨터화 검사가 국내에 소개되기 시작한 이후 국가수준의 시험에 컴퓨터화 검사를 도입하려는 시도가 수차례 있었다. 그러나 국가수준 시험의 고부담 경향으로 완결성에 대한 요구가 큰 데다 개별학교/학생 단위에서 충분한 인프라가 갖추어져 있지 않아 실제 시행에 어려움이 있다. 대표적 사례로 클라우드 컴퓨팅 기술을 활용한 인터넷 기반 시험으로 치러졌던 국가영어능력평가시험(National English Ability Test: NEAT)을 들 수 있다. NEAT는 영어능력을 증명하기 위해 치르는 TOEIC, TOEFL 등 해외 시험의 의존도를 낮추고 영어 의사소통 능력 신장을 위해 듣기, 읽기, 말하기, 쓰기를 균형적으로 평가하도록 설계된 시험으로 2013~2014년에 일부 대학의 수시 전형에 시범적으로 활용되었으나, 말하기, 쓰기 사교육 조장 및 시스템 안정화 관련 이슈 등으로 본격적인 도입은 이루어지지 않았다.

최근에는 인공지능, 사물인터넷 등 급속한 기술 발전과 컴퓨터의 보급 등으로 일정 정도의 인프라가 갖추어지고 있으며, 지식정보사회의 교육환경 변화에 따른 평가체제 개선의 필요성이 대두되고 있다. 국내에서는 국가수준 학업성취도평가에 컴퓨터화 검사를 도입하기 위해 검사 설계 및 출제 방안에 대한 연구를 진행하고 있다. 이에 더하여 2020년 COVID-19의 세계적 유행에 따른 비대면 경향으로 학생들의 수업, 시험 등이 빠르게 온라인으로 전환되고 있고, 삼성그룹의 신규채용에서 온라인 인적성검사를 시행하고 있으며, TOEFL도 가정에서 개인용 컴퓨터로 응시할 수 있는 Home Edition을 개발하여 시행하고 있다. 이러한 경향에 비추어 볼 때 국가수준 시험뿐 아니라 학교수준 시험에서 컴퓨터화 검사의 수요가 크게 증가할 것으로 예상된다. 이 장에서는 컴퓨터를 활용한 검사에서의 문항제작원리를 설명한다.

1 컴퓨터화 검사의 정의와 종류

컴퓨터는 워드프로세서, 빠른 자료 처리와 저장, 그래픽과 동영상, 온라인 전송 등의 다양한 기능을 가지고 있다. 이러한 기능이 검사의 제작, 시행, 채점, 결과분석 및 자료저장, 관리에 이르기까지 검사의 모든 과정에서 검사를 보다 빠르고 용이하게 수행하는 데 도움을 준다.

컴퓨터를 이용한 모든 검사를 컴퓨터화 검사라 하며, 컴퓨터화 검사의 종류로는 지필검사의 종이와 연필 대신에 컴퓨터의 화면과 키보드를 사용하여 실시하는 검사인 컴퓨터 이용검사와 피험자의 개별능력에 따라 다음 문항을 다르게 제시하는 개별적인 적응검사인 컴퓨터화 능력적응검사가 있다. 더욱 발전된 형태로, 컴퓨터화 검사를 학습진행 과정에서 연속적으로 측정하는 연속측정과 지식중심연산을 이용한 지적측정이 있다.

1) 컴퓨터 이용검사

컴퓨터 이용검사(Computer Based Test)는 전통적인 지필검사와 동일한 내용의 검사를 컴퓨터를 이용하여 실시하는 단계를 말한다. 단순히 매체만 종이에서 컴퓨터로 전환하여 실시하여도 검사결과의 채점 및 보고에 소요되는 시간과 경비를 절감하고, 즉각적인 송환으로 검사를 통한 학습 향상을 도모할 수 있으며, 동영상이나 음향파일을 이용하여 다양한 형태의 문항을 제작할 수 있다.

컴퓨터 이용검사는 지필검사를 컴퓨터를 이용하여 실시하는 검사로서 문항의 제시순서가 지필검사의 문항순서와 동일하다. 다만, 컴퓨터의 기능에 따라 그래프, 사진, 동영상, 음성 등 문항의 제시 형태가 다양할 수 있다는 특징을 지닌다. 시험을 종이로 보는 것보다 컴퓨터로 보는 것의 장점은 다음과 같다(성태제, 1992; Wise & Plake, 1989).

첫째, 응답결과나 검사결과의 즉각적인 송환은 학습능력 향상을 촉진할 수 있으며, 채점과 결과 통보에 걸리는 인력과 시간, 경비를 절약한다.

둘째, 그래프, 사진, 동영상, 음성 등을 활용한 새롭고 다양한 형태의 문항을 통하여 지금까지 지필검사로는 측정하지 못했던 능력을 측정할 수 있고, 피험자에게 질문을 보다 쉽고 정확하게 이해시킬 수 있으며, 검사에 대한 흥미를 유발할 수 있다.

셋째, 실시상의 어려움이 따르던 수행평가도 컴퓨터를 이용한 모의실험(simulation)을 통하여 다양하고 편리한 방법으로 실시할 수 있다. 예를 들어, 컴퓨터로 환자의 증상을 보고 그 증상에 대한 진단과 치료방법을 서술하게 한다든가, 실제로 키보드나 마우스와 같은 컴퓨터의 입력장치들을 치료도구로 하여 환부의 치료를 시행하도록 할 수 있다. 이뿐 아니라 실험·실습과 관련된 내용의 인지 여부를 확인할 수 있다.

넷째, 검사일정에 구애받지 않고 언제라도 원하는 시기에 검사를 실시할 수 있다. 또한 굳이 검사장에 입실하지 않아도 컴퓨터만 있다면 네트워크를 이용하여 어디에서든지 응시가 가능하다.

다섯째, 기존에 지필검사를 치르지 못하던 피험자에게도 검사를 실시할 수 있다. 지시문을 읽지 못하는 시각장애 피험자나 유아에게도 음성을 이용하여 검사를 실시할 수 있는 등 장애 정도나 연령에 따라 적절한 평가환경을 제공하는 것이 가능하다.

여섯째, 문항과 피험자에 대한 다양한 정보를 제공하고 지속적으로 저장하고 관리할 수 있다. 피험자의 응답결과뿐 아니라 각 문항마다 응답에 걸리는 시간, 문항의 재검토나 수정 여부 등을 알 수 있으므로 보다 정확한 피험자의 능력 추정을 위한 자료로 이용될 수 있다.

일곱째, 검사를 종이에 인쇄하여 운반하거나 보관할 필요가 없으므로 검사내용에 대한 비밀보장이 용이하고, 그만큼 경비도 절감할 수 있다.

이상과 같이 많은 장점이 있지만, 컴퓨터화 검사를 실시하기 위해서는 검사내용의 입출력을 위한 컴퓨터 하드웨어 설비와 문제은행을 관리하고 검사결과를 분석하기 위한 소프트웨어가 갖추어져야 한다. 컴퓨터화 검사를 실시할 때에는 지필검사에서 검사환경을 동일하게 하여 피험자 평가에 공정성을 기하는 것과 마찬가지로 컴퓨터 사양과 설정양식을 동일하게 하는 것이 필요하다.

2) 컴퓨터화 능력적응검사

컴퓨터화 능력적응검사(Computerized Adaptive Test)는 모든 피험자에게 동일한 검사를 실시하는 것이 아니라, 개별 피험자의 능력에 맞는 문항을 제시하여 문항을 맞히면 더 어려운 문항을, 틀리면 더 쉬운 문항을 제시함으로써 피험자의 응답결과에 적응하는 방식으로 실시하는 검사이다. 컴퓨터화 능력적응검사의 실현을 위해서는 즉각적인 채점과 다음 문항 선택을 위한 컴퓨터의 빠른 실시간 계산능력이 필수적이며, 이를 통해서 피험자 능력에 적합한 보다 효율적이고 개별적인 검사가 가능하게 되었다.

컴퓨터화 능력적응검사는 컴퓨터 이용검사와 마찬가지로 컴퓨터라는 매체를 이용함으로써 얻을 수 있는 일반적인 컴퓨터화 검사의 장점과 피험자 능력수준에 적합한 문항만을 선별하여 개별화된 검사를 치름으로써 얻을 수 있는 적응검사만의 장점을 가지고 있다.

컴퓨터화 능력적응검사에서는 현명한 검사시행자나 교사가 검사를 실시하는 것과 같은 논리로 검사가 진행된다. 그러므로 컴퓨터화 능력적응검사의 모든 장점은 측정의 효율성에서 기인한다. 측정의 효율성이란 검사의 길이를 고려한 측정의 정확도를 의미한다. 피험자의 능력수준에 부합한 검사를 실시하였을 때 보다 정확한 결과를 얻을 수 있으므로 다양한 능력수준의 피험자에게 동일한 형태의 검사를 실시하는 것보다 컴퓨터화 능력적응검사를 이용하면 적은 수의 문항으로 보다 정확한 피험자의 능력을 추정한다. 컴퓨터화 능력적응검사의 이러한 특성에 의해 얻을 수 있는 장점은 다음과 같다.

첫째, 누구에게나 공정하고 정확한 검사결과를 얻을 수 있다. 컴퓨터화 능력적응검사를 실시하면 피험자에게 높은 정보를 주는 문항만을 선별적으로 제시할 수 있으므로 모든 피험자의 능력을 같은 정도로 정확하게 측정할 수 있다.

둘째, 피험자의 능력에 맞는 문항을 제시함으로써 동기를 유발하고 사기를 진작시켜, 검사상황에서 유발되는 측정의 오차를 감소시킬 수 있다.

셋째, 효율적인 검사를 실시할 수 있기 때문에 검사에 소요되는 시간을 단축할 수 있으며, 검사 실시에 따르는 경비절감에도 기여한다.

넷째, 개인마다 다른 형태의 검사를 시행함으로써 검사 도중에 발생하는 부정행위를 방지할 수 있다.

다섯째, 검사문항 내용에 대한 정보유출의 가능성을 최소화할 수 있다.

이와 같이 많은 장점을 지니고 있는 컴퓨터화 능력적응검사는 가장 발전된 검사 형태의 하나로 실시되고 있다. 그러나 실제 컴퓨터화 능력적응검사의 양호도 검증 문제나 검사를 실시하는 데 발생하는 문제점들이 없는 것은 아니다. 컴퓨터화 능력적응검사와 관련되어 문제가 되거나 특히 주의해야 할 사항들은 다음과 같다.

첫째, 컴퓨터화 능력적응검사와 지필검사를 병행하여 실시하는 경우, 두 검사 점수의 상호 교환 가능성 충족 여부를 증명해야 한다. 특히, 검사시기와 관계없이 검사 점수를 개인자료로 이용하는 경우에는 추정된 능력의 동등성 여부가 더욱 중요하다.

둘째, 최초의 문항모수 추정방법에 대한 것으로 컴퓨터화 능력적응검사 시행을 위해 문제은행에 입력하는 최초의 문항모수는 일반적으로 지필검사를 실시하여 얻은 자료를 이용하여 추정하는데, 지필검사 문항과 컴퓨터화 검사 문항이 서로 다른 결과를 얻게 된다면 구축된 문제은행은 컴퓨터화 능력적응검사를 위해 올바로 기능하지 못하게 될 것이다.

셋째, 컴퓨터화 능력적응검사에서 맥락효과를 가지는 문항이 있다면 공정한 검사를 실시하는 데 문제가 된다. 맥락효과(context effect)란 먼저 풀었던 문항이 이후에 계속되는 문항에 대한 응답에 미치는 영향을 말한다. 예를 들어, 앞선 문항이 다음 문항을 푸는 데 도움이 되는 정보를 가지고 있는 경우에 컴퓨터화 능력적응검사에서는 문항이 제시되는 순서가 모두 다르기 때문에 두 문항을 순서대로 푸는 피험자에게만 정보를 제공하게 되는 불공정한 경우가 발생할 수 있다.

넷째, 단순히 문제를 화면에 제시하였는데도 지필검사와 다른 반응을 보였다면, 그 문항은 양식효과를 가지고 있다고 볼 수 있다. 양식효과(mode effect)란 검사방식에 따른 효과로, 특히 그림이나 긴 지문이 있는 문항, 복잡한 계산을 요구하는 문항의 경우에 컴퓨터화 검사와 지필검사 결과에 차이가 있는 경우가 있다. Kingsbury(1990)

는 문항 전체가 컴퓨터의 한 화면에 표출되는 데 제한점이 있을 때 컴퓨터화 능력적응검사의 타당도를 저해하는 요소가 된다고 하였다.

다섯째, 검사의 타당도와 관련하여 컴퓨터화 능력적응검사의 문제점이 될 수 있는 것은 내용영역의 불균형에 관한 문제이다. 검사내용의 균형이 이루어져 있어야 검사의 내용타당도를 보장받을 수 있으며, 피험자에게도 보다 공정한 검사를 제공할 수 있다.

여섯째, 컴퓨터화 능력적응검사에서 피험자가 체감할 수 있는 문제점은 검사 진행 중에 문항을 재검토 또는 수정하거나 문항을 풀지 않고 다음 문항으로 건너뛸 수 없다는 것이다. 이러한 제약이 피험자에게 검사불안을 유도할 수 있기 때문에 검사 실시 이전에 컴퓨터화 능력적응검사를 치르는 방법에 대한 자세한 설명이 필요하다.

컴퓨터화 능력적응검사의 제작과 실행을 위해서는 문제은행을 구성하는 다수의 문항제작, 하드웨어 설비, 소프트웨어 개발에 많은 비용이 소요된다. 컴퓨터화 능력적응검사를 제작하고 실행하는 초기에는 지필검사에 비해 많은 비용이 들지만, 정기적으로 실시되는 검사의 경우에는 시간이 지날수록 비용의 절감효과를 얻을 수 있다. 지필검사의 경우에 검사를 실시할 때마다 출제자를 격리하여 문항을 제작해야 하는 비용과 검사지의 인쇄, 이동, 보관, 검사결과의 채점과 보고에 소요되는 모든 비용을 고려한다면, 지속적인 검사 실시에서 오히려 컴퓨터화 능력적응검사가 보다 더 경제적일 수 있다.

컴퓨터화 능력적응검사는 문제은행, 문항반응모형, 검사 알고리즘의 세 가지 요소가 밀접하게 연결되어 구성된다.

첫째, 문제은행은 컴퓨터화 능력적응검사뿐 아니라 모든 검사의 기본적인 구성요소이며, 특히 컴퓨터화 능력적응검사는 지필검사보다 충분한 수의 양질의 문항을 가진 문제은행을 필요로 한다.

둘째, 피험자 능력과 문항모수 추정의 불변성을 유지함으로써 고전검사이론보다는 문항반응이론이 보다 안정적인 컴퓨터화 능력적응검사를 실시하는 데 필수적이다.

셋째, 검사 시행의 논리라고 말할 수 있는 검사 알고리즘은 컴퓨터화 능력적응검사의 고유한 특성을 나타내는 부분으로, 검사를 시작할 때 특정 문항을 제시하는 기준, 다음 문항을 선택하는 기준, 검사를 종료하는 기준으로 구성되어 있다.

3) 연속측정

연속측정(Continuous Measurement: CM)은 컴퓨터를 이용한 검사의 제3세대에 해당하며, 컴퓨터화 검사를 일회적으로 시행하는 것이 아니라 학습진행에 따른 학생의 변화를 연속적으로 측정하는 방법이다. 그러므로 교육과정의 수립과 더불어 학습의 시작에서부터 목표 달성에 이르기까지 측정이 지속적으로 실시되어 학습진행 상태의 변화과정을 파악할 수 있게 되었다. 이에 따라 검사를 통하여 학습에 도움을 줄 수 있으며, 학습능력 향상을 위한 많은 정보를 얻을 수 있다. 이뿐 아니라 학생의 변화과정을 측정할 수 있으므로 성장참조평가를 실시하는 데 유용하다.

4) 지적측정

지적측정(Intelligent Measurement: IM)은 소위 인공지능으로 불리는 지식중심연산(knowledge-based computing)을 이용하여 학습자의 인지구조를 분석하고 잘못된 부분을 교정하여 학습의 극대화를 실현하려는 매우 고도화된 측정단계이다. 이 단계에서는 측정결과에 대한 전문가적 해석과 견해가 필요하다. 따라서 이러한 복합적인 과정을 정교하게 프로그래밍하여 컴퓨터의 인공지능이 전문가의 역할을 대신할 수 있어야만 실현될 수 있다. 지적측정을 통해 Findley(1963)가 주장하는 검사의 교수적 기능이 강화될 수 있다.

2 컴퓨터화 검사의 개발 절차

앞서 설명한 것처럼 컴퓨터화 검사는 기술공학적 인프라를 활용하여 문항을 제시하고 답안을 작성하도록 하는 검사 방식으로, 측정하고자 하는 학습내용이 동일하여도 지필검사에 비해 다양한 유형의 자료 제시가 가능하고 문제 풀이 방식이 다양하며 즉각적인 응답 및 채점이 가능하다. 따라서 지필검사 개발과는 검사 개발 계획부터 다른 접근이 필요하며, 여기서는 Parshall과 Harnes(2008), Strain-Seymour, Way와 Dolan(2009) 등이 제시한 컴퓨터화 검사의 혁신적 문항(innovative item) 개발 절차를 설명한다.

1) 검사 개발 계획 수립

혁신적 문항을 도입하기 위해서는 컴퓨터화 검사를 시행할 수 있는 인프라가 우선적으로 갖추어져 있어야 한다. 이미 컴퓨터화 검사를 시행하고 있는 경우에는 혁신적 문항의 필요 여부를 검토하여 검사에 포함하면 되지만, 컴퓨터화 검사를 시행하고 있지 않은 경우에는 컴퓨터화 검사를 어떻게 시행할 것인지에 대한 계획을 우선적으로 수립하여야 한다.

2) 도입 대상 결정

컴퓨터화 검사를 실시할 수 있는 환경이 갖추어져 있다면, 어떤 검사에 혁신적 문항을 도입할 것인지를 결정하여야 한다. 이를 위해서는 컴퓨터화 검사가 시행되는 환경을 고려해야 할 뿐 아니라, 혁신적 문항을 활용할 경우 검사가 평가하고자 하는 구인을 더 잘 측정할 수 있는지를 살펴야 한다. 예를 들어, 컴퓨터화 검사를 일괄적으로 시행하기 어려운 환경이라면 검사 대상이 소수인 시험에 우선적으로 혁신적 문항을 도입할 수 있다. 또한 검사가 평가하고자 하는 구인이 전통적인 문항 형태로 평가하기 어려운 구인이라면 미디어나 그래픽을 활용할 수 있는 혁신적 문항을 도입하여 피험자의 능력을 측정할 수 있다. 선다형 문항으로 평가하는 시험의 경우에도 끌어놓기(drag-and-drop)와 같은 형태의 혁신적 문항을 활용하면 피험자와 검사문항 간의 상호작용(interactivity)을 통하여 피험자의 사고 과정이나 문제풀이 과정에 도움을 줄 수 있다. 이때 혁신적 문항 도입 여부는 검사 개발자와 내용 전문가의 검토를 통해 결정해야 검사의 타당도와 신뢰도를 담보할 수 있다.

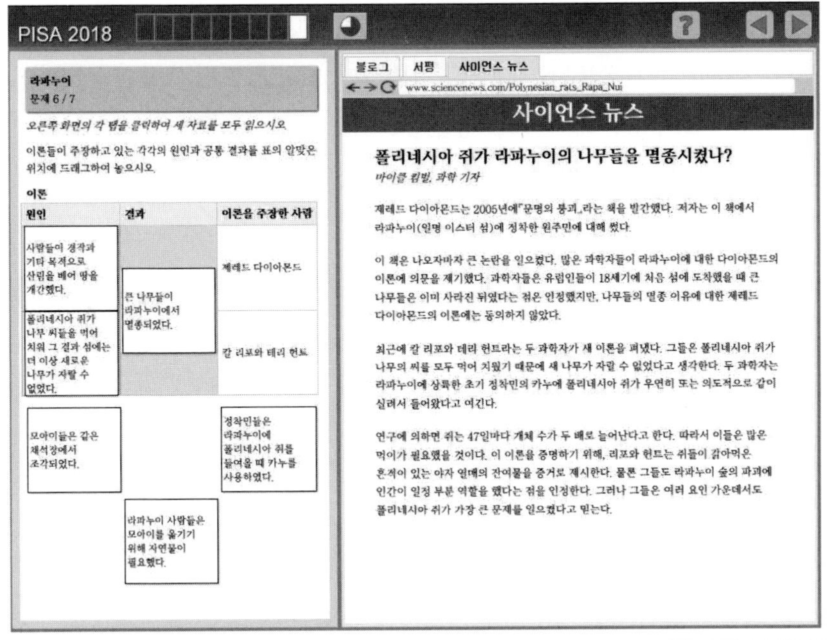

[그림 6-1] 끌어놓기 문항 예시(PISA 2018 공개문항)

3) 문항 템플릿 개발

혁신적 문항 도입이 결정되면, 검사의 목적과 측정하고자 하는 구인에 적합한 혁신적 문항 유형을 결정하고, 그 유형에 적합한 템플릿을 개발하여야 한다. 문항 템플릿이란 문항의 구조, 문항 작성의 효율성, 문항의 보안을 향상하는 데 필요한 문항제작 틀로, 문항을 개발하는 과정을 표준화할 수 있도록 도와준다.

먼저, 혁신적 문항을 개발할 때는 컴퓨터 프로그래밍을 포함한 다양한 기술이 활용되어야 하고, 이에 따른 시간과 비용이 많이 소요되기 때문에 시간과 비용을 효율적으로 활용하면서도 지속적으로 문항을 개발할 수 있는 방법을 활용하여야 한다. 혁신적 문항의 구성 요소를 세분화하여 필요시 재구성할 수 있도록 모듈화(modularity)하고 이를 템플릿으로 만들면, 문항 개발에 필요한 시간과 노력을 최소화하면서도 필요에 따라 다양한 문항을 개발할 수 있다. 템플릿은 기본적으로 각 문항 유형별로 개발되어야 하고, 문항 개발 시 필요한 모든 요소가 포함될 수 있도록 하여야 한다.

혁신적 문항의 구성 요소 중에는 수학 문항에 자주 활용되는 좌표 평면(coordinate grid)이나 과학 문항에 활용되는 가상의 실험 도구들처럼 여러 유형의 문항에 공통적으로 필요한 것들이 있는데, 이러한 요소들은 문항 유형에 관계없이 문항 개발 시 활용할 수 있도록 개발되어야 문항 개발에 드는 노력을 최소화하면서 일관성 있는 문항을 개발할 수 있다. 또한 템플릿을 개발할 때에는 문항 내용 개발자들이 프로그래밍에 대한 전문적인 지식이 없어도 템플릿을 활용하여 문항을 개발할 수 있도록 하는 도구를 마련하여야 한다.

4) 문항 유형 결정

문항을 제작하기 전에, 검사 개발 단계에서 파악된 구인이나 내용에 적합한 문항 유형이 무엇인지를 결정하여야 한다. 어떤 유형의 혁신적 문항을 개발할 것인가를 결정하기 위해서는, ① 전통적인 문항 유형으로 평가하기 어려운 지식과 기술, ② 수업에서 가르치는 컴퓨터 소프트웨어나 온라인 프로그램, ③ 자, 컴퍼스, 각도기 등과 같이 교실 수업에서 활용되지만 지필시험에서 활용되기 어려운 도구, ④ 교육목표 중 고차원적 사고능력이 요구되는 내용영역, ⑤ 실생활 맥락에서 평가하는 것이 적절한 개념이나 문제풀이 능력 등을 우선적으로 파악하여야 한다. 그 후, 이러한 사항들을 평가하기에 적합한 유형의 혁신적 문항을 개발하여야 하는데, 이때 고려하여야 할 사항으로는 학생들이 문항과 어떻게 상호작용을 하면서 문제를 풀 수 있도록 할 것인가, 어떠한 종류의 그래픽이나 시각적 효과가 요구되는가, 다양한 내용을 평가하기 위해 고려할 요소는 무엇인가, 측정 구인과 관련이 없는 요소들을 최소화할 수 있는가, 고차원적 사고능력을 측정할 수 있는가, 검사의 타당도를 높일 수 있는가 등이 있다.

5) 문항제작

문항 유형이 결정되고 이에 대한 템플릿이 준비되면 실제 검사에 활용할 문항을 개발하여야 한다. 검사문항은 미리 마련된 템플릿에 기초하여 개발되어야 하지만,

개별 문항을 개발하는 과정 중에 템플릿의 수정, 보완이 필요할 수도 있다. 즉, 혁신적 문항의 개발은 순차적이면서도 동시적인 과정이므로 이러한 과정을 통해 템플릿이 좀 더 정교화되고, 더 많은 문항제작에 적용될 수 있도록 보완, 발전된다.

6) 유용성과 접근성 평가

혁신적 문항은 사용자 인터페이스가 복잡하고 피험자가 문항에 답을 하는 과정에 익숙하지 않을 수 있기 때문에, 문항 개발 과정에서 이러한 유용성의 문제가 발생하는지를 검토하고 적절하게 수정, 보완하여야 평가하고자 하는 구인 이외의 요소가 검사결과에 반영되는 것을 최소화하고 검사의 타당성을 높일 수 있다. 유용성을 검토할 때는 해당 검사의 모집단을 대표할 수 있는 피험자의 의견을 청취하여야 하고, 검토자는 문항과 상호작용하는 모든 과정을 분석 및 검토하여야 한다. 이러한 과정은 문항의 개발 단계에서 여러 번 반복적으로 수행되어야 한다. 또한 일반 피험자뿐 아니라 신체적 불편함 등의 다른 특성을 가진 피험자들도 공정하게 접근할 수 있는 문항인지의 여부, 즉 접근성도 검토되어야 한다.

3 컴퓨터화 검사 문항의 제작원리와 유형

컴퓨터화 검사 문항의 제작원리는 전통적인 지필검사와 유사하다. 또한 컴퓨터 이용검사와 컴퓨터화 능력적응검사는 문항을 제시하는 방식에서의 차이가 있지만 개별 문항을 제작하는 방식은 유사하다. 따라서 이 장에서는 컴퓨터화 검사 문항을 제작하는 데 있어 지필검사 문항제작과 차별되는 혁신적 문항 제작원리를 중심으로 설명한다.

1) 컴퓨터화 검사 문항의 제작원리

컴퓨터화 검사를 위한 혁신적 문항의 제작원리는 다음과 같다.

① 기술공학적 기능의 활용 목적을 분명히 한다.
② 문항이 측정하고자 하는 구인 이외의 다른 요인들이 개입되지 않도록 한다.
③ 문항이 모든 학생에게 공정한지 확인한다.
④ 그래픽을 활용하는 문항은 정보 파악이 용이하도록 분명하게 제시한다.
⑤ 음성 파일은 대화 상황을 짧고 명료하게 제시한다.

① 기술공학적 기능의 활용 목적을 분명히 한다.

컴퓨터화 검사의 특징은 컴퓨터를 사용하여 다양한 기술공학적 기능을 적용한다는 것이다. 그러나 기술공학적 기능의 활용이 단지 기술적 진보를 따르기 위해 활용되는 것은 바람직하지 않으며, 혁신적 문항이 측정하고자 하는 구인을 보다 충분히 구현할 수 있다는 목적에 부합할 필요가 있다(Parshall & Harmes, 2008).

② 문항이 측정하고자 하는 구인 이외의 다른 요인들이 개입되지 않도록 한다.

컴퓨터화 검사의 문항은 혁신적 문항을 도입하면서 문항이 측정하고자 하는 구인을 충분히 구현할 수도 있지만, 구인과 무관한 변인까지 포함될 수 있으므로 문항이 의도한 구인을 적절하게 포함하고 있는지 확인할 필요가 있다(Sireci & Zenisky, 2006).

③ 문항이 모든 학생에게 공정한지 확인한다.

컴퓨터화 검사의 문항은 다양한 매체, 즉 이미지, 그래픽, 동영상, 음성 파일 등을 활용할 수 있다. 이러한 매체가 실생활 맥락에 가까울수록 학생들의 흥미를 유도하여 문제 풀이에 집중할 수 있는 장점이 있지만, 해당 매체에 자유롭게 접근할 수 없는 학생들에게는 오히려 불리할 수 있다. 중증/경증 시각장애나 청각장애, 지체장애 등을 가지고 있는 학생들은 문제에 접근할 수 없거나 컴퓨터 주변기기 조작에 어려움을 느낄 수 있다. 따라서 검사 대상 학생들의 상황을 고려하여 제작할 필요가 있는데, 가능하다면 청각장애인용 자막, 시각장애인용 음성 설명 등을 추가할 수 있어야 한다.

④ 그래픽을 활용하는 문항은 정보 파악이 용이하도록 분명하게 제시한다.

그래픽을 활용하는 문항의 경우 그래픽의 크기는 학생들이 쉽게 읽을 수 있는 정도의 크기로 하되, 학생들이 문제를 해결하는 데 필요한 정보를 파악하는 데 용이하도록 복잡하지 않게 제작한다(Parshall & Becker, 2008).

⑤ 음성 파일은 대화 상황을 짧고 명료하게 제시한다.

음성 파일을 제작할 때에는 두 명 이하의 사람이 대화하도록 하고 스크립트의 길이는 20초를 넘기지 않게 하는 것이 좋다. 또한 음성 파일에서 누가, 어떤 맥락에서 말하고 있는지를 알려 주는 예비 문장을 제공하면 문제 상황을 명료하게 제시할 수 있다(Parshall & Becker, 2008).

2) 컴퓨터화 검사의 문항 유형

컴퓨터화 검사의 문항 유형은 다양하게 분류되고 있다. 각각의 분류에 속하는 문항 유형이 크게 다르지 않지만 앞서 소개한 지필형 검사의 문항 유형과 유사한 Parshall 외(2010)와 이재봉 외(2020)의 분류를 참조하여 지필검사 문항 유형과 기술공학적 문항 유형을 접목한 형태로 소개한다.

(1) 선택형(selected response item)

컴퓨터화 검사에서 사용하는 선택형 문항은 지필검사에서의 선택형 문항과 유사하지만, 다양한 매체와 문제해결 방식을 활용할 수 있으므로 다양한 측면에서 학생의 능력을 측정할 수 있다. 특히 순서 배열형이나 영역 선택형, 대안 수정 선택형 등에서는 지필검사에서와는 다른 인지능력을 측정할 수 있다.

① 선다형

■ 단수 선다형 문항(multiple choice item)

선택형 문항 중 가장 일반적인 것은 단수 선다형 문항 유형으로 주어진 여러 개(3~5개)의 답지 중에서 하나의 정답을 고르는 유형이다. 단수 선다형 문항이 컴퓨터화 검사에 활용될 경우, 각 문항의 답지 수는 일반적인 답지 수(4~5개)보다 더 많을 수 있고, 또한 문항마다 다르게 구성할 수 있기 때문에 추측에 의한 정답 가능성이 낮아질 수 있다. 또한 읽기 지문에서 적절한 문장을 바로 선택하게 하거나, 복잡한 이미지 중 특정 부분을 선택하게 함으로써 보다 직접적인 평가가 가능할 수 있다.

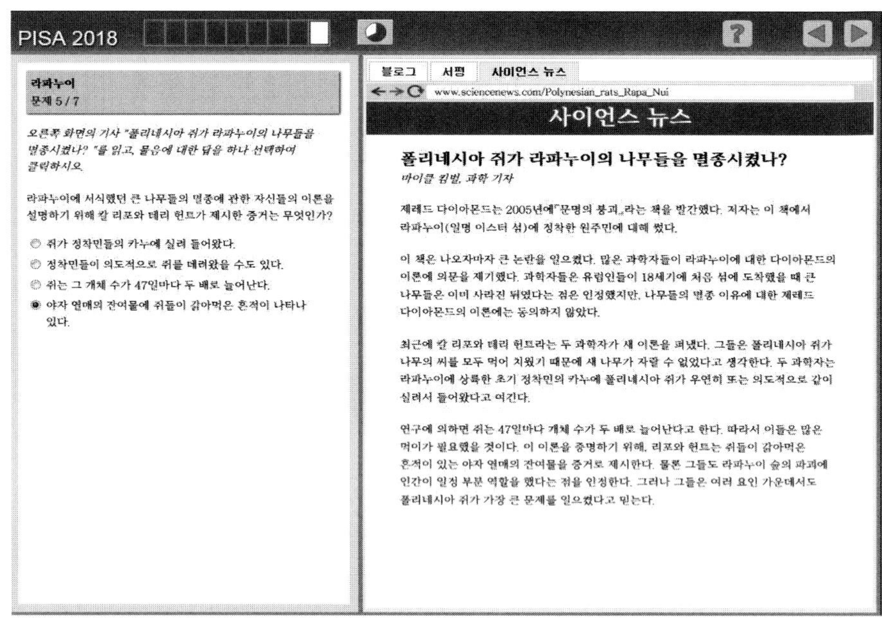

[그림 6-2] 단수 선다형 문항 예시(PISA 2018 공개문항)

■ 다중 선다형 문항(multiple response item)

다중 선다형 문항은 문제에 주어진 수만큼의 답지를 선택하거나, 피험자가 맞다고 생각하는 수만큼의 답지를 선택할 수 있다.

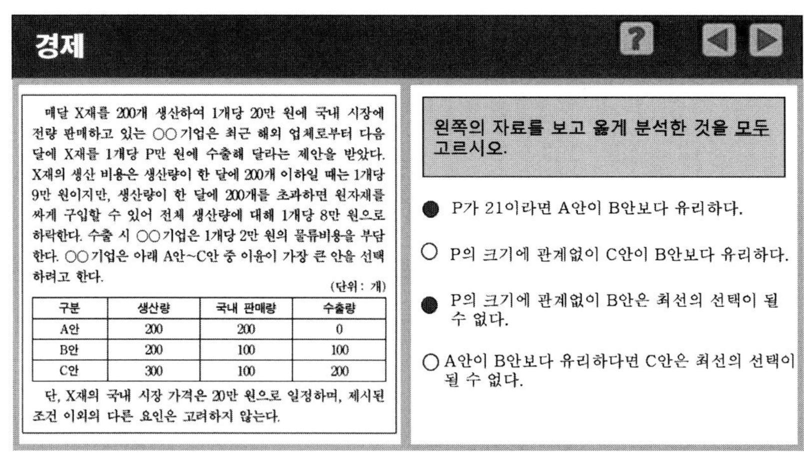

[그림 6-1] 다중 선다형 문항 예시(2020학년도 대학수학능력시험 사회탐구영역 경제 재구성)

② 그리드형(grid item)

■ 영역 선택형 문항(hot spot or figural response item)

영역 선택형은 선택형 문항의 또 다른 형태로, 피험자가 그림, 사진, 그래프와 같은 시각적 자료의 특정 부분을 선택하여 응답하는 문항 유형을 말한다. 예를 들어, 다이어그램에서 위치를 선택하거나, 스프레드시트 내의 특정 요소나 영역을 선택하는 형태이다. 영역 선택형 문항은 피험자가 직접적으로 문항에 응답하기 때문에 피험자의 능력을 좀 더 직접적이고 정확하게 측정할 수 있다.

[그림 6-4] 영역 선택형 문항 예시

■ 끌어놓기형 문항(drag and drop item)

끌어놓기형 문항은 지문의 이해를 측정하기 위하여 지문의 어느 부분에 제시된 내용을 삽입할 수 있는가를 묻거나 제시된 조건에 맞게 해당 이미지, 단어, 구, 문장 등을 선택하여 적절한 부분에 끌어다 놓도록 하는 형태이다. 끌어놓기형 문항은 컴퓨터화 검사가 실시되면서 TOEFL 등에 널리 적용되는 문항으로, 문항추측도를 낮출 수 있다는 장점이 있다. 컴퓨터화 검사의 경우 어느 곳을 클릭해도 제시된 내용을 끌어놓을 수 있도록 할 수 있다.

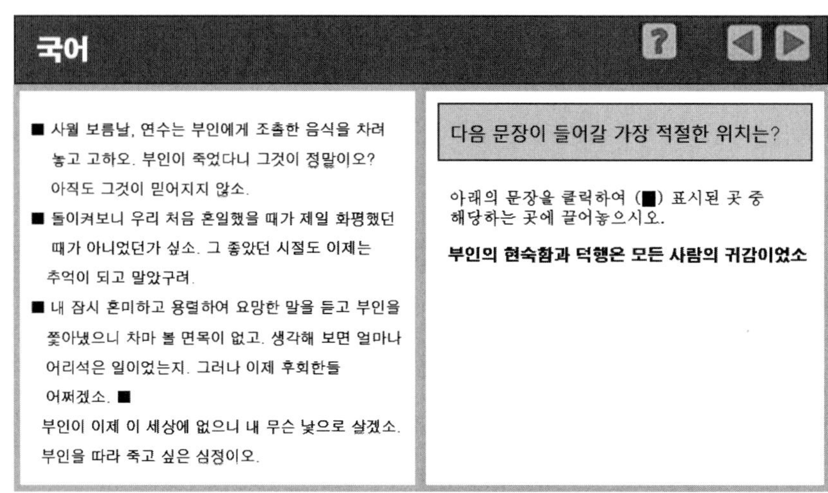

[그림 6-5] 끌어놓기형 문항 예시

③ 확장된 선택형(extended selected item)

■ 순서 배열형 문항(ordered response item)

순서 배열형은 컴퓨터화 검사가 일반화되면서 제작되는 특수한 문항 형태로서 문항 내에 제시된 요소들을 올바른 순서나 배열하도록 하는 문항이다. 예를 들면, 양적으로 측정할 수 있는 것을 큰 것부터 작은 것으로 나열한다거나, 일련의 사건들을 올바른 논리적 순서로 배열한다거나, 역사적 사건을 순서대로 배열하는 등 일련의 요소들에 대해 우선순위나 순위 매기기 등이 이에 해당한다.

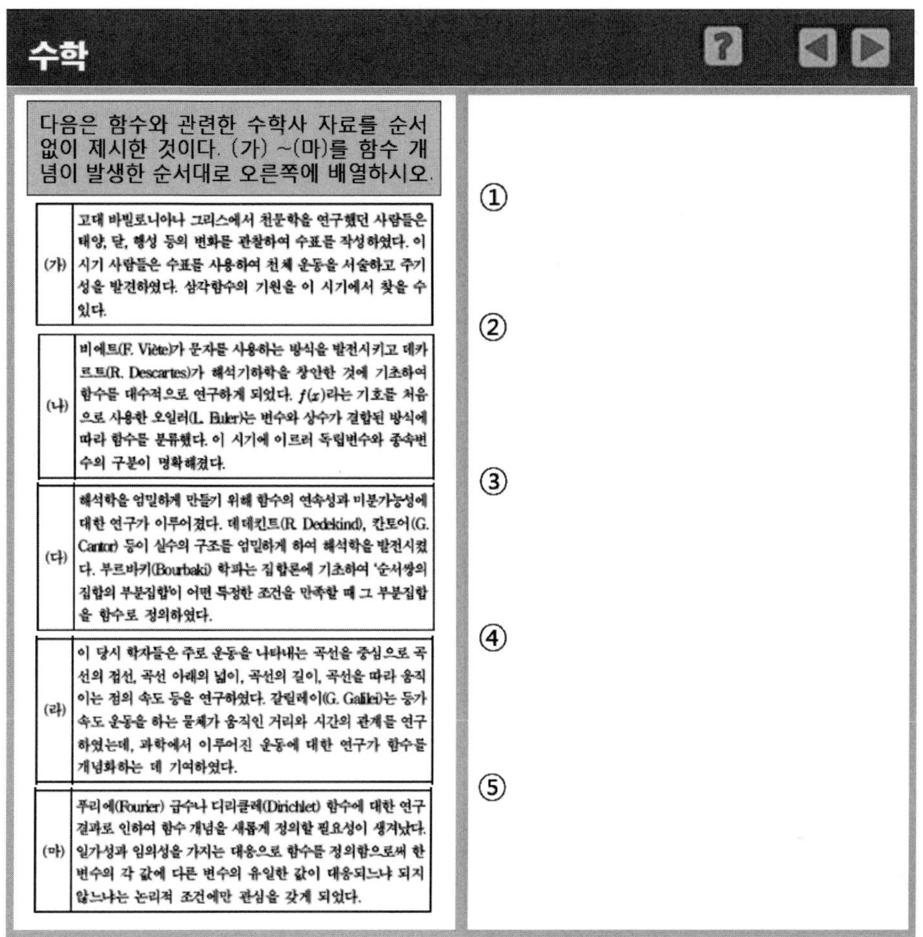

[그림 6-6] 순서 배열형 문항 예시
〔2020학년도 중등학교교사 임용후보자 선정경쟁시험 수학(전공A) 재구성〕

언어능력이나 논리적 분석능력 등을 측정하는 문항으로 주로 사용되며, 과학의 실험절차 등을 묻는 질문으로도 사용될 수 있다. 예를 들면 다음과 같다.

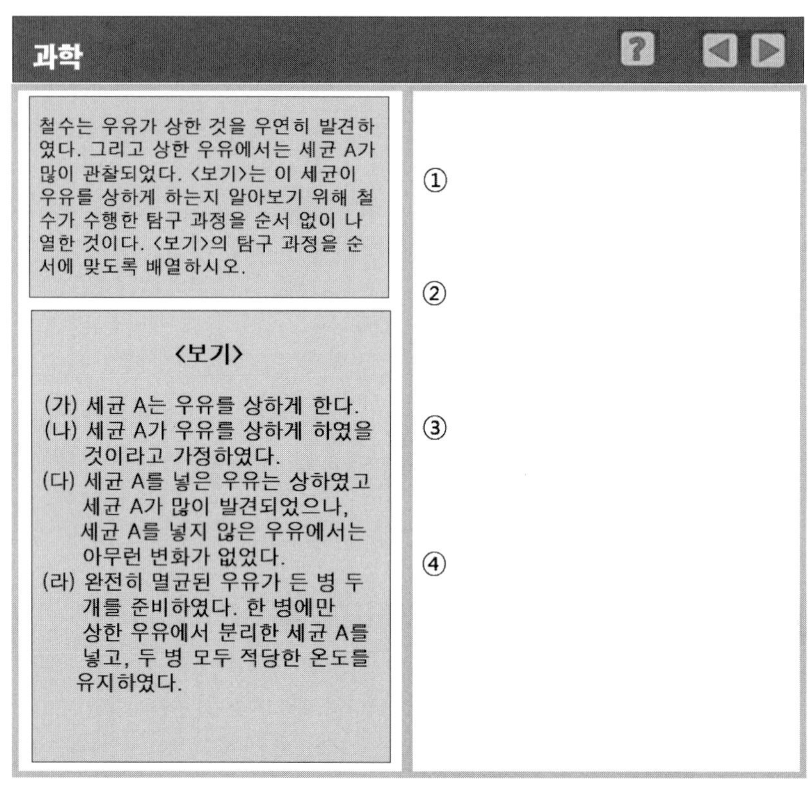

[그림 6-7] 순서 배열형 문항 예시
〔2000학년도 대학수학능력시험 수리·탐구영역(Ⅱ) 6번 재구성〕

이와 같은 과학실험에 대한 질문을 선택형 문항으로 질문한다면 실험절차를 순서대로 배열한 것을 각 답지로 만들어 실험순서가 맞는 답지를 선택하도록 지시할 것이다. 그러나 컴퓨터화 검사에서 배열형 문항은 답지가 제시되는 것이 아니라 피험자가 순서를 나열하는 것이므로 배열의 경우가 다양하기 때문에 추측하여 답을 맞힐 수 없다. 배열형 문항은 다양한 정신능력을 측정할 수 있으나 문항제작이 어려울 수 있다.

■ 대안 수정 선택형 문항(selected response text-editing item)

대안 수정 선택형 문항은 제시문에서 틀린 부분을 찾아 선택한 후, 제시된 답지 중에서 선택하도록 하는 유형이다. 이 문항 유형은 우선 틀린 부분이 무엇인지를 알아야 하고, 이를 어떻게 고쳐야 하는지를 알아야 답을 맞힐 수 있으므로 추측에 의한 정답 확률을 낮출 수 있다.

(2) 구성형(constructed response item)

구성형 문항은 채점이 쉬운 단순한 형태부터 정교한 채점표가 있어야 채점이 가능한 복잡한 형태까지 그 범위가 상당히 넓다. 구성형 문항은 피험자가 단순히 정답을 선택하는 것과 달리, 피험자가 문항에 응답하기 위하여 언어적, 수학적, 시각적 요소를 사용하도록 하므로 피험자에게 좀 더 어려운 과제가 될 수 있다.

■ 단답/서술/구술형 문항(a short response–a verbal item)

가장 간단한 구성형 문항의 예로는 숫자나 아주 짧은 답을 적어 내면 되는 문항이 있다. 구성형 문항이 수학 시험에 활용될 경우, 피험자에게 공식을 쓰도록 한 뒤 미리 정해 놓은 채점표와 비교하여 점수를 부여할 수도 있다.

[그림 6-8] 서술형 문항 예시(PISA 2018 공개문항)

■ 영역 (재)구성형 문항(figural constructed response item)

영역 (재)구성형 문항은 영역 선택형 문항의 확장된 형태로, 피험자는 화면에 있는 다양한 요인을 선택 혹은 조합하거나 문항과 상호작용하면서 응답할 수 있다. 예를 들면, 피험자가 화면에 그림을 그리기 위해 여러 번 사용이 가능한 도구를 선택하는 문항이 있다.

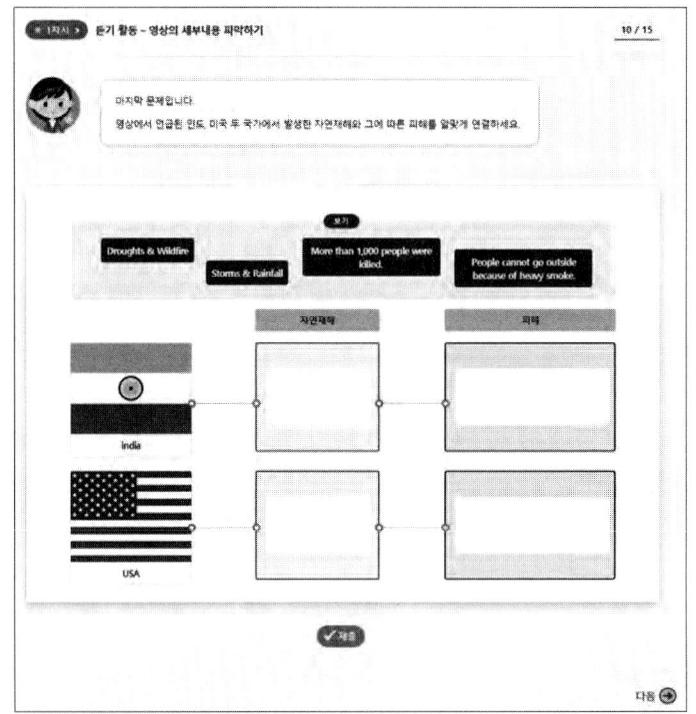

[그림 6-9] 영역 구성형 문항 예시〔김인숙 외(2020), p. 159〕

■ 대안 수정 구성형 문항(constructed response text-editing item)

대안 수정 구성형 문항은 대안 수정 선택형과 유사하며 오류가 포함된 부분에서 오류를 선택하여 바르게 고쳐 쓰도록 하는 유형이다.

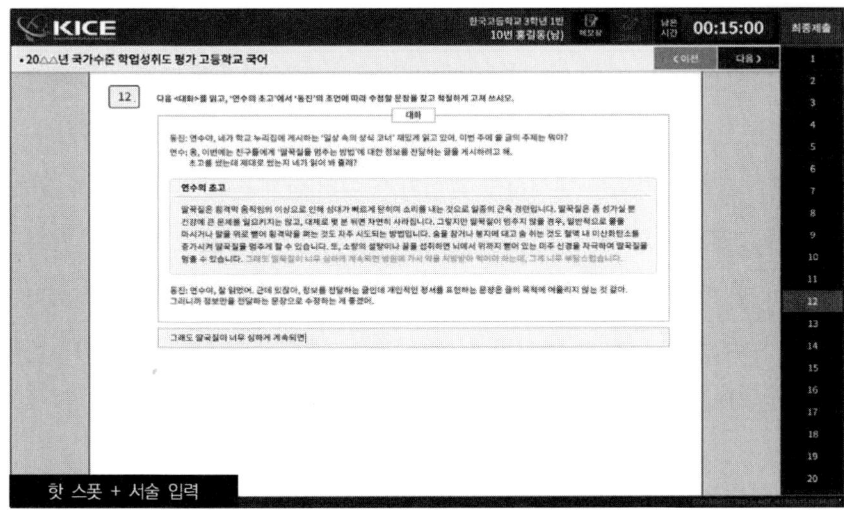

[그림 6-10] 대안 수정 구성형 문항 예시[이재봉 외(2020), p. 132]

■ 생성형 문항(generating expression item)

생성형 문항은 텍스트를 입력하거나 구술로 응답하는 방식이 아니라 점을 찍거나 선이나 그림을 그리는 등 다양한 방법으로 응답하도록 하는 유형이다. 예를 들면, 수학 문항에서 격자 눈금 위에 좌표에 따라 점을 찍거나 점을 이어서 선을 그리도록 할 수 있다.

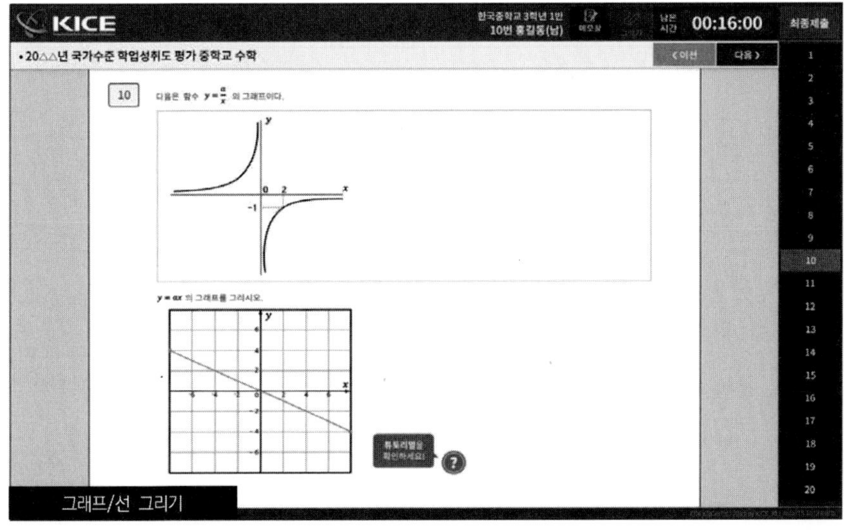

[그림 6-11] 생성형 문항 예시[이재봉 외(2020), p. 128]

(3) 확장형(beyond constructed response item)

확장형 문항은 여러 개의 선택형 문항이나 여러 개의 구성형 문항으로 혹은 선택형 문항과 구성형 문항 모두를 사용하여 하나의 문항으로 구성하는 유형이다. 예를 들면, 상황이나 시나리오를 제시하고 피험자가 여러 단계를 거쳐 문항을 해결하도록 한다. 따라서 확장형은 선택형이나 구성형과 같은 단일형으로 측정할 수 없는 인지능력을 측정할 수 있다. 확장형은 모든 피험자가 같은 순서로 배열된 문항에 응답하도록 하는 구조화 방식과 각 피험자가 어떤 식으로 세부 문항들을 해결할 것인지를 결정해서 문항에 응답하도록 하는 비구조화 방식으로 제시할 수 있다.

제7장 수행평가 과제 제작

교육평가방법은 평가의 내용과 목적에 따라 매우 다양하다. 특히 평가대상이 교수·학습내용을 어느 정도 알고 있는지를 평가하는 학업성취도평가 방법은 학습내용과 특징, 그리고 평가목적에 따라 다양하다. 최근 교육 분야뿐 아니라 사회 전반에서 관심이 높아지고 있는 수행평가는 다양한 학습내용과 학습자의 능력을 평가할 수 있는 방법으로 알려져 있다. 이 장에서는 학업성취도평가 방법으로서의 수행평가를 설명하고 수행평가 과제 제작원리를 설명한다.

1 수행평가의 정의와 특징

1) 수행평가의 정의

수행평가, 참평가, 포트폴리오 그리고 직접평가 등은 동일한 의미로 사용될 때가 많다. 그러나 참평가, 포트폴리오, 직접평가 그리고 대안적 평가 등은 수행평가의 범주 속에 모두 포함될 수 있으며, 이러한 경우 수행평가의 정의는 본래 의미의 수행평가에 대한 정의가 있고 확산된 개념으로서 광의의 수행평가에 대한 정의가 있다. 본래 수행평가에 대한 정의를 기초로 수행평가의 범위를 넓히는 것이 수행평가를 이해하는 데 용이하다.

본래 의미의 수행평가는 심동적 행동 특성을 평가하기 위하여 음악이나 체육 등과 같은 분야에서 주로 사용하던 평가방법이다. 학습한 지식이나 습득한 기능, 기술을 얼마나 잘 수행(doing, performing)하는가를 판단하는 평가방법으로, 일반적으로 관찰에 의존하여 행위를 수행하는 모든 과정과 수행이 끝났을 때의 결과를 종합적으로 판단하는 평가방법이다. 그러므로 본래 의미의 수행평가는 행위의 정도를 보여 주는 분야에서 개발된 평가방법이라 할 수 있다.

수행평가의 장점 때문에 주로 심동적 행동 특성을 평가하던 수행평가는 인지적 행동 특성뿐 아니라 정의적 행동 특성을 평가하는 방법으로 이용되었으며, 그에 따라 수행평가의 정의도 확대되었다. 확대된 수행평가는 참평가, 포트폴리오, 직접평가 등을 모두 포함하고 있으며, 다양한 평가방법을 사용한다. **수행평가(performance assessment)**란 습득한 지식, 기능이나 기술을 실제 생활이나 인위적 평가 상황에서 얼마나 잘 수행하는지(doing, performing), 혹은 어떻게 수행할 것인지(how to do, how to perform)를 서술, 관찰, 면접 등의 방법을 통하여 종합적으로 판단하는 평가방법으로, 지식이나 기능에 의한 정답 여부나 산출물에만 관심이 있는 것이 아니라 수행과정과 그 결과를 총체적으로 평가한다(성태제, 1999; 최연희, 권오남, 성태제, 1999).

수행평가가 많은 교과 영역에 적용되면서 선다형 문항에 의한 평가를 제외한 모든 평가방법뿐 아니라, 서술형 및 논술형 검사, 구술시험, 토론, 실기시험, 실험실습, 면접, 관찰, 자기평가 및 동료평가 보고서, 연구보고서, 포트폴리오, 나아가 역할놀이, 프로젝트, 신문활용교육, 작품감상, 만들기, 심지어 운동시합까지도 수행평가라 하므로 학교현장에서는 수행평가에 대한 개념의 혼동, 나아가 교수법과 교육평가방법의 혼동까지 야기하고 있다.

이와 같은 혼동이 생기는 이유는 평가방법을 임의적으로, 그리고 인위적으로 구분하려 하기 때문이다. 실험 · 실습이나 실기시험은 수행능력을 평가할 수 있으므로 넓은 의미의 수행평가에 포함시킬 수 있으나, 운동경기까지 수행평가라 하는 것은 수행평가에 대한 과도한 해석이다. 이런 이유로 성태제(1998a, 1998b)는 인지적 행동 특성을 평가하는 선택형 문항의 평가와 수행평가를 구조화의 정도에 따라 연속상의 개념으로 보고 [그림 7-1]과 같이 설명한다.

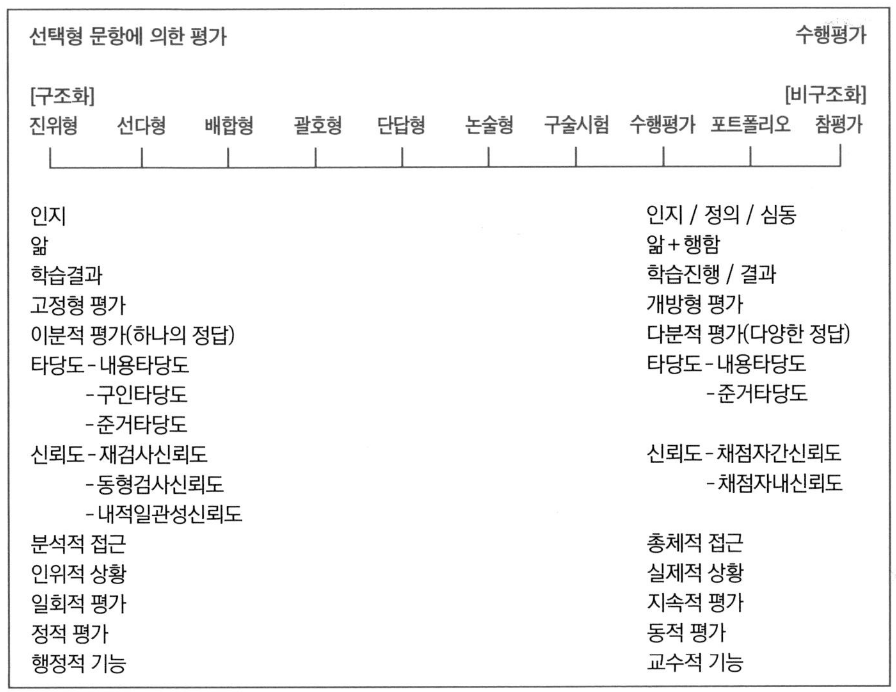

[그림 7-1] 선택형 문항의 평가와 수행평가의 연속적 개념

진위형 문항에 의한 평가로부터 참평가에 이르는 연속선상에 있는 두 평가방법은 강조점이 다르다. 진위형 문항에 의한 평가는 무엇을 알고 있는지 여부를 판단하는 데 초점이 있으나 참평가는 인위적 상황보다는 실제 생활에서 알고 있는 것을 얼마나 잘할 수 있는가에 관심을 둔다. 그러므로 선택형 문항에 의한 평가는 고정된 형태의 평가방법에 의존하나, 수행평가는 개방된 형태의 평가방법을 사용하며 결과뿐 아니라 진행과정까지 평가한다. 선택형 문항에 의한 평가는 일반적으로 정답이나 정도의 차이를 나타내므로 평가도구의 타당도와 신뢰도를 객관적으로 추정할 수 있는 장점이 있다. 그러나 수행평가는 평가항목이 구조화되어 있지 않으므로 내용타당도와 준거타당도에 의존하여 평가도구의 타당도를 검증하고, 관찰에 의하여 평가가 이루어지므로 관찰자인 관찰자내 혹은 채점자내, 그리고 관찰자간 혹은 채점자간신뢰도에 의하여 평가결과의 신뢰도를 검증한다.

등위판정과 서열화 등의 행정적 기능이 강조될 때 측정의 오차와 관련된 신뢰도를 높여야 하므로 선택형 문항에 의한 평가방법이 사용된다. 반면, 행정적 기능보다는 교수적 기능이 강조되고 채점자내와 채점자간신뢰도로부터 보다 자유로울 수 있다면 수행평가를 실시할 수 있다. 만약 상호 경쟁이 치열하여 평가결과의 공정성과 신뢰성이 절대적이라면 수행평가 결과를 사용하는 데는 한계점이 있다.

연속선상에 있는 선다형 문항에 의한 평가와 참평가 사이에서 어떤 평가방법을 수행평가로 볼 수 있는지에 대한 기준은 논술에 의한 평가 형태 이상의 수준이라 말할 수 있으나 논술에 의한 평가를 모두 수행평가라고 할 수는 없다. 평가방법의 유형으로 수행평가 여부를 판단하는 획일적 기준은 없으나 무엇을 평가하는가, 즉 알고 있는 지식의 정도를 행위로 나타내거나, 행위로 나타내지 못하더라도 어떻게 할 것이라는 내용(how to do)을 서술하는지를 수행평가의 판단기준으로 삼는 것이 바람직하다(성태제, 1998b). 수행평가가 전통적인 평가의 대안으로 등장하게 된 궁극적인 쟁점은 평가의 형식보다는 평가의 내용이 무엇인가, 즉 무엇을 평가하는가에 있기 때문이다(김경희, 2000). 수행평가는 전통적인 평가가 잘 다루지 못했던 복합적인 사고과정, 기술이나 기능 등의 고등정신능력을 평가하고자 하기 때문에 수행평가의 개념 정의는 평가의 형식보다는 평가의 내용이나 목적을 근거로 이루어져야 한다. 이런 의미에서 논술형 평가 형태는 학생들에게 무엇을 요구하는가에 따라 전통적인 평가가 될 수도 있고 대안적인 평가가 될 수도 있다.

수행평가는 학습자의 사고과정을 측정하고 아는 것을 행하는 정도까지 측정하여 평가하므로 고정된 평가 유형에 의한 평가방법보다 고차원적이고 복합적인 능력을 측정한다. 그렇다고 모든 교과나 모든 상황에서 수행평가를 실시하여야 한다는 발상은 위험하다. 평가목적을 이루기 위해 가장 합리적인 평가방법을 선택하는 것이 바람직하다. 다시 강조하지만, 평가결과가 학생들에게 주는 영향이 매우 클 경우는 채점의 주관성을 최소화하기 위하여 선택형을 사용한 평가방법을 사용하여야 하고, 점수에 대하여 보다 관대할 수 있다면 수행평가, 나아가 참평가를 실시할 수 있다.

2) 수행평가의 특징

수행평가의 다양한 방법은 대체로 다음의 공통적인 특징들을 갖는다(Baron & Boschee, 1995; Herman et al., 1992; Linn & Baker, 1996).

첫째, 수행평가는 고정되어 있는 답지를 선택하는 것이 아니라 개방형의 과제에 대하여 학생들이 반응을 구성하거나 활동을 수행한다. 단어의 철자를 쓰거나 간단한 덧셈을 완수하는 것도 과제로 볼 수 있지만 수행과제는 더욱 복잡한 기술을 요구한다.

둘째, 수행평가는 학생들에게 문제를 제기하고, 해결하며, 분석하고, 연구하는 등의 다양한 활동을 허용한다. 학생들의 이러한 활동은 판단력, 문제해결력, 고등사고능력, 의사소통능력과 같은 복합적인 기술을 포함한다.

셋째, 수행평가는 학생들이 풍부한 반응을 구성하고 산출할 수 있도록 충분한 시간을 필요로 한다. 수행평가는 문항당 1분 정도를 소요하는 선택형 표준화 검사에 비해 장시간의 과제수행의 과정을 요구한다.

넷째, 수행평가는 학생 개인뿐 아니라 학생집단에 의해 수행하도록 설계되기도 한다. 학교 밖의 실제 생활에서 각 개인은 항상 다른 사람과 함께 일하고 무엇인가를 생산해 낸다. 실제로 어느 누구도 다른 사람의 비판과 도움을 받지 않고서 무엇을 수행하거나 만들어 내는 일이 거의 없다.

다섯째, 모든 학생에게 일률적으로 시행되는 표준화 검사에 비해 수행평가는 학생과 교사 모두에게 과제에 대한 선택을 허용한다. 수행평가에서는 교사와 학생이 함께 과제를 만들 수도 있고, 과제수행에 대한 평가의 준거를 논의할 수도 있다.

여섯째, 수행평가의 점수화 규칙은 학생들의 수행과정이나 결과에 대한 판단에 기초한다. 수행평가에서는 점수 부여 기준이나 준거를 개발하고 채점자를 훈련하는 일이 중요하다.

일곱째, 수행평가는 평가 도구를 개발하거나 채점을 할 때 교사는 물론 학생들도 참여할 수 있는 특징을 지닌다. 과제를 개발함에 있어 교사들이 제시한 과제의 일정 부분을 추가하거나 변화시킬 수도 있다.

이상의 특징에 비추어 볼 때 수행평가는 수행평가를 실시하는 교사들에게 보다 더 많은 자율성이 부여되는 개방적 형태의 평가방법임을 알 수 있다. 즉, 교사의 전문적 판단에 근거하여 수행평가 도구의 제작, 채점기준표 작성, 점수 부여, 보고서 작성 등이 이루어진다.

2 수행평가 과제 개발 절차

수행평가 도구를 개발하고 시행하여 결과를 활용하는 일련의 평가절차는 다음과 같다.

① 수행평가 과제를 개발하고 내용타당도를 검증한다.
② 수행평가를 실시한다.
③ 수행평가의 채점기준을 개발한다.
④ 수행결과를 채점하기 위하여 채점자를 훈련한다.
⑤ 채점을 실시한다.
⑥ 채점자내신뢰도와 채점자간신뢰도를 검증한다.
⑦ 수행결과에 대해 점수나 등급을 부여한다.
⑧ 학생과 학부모에게 통보한다.

(1) 수행평가 과제를 개발하고 내용타당도를 검증한다.

수행평가 도구는 크게 수행평가 과제와 채점기준으로 구분되기 때문에 수행평가 도구의 개발도 과제 개발과 채점기준 개발로 구분할 수 있다. 수행평가 과제는 학습자에게 특정한 능력이나 지식을 입증할 수 있도록 개발되어야 하고, 과제에 대한 학습자의 반응이 수행과제가 요구하는 지식이나 능력을 드러내고 있는지를 평가하는 채점기준은 수행과제가 요구하는 바를 반영하도록 개발되어야 한다.

McMillan(1997, 2014)은 수행평가 과제 개발을 세 단계로 설명한다.

첫째, 학습자들의 어떤 능력과 기술을 평가할 것인지, 어떤 과제수행 활동을 유도할 것인지 등의 과제에 대한 일반적인 아이디어를 생성하는 단계를 통해 과제에 대한 전체적인 틀을 계획한다.

둘째, 전체적인 아이디어와 교육과정 혹은 교수과정을 구체적으로 연계하고 평가의 목표를 결정하여 과제를 상세화하는 단계를 거친다. 이 단계에서는 과제에 어떤 내용이 들어갈지를 상세화하고 과제수행의 조건을 구체화한다.

셋째, 학생들에게 부여하는 과제의 진술문을 기술한다. 과제 진술문에는 평가할 내용, 학생들의 활동, 필요한 자료, 점수화 규칙 등의 기술이 포함된다.

일반적인 검사도구를 개발하는 절차에서 볼 수 있는 것과 같이 수행평가에서도 타당하고 신뢰할 수 있는 검사도구를 개발하기 위한 양호도 검증 과정을 거치게 된다. 이를테면 타당한 수행과제는 모종의 타당화 준거를 충족시켜야 한다. Linn과 Baker (1996)는 수행평가의 타당화 준거들을 내적 타당도와 외적 타당도로 구분한다. 내적 타당도 준거는 과제내용이 교수·학습과정을 개선하는 데 도움을 줄 수 있는 수준인가, 과제가 교육과정의 중요 부분을 다루고 있는가, 과제들이 교육과정의 내용을 대표할 수 있고 다양한 영역의 통합을 추구하고 있는가, 학생들의 복합적인 인지기술을 측정할 수 있는가가 관건이다(Linn & Baker, 1996). 수행과제들이 의도된 교수목표들을 포함하고 있으면, 과제들의 수행을 통하여 학생들이 그들의 능력과 기술을 충분히 입증할 수 있는지를 판단할 수 있다. 이러한 준거들은 과제개발자나 교사들이 상호 검토할 수 있도록 체크리스트로 만들어 활용할 수 있다.

(2) 수행평가를 실시한다.

특정한 능력이나 기술을 요구하도록 개발된 과제를 학습자에게 부여하여 수행하게 한다. 전통적 평가방법인 지필검사의 경우 다수의 문항에 의하여 학생들의 능력을 평가하지만, 수행평가의 경우 일반적으로 소수의 과제가 부여된다. 특히 어떤 행위를 보여 주는 수행평가의 경우 과제당 1시간 이상을 소요하는 과제도 있다. 과제수행은 개인활동 단위일 수도 있고 협동과제가 부여된 집단활동 단위일 수도 있다.

(3) 수행평가의 채점기준을 개발한다.

채점기준은 수행과제가 요구하는 능력이나 기술을 반영하도록 개발되어야 하기 때문에 과제와 채점기준은 논리적인 관계를 이루어야 한다. 따라서 수행과제를 개발한 후에 채점기준에 대한 전체적인 틀이 마련되어야 하며, 실제적으로 학습자가 수행한 표본을 참조하여 채점기준을 구체화한다.

실제로 수행평가가 지니는 가장 큰 취약점은 채점에 있다. 그러므로 채점기준의 명료화가 중요할 수밖에 없다. 채점기준을 구체화하기 위하여 어떤 요소를 채점할 것인지, 그 요소는 무엇이고 각 요소별로 어떤 채점기준을 설정할 것인지, 각 채점기준에 관련된 수행수준은 무엇인지를 밝혀야 한다. 또한 채점 척도를 '예' '아니요'의

점검표로 할 것인지, 점수를 부여하는 점수척도로 할 것인지, 유목화하여 평가하는 질적 채점척도를 작성할 것인지를 결정하여야 한다.

이에 따라 점수를 부여하는 규칙을 설정하여야 한다. 선다형 문항을 제작하는 수행평가 과제와 채점기준의 예는 〈표 7-1〉과 같다.

〈표 7-1〉 선다형 문항제작 수행평가 과제와 채점기준

<table>
<tr><td colspan="3">수행평가
선다형 문항제작원리에 기초하여 사지 선다형 문항을 제작하여 제출하시오.</td></tr>
<tr><td colspan="3">수행평가 과제의 구체적 내용</td></tr>
<tr><td colspan="3">수행평가 내용(작업): 선다형 문항제작
수행평가 상황
관찰 내용: 과정 결과
상황: 자연적 인위적
자극(처치): 부여 미부여
수행평가를 위하여 필요한 전제조건
학생들은 선다형 문항을 제작하는 내용을 학습하였다.
평가자(관찰자) 지시사항
학생들에게 선다형 문항을 제작하라고 지시하나 세부적인 설명적 지시는 하지 않는다.
학생 지시사항
① 선다형 문항을 문항제작원리에 입각하여 제작할 것
② 문항 응답을 위하여 학생에게 적절한 지시문을 작성할 것
③ 학생들이 검사지에 바로 응답할 것을 염두에 둘 것
④ 제작한 문항 제출시간을 명시할 것</td></tr>
<tr><td colspan="3">채점기준</td></tr>
<tr><td>평가영역</td><td>구체적인 내용</td><td>점수(10점)</td></tr>
<tr><td rowspan="2">질문의 내용</td><td>① 문항이 교과의 중요한 내용을 포함한다.</td><td>2점</td></tr>
<tr><td>② 질문의 내용이 간결하다.</td><td>2점</td></tr>
<tr><td rowspan="6">답지의 형식</td><td>③ 부정문을 사용하지 않았다. 혹은 사용했다면 부정어구에 밑줄 혹은 진하게 표시하여 강조하였다.</td><td>1점</td></tr>
<tr><td>④ 답지들의 문법적 구조가 동일하다.</td><td>1점</td></tr>
<tr><td>⑤ 답지들에 공통적인 구나 절이 반복되지 않았다.</td><td>1점</td></tr>
<tr><td>⑥ 답지 배열이 적절하다(예: 길이순, 가나다순, 유사내용 인접 등)</td><td>1점</td></tr>
<tr><td>⑦ 답지들이 매력적이다.</td><td>1점</td></tr>
<tr><td>⑧ 답지의 내용이 서로 독립적이다.</td><td>1점</td></tr>
</table>

(4) 수행결과를 채점하기 위하여 채점자를 훈련한다.

채점자는 학생들의 활동이나 그 결과에 대하여 점수를 부여하기 전에 채점기준을 명확하게 알고 있어야 하며, 일관성 있는 점수를 확보하기 위해 채점자들 간의 공통된 준거를 공유하도록 채점자 훈련을 실시하여야 한다. 채점자 훈련을 통해 채점자들은 수행평가가 의도하는 것, 채점준거들이 의미하는 것, 그리고 각 점수가 표현하는 수행이 무엇인지 등을 명확하게 알 수 있다. Herman, Aschbacher와 Winters(1992)에 의하면, 채점자 훈련을 위하여 채점훈련 안내서를 준비하여야 하고, 채점자 오리엔테이션, 채점기준표 숙지, 채점연습, 채점자간신뢰도 추정, 채점기준 수정, 점수기록 등의 훈련을 통하여 채점자간신뢰도를 유지할 수 있도록 한다.

(5) 채점을 실시한다.

수행평가의 특징은 정답이 아니라 다양한 답이 존재하므로 학생들의 수행결과를 이분적으로 채점하지 않는다. 수행평가를 위한 채점방법은 총괄적 채점방법(holistic scoring method)과 분석적 채점방법(analytic scoring method)이 있다.

총괄적 채점방법은 학생들의 반응을 전체적인 특징이나 하나의 측면에 근거하여 단일한 점수를 부여할 때 선호되는 방법으로, 하나의 특성에 초점을 둔다는 의미에서 Herman, Aschbacher와 Winters(1992)는 주요 특성 준거(primary trait criteria)라고도 한다. 평가결과에 대하여 다양한 영역으로 구분하지 않고 종합적으로 판단하여 점수를 부여하는 이러한 방법은 채점하기가 쉽고 채점시간도 빠르나 전체적인 인상에 의하여 점수를 줄 수 있으므로 채점의 일관성을 잃기 쉽다.

분석적 채점방법은 평정자가 학생들의 활동이나 그 수행결과를 요소요소로 구분하여 점수를 부여하는 방법이다. 이러한 방법을 통해 얻은 측정치는 교사와 학생 모두에게 유용한 정보를 제공할 수 있다(Arter, 1999; Herman, Aschbacher, & Winters, 1992). 분석적 채점방법은 학생들이 질문이나 과제의 여러 가지 영역에서 얼마나 잘 수행하는지에 대한 정보를 주므로 학생들의 강점과 약점을 쉽게 알 수 있다. 채점기준이 명확할수록 채점은 일관성이 있고 신뢰할 수 있다. 그러나 분석적 채점방법은 총괄적 채점방법에 비하여 세부적 절차가 필요하므로 채점자 훈련과 실제 채점 시 시간이 많이 걸리는 약점이 있다. 학생들의 응답을 세세하게 분석할 수 있는 충분한 시간이 확보되어야 가능한 채점방법이라 하겠다.

(6) 채점자내신뢰도와 채점자간신뢰도를 검증한다.

채점자내신뢰도란 채점자 한 사람이 평가대상 모두에게 얼마나 일관성 있게 점수를 부여하였는가의 문제이며, 채점자간신뢰도는 한 채점자가 다른 채점자들과 얼마나 유사하게 점수를 부여하였는가의 문제이다.

채점자간신뢰도를 판단하는 일반적인 기준은 없으나 동일 수행평가 과제에 대하여 두 채점자가 부여한 점수 간의 상관계수가 .6 이상이면 채점자간신뢰도가 높다고 할 수 있다. 채점자간신뢰도가 낮으면 채점자 훈련을 다시 하여야 한다. 수행평가는 관찰과 판단에 의존하는 평가이기 때문에 점수를 부여하는 과정에서 일관성이나 공정성을 잃기 쉬우므로 채점자 훈련과 명료한 채점기준의 마련은 반드시 거쳐야 할 과정이다.

(7) 수행결과에 대해 점수나 등급을 부여한다.

수행결과에 대한 평가는 점수나 등급을 부여할 수 있으며 때로는 질적으로 서술할 수도 있다. 앞에서 제시한 선다형 문항을 제작하는 수행평가의 예에서는 채점기준을 선정하고 채점 항목별로 점수를 부여하여 총점을 계산할 수 있다. 분석적 채점방법에 의하면 점수를 부여하기가 용이하다. 수행과제의 특성상 분석적 채점보다는 총괄적 채점에 의하여 수행과제의 수행 전반에 대한 종합적 평가를 하기 위해서 A, B, C 혹은 매우 우수, 우수, 보통, 부족, 매우 부족 등의 등급으로 평가하는 경우도 있다.

일반적으로 수행평가 결과가 영향을 많이 줄 경우에는 보다 명료한 채점기준에 의한 다양한 평가결과가 효과적이므로 변별이 큰 평가방법을 사용한다. 그렇지 않을 경우 점수나 등급보다는 질적 평가로 서술에 의한 평가를 실시할 수도 있다. 예를 들어, 과제를 수행하는 과정에서 학생의 장점, 단점 그리고 자세와 태도, 적성 등도 기록할 수 있다.

(8) 학생과 학부모에게 통보한다.

평가결과가 점수든, 등급이든, 질적 서술이든 그 결과를 학생과 학부모에게 알린다. 이 과정에서 평가결과에 대한 기술이 명확히 전달되어야 하고, 그와 같은 평가결과가 산출된 과정에 대하여 학생이나 학부모가 이해할 수 있도록 하여야 한다. 수행평가의 결과를 보고하는 과정은 평가의 결과가 관련 집단에 중요한 영향을 줄수록 민감하고 어려운 부분이다. 보다 객관적이고 공정한 평가를 실시하였다는 보장을 하기 위하여 타당화 준거를 검토하고 채점자내신뢰도와 채점자간신뢰도를 검증하는 등의 다양한 노력을 기울여야 한다. 이는 학생이나 학부모가 평가결과에 대한 이의를 제기할 경우도 있기 때문이다. 그러므로 채점기준이나 점수 혹은 등급 부여 절차는 학생과 학부모에게 명료하여야 한다.

3 수행평가 과제 제작원리와 유형

인지적 영역에 대한 평가방법으로 수행평가 과제를 제작하는 경우 수행평가 과제 제작원리는 앞서 제시한 지필검사 문항 제작원리, 특히 구성형 문항 제작원리와 크게 다르지 않다. 물론 교과별 교육과정에 따라 수행평가 과제를 통해 평가해야 하고 평가할 수 있는 내용이 다소 다르지만, 이 절에서는 수행평가 과제의 정의와 특성에 근거하여 일반적인 제작원리를 중심으로 설명하고 수행평가 과제 유형별 예시를 제시한다.

1) 수행평가 과제 제작원리

수행평가 과제의 제작원리는 다음과 같다.

① 평가하고자 하는 학습내용과 직접적으로 관련되도록 한다.
② 과정과 결과를 모두 평가할 수 있도록 제작한다.
③ 복합적이고 고차원적인 사고능력을 평가하도록 제작한다.
④ 단편지식에 대한 일회성 평가가 아닌 발달 과정을 종합적으로 평가하도록 제작한다.
⑤ 실제 상황에서의 문제해결에 활용하는 능력을 평가한다.
⑥ 과제의 지침을 명확하게 제시한다.
⑦ 채점기준을 명확히 제시한다.

① 평가하고자 하는 학습내용과 직접적으로 관련되도록 한다.

지엽적이거나 학습내용과 별로 관계가 없는 주제로 과제를 부여하는 것은 수행평가의 목적에 적합하지 않다(McMillan, 2014).

② 과정과 결과를 모두 평가할 수 있도록 제작한다.

수행평가는 학생들이 수행한 결과물뿐 아니라 수행하는 과정도 평가할 수 있도록 제작해야 한다.

③ 복합적이고 고차원적인 사고능력을 평가하도록 제작한다.

수행평가 과제는 학생의 복합적이고 고차원적인 사고능력을 평가할 수 있어야 한다. 지필형 문항 제작에서 설명한 선택형과 구성형 문항으로도 추론이나 문제해결력, 창의적 사고력 같은 고차적인 인지기술을 평가할 수 있다. 그러나 전통적인 지필형 문항으로는 학생들이 지식과 복합적인 사고기술을 동원하여 문제를 해결하고 과제를 수행하는 능력이나 과정을 보여 주기에 한계가 있다(김경희, 2020a).

④ 단편지식에 대한 일회성 평가가 아닌 발달 과정을 종합적으로 평가하도록 제작한다.

교수·학습과정에서 학생의 변화에 대한 자료를 다각도로 수집하여 피드백을 제공할 수 있도록 교육과정의 성취기준에 따라 수행평가 계획을 수립하여 실시한다.

⑤ 실제 상황에서의 문제해결에 활용하는 능력을 평가한다.

실제 상황과 관련된 과제는 학생들의 흥미를 유도할 수 있으며, 학생들이 학습한 내용을 실제 상황에 적용하여 과제를 수행하는 과정에서 학습내용을 이해하는 데 도움을 줄 수 있다.

⑥ 과제의 지침을 명확하게 제시한다.

수행평가는 학생이 알고 있는 것과 할 수 있는 것을 평가하기 위하여 수행과제를 제시하게 되는데, 이때 학생들이 과제를 분명하게 인지하고 해결할 수 있도록 명확한 지침을 제시하여야 한다. 예를 들면, 학생이 과제를 수행하는 데 어느 정도 시간을 소요해야 하는지, 어떤 자료를 참고할 수 있는지, 개인 과제인지 아니면 협동 과제인지, 최종 산출물을 어떠한 방식으로 완성해야 하는지 등에 대해 세부적인 지침을 제시하면 학생들의 혼란을 줄일 수 있다.

⑦ 채점기준을 명확히 제시한다.

수행평가 결과의 타당도와 신뢰도를 확보하기 위해서는 과제에 대한 채점기준을 명확히 제시하여야 한다. 채점기준을 명확하게 제시하면 학생들이 과제를 해결하기 위해 어떤 부분에 중점을 두어야 할지, 무엇을 해야 할지를 이해하는 데 도움을 받을 수 있다.

2) 수행평가 과제 유형

수행평가 과제의 유형은 제4장에서 설명한 바와 같이 다양하게 분류되고 있으며, 이 책에서는 학생의 수행에 초점을 두어 논술, 구술, 토의/토론, 실험·실습, 실기, 프로젝트, 연구보고서, 포트폴리오 등을 중심으로 유형별 평가방법을 설명하고 예시를 제시한다.

(1) 논술

논술은 한 편의 완성된 글로 답안을 작성하는 방법이다. 학생의 주장이나 생각을 논리적으로 작성해야 하므로 창의성, 문제해결력, 정보 수집 및 분석력, 비판적 사고력 등 고등사고능력을 평가하기에 적합하다.

예

■ 과제

주제: E. F. 슈마허의 '작은 것이 아름답다' 2부 5장 '인간 중심의 기술' 지문을 읽고 논제를 정하여 논술문을 작성하시오.

〈조건〉

1. '작은 것이 아름답다'의 내용을 바탕으로 작성할 것
2. 쟁점 3가지를 골라 반대 입장을 반박하면서 논증할 것

■ 채점기준

평가요소	배점	상	중	하
논제 이해의 적절성	10	논제가 요구하는 바를 충분히 반영하여 자신의 주장을 분명히 제시하였다.	자신의 주장을 분명히 제시하였으나, 논제가 요구하는 사항을 충분히 반영하지 못하였다.	자신의 주장을 분명하게 제시하지 못하였고, 논제가 요구하는 바를 충분히 반영하지 못하였다.
논증의 적절성	10	논리적인 근거를 풍부하게 제시하였다.	논리적인 근거를 제시하였으나 풍부하게 제시하지는 못하였다.	근거가 논리적이지 못하고, 풍부하지 못하였다.
고전의 창의적 해석	10	고전에 담긴 지혜와 통찰력을 현대 사회와 연관 지어 주장을 제시하였다.	자신의 주장을 분명히 제시하였으나, 고전에 담긴 지혜와 통찰력을 현대사회와 연관 지으며 입장을 제시하지는 못하였다.	고전에 담긴 지혜와 통찰력을 이해하지 못하였고, 현대사회와 연관 지어 입장을 제시하지 못하였다.

〈교육부 외(2017b), pp. 246-268〉

(2) 구술

구술은 학생에게 특정 내용이나 주제를 제시하고 이에 대한 생각을 말하도록 하는 평가방법이다. 주제에 대한 이해력, 분석력, 문제해결력, 표현력, 의사소통능력 등을 평가하기에 적합하다.

예

■ 과제

주제: 지구온난화의 원인과 해결 방안

〈제시문〉

1. 이산화탄소 농도와 지구 온도의 관계

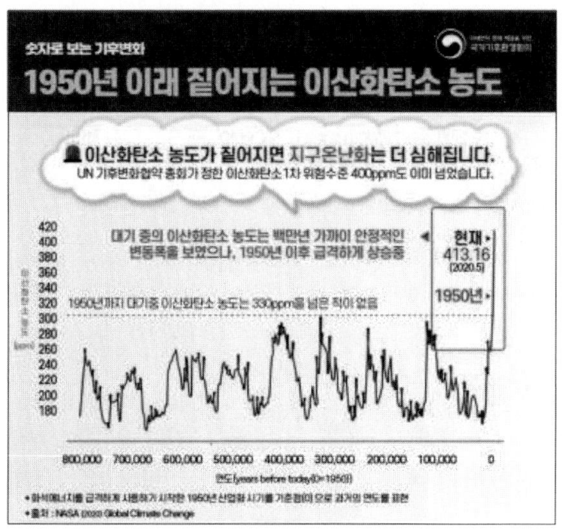

2. 이산화탄소 농도가 짙어진다는 것의 의미

화석 연료의 사용 등으로 대기 중에 배출된 이산화탄소는 지구 대기의 온도를 높입니다. 온실가스가 지구를 둘러싸면서 우주 공간으로 나가야 할 열에너지가 밖으로 나가지 못하고 다시 지구로 되돌아오게 만들기 때문입니다. 에너지 평형을 깨뜨리는 이산화탄소의 성질은 지구온난화를 만드는 주범으로 꼽히고 있습니다. 이산화탄소 농도의 증가는 지속적인 화석 연료의 사용 때문입니다. 화석 연료의 사용이 이대로 지속되어 이산화탄소 배출량이 증가하게 된다면, 대기의 온도 역시 높아지고 지구는 계속해서 뜨거워져 결국 생태계뿐 아니라 우리의 생활까지 위협받게 될 것입니다.

〈출처: 국가기후환경회의 네이버 블로그
「짙어지는 이산화탄소 농도, 심해지는 지구온난화(2020.07.13.)」 재구성〉

〈질문〉

1. 지구온난화의 원인은 무엇일까요? 가정이나 학교 등 실생활에서 찾아볼 수 있는 예를 말하고 이유를 설명하세요.
2. 그렇다면 우리가 지금부터라도 지구온난화를 막기 위해 할 수 있는 일은 무엇일까요? 위에서 설명한 예들을 중심으로 대체할 수 있는 방법을 설명하세요.

■ 채점기준

평가요소	배점	상	중	하
이해력	5	제시문과 질문을 정확하게 이해하고 있다.	제시문과 질문을 어느 정도 이해하고 있지만 정확하지 않다.	제시문과 질문을 거의 이해하고 있지 못하다.
분석력	5	제시문에서 말하고자 하는 주제에 대해 타당한 근거를 들어 설명한다.	제시문에서 말하고자 하는 주제를 설명하고 있지만 근거의 타당성이 부족하다.	제시문에서 말하고자 하는 주제를 설명하지 못한다.
문제 해결력	10	원인과 연결하여 해결방법을 논리적으로 설명한다.	원인과 해결방법의 예를 들었지만 논리적으로 설명하지 못한다.	원인과 연결된 해결방법을 말하지 못한다.
표현력	5	청자가 이해하기 쉬운 방법으로 설명한다.	설명은 하고 있지만 명확하지 않아 어떤 부분은 이해하기 어렵다.	말하고자 하는 바를 알기 어렵다.
의사소통 능력	5	모든 청자가 잘 들리도록 명확한 목소리와 발음으로 말한다.	목소리와 발음이 다소 명확하지 않아 청자가 듣기에 어려움이 있다.	명확하지 않은 목소리와 부정확한 발음으로 말하여 대분분의 청자에게 들리지 않는다.

(3) 토의/토론

토의와 토론은 특정 주제에 대해 학생들이 서로 토의하거나 토론하는 것을 관찰하면서 평가하는 방법이라는 공통점이 있지만 과제를 해결하는 방법에서 다소 차이가 있다. 토의는 해당 주제에 대해 공동으로 합의된 해결 방안을 찾기 위해 서로 의견을 나누도록 하는 평가방법이다. 대화를 통해 해결 방안을 찾아가면서 문제의 원인과 결과를 정확히 이해하고 분석할 수 있어야 한다. 토론은 해당 주제에 대해 다른 의견을 가진 학생들이 상대방에게 논증과 실증을 통해 규칙에 따라 자기주장을 정당화하여 다른 사람을 설득하려는 말하기, 듣기 활동이다.

토의와 토론은 서로 의견을 나누는 과정이 수반되므로 상대방의 의견을 존중하고 합의를 이끌어 내는 의사소통능력을 평가할 수 있다.

예

■ 과제

주제: 자가격리자에게 안심밴드를 착용하도록 해야 할까?

〈제시문〉

2020년 COVID-19의 전세계적 유행으로 국내에도 많은 감염자가 발생하였고, 4월초 자가격리자 수가 5만 명을 넘어가자 정부는 자가격리자들의 이탈을 막기 위해 '안심밴드' 도입을 검토하는 중이라고 발표하였다. 중앙재난안전대책본부는 4월 말 자가격리의 실효성 있는 이행을 확보하는 방역 측면에서 '정보통신기술(ICT)을 활용한 자가격리자 관리 강화 방안'으로 안심밴드를 도입하였다.

안심밴드를 착용한 경우 일정 시간 핸드폰 움직임이 없으면 앱을 통해 알림창이 뜨고, 격리자가 알림창을 확인하도록 하는 동작감지 기능이 자가격리자 안전관리 앱에 추가된다. 그러나 안심밴드는 모든 자가격리자에게 착용하도록 하는 것은 아니고 1차적으로 자가격리 지침을 위반한 경우에 착용하도록 하였으며 거부할 경우 강제로 격리시설로 이송하는 규정도 함께 실시하기로 하였다.

〈시사상식연구소(2020), pp. 204-205 재구성〉

〈과제 내용〉

1. 토의를 통해 자가격리자에게 안심밴드를 착용하도록 해야 한다는 규정에 대한 쟁점 도출하기
2. 쟁점에 대해 찬성 그룹과 반대 그룹으로 나누고, 그룹별로 찬성과 반대의 논거 발표하기
3. 토론을 통해 가장 적절한 해결 방안 찾기

■ 채점기준

평가요소	배점	상	중	하
비판적 사고력	10	제시문의 내용을 명확하게 이해하고 문제상황에 대한 쟁점을 도출함	제시문의 내용을 이해하고 있지만 문제상황에 대한 쟁점을 적절하게 도출하지 못함	제시문의 내용을 이해하고 있지만 문제상황을 인지하지 못하여 쟁점을 도출하지 못함
설득력 협업능력	10	쟁점 도출을 위한 토의 과정에서 자신의 입장을 명확하게 밝히고 상대방을 설득함	쟁점 도출을 위한 토의 과정에서 자신의 입장을 명확하게 밝혔지만 상대방을 설득하지 못함	자신의 입장을 명확하게 밝히지 못하여 상대방을 설득하지 못함
의사소통 능력	10	토론을 경청하면서 적절한 질문과 자신의 주장을 전개함	토론을 경청하지 않고 자신의 주장만을 전개함	토론에 참여하지 못함

(4) 실험 · 실습

실험과 실습은 학생들에게 직접 실험 · 실습을 수행하도록 하고 실험 · 실습을 수행하는 과정과 결과에 대한 보고서를 작성하도록 하여 실험 · 실습 과정을 종합적으로 평가하는 방법이다. 실험 · 실습은 수행에 필요한 각종 기자재를 사용하게 되는 경우 기자재를 사용하는 능력, 학습한 내용을 적용하는 능력 등을 종합적으로 평가할 수 있다.

예

■ 과제

나만의 온도계 만들기

준비물

빨대, 요구르트병, 빨간색 잉크, 물, 비커, 종이, 고무찰흙

과정

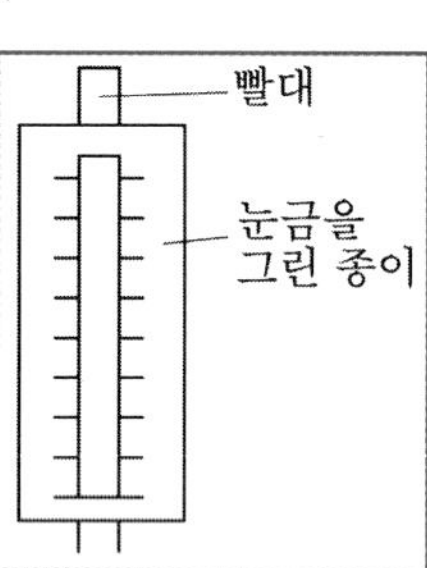

① 종이에 1cm 간격으로 눈금을 그린 후 종이 사이에 빨대를 끼운다.
② 요구르트병의 약 3분의 2 높이까지 빨간색 잉크를 탄 물을 넣고 빨대를 꽂는다.
③ 빨대 주변을 고무찰흙으로 막는다.
④ 요구르트병을 따뜻한 물이 담긴 비커에 담근 후 변화를 관찰한다.
⑤ 요구르트병을 차가운 물이 담긴 비커에도 담근 후 변화를 관찰한다.
⑥ 관찰 결과를 바탕으로 결과 및 정리를 작성한다.

과정 및 정리

(1) 따뜻한 물과 차가운 물에 담갔을 때의 관찰 결과를 색칠하고 온도와 입자 운동과의 관계를 이용하여 설명해 보자.

가. 따뜻한 물에 담갔을 때		나. 차가운 물에 담갔을 때	
관찰 결과 색칠하기	과학적 개념으로 설명하기	관찰 결과 색칠하기	과학적 개념으로 설명하기

(2) 과정 ②에서 잉크를 탄 물의 온도를 하나는 차갑게, 하나는 따뜻하게 하고 과정 ④를 실험했을 때 두 경우의 결과는 어떻게 다를지 온도와 열팽창 그리고 입자 운동과의 관계를 이용하여 예상해 보자.

(3) 온도 이외에 빨간 잉크를 탄 물의 높이에 영향을 주는 요인에 무엇이 있을지 두 가지 제시해 보자.

재미 더하기

따뜻한 물이 담긴 수조에 친구들과 동시에 자신이 만든 온도계를 넣고 가장 높이 올라간 친구를 찾는 게임을 해 보자.

■ 채점기준

평가영역	평가요소	평가척도	채점기준
과학적 탐구 능력	예상하기	상	주어진 조건에 관한 지식(온도에 따른 입자 운동 차이에 의한 열팽창)을 적용하여 실험 결과를 바르게 예상함
		중	주어진 조건에 과학 지식(온도에 따른 입자 운동 차이에 의한 열팽창)을 적용하였으나 실험 결과를 바르게 예상하지 못함
		하	주어진 조건에 과학 지식(온도에 따른 입자 운동 차이에 의한 열팽창)을 적용하지 못함
	통제변인 찾기	상	온도 이외에 실험에 영향을 줄 수 있어 통제해야 하는 변인을 2가지 바르게 제시함
		중	온도 이외에 실험에 영향을 줄 수 있어 통제해야 하는 변인을 1가지 바르게 제시함
		하	온도 이외에 실험에 영향을 줄 수 있어 통제해야 하는 변인을 제시하지 못함
과학적 사고력	관찰 결과를 과학적 개념으로 설명하기	상	관찰한 현상의 원인을 알고 있고, 온도와 입자 운동과의 관계를 바르게 설명할 수 있음
		중	관찰한 현상의 원인을 알고 있으나, 온도와 입자 운동과의 관계를 설명하지 못함
		하	관찰한 현상을 그림으로는 표현하였으나, 그 원인 및 온도와 입자 운동과의 관계를 설명하지 못함

〈최혁준(2020), pp. 175-177〉

(5) 실기

실기는 수행평가가 본격적으로 소개되기 이전부터 학교현장에서 예체능 교과를 중심으로 하나의 평가방법으로 활용되어 왔다. 이때의 실기평가는 이론과 관련된 지필시험과 구분되는 실기시험이라는 의미로 사용되었으나, 1990년대 이후 수행평가의 한 방법으로 구분되는 실기평가는 전통적인 평가 체제와 대비되는 대안적인 평가 체제로서 매우 넓은 의미로 사용되고 있다(Shepard & Bliem, 1995). 수행평가의 한 방법으로 활용되는 실기는 지식, 기능, 가치나 태도를 종합적으로 평가하여 실제 상황에서 얼마나 잘할 수 있는가에 대한 정보를 제공한다.

예

■ 과제

주제: 자화상 그리기
사람들은 자신만의 고유한 아름다움과 특징을 지니고 있습니다. 나만의 아름다움과 특징을 찾아 표현해 봅시다. 1. 자신에 대한 느낌을 글로 나타내기 – 내면(성격)의 모습, 외면(외모)의 모습을 구별하여 쓰기 – 성격, 특기, 취미, 특징, 장래희망, 좋아하는 것, 싫어하는 것 2. 글로 나타낸 느낌을 그림으로 표현하기 – 규격: 16절 크기 – 재료: 자유 3. 작품 소개하기 – 시간: 2분 이내

■ 채점기준

점수 평가요소	우수	보통	기초
구상하기	자신의 고유한 내·외적 아름다움과 특징을 찾고, 구체적으로 구상할 수 있음.	자신의 특징을 찾고, 구상할 수 있음.	자신의 특징 찾기를 어려워함.
작품 완성도	작품의 구도가 안정적이고, 재료의 특성에 따른 장점을 활용하여 구상한 내용을 구체화하여 세밀하고, 생동감 있게 표현함.	작품의 구도를 고려하였으며, 재료의 특징을 살려 구상한 내용이 나타나도록 표현함.	구도, 채색 등 마무리가 부족하여 구상한 내용을 표현하는 데 미흡함.

소개하기	자신의 자화상을 표현 의도, 표현 방법을 친구들이 쉽게 이해할 수 있도록 구체적으로 소개함.	자신의 자화상을 친구들에게 소개함.	자신의 자화상을 친구에게 소개하는 것이 서툶.

〈강대일, 정창규(2019), pp. 258-262〉

(6) 프로젝트

프로젝트는 특정 연구 과제나 산출물 개발 과제 등을 수행하는 전체 과정과 결과물을 종합적으로 평가하는 방법으로, 결과물뿐 아니라 계획 단계에서부터 결과물을 완성하는 단계까지의 과정도 함께 평가하게 된다.

예

■ 과제

주제: 외국인에게 한국 역사를 소개하는 카드 뉴스 만들기

〈Project Requirements〉

Here are the six requirements for the card news:

1. The complete card news needs to have 10 slides including the cover page and reference page.
2. The story of the card news needs to be 8 slides, and each slide should not include more than 20 words in order not to invade the readability.
3. The story should include the cause and effect if the historical incident.
4. Grammar mistakes should be reduced to a minimum by using online grammar checking software.
5. The size of each slide should be 25cm×25cm on Power Points.
6. The final card news should be shared on an online page.

〈과제 내용〉

1. Based on your group's research, complete the storyboard chart. The sketches.should be brief or you can indicate the pictures you want to use from other sources.

Storyboard for Card News Project

Scene # ___________		
Sketch	Text	Refernce

2. After writing the story, check for errors by using grammar checking software online. Gingersoftware: www.gingersoftware.com

3. Write the reference page following the reference examples below. Reference examples:

Text Reference	Image Reference

■ 채점기준

점수 / 평가요소	4	3	2	1
내용	선택한 역사적 사건에 대한 이해도가 매우 높으며, 역사적 사건의 인과 관계가 매우 잘 나타남.	선택한 역사적 사건에 대한 이해도가 높으며, 역사적 사건의 인과 관계가 비교적 잘 나타남.	선택한 역사적 사건에 대한 이해가 다소 부족하며, 역사적 사건의 인과 관계가 다소 미흡함.	선택한 역사적 사건에 대한 이해가 부족하며, 역사적 사건의 인과 관계가 거의 나타나지 않음.
구성	선택한 역사적 사건을 8장면으로 잘 나누어 구성하였으며 각 페이지에서 활용한 자료의 출처를 명확히 표기함.	선택한 역사적 사건을 8장면으로 나누어 구성하였으며 각 페이지에서 활용한 자료의 출처를 표기함.	선택한 역사적 사건을 8장면으로 표기하는 데 어려움이 있으나 각 페이지에서 활용한 자료의 출처를 표기함.	선택한 역사적 사건을 8장면으로 표기하는 데 어려움이 있으며 각 페이지에서 활용한 자료의 출처를 표기하지 못함.

〈교육부 외(2017c), pp. 50-71〉

(7) 연구보고서

연구보고서는 하나의 주제를 정하고 연구과제를 수행한 후 그 결과를 보고서의 형태로 작성하게 하는 방법으로, 그 결과물을 통해 학습내용을 바탕으로 한 학생들의 분석, 종합, 적용능력 등을 평가할 수 있다. 연구보고서는 주제에 따라 수행 기간을 다양하게 정할 수 있고 개인별 또는 모둠별 과제로 진행할 수 있다. 연구보고서는 결과물인 보고서만을 제출하도록 하기보다는 발표를 통해 발표하는 기술과 태도를 평가하고, 연구수행 과정이나 연구결과에 대한 질의·응답 과정에서 나타나는 사고력이나 문제해결력 등을 함께 평가하는 것이 바람직하다.

예

■ 과제

주제: 거리 보기 프로그램을 활용한 지역 조사 및 발표하기

〈모둠별로 선정한 지역을 거리 보기 프로그램을 사용해 관찰하면서 아래의 양식을 완성하시오.〉

1. 선정한 지역(선정한 가상 답사지의 행정구역명 혹은 호칭 등을 상세히 기록한다.)

2. 선정 이유(교통 통신의 발달로 인해 크게 변화한 지역을 선정하고 그 이유를 상세히 기록한다.)

3. 자신이 있는 곳에서 선정한 지역까지의 이동 경로(주요 이동 수단의 종류 및 소요 시간을 찾아서 기록한다. 출발지는 각자의 학교로 한다.)

4. 거리뷰를 통해서 확인할 수 있는 내용

① 지역의 위치 혹은 거리의 모습: 지역 경관에 대한 설명, 지역 경관의 과거와 현재의 차이점 등을 약도를 첨부하여 기술
② 사진: 주제에 부합하는 경관의 이미지를 5~8장 정도 화면 캡처한 다음 사진의 제목 정해 보기
③ 특징 정리: 가상 답사지의 주요 특징 및 그에 대한 설명과 모둠원들의 생각 등을 기술, 지역 이슈에 대한 정리도 좋음.

① 지역의 위치 혹은 거리의 모습

② 사진(거리 보기 프로그램에서 캡처하여 발표에 사용, 아래 칸에는 사진 제목과 선정 이유를 간단히 기재)

③ 특징 정리

5. 정리 및 요약(가상 답사 후 해당 지역의 특징들을 3줄 내외로 요약·정리하고, 필요시 모둠원들이 느낀 점 등을 첨부할 수 있도록 한다.)

6. 기타(학급 친구들의 피드백 등)

〈조사지역에 대한 모둠별 발표(TED 형식)〉

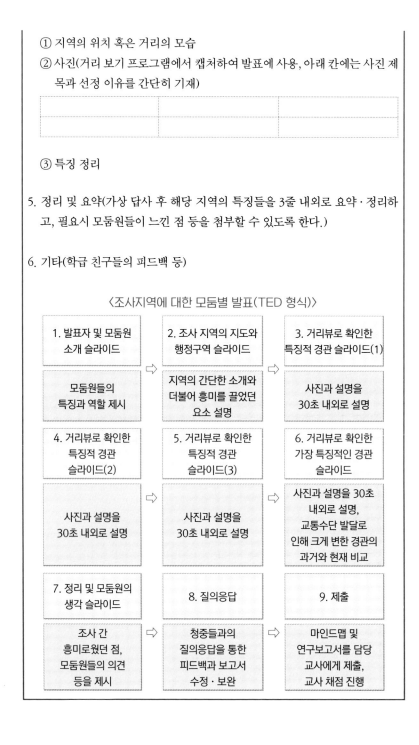

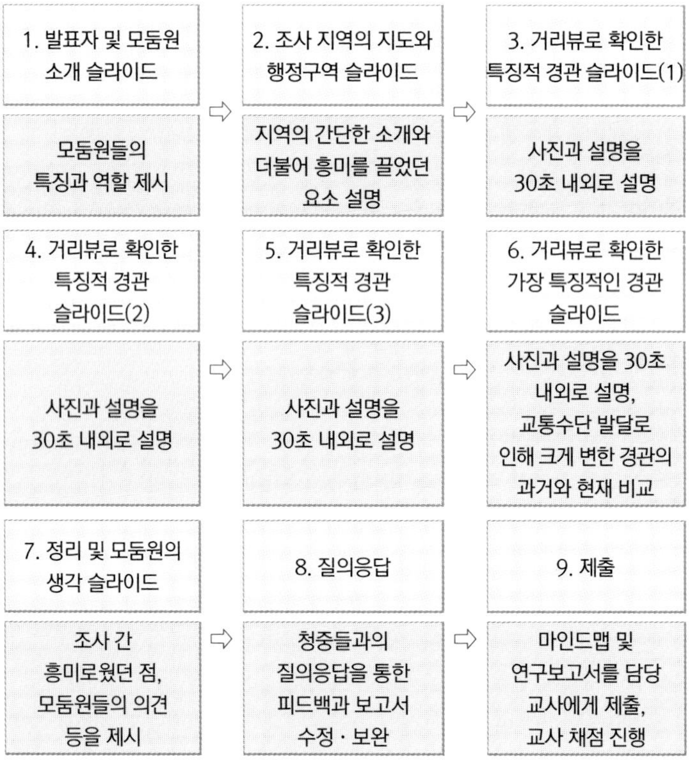

1. 발표자 및 모둠원 소개 슬라이드	⇨	2. 조사 지역의 지도와 행정구역 슬라이드	⇨	3. 거리뷰로 확인한 특징적 경관 슬라이드(1)
모둠원들의 특징과 역할 제시		지역의 간단한 소개와 더불어 흥미를 끌었던 요소 설명		사진과 설명을 30초 내외로 설명
4. 거리뷰로 확인한 특징적 경관 슬라이드(2)	⇨	5. 거리뷰로 확인한 특징적 경관 슬라이드(3)	⇨	6. 거리뷰로 확인한 가장 특징적인 경관 슬라이드
사진과 설명을 30초 내외로 설명		사진과 설명을 30초 내외로 설명		사진과 설명을 30초 내외로 설명, 교통수단 발달로 인해 크게 변한 경관의 과거와 현재 비교
7. 정리 및 모둠원의 생각 슬라이드	⇨	8. 질의응답	⇨	9. 제출
조사 간 흥미로웠던 점, 모둠원들의 의견 등을 제시		청중들과의 질의응답을 통한 피드백과 보고서 수정·보완		마인드맵 및 연구보고서를 담당 교사에게 제출, 교사 채점 진행

■ 채점기준

평가요소		4	3	2	1
정보 활용 능력	가상 답사 간 수집한 자료의 활용성	지역의 특성 설명에 용이한 형태의 다양한 자료들을 충분히 수집하였음.	지역의 특성 설명에 용이한 형태의 자료들을 적절히 수집하였음.	지역에 대한 자료들을 수집했으나 관련성이 부족함.	지역에 대한 자료의 양과 질이 미흡함.
	보고서 작성의 충실성	지역 선정 및 보고서 양식의 기록 과정에서 필수적인 내용들을 구체적으로 정확히 기술하였음.	지역 선정 및 보고서 양식의 기록 과정에서 관련 내용들을 구체적으로 기술하였음.	보고서 양식에 따라 지역에 대한 일부 내용들을 기록하였음.	보고서 기록 과정에서 빠뜨린 항목이 있고 기재 내용이 다소 엉성함.
의사 소통 및 협업 능력	가상 답사 지역 선정 및 지역조사 간 역할 배분의 합리성	거리뷰 조작, 보고서 정리, 거리뷰에서 경관을 파악하는 역할이 모둠원들 간에 균등하게 분배됨.	거리뷰 조작, 보고서 정리, 거리뷰에서 경관을 파악하는 역할을 모둠원들이 수행하도록 하였음.	거리뷰 조작, 보고서 정리, 거리뷰에서 경관을 파악하는 역할 수행이 미흡하고 모둠원의 역할 분담이 적절치 않음.	모둠원의 역할이 크게 편중되어 있으며 보고서 작성 과정의 체계성이 부족함.
비판적 사고력	발표 자료의 합리성과 체계성	보고서의 내용 중 가장 핵심적인 요소들을 추출하여 체계적으로 정리하였음.	보고서의 내용 중 중요한 요소들 일부를 추출하여 체계적으로 정리하였음.	보고서의 내용을 정리하는 과정 없이 발표하였음.	보고서의 내용을 잘 반영하지 못하였음.
의사 소통 및 협업 능력	발표 형식 및 발표 태도	가상 답사 지역의 주요 특징을 구체적으로 발표하였고, 의사전달이 명확하게 이루어졌음.	가상 답사 지역의 주요 특징을 발표하였고, 의사전달이 비교적 잘 이루어졌음.	가상 답사 지역의 주요 특징을 선정하여 발표하였음.	가상 답사 지역의 일반적 사항을 발표할 수 있었음.
	발표 역할 분담의 공정성	발표를 위한 역할분담이 모둠원 개개인의 특성에 맞추어 적절히 분담되었으며, 질의응답도 체계적으로 진행했음.	발표를 위한 역할 분담이 모둠원 개개인의 특성에 맞추어 적절히 분담되었음.	발표를 위한 역할 분담이 모둠원 일부에게 집중되었음.	모둠원들 전원의 역할 분담이 미흡하고 자료가 부족했음.

〈교육부 외(2017d), pp. 36-63〉

(8) 포트폴리오

포트폴리오는 학습목표의 달성을 위한 과정을 기록하거나 학습목표를 달성했다는 근거를 보여 주기 위해 학생들의 형성평가 및 총괄평가를 수집하고 평가하는 목적적이고 체계적인 과정이라 할 수 있다(McMillan, 2014). 포트폴리오는 학생의 작품을 누적하여 수집한 작품집 혹은 서류철을 평가하는 방법으로 학생의 성장, 발달 과정을 파악할 수 있고 학생의 성실성, 잠재력 등을 종합적으로 평가할 수 있다.

예

■ 과제

주제: 자신의 경험을 바탕으로 자서전 만들기

1. 지금까지의 자신의 삶을 되돌아보며 다음 항목에 들어갈 만한 인상적인 경험을 정리해 봅시다.

〈15년 인생...짧다면 짧았고 길다면 길었지...?〉

[조건]

(1) 각 항목별로 반드시 한 개 이상의 기억을 씁니다.

(2) 각 기억들을 육하원칙(누가, 언제, 어디서, 무엇을, 어떻게, 왜)에 따라 정리합니다.

[제시된 항목]

– 행복했던 순간	– 슬펐던 순간
– 감동적이었던 순간	– 짜증 났던 순간
– 다시 돌아가고 싶은 순간	– 후회스러운 순간
– 감사했던 순간	– 황당했던 순간
– 뿌듯했던 순간	– 미안했던 순간

2. 다음 절차에 따라 자서전을 완성해 봅시다.

※ 아래 활동은 모두 A4 크기의 색지 또는 흰 종이에 직접 씁니다. 학생들이 손으로 다 쓴 뒤 마지막에 스테이플러로 묶으면 자서전이 바로 완성됩니다.

(1) 앞에서 정리한 경험 중에서 가장 기억에 남는 경험 네 가지를 선택해 봅시다.

(2) 다음 조건에 따라 자신이 선택한 경험을 글로 표현해 봅시다.

[조건]

- 자신이 선택한 기억을 정리할 때 <u>〈대화 활용/비유, 강조, 변화, 속담, 격언, 관용어 등을 활용/그림 활용/사진 활용〉</u> 중 반드시 1개 이상을 사용하여 최대한 실감 나게, 구체적으로, 자세히 써야 합니다.
- 반드시 <u>그 기억과 관련된 자신의 생각이나 느낌을 써야</u> 합니다.

(3) 자서전에 들어갈 표지, 차례, 후기를 작성해 봅시다.

(4) 자신이 쓴 내용들을 모두 모아 다음 순서에 맞게 자서전을 완성해 봅시다.

자서전 쪽수	내용
1쪽	표지
2쪽	차례
3~4쪽	첫 번째 경험
5~6쪽	두 번째 경험
7~8쪽	세 번째 경험
9~10쪽	네 번째 경험
11쪽	후기

■ 채점기준

과제	평가요소	배점	4	3	2	1
1	자신의 삶에서 인상적이었던 경험을 이끌어 내었는가?	4	자신의 삶에서 인상적이었던 경험을 10개 이상 이끌어 내었다.	자신의 삶에서 인상적이었던 경험을 7개 이상 이끌어 내었다.	자신의 삶에서 인상적이었던 경험을 4개 이상 이끌어 내었다.	자신의 삶에서 인상적이었던 경험을 1개 이상 이끌어 내었다.
2	자신이 선택한 경험을 다양한 표현 방법을 활용하여 효과적으로 표현하였는가?	8	8	6	4	3
			자신이 선택한 4가지 이상의 경험에 대해 각 경험마다 1가지 이상의 표현 방법을 활용하여 효과적으로 표현하였다.	자신이 선택한 3가지 이상의 경험에 대해 각 경험마다 1가지 이상의 표현 방법을 활용하여 효과적으로 표현하였다.	자신이 선택한 2가지 이상의 경험에 대해 각 경험마다 1가지 이상의 표현 방법을 활용하여 효과적으로 표현하였다.	자신이 선택한 1가지 이상의 경험에 대해 각 경험마다 1가지 이상의 표현 방법을 활용하여 효과적으로 표현하였다.
			※ 단, 1가지 이상의 표현 방법을 활용하지 않았을 경우 각 1점 감점			

자신의 경험을 바탕으로 삶에 대한 성찰을 하였는가?	4	4가지 이상의 경험에 대해 자신의 생각이나 느낌을 풍부하게 드러내고 있다.	3가지의 경험에 대해 자신의 생각이나 느낌을 풍부하게 드러내고 있다.	2가지의 경험에 대해 자신의 생각이나 느낌을 풍부하게 드러내고 있다.	1가지의 경험에 대해 자신의 생각이나 느낌을 풍부하게 드러내고 있다.
제목, 차례, 후기를 적절하게 작성하였는가?	4	제목, 차례, 후기를 형식에 맞게 작성하였다.	제목, 차례, 후기 중 2가지만 형식에 맞게 작성하였다.	제목, 차례, 후기 중 1가지만 형식에 맞게 작성하였다.	제목, 차례, 후기 중 어느 것도 형식에 맞게 제대로 작성하지 못했다.

〈교육부 외(2017a), pp. 188-206〉

최근 정보통신기술이 발달하면서 포트폴리오 평가에서 새로운 접근으로 e-포트폴리오(electronic portfolio) 방법이 소개되고 있다. McMillan(2014)은 e-포트폴리오를 온라인으로 저장하고 관리하는 디지털 모음집(digital collection)으로 정의하면서 이러한 종류의 포트폴리오는 전형적인 포트폴리오와 같은 목적을 가지지만 학습을 보다 확장하기 위해 추가적인 분석을 허용하거나 보다 실제성 있는 주제에 대한 자기주도적 학습을 장려할 수 있다고 하였다. e-포트폴리오는 동영상, 음성 파일, 사진, 웹사이트 바로가기 등 다양한 멀티미디어 매체를 활용할 수 있을 뿐 아니라 지속적으로 내용을 추가하고 손쉽게 수정하거나 편집할 수 있다는 장점이 있다.

4 수행평가의 장단점

수행평가의 장점은 다음과 같다.

첫째, 인지적 능력, 정의적 특성, 심동적 특성을 모두 평가할 수 있는 총체적 접근이다.

둘째, 개방형 형태의 평가방법으로서 다양한 사고능력을 함양시킨다.

셋째, 수행평가는 과제의 성격상 협동학습을 유도하므로 전인교육도 도모한다.

넷째, 검사결과뿐 아니라 문제해결과정도 분석할 수 있다.

다섯째, 학습동기와 흥미를 유발한다. 맞거나 틀리는 이분적 평가가 아니라 어떠한 답도 수용할 수 있으므로 학생들을 격려하여 학습동기와 흥미를 증진시킨다.

여섯째, 행정적 기능이 강조되지 않을 때 수행평가가 실시되므로 검사불안이 적은 편이다.

그러나 수행평가 실시에 따른 장점 못지않게 어려움도 적지 않다. Wolfe와 Miller (1997)는 미국의 16개 중등학교 교사들이 포트폴리오 방법을 사용하는 데 나타나는 가장 큰 문제점은 시간과 점수화 과정이라고 밝히고 있다. 포트폴리오 평가방법 설계와 적용, 채점에 소요되는 많은 시간, 점수화하는 기준, 점수 부여 방법, 학생과 학부모에게 통보, 그리고 점수 사용에 어려운 점이 있다고 보고하고 있다. 특히 교사가 수행평가 결과에 대하여 학생이나 학부모와 의사소통하는 데 애로사항이 많다고 토로하고 있다. 수행평가를 실시하는 데 소요되는 비용도 만만치 않다.

수행평가의 문제점은 다음과 같다.

첫째, 수행평가 도구 개발에 어려움이 있다. 수행평가 도구를 개발하기 위하여 교과내용은 물론 학습자들의 인지구조, 그리고 학습과제들을 실생활에 적용하는 범위까지 고려하여야 하므로 전통적 방법에 의한 평가문항의 개발보다 수행평가 도구의 개발이 어렵다.

둘째, 채점기준, 즉 점수부여기준 설정이 용이하지 않다. 수행평가는 수행과정까지 고려하여 점수를 부여하게 된다. 이런 경우 어느 정도까지 몇 점을 주어야 하는지에 대한 판단이 필요한데, 이 점수부여기준 설정에 어려움이 있다.

셋째, 채점자내신뢰도와 채점자간신뢰도 확보에 어려움이 있다. 전통적 평가방법보다 주관이 개입될 소지가 많은 수행평가에서 일관성 있게 점수를 부여하는 것은 쉬운 일이 아니다. 논술형 문항을 채점하더라도 채점자 한 사람이 시간의 변화에 상관없이 일관되게 채점하는 것이 쉽지 않으며, 나아가 여러 채점자가 서로 유사하게 채점하는 것 역시 쉬운 일이 아니다.

넷째, 시간이 많이 소요된다. 평가도구 개발, 점수부여 등에 많은 시간이 소요된다. 컴퓨터에 의하여 기계적으로 채점하는 선다형 문항에 비하여 수행평가는 검사시행은 물론 채점에 필요한 시간이 늘어난다.

다섯째, 비용이 많이 든다. 수행평가의 전략과 채점방식에 따라 소요되는 시간과 필요한 교사의 수가 달라질 수 있으므로 실제적인 비용을 정확히 산출하기 어렵다 하더라도 전통적 평가방법에 비하여 많은 비용이 소요된다.

여섯째, 점수결과 활용에 어려움이 있다. 학생과 학부모가 평가결과를 인정하지 않을 경우 점수결과를 활용하는 데 많은 문제가 야기된다. 나아가 교사를 불신하는 일까지 일어나게 된다.

제8장 문항편집 및 검토 지침

1 문항편집 지침

문항은 이원분류표의 내용소와 행동소에 근거하여 작성되며 문항의 종류와 제작 방법 그리고 장단점에 근거하여 제작된다. 이는 문항의 내용적 측면과 관계된 것이며, 형식적 측면도 간과하여서는 안 된다. 즉, 문항의 형식, 지문, 보기, 그림, 표 제시 등의 모든 것에 대하여 일관성이 유지되어야 한다. 그러므로 검사를 시행하는 기관에서는 검사의 목적에 맞게, 그리고 피험자의 특성을 고려하여 문항편집 지침이나 문항체제 통일안을 작성한다. 이 장에서 설명하는 문항편집 지침이나 문항제작 통일안은 어느 검사에나 반드시 적용되어야 하는 것을 의미하는 것이 아니라 검사에 있는 문항 제시의 일관성, 편집의 체계성과 통일성을 유지하기 위하여 검사도구를 도안할 때 고려하여야 할 사항이다. 이 장에서는 진술 형식, 문항번호 부여, 인용부호 표기, 보기 서술 등에 대하여 설명한다. 다시 강조하지만, 이 책에서 제시하는 문항편집 지침은 검사 안에 있는 문항편집의 일관성을 유지하여 검사 형식의 질을 높이기 위한 안내지침이지 절대적 원칙이 아니다. 동일 기관에서 동일한 기간에 실시되는 모든 검사는 통일된 형태에 따라 편집되어야 한다. 동일 기관에서 출제된 문제라도 검사에 따라서 지시문의 형태가 다르고 문항이나 답지 표기 형태가 다른 것을 쉽게 찾을 수 있다. 예를 들어, 구성형 문항의 경우 어떤 검사에서는 '써라'로 표기하고 다른 검사에서는 '쓰시오'로 표기하며, 선택형 문항의 경우 어떤 검사는 답지를 ①, ②, ③, ④로 하고 다른 검사는 ⓐ, ⓑ, ⓒ, ⓓ로 표기하는 등 일관성을 결여한 문제지를 쉽게 찾을 수 있다. 교과목별로 답지의 기호가 달리 표현되면 피험자가 혼동을 일으킬 수도 있다.

동일 기관에서 실시되는 검사들이 일관성 없이 편집되었다면 이는 피험자에 대한 기본적인 예의를 지키지 못함을 의미한다. 문항제작이나 검사편집의 수준이 이러하면 아무리 좋은 내용의 문제라도 그 문항과 검사의 질은 떨어지게 마련이다. 이 사실에 비추어 볼 때 문항편집 지침은 간과할 수 없는 중요한 부분이라 할 수 있다.

1) 진술 형식

① 질문이나 답지의 모든 내용은 한글로 표현함을 원칙으로 한다.

질문이나 답지들은 피험자에게 쉽게 이해되도록 서술되어야 하므로 한글의 표준어로 표기하여야 한다. 그러나 다음의 경우는 예외일 수 있다.

- 한문이나 영문을 표기하여야 의미 전달이 효과적이라 생각될 때 괄호를 사용하여 영문과 한문을 사용할 수 있다.
- 한글의 서술이 이중적 의미를 지닐 때 괄호 안에 한자를 사용할 수 있다.
- 흔히 쓰이고 있는 외래어의 경우 괄호 안에 영문을 사용하지 말고 국립국어원의 「외래어표기법」에 따라 한글로 기재한다.

예

라디오, 텔레비전

② 질문이나 답지의 모든 내용은 현재시제로 표현함을 원칙으로 한다.

과거에 발견한 사실이라도 그 사실이 이론이나 학설일 때 현재시제를 사용하여야 한다.

③ 구성형 문항 중 논술문인 주관식 문항의 경우 질문의 문미를 '……하시오.'로 한다.

지시문을 간결 명확하게 하기 위하여 '……해라'체로 표현하는 경우도 있다. 예를 들어, '설명하라' '비교하라' 등의 표현을 하는 경우도 있으나 피험자를 존중하는 교육적 의미에서 존대어를 사용하는 것이 바람직하다.

예

예측타당도에 대하여 50자 이내로 설명하시오.
다음 방정식의 근을 계산하시오.

④ 선다형 문항의 경우 질문을 불완전 문장의 물음으로 종결한다.

선다형 문항은 제시된 답지에서 하나를 선택하는 것으로서 '고르시오' 등의 지시문을 사용할 수 있다. 그러나 선택형 문항의 선다형 문항은 모든 피험자가 제공된 답지 중에 정답을 선택하는 문항인지를 알고 있으므로 '고르시오'라는 표현을 생략하는 것이 바람직하다. 가능하면 넓은 영역의 많은 내용을 알고 있는지를 정확하게 측정하는 것이 검사의 목적이라면 불필요한 서술은 생략하는 것이 검사 시간도 절약하고 검사의 신뢰도를 높이는 일이다. 그러므로 선다형 문항의 끝은 '…는?' 혹은 '…은?'으로 하는 것이 일반적 경향이다.

예

수정 전

표준오차에 대한 올바른 설명을 골라 그 번호를 쓰시오.
① 표본분포 평균들의 표준편차
② 모집단 평균과 표본평균과 차이의 평균
❸ 모집단 평균과 표본평균과 차이의 표준편차
④ 표집분포의 평균과 모집단 평균과 차이의 표준편차

분석 선다형 문항의 경우 모든 피험자가 여러 개의 답지 중 정답을 선택하는 것임을 알고 있으므로 질문에 불필요한 서술을 피하고 간단하게 종결짓는 것이 바람직하다.

수정 후

표준오차란?
① 표본분포 평균들의 표준편차
② 모집단 평균과 표본평균과 차이의 평균

❸ 모집단 평균과 표본평균과 차이의 표준편차
④ 표집분포의 평균과 모집단 평균과 차이의 표준편차

초등학교에서는 문항의 질문내용을 완전한 문장으로 표현하는 것이 교육적이라는 견해가 대두되고 있다. 고지연 외(1995)는 아동기는 인격 형성에 중요한 영향을 주는 시기로서 모든 질문의 형태도 교육적 측면을 강조하여 완전한 형태의 질문과 답지를 서술하는 것이 바람직할 수 있다는 의견을 제시하고 있다. 현대화 과정에서 즉각적인 사고와 인스턴트 식품에 길들여진 어린 세대들에게, 또한 유교적인 전통이 무너지면서 일어나는 비존칭어 사용과 간단한 표현으로 의사를 전달하려는 문제점을 해결하기 위하여 질문의 형태가 완전한 문장으로 서술되어야 한다는 주장에 대하여 연구가 진행되어야 할 필요가 있다.

⑤ 질문은 진한 글씨체나 고딕체로 인쇄할 수 있으며, 필요한 구나 절만 진한 글씨체나 고딕체 혹은 밑줄을 친다.

질문이 답지나 보기와 구별이 분명하지 않을 경우, 구분을 분명히 하기 위하여 질문의 형태를 진한 글씨체나 다른 문자체로 하고 때로는 밑줄을 그어 피험자의 주의를 환기시킴으로써 피험자의 혼란과 실수를 방지할 수 있으며, 이는 검사의 신뢰도를 증가시킬 수 있다.

예

수정 전

다음 문장의 amiable의 뜻과 가장 유사한 단어는?

Because Philip was an **amiable** person, he was nice to every one.

① bashful ❷ friendly
③ mean ④ moody

수정 후

다음 문장의 amiable의 뜻과 <u>가장</u> 유사한 단어는?

2) 문항과 답지

① 선택형 문항과 구성형 문항의 번호를 달리 부여하는 것이 바람직하다.

문항 유형에 따라서 문항번호를 달리 부여한다면 피험자가 답안지에 응답할 때 편리할 뿐 아니라 채점도 용이하다. 문항 유형에 관계없이 문항번호를 부여할 때 문항 유형을 구분하기가 용이하지 않아 혼란이 일어날 수 있다. 문항번호를 부여하는 형식에 통용되는 절대적 규칙은 없으나 선택형 문항은 일반적으로 문항번호만, 그리고 구성형 문항은 주관식 문항으로 [주관식 X]로 표기한다.

예를 들면 다음과 같다.

예

선택형 문항번호 --- 1, 2, 3
구성형 문항번호 --- [주관식 1], [주관식 2], [주관식 3]

구성형 문항 중 단답형 문항과 논술형 문항이 출제될 때 논술형 문항의 번호를 달리하여 문항번호를 부여하는 경우도 있다. 예를 들어, [논술 1], [논술 2] 등으로 표기한다. 이같이 문항번호를 표기하는 것은 피험자에게 편안함을 주기 위한 목적이므로 다른 형태로 표기할 수도 있다.

② 답지의 번호는 원문자 번호로 표기하는 것이 바람직하다.

답지번호는 문항번호, 보기나 지문에 표기된 기호와 다르게 표현할 때 수험생의 혼동을 방지한다. 일반적으로 문항번호는 아라비아 숫자로 표기되므로 답지번호는 최소한 아라비아 숫자가 아닌 형태로 표기해야 한다. 문항번호와 다른 표기를 사용하기 위하여 원문자를 사용하는 경우가 많으며, 그 예로 ⓐ, ⓑ, ⓒ, ⓓ나 ①, ②, ③, ④로 표기한다.

③ 공통 지시문이나 하나의 보기, 그림, 표에 연관되어 다수 문항이 출제될 경우 관련된 문항을 다음과 같이 묶는다.

예

【1 - 3】【2, 주관식 2】【3 - 4, 주관식 3】

앞의 예 중 세 번째 【3-4, 주관식 3】은 선택형 문항, 즉 객관식 문항 3번과 4번 그리고 주관식 문항 3번은 동일한 지문이나 그림 혹은 표에서 출제됨을 의미한다. 이같이 동일한 내용에 근거하여 출제되는 문항군을 묶어 놓음으로써 피험자가 문제해결 전략을 세울 때 편리함을 줄 수 있다. 문항을 묶는 표기방식은 다양한 형태가 있다. 선택형 문항은 객관식 문항이므로 문항번호 앞에 '객'자를 첨부할 수도 있다. 또한 구성형 문항은 '주관식 X'로 표기하지 않고 '주 X'로도 표기한다. 또한 【 】의 표기도 [ ]로 할 수 있다. 이러한 문항 묶음 표기의 다양한 예는 다음과 같다. 객관식은 선택형 문항이고 주관식은 구성형 문항으로 학문적 용어는 아니지만 피험자가 쉽게 구분할 수 있기에 '객'이나 '주'로 표기한다.

예

[1 - 3] [2, 주관식 2] [3 - 4, 주관식 3]
【객 1 - 객 3】【객 2, 주 2】【객 3 - 객 4, 주 3】
【객 1 - 객 3】【객 2, 주관식 2】【객 3 - 객 4, 주관식 3】

어떤 형태의 표기이든 검사지 안에서 일관성을 유지하면서 가장 아름다운 형태를 사용하면 된다. 검사를 출제하는 기관마다 각기 다른 형태의 편집지침에 따라 검사가 제작된다. 그러나 한 기관에서 출제되어 같은 기간에 치러지는 검사들은 통일된 검사편집 지침에 의하여 제작되어야 피험자들의 혼동을 막을 수 있다.

3) 인용 부호

① 문장을 인용할 때는 "　", 어구를 인용할 때는 '　', 책 이름을 인용할 때는 〈　〉를 사용한다.

어떤 학자의 시나 글의 일부, 혹은 문장이나 어구를 인용하여 문항을 제작할 때 앞서 제시한 방법으로 표기한다. 출처를 알리기 위하여 책을 〈 〉로 표기하기도 한다.

예

"인간은 사회적 동물이다."라고 한 사람은?
〈명심보감〉에 의하면

② 지문의 출처를 밝혀야 할 때는 보기 지문 우측 하단에 다음과 같이 표기한다.

예

내 무엇이라고 이름하리 그를
나의 영혼 안의 고흔 불
공손한 이마에 비추는 날
나 바다 이편에 남긴
그의 반임을 고히 지니고 걷노라.

– 정지용의 〈그의 반〉 –

4) 보기의 표기

보기는 질문의 내용에 답하기 위하여 참조하는 내용으로 질문 앞에 제시되는 지문이나 간단한 구문을 말한다. 또한 보기에 그림이나 표가 제시되는 경우도 흔하다.

① 보기의 내용이 시나 소설의 일부 혹은 간단한 단어일 때 보기의 내용을 상자 안에 담는다.

보기를 질문과 구분하기 위하여 보기의 내용을 상자 안에 담고 〈보기〉라는 표기를 하는 경우가 일반적이다. 예를 들면 다음과 같다.

예

〈보 기〉

② 보기 속의 내용에 번호를 부여할 때 식별이 용이하고 다른 내용의 번호와 혼동되지 않도록 하여야 한다.

보기의 내용이 한글이면 a, b, c로 표기하고 영문이면 ㄱ, ㄴ, ㄷ으로 표기하여야 보기 내용과 구분하기 쉽다. 이때 문항의 답지 번호가 a, b, c, d로 표기되어야 한다면 보기 번호는 가, 나, 다로 표기하여 구분할 수 있다.

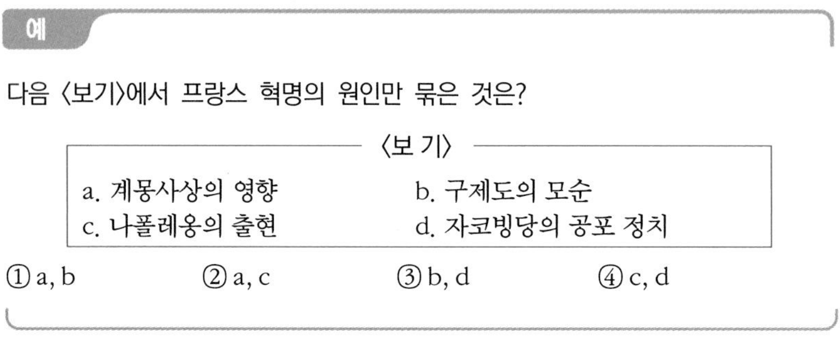

예

다음 〈보기〉에서 프랑스 혁명의 원인만 묶은 것은?

〈보 기〉

a. 계몽사상의 영향　　b. 구제도의 모순
c. 나폴레옹의 출현　　d. 자코뱅당의 공포 정치

① a, b　② a, c　③ b, d　④ c, d

③ 보기의 내용들을 선택하지 않고 참고하는 경우는 •으로 표기한다.

보기의 내용 중 어떤 특정 내용을 선택하든가 지적하지 않고 모두 참고하여야 할 경우는 보기 내용을 구분하기 위하여 내용 앞에 어떤 표시를 하는 것이 바람직하다. 내용 앞에 점(•)을 찍어 표시하는 것이 일반적이며, 다음의 예와 같다.

예

〈보기〉의 사실과 관련이 깊은 것은?

〈보 기〉

- 공항 폐지
- 관세 자주권 상실
- 홍콩 할양
- 영사 재판권 승인

5) 글씨체와 크기

(1) 글씨체

문항의 질문이나 답지들의 모든 활자는 가장 친근한 글씨체로 하는 것이 바람직하다. 한글의 글씨체는 매우 다양하며 명조체, 고딕체, 샘물체, 필기체, 신명조체, 궁서체 등이 있다. 일반적으로 대부분의 인쇄물의 경우 신명조체를 사용하고 있으므로 질문이나 답지를 신명조체로 하는 것이 피험자에게 편안함을 준다. 특이한 지시사항이나 지시문 혹은 주의사항에 대하여 고딕체나 궁서체 등의 다른 글씨체를 사용할 수 있다.

(2) 글자 크기

글자 크기는 피험자 집단의 연령에 따라 달리하는 것이 바람직하다. 일반적으로 교과서의 글자 크기는 훈글에서 10포인트이며, 연수교재의 글자 크기는 11포인트이다. 훈글에서 사용하는 글자 크기 10포인트는 고등학생이나 성인들에게 적절한 크기이다. 연령이 어린 피험자일수록 글자 크기를 크게 하는 것이 시각적으로 편안함을 줄 수 있다. 연령에 따른 검사도구의 글자 크기에 대한 절대적인 규칙은 없으나 〈표 8-1〉에 의하여 글자의 크기를 설정하는 것이 바람직하다.

〈표 8-1〉 연령에 따른 문항의 글자 크기

연령	크기	비고
유아~초등 3	14	…로 가장 알맞은 것은?
초등 4~중학 3	12	…로 가장 알맞은 것은?
고등학생 이상	10	…로 가장 알맞은 것은?

유아들이나 초등학교 저학년 아동들의 경우 사물을 식별하거나 구분하는 시각적 능력이 발달하지 못하였기 때문에 문항에 사용될 글자의 크기를 다소 크게 할 필요가 있다. 유아부터 초등학교 3학년까지 학생들을 위한 글자 크기는 14포인트가 바람직하며 신명조체로 인쇄된 문항의 예는 다음과 같다.

예

- 우리나라의 최초의 문예동인지는?
  ① 개벽 ② 백조 ③ 폐허 ④ 창조

초등학교 고학년과 중학생의 경우 많은 인쇄물을 접하지만 일반적으로 글자가 큰 교재들을 사용한다. 그러므로 초등학교 4학년부터 중학생들을 위한 글자 크기는 12포인트이고 신명조체로 인쇄된 문항의 예는 다음과 같다.

예

- 우리나라의 최초의 문예동인지는?
  ① 개벽 ② 백조 ③ 폐허 ④ 창조

고등학생이 되면 많은 인쇄물을 접하게 되고 보편적인 글자 크기와 글씨체에 익숙하게 된다. 그러므로 고등학생과 성인은 일반적 크기인 10포인트와 신명조체를 사용한 문항이 익숙하며, 그 문항의 예는 다음과 같다.

예

- 우리나라의 최초의 문예동인지는?
  ① 개벽 ② 백조 ③ 폐허 ④ 창조

2 문항검토 지침

1) 문항내용 분석

문항을 평가하기 위해서는 문항의 내용을 먼저 분석하여야 한다. 이를 위하여 문항내용이 문항제작 이전에 작성한 이원분류표와 일치하는가를 검토하여야 하며, 각 문항 유형에 따른 문항제작원리에 근거하여 제작되었는지를 점검하여야 한다. 보다 객관적이며, 체계적으로 문항을 분석하기 위하여 문항내용점검표를 사용할 수 있다.

문항내용점검표는 문항내용과 관계된 것으로서 측정영역과 일정한 관계를 지니고 있으며 측정 교과목에 따라서 다양한 점검내용이 포함될 수 있다. 문항내용점검표의 예는 〈표 8-2〉와 같다.

〈표 8-2〉 문항내용점검표

문항내용점검표

평가명 :
평가 영역 :
문항 번호 : No.
평가자 :
평가 일자 : 　　년 　월 　일

1. 문항 내용에 대한 평가

예 / 아니요
___ ___ (1) 문항의 내용이 대학수학능력시험의 기본개념과 부합합니까?
___ ___ (2) 문항의 내용이 대학 입학 후 학업하는 데 중요한 내용을 측정합니까?
___ ___ (3) 문항이 단순기억이 아닌 고등정신(분석력, 종합, 비판)을 측정합니까?
___ ___ (4) 문항의 내용이 고교 교육과정의 내용과 수준에 맞습니까?
___ ___ (5) 문항의 내용이 통합교과적으로 출제되었습니까?
___ ___ (6) 문항의 내용과 정답에 논쟁의 여지가 없습니까?

___ ___ (7) 질문과 답지가 피험자 언어 수준에 적합한 단어들로 서술되었습니까?
___ ___ (8) 정답이 되는 두 개 이상의 답지가 없습니까?
___ ___ (9) 오답지들이 매력적입니까?
___ ___ (10) 답지의 내용들이 모두 문항과 관계된 내용을 포함하고 있습니까?
___ ___ (11) 문항에 답을 암시하는 단어나 내용이 포함되어 있지 않습니까?
___ ___ (12) 문항의 내용이 성별이나 인종에 따른 편견성을 배제하였습니까?

2. 문항에 대한 총평 :

( ) 사용가
( ) 수정 후 사용가
( ) 사용 불가

3. 특이사항 및 문항 수정내용

〈표 8-2〉의 문항내용점검표는 대학수학능력시험 준비를 위한 참고서의 문항들이 대학수학능력시험의 성격에 부합하는가를 평가하기 위하여 작성한 표로서 문항의 내용이 이원분류표에 의한 교과내용을 측정하고 있는지에 대해 평가하는 것은 아니다.

2) 문항형식 분석

양질의 문항을 제작하기 위해서는 문항내용뿐 아니라 문항형식도 점검하여야 한다. 문항형식점검표는 문항 유형에 따라 각기 다른 점검내용을 포함하며, 〈표 8-3〉과 같다. 문항제작원리 중 중요한 내용들이 문항형식점검표의 내용이 될 수 있으며, 문항형식점검표에 의하여 문항에 대한 종합적인 평가를 한 후 사용가, 수정 후 사용가, 사용 불가를 판정한다. 또한 문항 수정내용을 구체적으로 서술하면 문항 수정이 용이하다.

〈표 8-3〉 문항형식점검표

문항형식점검표

평가명 :
평가 영역 :
문항 번호 : No.
평가자 :
평가 일자 : 년 월 일

1. 문항제작 관점

예 / 아니요
___ ___ (1) 질문의 내용이 간결, 명확합니까?
___ ___ (2) 부정문을 사용하지 않았습니까? 사용하였다면 밑줄이 그어졌습니까?
___ ___ (3) 질문과 답지들이 간단한 단어와 단문으로 구성되어 있습니까?
___ ___ (4) 답지의 수가 4개 혹은 5개입니까?
___ ___ (5) 답지들의 문법적 구조가 동일합니까?
___ ___ (6) 답지들에 공통되는 단어, 구, 절들이 반복하여 포함되어 있지 않습니까?
___ ___ (7) 답지들의 길이가 유사합니까? 만약 유사하지 않다면 짧은 답지부터 긴 답지로 배열되어 있습니까?
___ ___ (8) 답지들이 연도나 수를 나타낼 때 작은 수부터 큰 수로 배열되었습니까?
___ ___ (9) '모든 것이 정답'이나 '정답 없음'의 답지를 사용하지 않았습니까?
___ ___ (10) 질문과 답지의 서술, 표현 형식이 문항작성 편집지침에 부합합니까?

2. 문항에 대한 총평 :

( ) 사용가
( ) 수정 후 사용가
( ) 사용 불가

3. 특이사항 및 문항 수정내용

문항내용점검표나 문항형식점검표는 문항별로 각각 1장씩 사용하고, 문항들의 특이사항이나 수정내용을 기록하며, 문항의 질을 향상시키는 데 도움을 줄 수 있다. 앞의 두 문항점검표가 표준형은 아니다. 검사의 내용, 문항 유형에 따라 문항점검표는 다양하며, 한 장의 문항점검표로 문항내용과 문항형식을 모두 분석할 수도 있다.

제3부

문항분석 및 평가

제9장 고전검사이론에 의한 문항분석

1 고전검사이론

고전검사이론(Classical Test Theory)은 문항과 검사를 검사총점에 의하여 분석하는 이론으로 1920년대 이후 개발되어 많은 이론적 발전을 통해 응용되어 왔고, 현재까지도 우리나라에서 많이 사용되고 있다. 이 장에서는 고전검사이론의 기본가정과 문항분석 절차에 대해 설명한다.

1) 기본가정

고전검사이론에서 관찰점수는 진점수와 오차점수의 합이라 가정하며 검사와 문항분석은 총점에 의존한다. 고전검사이론의 기본가정은 다음과 같다.

첫째, 관찰점수는 진점수와 오차점수의 합이다.

$$X = T + e$$

관찰점수 진점수 오차점수

유학을 준비하는 학생의 TOEFL 점수가 85점이 나왔다면 이 점수는 유학 준비생의 영어에 대한 진짜 능력이라기보다는 관찰된, 즉 측정된 점수이다. 이 측정된 점수는 알지 못하는 진짜 능력에 해당하는 점수와 검사를 실시하는 과정에서 발생할 수 있는 오차점수로 구성되어 있음을 의미한다. 피험자가 운이 좋거나 그날의 기분이 좋았다면 오차점수는 양수가 되어 피험자의 진짜 능력보다 더 높은 점수를 얻게 된다.

둘째, 피험자의 진점수는 무수히 반복하여 측정된 점수의 평균값이다.

$$T = \frac{\sum X}{n} = E(X)$$

고전검사이론의 첫 번째 기본가정에서 제시된 알지 못하는 진점수를 추정하기 위한 가장 타당한 방법은 동일한 측정내용을 무한히 반복하여 얻은 모든 관찰점수의 평균으로 계산하는 것이다. 즉, 유학 준비생의 TOEFL 진점수는 이를 무한히 치러 얻은 점수의 평균점수가 된다.

셋째, 진점수와 오차점수의 상관은 0이다.

$$\rho_{Te} = 0$$

피험자들의 관찰점수는 진점수와 오차점수로 구성되어 있음을 가정할 때, 진점수가 낮으면 오차점수가 작고, 진점수가 높으면 오차점수가 크다는 관련성이 없음을 나타낸다. 반대로 능력이 높은 피험자는 오차점수가 작고, 능력이 낮은 피험자는 오차점수가 높다는 등의 연관성이 없음을 뜻한다.

넷째, 한 검사에서 얻은 오차점수와 다른 검사에서 얻은 오차점수와의 상관은 0이다.

$$\rho_{ee'} = 0$$

피험자들이 두 검사를 치렀을 때 한 검사에서 얻은 오차점수들과 다른 검사에서 얻은 오차점수들은 상호 독립적이므로 관계가 없다. 다수의 유학 준비생들이 어떤 TOEFL을 치르면 각 피험자마다 진점수와 오차점수를 얻게 되고, 또 다른 TOEFL을 치렀을 때도 피험자마다 진점수와 오차점수를 갖게 된다. 이때 한 TOEFL에서 얻은 오차점수와 다른 TOEFL에서 얻은 오차점수는 관계가 없음을 말한다.

다섯째, 한 검사에서 얻은 진점수와 다른 검사에서 얻은 오차점수의 상관은 0이다.

$$\rho_{Te'} = 0$$

이상의 가정에 의하여 고전검사이론에서 오차점수의 평균은 0이라는 결론에 도달한다.

$$\bar{e} = \frac{\sum e}{n} = 0$$

무한히 반복측정할 때 진점수보다 능력을 더 발휘하여 오차점수가 양수일 때도 있고 능력을 발휘하지 못하여 오차점수가 음수일 때도 있으므로 오차점수의 평균은 0이 된다.

여섯째, 관찰점수의 분산은 진점수 분산과 오차점수 분산으로 합성된다.

$$\sigma_X^2 = \sigma_T^2 + \sigma_e^2$$

고전검사이론의 첫 번째 가정에서 관찰점수는 진점수와 오차점수의 합이므로 관찰점수 분산은 진점수 분산과 오차점수 분산으로 구성된다. 만약 오차점수의 분산이 0이라면 관찰점수와 진점수가 같다는 것으로서 이는 측정오차가 전혀 없음을 의미하며, 신뢰도가 완벽함을 나타낸다.

2) 문항분석

고전검사이론에서는 총점에 근거하여 문항난이도, 문항변별도, 문항추측도 등을 추정한다. 구체적인 추정 방법을 설명하면 다음과 같다.

(1) 문항난이도

문항난이도(item difficulty)는 문항의 쉽고 어려운 정도를 나타내는 지수로서, 총 피험자 중 답을 맞힌 피험자의 비율, 즉 확률이 된다. 지수가 높을수록 문항이 쉽다는 것을 의미하므로 'item easiness'로 표현하여야 한다고 주장하는 학자들도 일부 있으나 오랜 세월 'item difficulty'로 사용하여 왔다. 우리나라에서도 영문을 그대로 직역하여 '문항곤란도'로 쓰는 경우도 있지만, 이는 의미상 문항의 쉽고 어려운 정도를 나타내므로 문항난이도로 번역하는 것이 바람직하다.

문항난이도를 계산하는 공식은 다음과 같다.

$$P = \frac{R}{N}$$

N: 총 피험자 수

R: 문항의 답을 맞힌 피험자 수

문항난이도에 의하여 문항을 평가하는 절대적 기준은 없으나 일반적으로 3단계 또는 5단계로 구분하여 평가한다. Cangelosi(1990)는 문항난이도에 따른 평가기준을 〈표 9-1〉과 같이 3단계로 제시하였다. 문항난이도가 .25 미만이면 어려운 문항, .25 이상~.75 미만이면 적절한 문항, 그리고 .75 이상이면 쉬운 문항이라 평가한다.

〈표 9-1〉 문항난이도 평가 기준(3단계)

문항난이도	문항평가
.25 미만	어려운 문항
.25 이상 ~ .75 미만	적절한 문항
.75 이상	쉬운 문항

문항의 난이도를 보다 세부적으로 평가하기 위해서는 〈표 9-2〉와 같이 5단계로 분류할 수 있다.

〈표 9-2〉 문항난이도 평가 기준(5단계)

문항난이도	문항평가
.00 이상 ~ .20 미만	매우 어려운 문항
.20 이상 ~ .40 미만	어려운 문항
.40 이상 ~ .60 미만	중간 난이도 문항
.60 이상 ~ .80 미만	쉬운 문항
.80 이상 ~ 1.00	매우 쉬운 문항

고전검사이론에 의한 문항난이도는 정답률을 의미하므로 지수가 높으면 쉬운 문항이고 낮으면 어려운 문항이다. 그러나 학교나 연수기관, 언론 등에서 문항난이도를 말할 때 '상'은 어려운 문항, '하'는 쉬운 문항으로 이해하고, 문항난이도를 높인다면 어렵게, 낮춘다면 쉽게 출제하는 것으로 통용되고 있다. 따라서 난이도의 의미와 해석 기준에 대한 충분한 공유가 필요하다.

(2) 문항변별도

문항변별도(item discrimination)란 문항이 피험자를 변별하는 정도를 나타내는 지수를 의미한다. 능력이 높은 피험자가 문항의 답을 맞히고 능력이 낮은 피험자가 문항의 답을 틀렸다면 이 문항은 피험자들을 제대로 변별하는 문항으로 분석된다. 반대로 그 문항에 능력이 높은 피험자의 답이 틀리고 능력이 낮은 피험자의 답이 맞았다면, 이 문항은 검사에 절대로 포함되어서는 안 될 부적 변별도를 가진 문항이라 할 수 있다. 또한 능력이 높은 피험자나 낮은 피험자들이 모두 그 문항의 답을 맞히지 못하였거나 모두 답을 맞혔다면, 이 문항은 변별력이 없는, 즉 변별도 지수가 0인 문항이 될 것이다. 그러므로 문항의 변별도 지수는 문항점수와 피험자의 총점의 상관계수에 의하여 추정된다.

Pearson(1896)은 상관계수는 두 변수의 공분산에 비례하며, 공분산을 각 변수의 표준편차로 나누어야 한다는 사실을 발견하고 상관계수의 이론적 공식을 다음과 같이 제안하였다.

$$r_{XY} = \frac{s_{XY}}{s_X s_Y}$$

공분산은 한 변수가 변할 때 다른 변수가 변하는 양으로, 두 변수가 동시에 변하는 정도를 의미하며, 표준편차는 각 점수와 평균 점수의 차이인 편차들의 평균이다. 그러나 편차의 합은 항상 0이 되므로 표준편차는 편차의 제곱합을 사례수로 나눈 분산에 제곱근을 취해 계산한다.

$$s_X^2 = \frac{\sum(X_i - \overline{X})^2}{n}$$

$$s_Y^2 = \frac{\sum(Y_i - \overline{Y})^2}{n}$$

$$s_{XY} = \frac{\sum(X_i - \overline{X})(Y_i - \overline{Y})}{n}$$

n: 총 피험자 수

X: 각 피험자의 문항 점수

Y: 각 피험자의 총점

$\overline{X}$: 문항 점수의 평균

$\overline{Y}$: 총점의 평균

상관계수, 분산, 표준편차에 대한 자세한 설명은 성태제(2019c)의 『현대기초통계학 이해와 적용(8판)』을 참고하라.

5명의 피험자에게 3문항으로 구성된 검사를 실시하여 얻은 응답 결과가 〈표 9-3〉과 같을 때 상관계수 공식에 의한 1번 문항의 문항변별도 계산절차는 〈표 9-4〉와 같으며, 1번 문항의 문항변별도를 추정하면 .88로 매우 높다. 이는 총점이 높은 A, B, E 피험자는 문항의 답을 맞혔고 총점이 낮은 C와 D 피험자는 답을 틀렸기 때문이다.

〈표 9-3〉 5명의 3문항 검사 응답 결과

문항 / 피험자	문항점수(X)			총점(Y)
	(1)	(2)	(3)	
A	1	1	1	3
B	1	1	0	2
C	0	0	1	1
D	0	0	0	0
E	1	1	0	2

〈표 9-4〉 1번 문항의 변별도 추정

피험자	X	Y	$(X_i-\overline{X})$	$(X_i-\overline{X})^2$	$(Y_i-\overline{Y})$	$(Y_i-\overline{Y})^2$	$(X_i-\overline{X})(Y_i-\overline{Y})$
A	1	3	.40	.16	1.40	1.96	.56
B	1	2	.40	.16	.40	.16	.16
C	0	1	−.60	.36	−.60	.36	.36
D	0	0	−.60	.36	−1.60	2.56	.96
E	1	2	.40	.16	.40	.16	.16
Σ	3	8	.00	1.20	.00	5.20	2.20
	$\overline{X}=.6$	$\overline{Y}=1.6$					

$$s_x^2=\frac{\sum(X_i-\overline{X})^2}{n}=\frac{(1-.6^2)+\cdots+(1-.6^2)}{5}=\frac{1.2}{5}=.24$$

$$s_y^2=\frac{\sum(Y_i-\overline{Y})^2}{n}=\frac{(3-1.6^2)+\cdots+(2-1.6^2)}{5}=\frac{5.2}{5}=1.04$$

$$s_{XY}=\frac{\sum(X_i-\overline{X})(Y_i-\overline{Y})}{n}=\frac{(1-.6)(3-1.6)+\cdots+(1-.6)(2-1.6)}{5}=\frac{2.2}{5}=.44$$

$$r_{XY}=\frac{s_{XY}}{s_X s_Y}=\frac{.44}{\sqrt{.24}\sqrt{1.04}}=.881$$

3번 문항의 경우 3점 만점을 받은 A 피험자는 문항의 답을 맞혔고, 2점을 맞은 B와 E 피험자는 틀렸으나, 1점을 맞은 C 피험자는 답을 맞혔으므로 이 문항은 피험자의 능력에 따라 변별하는 기능이 낮음을 알 수 있다.

SPSS 프로그램을 이용한 분석 예시

상관계수에 의한 문항변별도는 SPSS 프로그램을 이용하여 간단하게 추정할 수 있다. 〈표 9-3〉의 3문항으로 제작된 검사를 5명의 피험자에게 실시한 후 SPSS 프로그램을 이용하여 문항변별도를 추정하는 절차와 실행 결과를 제시하면 다음과 같다.

프로그램 실행

SPSS 프로그램의 데이터 편집기에 문항별 응답 자료를 입력한 다음 총점과의 상관계수를 산출하기 위하여 메뉴에서 [변환] ▶ [변수 계산]을 선택한 후 목표변수에 새로 생성하고자 하는 변수(총점)를 입력하고 이를 산출하기 위한 계산식을 숫자표현식에 입력한다.

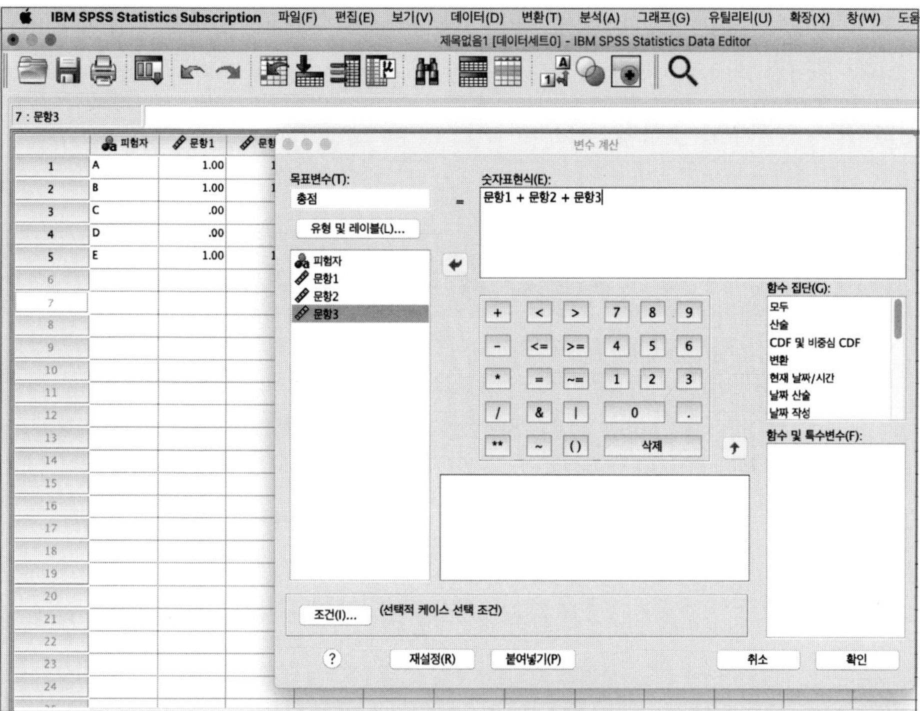

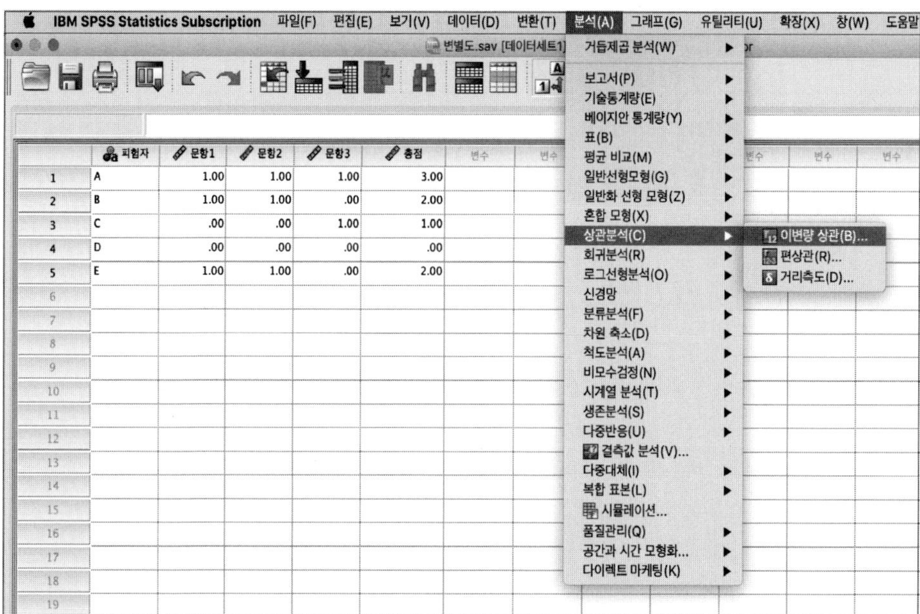

[그림 9-1] SPSS 데이터 편집기

메뉴에서 분석 ▶ 상관분석 ▶ 이변량 상관을 선택 후 상관분석 대화상자가 열리면 분석할 변수를 오른쪽으로 이동하고 옵션을 클릭하여 산출하고자 하는 통계량을 선택 후 확인을 누른다.

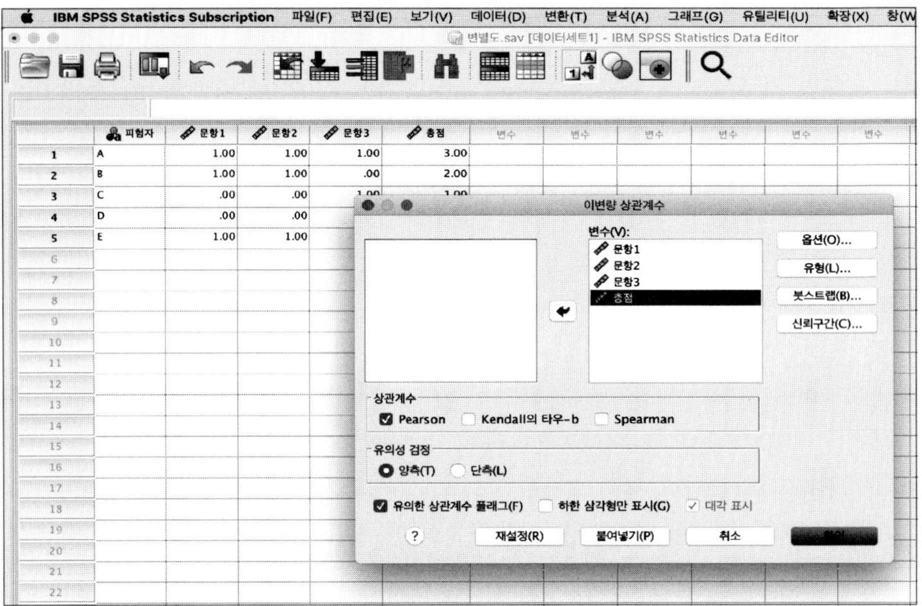

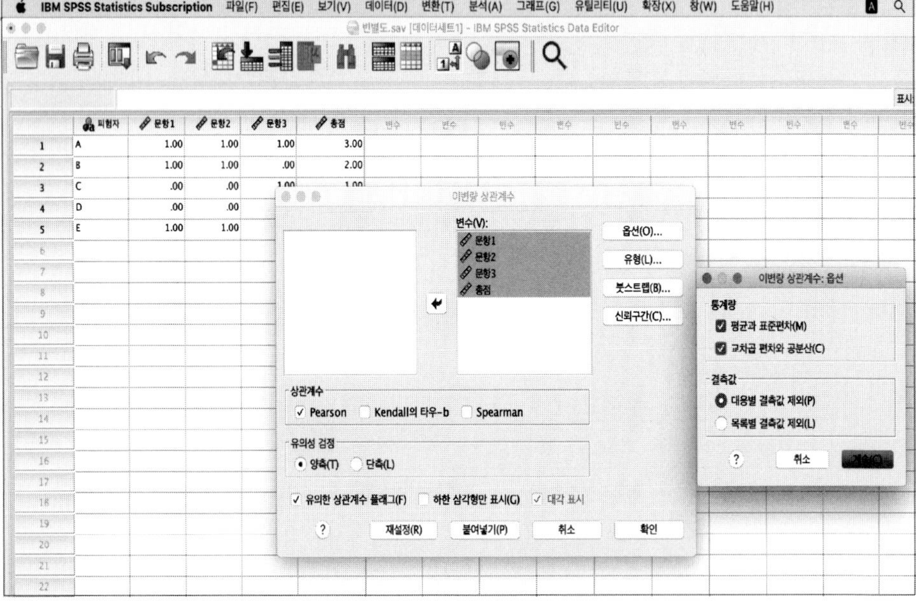

[그림 9-2] 상관분석 대화상자

실행 결과

기술통계량

	평균	표준편차	N
문항1	.6000	.54772	5
문항2	.6000	.54772	5
문항3	.4000	.54772	5
총점	1.6000	1.14018	5

상관관계

		문항1	문항2	문항3	총점
문항1	Pearson 상관	1	1.000**	-.167	.881*
	유의확률 (양측)		.000	.789	.049
	제곱합 및 교차곱	1.200	1.200	-.200	2.200
	공분산	.300	.300	-.050	.550
	N	5	5	5	5
문항2	Pearson 상관	1.000**	1	-.167	.881*
	유의확률 (양측)	.000		.789	.049
	제곱합 및 교차곱	1.200	1.200	-.200	2.200
	공분산	.300	.300	-.050	.550
	N	5	5	5	5
문항3	Pearson 상관	-.167	-.167	1	.320
	유의확률 (양측)	.789	.789		.599
	제곱합 및 교차곱	-.200	-.200	1.200	.800
	공분산	-.050	-.050	.300	.200
	N	5	5	5	5
총점	Pearson 상관	.881*	.881*	.320	1
	유의확률 (양측)	.049	.049	.599	
	제곱합 및 교차곱	2.200	2.200	.800	5.200
	공분산	.550	.550	.200	1.300
	N	5	5	5	5

**. 상관관계가 0.01 수준에서 유의합니다(양측).

*. 상관관계가 0.05 수준에서 유의합니다(양측).

[그림 9-3] 문항변별도 산출을 위한 상관분석 결과

문항별 기술통계를 살펴보면, 1번 문항과 2번 문항의 평균은 .6, 표준편차는 .548, 3번 문항의 평균은 .4, 표준편차는 .548이다. 문항 점수와 총점 간의 상관계수에 의한 변별도 지수를 산출한 결과, 1번 문항과 2번 문항의 변별도 지수는 .881로 변별력

이 높은 편이며, 3번 문항의 변별도 지수는 .320으로 일정 수준의 변별력을 갖추고 있다고 할 수 있다.

문항변별도 지수에 의하여 문항을 평가하는 절대적 기준은 없으나, Ebel(1965)은 문항변별도에 대한 평가기준을 〈표 9-5〉와 같이 제시하고 있다.

〈표 9-5〉 Ebel의 문항변별도 평가기준

문항변별도 지수	문항평가
.10 미만	변별력이 없는 문항
.10 이상 ~ .20 미만	변별력이 매우 낮은 문항
.20 이상 ~ .30 미만	변별력이 낮은 문항
.30 이상 ~ .40 미만	변별력이 있는 문항
.40 이상	변별력이 높은 문항

문항변별도가 .20 미만인 문항은 수정 또는 제거하여야 할 문항이며, 특히 문항변별도가 음수인 문항은 능력이 높은 피험자와 능력이 낮은 피험자를 역으로 변별하는 문항이므로 검사에서 제외하여야 한다. 문항의 문항변별도가 높으면 검사도구의 신뢰도가 높아진다.

문항변별도를 추정하는 또 다른 방법으로, 피험자 집단을 상위 능력집단과 하위 능력집단으로 구분하여 상위 능력집단의 정답비율과 하위 능력집단의 정답비율의 차이로 추정하는 방법이 있다(Johnson, 1951). 검사총점의 분포를 특정기준에 의해 두 집단 혹은 세 집단으로 나누고 상위 능력집단에서의 문항 정답비율과 하위 능력집단에서의 문항 정답비율에 차이가 있다면, 이 문항은 피험자를 변별하는 기능이 있다고 해석한다.

집단을 구분할 때 특정 점수(준거점수)를 기준으로 구분하거나 피험자 수에 근거하여 피험자 수가 같도록 구분할 수도 있으며, 특정 비율을 기준으로 구분할 수도 있다. Kelly(1939)는 상위 27%와 하위 27%를 기준으로 문항변별도를 추정하는 방법을 제안하였다.

이 방법은 집단별 정답비율만 산출하면 되므로 추정이 간단하다는 장점은 있으나, 준거점수를 어떻게 정하는가에 따라 문항변별도가 변화되는 문제점을 지니고 있다.

(3) 문항추측도

진위형 문항이나 선다형 문항에서 문항의 답을 맞힌 피험자 중에는 추측에 의하여 문항의 답을 맞힌 피험자도 있다. 틀린 문항에 벌점을 주지 않는 경우 추측은 검사에서 일어날 수 있는 행위이므로 문항추측도 역시 문항분석의 요소가 된다.

문항추측도(item guessing)를 추정하기 위해서는 총 피험자 중 문항의 답을 알지 못하여 추측으로 응답한 피험자 수와 추측하여 문항의 답을 맞힌 피험자 수를 파악하여야 한다. 그러나 검사의 영향이 클수록 추측하여 문항의 답을 맞혔다고 대답하는 피험자는 없을 것이므로 확률이론에 의해 추측을 한 피험자 수와 추측하여 문항의 답을 맞힌 피험자 수를 추정하여야 한다. 따라서 추측하여 응답한 피험자 수를 G라 할 때 추측하여 문항의 답을 맞힌 피험자 수는 다음과 같다.

$$G_R = G \times \frac{1}{Q}$$

G_R: 추측하여 문항의 답을 맞힌 피험자 수

G : 추측한 피험자 수

Q : 답지 수

추측한 G명의 피험자가 답을 모르기 때문에 확률적으로 균등하게 각 답지에 응답하였을 것을 가정하므로 답지에 응답한 피험자는 G/Q명이 된다. 500명의 피험자 중 정답을 모르는 100명의 피험자가 오지 선다형 문항에 무선적으로 응답하여 답을 맞힐 수 있는 피험자 수는 20명이 된다.

반대로 추측하여 문항의 답을 맞히지 못한 피험자는 정답지가 아닌 오답지들을 선택하였므로 추측에 의하여 문항의 답을 맞히지 못한 피험자는 다음과 같다.

$$G_W = G \times \frac{Q-1}{Q}$$

G_W: 추측하여 문항의 답을 맞히지 못한 피험자 수

앞의 예에서 답지는 5개이므로 오답지는 4개이다. 그러므로 100명의 추측자 중 80명이 문항의 답을 맞히지 못하였다.

실제 추측한 피험자 수를 알 수 없으므로 추측에 의하여 문항의 답을 맞히지 못한 피험자 수를 파악할 수는 없지만 어떤 검사에서 문항의 답을 틀린 피험자 수는 알 수 있다. 문항의 답을 틀린 피험자 수는 문항의 답을 알지 못하여 추측을 하였으나 답을 맞히지 못한 피험자 수와 같다.

$$G_W = G \times \frac{Q-1}{Q} = W$$

$$G = \frac{WQ}{Q-1}$$

W: 문항의 답을 맞히지 못한 피험자 수

Q : 답지 수

앞의 공식에서 추측하여 응답한 피험자의 수는 문항의 답을 틀린 피험자 수에 답지 수를 곱한 값을 답지 수에서 1을 뺀 값으로 나눈 값이다. 앞의 예에서 500명의 피험자 중 80명이 오지 선다형 문항에 응답하여 답을 맞히지 못하였으므로 추측한 피험자의 수는 100명이 된다.

$$G = \frac{80 \times 5}{5-1} = 100$$

추측에 의하여 문항의 답을 맞힌 피험자 수는 처음에 설명한 문항추측도 개념에 의하여 다음 공식과 같이 계산된다.

$$\begin{aligned} G_R &= G \times \frac{1}{Q} \\ &= \frac{WQ}{Q-1} \times \frac{1}{Q} \\ &= \frac{W}{Q-1} \end{aligned}$$

앞의 예에서 500명의 피험자 중 100명이 추측한 것으로 분석되므로 추측하여 문항의 답을 맞힌 피험자 수는 20명이 된다.

$$G_R = 100 \times \frac{1}{5} = 20$$

문항추측도는 문항의 답을 모르고 추측으로 문항의 답을 맞힌 비율이 되므로 다음 공식에 의하여 추정된다.

$$P_{G_R} = \frac{G_R}{N}$$
$$= \left(\frac{W}{Q-1}\right)/N$$

앞의 예에서 추측하여 문항의 답을 맞힌 피험자는 20명이므로 문항추측도는 20/500으로 .04가 된다.

문항이 매우 어려운 경우 문항추측도가 문항난이도보다 높은 모순이 나타나는 경우가 있음을 인지하기 바란다.

(4) 문항교정난이도

문항난이도는 총 피험자 중 문항의 답을 맞힌 피험자의 비율이라 하였다. 여기에는 추측하여 문항의 답을 맞힌 피험자의 비율도 포함되어 있으므로 이를 제거하여야 한다. 문항난이도에서 문항의 답을 추측하여 맞힌 피험자의 비율인 문항추측도를 제거한 난이도를 **문항교정난이도**라 하며, 다음 공식에 의하여 계산한다.

$$P_C = P - P_{G_R}$$

500명의 피험자가 오지 선다형 문항에 응답하여 80명의 피험자가 문항의 답을 틀린 앞의 예에서 420명의 피험자가 문항의 답을 맞혔으므로 문항난이도 P는 .84이고 문항추측도 P_{G_R}은 .04이므로 문항의 교정난이도 P_C는 .80이 된다.

(5) 오답지 매력도

선다형 문항에서 답지 작성은 문항의 질을 좌우할 뿐 아니라 고등정신능력 측정에도 영향을 준다. 답지들이 그럴듯하고 매력적일 때 문항이 어려워지며 비교, 분석, 종합 등의 고등정신능력을 측정할 수 있게 된다. 만약 답지의 매력이 전혀 없을 경우 답지의 기능을 상실하므로 사지 선다형 문항은 삼지 선다형 문항으로 변하게 된다. 따라서 선다형 문항에서 답지에 대한 분석은 문항의 질을 향상시키는 중요한 작업이 된다.

답지 중 오답지를 선택한 피험자들은 문항의 답을 맞히지 못한 피험자들이고, 이들은 확률적으로 균등하게 오답지를 선택하게 된다. 그러므로 문항의 답을 맞히지 못한 피험자들이 오답지를 선택할 확률은 다음과 같다.

$$P_O = \frac{1-P}{Q-1}$$

P_O: 답지 선택 확률
P : 문항난이도
Q : 답지 수

오답지 매력도는 각 오답지에 대한 응답비율에 의해 결정되는데, 오답지에 대한 응답비율이 오답지 매력도보다 높으면 매력적인 답지로, 그 미만이면 매력적이지 않은 답지로 평가한다.

1,000명의 피험자가 사지 선다형 문항의 각 답지에 응답한 결과와 그에 따른 오답지 매력도 추정의 예는 〈표 9-6〉과 같다.

〈표 9-6〉 오답지 매력도 추정

답지 \ 내용	응답자	응답비율	비고
ⓐ	100	.1	매력적이지 않은 오답지
ⓑ	400	.4	정답
ⓒ	300	.3	매력적인 오답지
ⓓ	200	.2	매력적인 오답지

〈표 9-6〉에서 전체 피험자 중 문항난이도 .4에 해당하는 피험자들이 문항의 답을 맞혔다. 이는 피험자 중 .6에 해당하는 비율의 피험자들이 오답을 선택하였음을 의미하며, 사지 선다형 문항에서 오답들의 매력이 균등하다면 3개의 각 오답지에 균등하게 응답할 것이므로 각 오답지에 대한 응답 비율은 .2가 되어야 한다.

오답지의 매력을 판단하는 기준은 앞의 공식에 의해 .2로 산출되므로 ⓐ 답지는 매력적이지 않은 답지로 평가된다. 실제 응답자료를 가지고 답지를 분석할 경우 어떤 답지의 응답비율이 너무 낮은 경우를 볼 수 있다. 이런 경우 답지를 수정함으로써 선다형 문항의 질을 향상시킬 수 있다. 앞의 문항에서 ⓐ 답지의 매력도를 높이면 이 문항을 어려운 문항으로 수정할 수 있고, ⓒ 답지의 매력도를 낮추면 더 쉬운 문항으로 수정할 수 있다.

2 TestAn에 의한 문항분석 실행과 해석

1) 프로그램 소개

TestAn(성태제, 송민영, 2000)은 고전검사이론에 의하여 문항과 검사의 특성을 분석하는 한글윈도우즈용 프로그램으로, 학지사 홈페이지(http://www.hakjisa.co.kr/)에서 다운로드 받을 수 있다. 프로그램 설치 방법은 [부록 2]를 참고하라.

TestAn 프로그램은 분석파일 설정하기, 분석 실행하기, 분석 결과 보기의 세 부분으로 구성되어 있다. TestAn이 분석할 수 있는 최대 문항 수는 200문항이며, 피험자

수는 제한이 없다. 피험자가 검사 문항에 응답한 자료 파일을 가지고 검사분석을 실시하면 네 가지의 파일을 생성한다. TestAn에 의한 검사분석에 필요한 입력 파일과 결과 파일을 정리하면 〈표 9-7〉과 같다.

〈표 9-7〉 TestAn 파일 확장자의 의미와 내용

확장자	의미	내용
dat	data	입력자료 파일
out	output	검사문항 분석 결과 파일
scr	score	피험자 점수(맞힌 문항 수) 파일
grp	graph	피험자 점수의 분포, 선 그래프 파일
srt	sort	문항난이도 또는 문항변별도 정렬 파일

자료 파일은 문항분석을 위한 입력 파일로서 *.dat나 *.txt의 확장자로 명명되어야 한다. 이 파일에는 자료에 대한 정보인 문항 수, ID 칸 수와 정답, 답지 수, 문항분석 포함 여부 코드, 응답 데이터 등이 포함되어 있어야 한다.

검사문항 분석 결과 생성되는 첫 번째 파일은 문항분석과 점수에 대한 분석 결과를 포함하며 *.out의 확장자를 갖는다. 고전검사이론에 의하여 문항난이도와 문항점수와 총점의 상관계수에 의한 문항변별도, 그리고 Kelly(1939)가 제안한 상위 27% 피험자 집단의 정답비율과 하위 27% 피험자 집단의 정답비율의 차에 의한 문항변별도가 제시된다. 또한 각 답지에 응답한 피험자 비율, 답지에 대한 반응과 피험자 총점과의 상관계수가 제시된다. 이어 문항난이도의 전체 평균, 문항변별도의 전체 평균, Cronbach α, 측정오차, 피험자 점수의 평균, 표준편차, 분산, 최저점수, 최고점수, 중앙값, 첨도와 왜도, 상위 27% 피험자 집단의 피험자 수와 최저점수, 그리고 하위 27% 피험자 집단의 피험자 수와 최고점수가 보고된다. 또한 해당 문항을 제외하였을 때 추정한 신뢰도 지수도 제시된다.

두 번째 파일은 점수 파일로서 *.scr의 확장자를 가진다. 점수 파일은 전체 피험자 수와 각 피험자의 일련번호(ID) 및 점수를 제시한다.

세 번째 파일의 확장자는 *.grp이며, 피험자들이 획득한 점수들에 대한 빈도수와 백분율, 누가백분율, 점수의 선 그래프를 제시한다.

네 번째 파일은 문항난이도 혹은 문항변별도에 의하여 내림차순으로 분석 결과를 정렬시켜 주며, 확장자는 *.srt이다. 문항난이도에 따른 정렬을 선택하므로 파일이름에 자동으로 '__diff'(difficulty)가 붙고, 문항변별도에 따른 정렬을 선택하므로 '__disc'(discrimination)가 붙는다.

2) 프로그램 실행

TestAn을 실행하기 위하여 피험자의 응답이 입력되어 있는 응답자료 파일(*.dat)이 필요하다. 응답자료 파일의 작성은 사용자가 직접 편집하여 사용하는 방법과 TestAn을 이용하여 작성하는 방법이 있다. 여기서는 사용자가 직접 응답자료 파일을 작성하는 방법을 설명한다. TestAn 실행을 위한 응답자료 파일은 아스키(ASCII) 코드 형식으로 저장하여야 한다. TestAn의 편집기능을 활용하거나 다른 워드 프로세서 프로그램을 이용하여 응답자료 파일을 만들 수도 있다.

응답자료 파일에는 자료의 입력형태를 설명해 주는 control line, 각 문항의 정답번호와 답지 수, 문항을 분석에 포함시킬 것인가의 여부 등이 반드시 포함되어야 하며, 자료에 대한 설명(comment)이 들어간다. 응답자료 파일을 구성하는 첫째 줄인 control line은 〈표 9-8〉의 형식에 맞추어서 작성되어야 한다.

〈표 9-8〉 control line의 구성

칸(column)	입력할 내용
1 ~ 3	문항 수(최대 200문항)
4 ~ 8	빈칸
9 ~ 10	ID의 칸 수(최대 99칸)

control line의 첫째 칸부터 셋째 칸까지는 분석할 문항 수를 표기하며, 분석할 수 있는 최대문항 수는 200문항이다. 넷째 칸부터 여덟째 칸은 공백으로 두며, 아홉째 칸과 열째 칸에 ID가 차지하는 칸 수를 표시한다. 피험자의 ID가 한글일 경우에도 ID

칸 수만 맞추어서 응답자료 파일을 작성하면 된다. 글자의 폭이 다르기 때문에 줄이 맞지 않는 것처럼 보일 수 있으나, ID 칸 수가 4칸이라면 그 4칸 안에 피험자의 ID가 들어 있기만 하면 된다.

피험자가 응답하지 않았거나, 답지가 아닌 것을 선택하였을 경우에는 피험자의 응답 줄에서 해당 번호에 해당하는 칸을 공백으로 비워 주거나 답지가 아닌 숫자로 표기해 준다.

응답자료 파일을 작성하는 예는 [그림 9-4]와 같다.

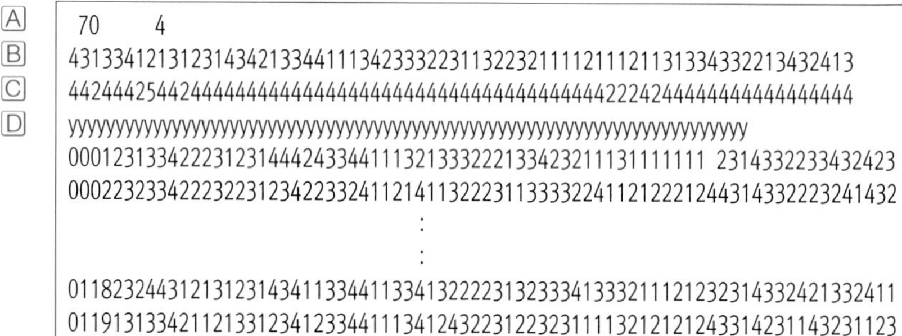

```
Ⓐ  70      4
Ⓑ 4313341213123143421334411134233322311322321111211121131334332213432413
Ⓒ 4424442544244444444444444444444444444444444444444222424444444444444444
Ⓓ yyyyyyyyyyyyyyyyyyyyyyyyyyyyyyyyyyyyyyyyyyyyyyyyyyyyyyyyyyyyyyyyyyyyyy
  000123133422231231444243344111321333222133423211131111111 2314332233432423
  00022323342223223123422332411214113222311333322411212221244314332223241432
                                    :
                                    :
  01182324431213123143411334411334132222313233341333211121232314332421332411
  01191313342112133123412334411134124322312232311113212121243314231143231123
```

[그림 9-4] 응답자료 파일(answer.dat)

☞ 응답자료 파일 해설

Ⓐ 자료를 설명해 주는 control line

70문항의 검사이며, ID가 차지하는 자리 수는 4자리로, 다섯 번째 줄을 보면 처음 네 칸은 '0001'로서 피험자의 ID이며, 그 뒤의 나머지 숫자들은 각 문항에 대한 피험자의 응답이다. 즉, ID가 '0001'인 피험자가 1번 문항에는 '2'라고 응답하고, 2번 문항에는 '3'이라고 응답하였으며, 70번 문항에는 '3'이라고 응답한 것이다.

Ⓑ 각 문항의 정답 번호

Ⓒ 각 문항의 답지 수

Ⓓ 분석에 포함할 것인지의 여부

(포함하려면 'y', 포함하지 않으려면 'n'을 대소문자 상관없이 입력)

자료 파일이 작성되면 [그림 9-5]와 같은 TestAn의 시작화면에서 [설정] 아이콘(▦)을 눌러서 자료 파일과 결과 파일을 설정한다.

[그림 9-5] TestAn의 초기 실행 시 아이콘 상태

설정 아이콘(▦)은 응답자료 파일과 결과 파일의 위치를 지정해 주고, 다른 선택적인 파일들을 생성할 것인지의 여부를 정하는 모듈이다. 앞의 화면에서 마우스로 설정 아이콘(▦)을 누르면 나오는 화면과 그 기능은 [그림 9-6]과 같다.

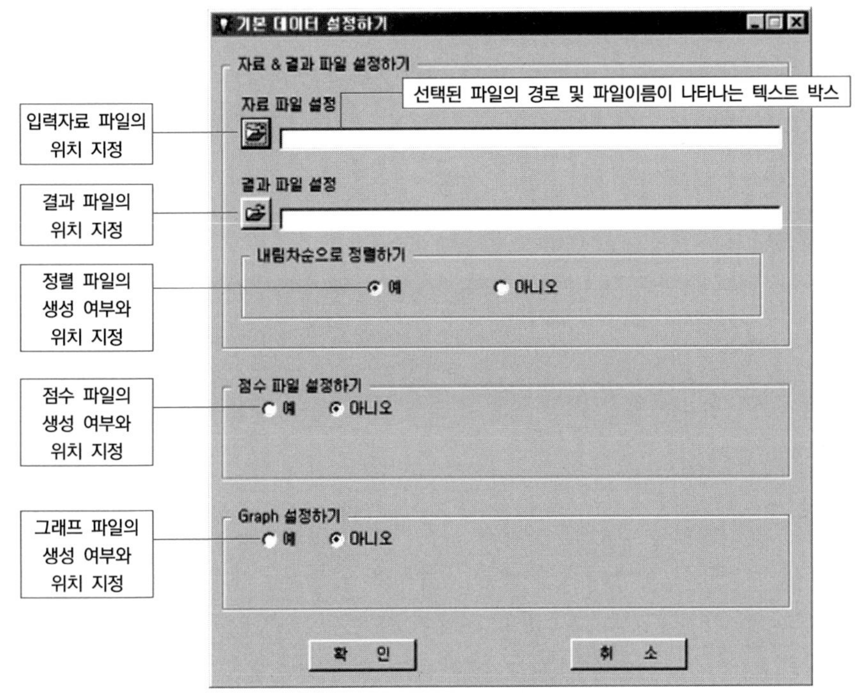

[그림 9-6] 기본 데이터를 설정하는 화면

자료 파일을 설정하려면 자료 파일 설정 부분의 폴더 그림(📂)이 있는 버튼을 누른다. 이때 나타나는 파일 설정 대화 창에서 파일을 지정하여 주면 버튼 옆의 텍스트 필드에 파일의 위치와 이름이 나타난다. 사용자가 직접 텍스트 박스에 키보드로 파일의 경로와 이름을 입력하여 지정해 줄 수 있다.

결과 파일의 지정도 **결과 파일 설정** 부분의 폴더 그림이 있는 버튼을 누른 후, 나타나는 대화 창에서 파일의 위치와 이름을 정해 주고 생성시킨다. 결과 파일의 경로와 파일 이름이 표시되는 텍스트 박스를 더블 클릭하면 입력 파일과 파일 이름은 동일하고 확장자는 '.out'인 결과 파일이 자동으로 지정된다. 혹은 사용자가 직접 텍스트 박스에 키보드로 입력하여 정할 수도 있다.

점수 파일, 그래프 파일과 내림차순 정렬 파일은 '⊙ 예' 옵션을 선택해야만 파일 설정이 가능하다. 이들도 결과 파일 설정과 마찬가지로 '⊙ 예' 옵션을 선택하면 나타나는 텍스트 박스를 더블클릭하면 파일을 자동으로 지정해 주며, 사용자가 직접 키보드로 입력할 수도 있다. 내림차순 정렬 파일을 설정하는 것도 이와 동일하게 진행한다. '⊙ 예' 옵션을 선택하여 이미 설정한 내림차순 정렬 파일을 바꾸거나 확인하고자 할 때에는 '⊙ 예' 옵션을 더블클릭하면 된다. 정렬 파일 설정하기의 '⊙ 예'를 선택하여 나오는 정렬 파일을 설정하는 화면은 [그림 9-7]과 같다.

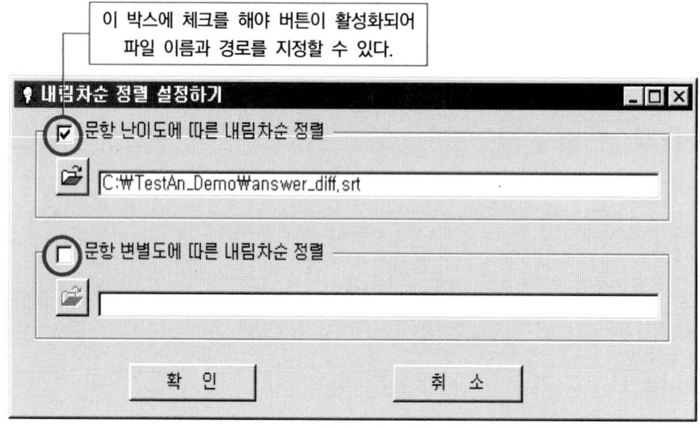

[그림 9-7] 내림차순 정렬 설정하기 화면

문항난이도의 크기 순서에 따라 문항을 정렬하려면 해당 부분에 표시(✔)하고 파일 이름을 부여한다. 이때 파일 이름은 자동으로 '사용자 정의 이름_diff.srt'가 된다. 예를 들어, 사용자가 파일 이름을 'answer.srt'로 준다면 파일이 자동으로 'answer_diff.srt'로 바뀌어 저장된다.

자료 파일과 결과 파일의 경로와 이름을 모두 설정하고 [확 인]을 누른 다음 초기화면에서 분석실행 버튼( )을 누르면 문항분석이 실행된다. 문항분석이 완료되었다고 알리는 화면이 [그림 9-8]과 같이 나타날 때 확 인 을 누른다.

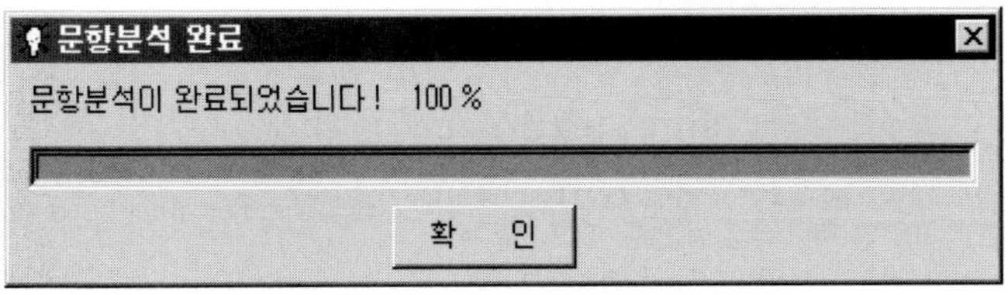

문항분석 완료

문항분석이 완료되었습니다 ! 100 %

확 인

[그림 9-8] TestAn의 분석 완료 화면

문항분석 결과 파일의 내용을 보고 싶으면 분석 결과 아이콘( )을 클릭하여 [그림 9-9]와 같이 분석 결과를 확인할 수 있다. 또한 메뉴에서 편집을 선택하면 *.dat 파일과 *.out 파일뿐 아니라, *.scr이나 *.grp, *.srt 파일도 편집 창을 통해서 보고 편집할 수 있다. 인쇄 버튼( )을 클릭하면 해당 파일을 프린터로 출력할 수 있다.

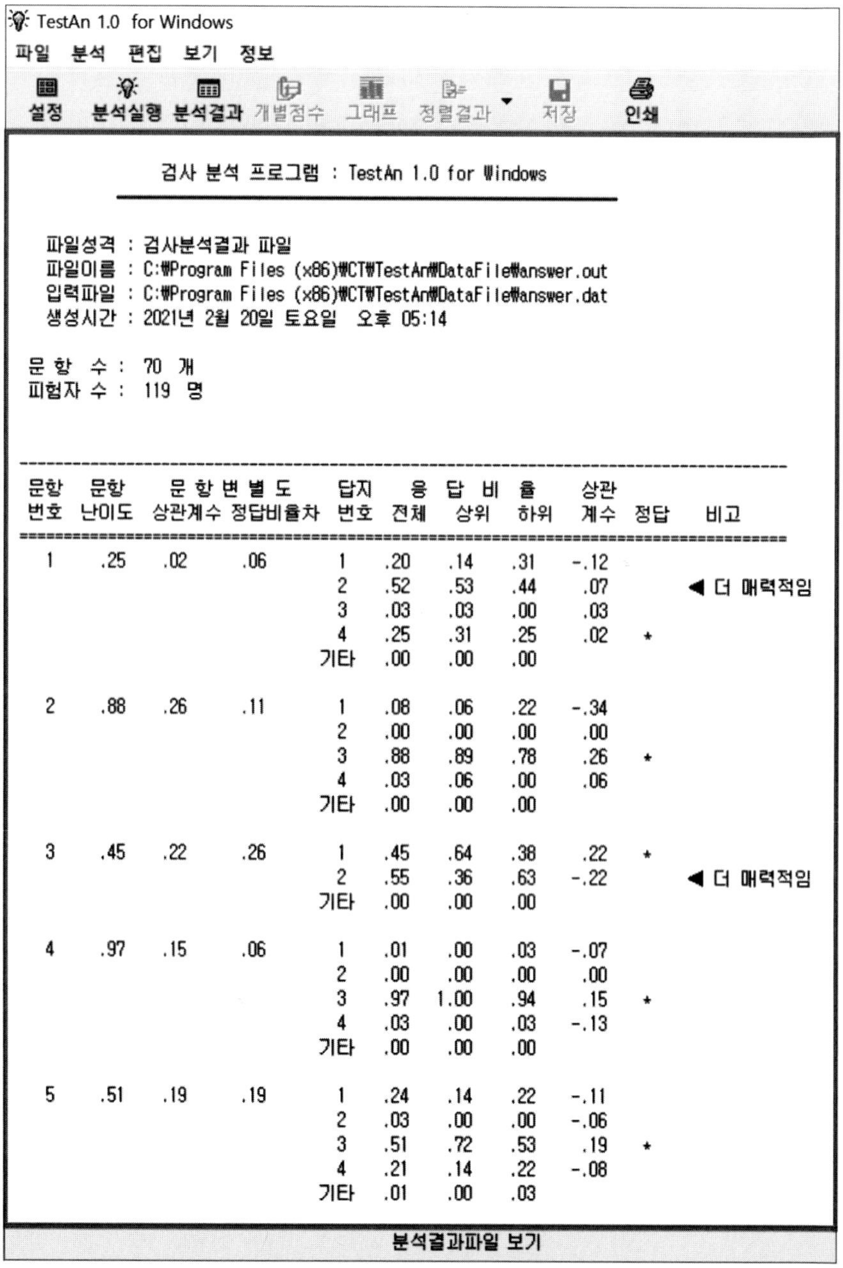

TestAn 1.0 for Windows

파일 분석 편집 보기 정보

설정 분석실행 분석결과 개별점수 그래프 정렬결과 저장 인쇄

검사 분석 프로그램 : TestAn 1.0 for Windows

파일성격 : 검사분석결과 파일
파일이름 : C:₩Program Files (x86)₩CT₩TestAn₩DataFile₩answer.out
입력파일 : C:₩Program Files (x86)₩CT₩TestAn₩DataFile₩answer.dat
생성시간 : 2021년 2월 20일 토요일 오후 05:14

문 항 수 : 70 개
피험자 수 : 119 명

문항 번호	문항 난이도	문항변별도 상관계수	문항변별도 정답비율차	답지 번호	응답비율 전체	응답비율 상위	응답비율 하위	상관 계수	정답	비고
1	.25	.02	.06	1	.20	.14	.31	-.12		
				2	.52	.53	.44	.07		◀ 더 매력적임
				3	.03	.03	.00	.03		
				4	.25	.31	.25	.02	*	
				기타	.00	.00	.00			
2	.88	.26	.11	1	.08	.06	.22	-.34		
				2	.00	.00	.00	.00		
				3	.88	.89	.78	.26	*	
				4	.03	.06	.00	.06		
				기타	.00	.00	.00			
3	.45	.22	.26	1	.45	.64	.38	.22	*	
				2	.55	.36	.63	-.22		◀ 더 매력적임
				기타	.00	.00	.00			
4	.97	.15	.06	1	.01	.00	.03	-.07		
				2	.00	.00	.00	.00		
				3	.97	1.00	.94	.15	*	
				4	.03	.00	.03	-.13		
				기타	.00	.00	.00			
5	.51	.19	.19	1	.24	.14	.22	-.11		
				2	.03	.00	.00	-.06		
				3	.51	.72	.53	.19	*	
				4	.21	.14	.22	-.08		
				기타	.01	.00	.03			

분석결과파일 보기

[그림 9-9] 분석 결과 파일을 열었을 때의 화면

3) 분석 결과 해석

TestAn을 실행하고 나면 기본적으로 *.out 파일이 생성된다. 만일 기본 데이터 파일 설정 창에서 점수 파일 설정하기에 '⊙ 예'를 선택하면 *.scr 파일이 생성되고, 그래프 설정하기에 '⊙ 예'를 선택하면 *.grp 파일이 생성된다. 그리고 내림차순으로 정렬하기에 '⊙ 예'를 선택하면 내림차순 정렬을 위한 대화 창이 떠서 사용자가 원하는 정렬 파일의 종류와 파일 이름을 설정할 수 있다.

각 파일에 대한 구체적인 해석 방법은 앞에서 제시되었던 응답자료 파일인 [그림 9-4]의 answer.dat를 가지고 TestAn으로 문항분석을 실시한 예를 가지고 설명한다.

(1) 분석 결과 파일(*.out)

검사 분석 프로그램: TestAn for Windows

파일성격 : 검사 분석 결과 파일
파일이름 : C:\TestAn_Demo\answer.out
입력파일 : C:\TestAn_Demo\answer.dat
생성날짜 : 2021년 2월 20일 토요일 오후 5:14

문 항 수 : 70개
피험자 수 : 119명

문항 번호	문항 난이도	문항변별도 상관계수	문항변별도 정답비율차	답지 번호	응답비율 전체	응답비율 상위	응답비율 하위	상관 계수	정답	비고
1	.25	.02	.06	1	.20	.14	.31	-.12		
				2	.52	.53	.44	.07		◀ 더 매력적임
				3	.03	.03	.00	.03		
				4	.25	.31	.25	.02	*	
				기타	.00	.00	.00			
2	.88	.26	.11	1	.08	.06	.22	-.34		
				2	.00	.00	.00	.00		
				3	.88	.89	.78	.26	*	
				4	.03	.06	.00	.06		
				기타	.00	.00	.00			
3	.45	.22	.26	1	.45	.64	.38	.22	*	
				2	.55	.36	.63	-.22		◀ 더 매력적임
				기타	.00	.00	.00			

4	.97	.15	.06	1	.01	.00	.03	-.07		
				2	.00	.00	.00	.00		
				3	.97	1.00	.94	.15	*	
				4	.03	.00	.03	-.13		
				기타	.00	.00	.00			
5	.51	.19	.19	1	.24	.14	.22	-.11		
				2	.03	.00	.00	-.06		
				3	.51	.72	.53	.19	*	
				4	.21	.14	.22	-.08		
				기타	.01	.00	.03			
				〈 중	략 〉					
66	.92	.32	.22	1	.00	.00	.00	.00		
				2	.01	.00	.03	-.21		
				3	.92	1.00	.78	.32	*	
				4	.05	.00	.16	-.23		
				기타	.02	.00	.03			
67	.05	-.17	-.04	1	.66	.64	.69	.00		◀ 더 매력적임
				2	.05	.06	.09	-.17	*	◁ 부적변별문항
				3	.25	.31	.13	.20		
				4	.02	.00	.06	-.26		
				기타	.02	.00	.03			
68	.57	.28	.45	1	.37	.14	.53	-.26		
				2	.02	.00	.00	.02		
				3	.03	.00	.03	-.01		
				4	.57	.86	.41	.28	*	
				기타	.02	.00	.03			
69	.15	.17	.14	1	.15	.17	.03	.17	*	
				2	.34	.31	.50	-.17		
				3	.42	.47	.34	.13		◀ 더 매력적임
				4	.08	.06	.09	-.11		
				기타	.02	.00	.03			
70	.66	.16	.21	1	.05	.03	.00	.01		
				2	.04	.00	.09	-.15		
				3	.66	.81	.59	.16	*	
				4	.23	.17	.28	-.08		
				기타	.02	.00	.03			

문항분석 결과		검사점수 분석 결과	
문 항 수 :	70	피험자수 :	119
평균난이도 :	.644	평 균 :	45.059
평균변별도 :	.180	표준편차 :	5.282
Alpha 값 :	.633	분 산 :	27.904

측정 오차 : 3.201

최저점수 : 31
최고점수 : 57
중 앙 값 : 45
왜 도 : -.342
첨 도 : -.144

【 상위 27% 집단 】
피험자수 : 36
최저점수 : 49

【 하위 27% 집단 】
피험자수 : 32
최고점수 : 41

해당문항을 제외한 검사의 신뢰도

문항번호	신뢰도	문항번호	신뢰도	문항번호	신뢰도	문항번호	신뢰도	문항번호	신뢰도
1	0.641	2	0.626	3	0.630	4	0.630	5	0.631
6	0.629	7	0.631	8	0.631	9	0.621	10	0.632
11	0.622	12	0.635	13	0.633	14	0.627	15	0.623
16	0.630	17	0.629	18	0.633	19	0.623	20	0.627
21	0.634	22	0.623	23	0.633	24	0.629	25	0.635
26	0.633	27	0.628	28	0.635	29	0.645	30	0.625
31	0.639	32	0.628	33	0.628	34	0.634	35	0.633
36	0.631	37	0.637	38	0.624	39	0.636	40	0.625
41	0.617	42	0.621	43	0.635	44	0.630	45	0.637
46	0.632	47	0.631	48	0.633	49	0.635	50	0.614
51	0.628	52	0.630	53	0.629	54	0.642	55	.0633
56	0.609	57	0.641	58	0.619	59	0.617	60	.0625
61	0.623	62	0.617	63	0.638	64	0.612	65	.0626
66	0.624	67	0.641	68	0.625	69	0.631	70	.0633

[그림 9-10] 결과 파일(answer.out)

문항난이도는 총 피험자 중 문항의 답을 맞힌 피험자의 비율을 나타내며, 1번 문항의 문항난이도는 .25로서 어려운 문항으로 분석된다. 문항난이도 .25는 정답지인 ④번 답지에 대한 응답비율을 말한다.

문항변별도는 문항점수와 총점과의 상관계수로서 1번 문항의 상관계수에 의한 문항변별도는 .02이고, 정답비율 차에 의한 문항변별도는 상위 27% 피험자 집단의 정답비율(.31)과 하위 27% 피험자 집단의 정답비율(.25)의 차이로서 1번 문항의 정답비율 차이에 의한 문항변별도는 .06이다. 1번 문항은 변별력이 없는 문항으로 최소한 수정되거나 제외되어야 할 문항이다.

응답비율 전체는 전체 피험자들이 각 답지에 응답한 비율을 말한다. 1번 문항의 경우 ①번 답지에 전체 피험자의 20%, ②번 답지에 52%, ③번 답지에 3%, ④번 답지에 25%가 응답하였다. 여기서 정답지 ④에 대한 응답비율은 총 피험자 중 정답지를 선택한 비율로서 문항난이도를 나타낸다.

응답비율 상위는 상위 27%에 있는 피험자들이 각 답지를 선택한 비율을 말하며, ②번 답지에 대한 응답비율은 .53으로 상위집단 피험자들이 가장 많이 응답하였고 ③번 답지에는 가장 적은 비율인 .03에 해당하는 피험자들이 응답하였다. 응답비율 하위는 하위 27% 집단에 있는 피험자들이 각 답지에 응답한 비율을 말한다.

비고란에 표시된 '◀ 더 매력적임'이라는 표기는 앞 절에서 설명한 답지의 매력도 분석 결과에 의한 것이다. 1번 문항의 경우 ①번 답지의 응답비율은 .20, ②번 답지의 응답비율은 .52, ③번 답지의 응답비율은 .03, 그리고 ④번 답지의 응답비율은 .25이다. 정답지는 ④번으로 .25의 비율, 즉 25%의 피험자들이 정답인 ④번 답지를 선택하여 문항난이도는 .25이다. 이때 세 개의 오답지의 매력도가 동일할 경우 .75의 비율, 즉 75%에 해당하는 피험자들은 각 답지에 25%, 즉 .25씩 응답할 것이다. 그러나 ②번 답지의 경우 52%의 피험자가 ②번 답지를 정답지로 생각하여 응답하였으므로 매력적인 답지로 분석된다.

'◀ 더 매력적임'이란 표기가 있는 경우에는 문항제작자나 교사들은 그 답지가 왜 매력적인지를 분석해 볼 필요가 있다. 이와 같은 분석 결과는 정답 시비의 우려가 있는 문항이 될 수 있다. 일반적으로 오답지의 반응비율이 정답지에 대한 반응비율보다 높지 않다. 이럴 경우 매력적인 오답지도 분석하여 그에 대한 검토와 함께 다른 답지들도 분석해 보는 것이 바람직하다.

②번 오답지의 응답비율이 .52로 매우 높은 이유는 두 가지로 생각해 볼 수 있다. 첫째는 ②번 답지가 정답이 될 수 있다는 점이다. 둘째는 ③번 오답지의 응답비율이 .03으로 매우 낮기 때문에 ②번 답지의 응답비율이 높아졌다고 분석할 수 있다. 이는 ③번 답지는 답지로서의 매력을 상실한, 즉 없는 것과 마찬가지인 답지로 분석할 수 있다. 그렇다면 이 문항은 형식적으로는 사지 선다형 문항이지만 실질적으로는 삼지 선다형 문항이 된다.

이와 같은 분석에 근거하여 ③번 답지를 매력 있는 내용으로 수정한다면 ②번 답지에 대한 응답비율과 정답인 ④번 답지의 응답비율이 변화된다. 이러한 분석과정을 통하여 피험자들의 응답비율을 조절할 수 있기 때문에 선다형 문항의 경우 문항난이도는 답지의 내용에 의하여 변화된다.

답지 분석에서 상관계수를 보면 일반적으로 정답지의 상관계수는 높고 정적이며, 오답지의 경우는 상관이 매우 낮거나 부적 상관계수를 나타낸다. 이는 각 답지의 선택 여부와 총점과의 상관계수이므로 정답지의 경우 정답지 선택 여부(선택 1; 선택하지 않음 0)와 총점의 상관계수 추정에서 정답지를 선택한 피험자의 경우 일반적으로 총점이 높으므로 상관계수가 양수이다. 그러나 각 오답지의 선택 여부(선택 1; 선택하지 않음 0)와 총점의 상관계수는 오답지를 선택한 피험자들의 총점이 낮고 오답지를 선택하지 않은 피험자들의 총점이 높으므로 상관계수는 음수이거나 0에 가깝다.

'◁ 부적변별문항'이란 표기는 상관계수에 의한 문항변별도가 음수임을 말하는 것으로 문항의 정답지 선택 여부(선택 1; 선택하지 않음 0)와 총점의 상관계수가 음수이므로 이 문항은 좋지 않은 문항으로 분석할 수 있다. 이런 문항은 수정하거나 제거하는 것이 바람직하다.

문항분석 결과와 검사점수 분석 결과는 검사에 대한 서술적 정보를 제공한다. 문항분석 결과에 의하면 119명 피험자 점수의 평균은 45.059, 표준편차는 5.282, 분산은 27.904, 최저점수는 31점이고 최고점수는 57점으로 점수의 범위는 26점이다. 70개 문항의 문항난이도 평균은 .644로 중간수준 난이도의 검사로 해석할 수 있으며, 문항변별도의 평균은 .180으로 변별력이 낮은 검사임을 알 수 있다. 검사의 신뢰도인 Cronbach α는 .633이며, 측정오차는 3.201로 신뢰할 수 있는 것으로 해석할 수 있다.

중앙값은 점수를 가장 낮은 점수부터 높은 점수까지 배열하여 중간에 위치한 점수로서 이 검사에서는 45점이다. 왜도는 점수분포가 대칭성을 벗어난 정도와 편포정도를 나타내며 0에 가까울수록 정규분포가 된다. 왜도가 양수이면 정적 편포이고, 음수이면 부적 편포이다. 이 자료에 의한 검사점수와 분포의 왜도는 −.342로 부적 편포를 나타낸다. 부적 편포란 분포의 꼬리가 왼쪽으로 늘어진 형태의 분포를 말한다. 첨도란 분포의 뾰족한 정도를 나타내는 지수로서 정규분포의 첨도는 0으로, 양수이면 정규분포보다 뾰족하고, 음수이면 정규분포보다 완만하다.

119명의 피험자 중 점수의 상위 27%에 해당하는 피험자 수는 36명으로 그들 중 최저점수는 49점이다. 점수의 하위 27%에 해당하는 피험자 수는 32명으로 그들 중 최고점수는 41점이다.

해당문항을 제외한 검사의 신뢰도란 그 문항을 제외하고 나머지 문항들로 구성된 검사의 신뢰도를 추정하였을 때 나타나는 Cronbach α를 말한다. 결과 파일을 예로 들어 설명하면, 총 70문항에 대한 검사의 Cronbach α값은 .633인데, 1번 문항을 제외한 Cronbach α값은 .641이다. 1번 문항을 제거하면 검사의 신뢰도가 .641로 오히려 증가함을 알 수 있다. 이는 문항분석에서도 좋지 않은 문항으로 분석된 것과 관련이 된다. 2번 문항을 제거하면 Cronbach α값은 .633에서 .629로 감소하기 때문에 제거하면 안 될 좋은 문항임을 알 수 있다.

3 고전검사이론의 장단점

고전검사이론은 19세기 말부터 전개되어 현재까지 사용되고 있는 이론으로서 비교적 간단한 절차에 의해 문항분석과 검사분석을 실시할 수 있다. 문항난이도, 문항변별도, 문항추측도, 신뢰도, 타당도 등의 용어들은 고전검사이론에서 연유하였으며, 우리나라 교육현장에서는 추정 방법과 계산이 쉬운 고전검사이론을 사용하고 있다. 그러나 고전검사이론은 문항모수의 불변성 개념과 피험자 능력의 불변성 개념이 유지되지 않으며 피험자 능력도 정확하게 추정하지 못한다는 문제점이 있다.

고전검사이론에 의한 문항난이도 추정의 문제점은 그 문항에 응답한 피험자 집단의 특성에 의하여 문항 특성이 달리 분석된다는 것이다. 즉, 어떤 문항에 응답한 피험자 집단의 능력이 높으면 쉬운 문항으로 분석되고, 피험자 집단의 능력이 낮으면 어려운 문항으로 분석된다.

고전검사이론에 의한 피험자 능력추정은 검사의 난이도에 따라 피험자 능력추정이 변화된다는 문제점이 있다. 다시 말하면, 검사가 쉽게 제작되면 피험자 능력은 과대 추정되고, 검사가 어렵게 제작되면 피험자 능력이 과소 추정된다.

고전검사이론에는 총점에 의하여 피험자들의 능력을 비교한다. 만약 두 피험자가 다섯 문항의 검사를 실시하여 〈표 9-9〉와 같이 동일한 3점을 얻었을 때 두 피험자의 능력은 같다고 해석한다.

〈표 9-9〉 두 피험자의 문항응답 결과와 총점

문항	피험자	
	철수	영희
1	1	0
2	1	1
3	1	1
4	0	1
5	0	0
총점	3	3

1번부터 5번 문항까지 문항의 어려운 정도가 균일하다면 철수와 영희의 능력은 같다고 할 수 있다. 그러나 다섯 문항의 문항난이도를 동일하게 제작하기는 거의 불가능하다. 사실상 앞에서 다섯 문항의 문항난이도가 다르므로 쉬운 문항부터 어려운 문항으로 배열하였다고 가정한다면 철수는 매우 쉬운 세 문항만 맞혔으므로 영희보다 능력이 낮다고 할 수 있다. 영희가 철수보다 능력이 높음에도 불구하고 매우 쉬운 1번 문제를 틀린 것은 부주의에 의한 결과일 수 있다.

고전검사이론의 단점은 크게 세 가지로 요약할 수 있다.

첫째, 문항난이도, 문항변별도와 같은 문항의 고유한 특성이 피험자 집단의 특성에 의하여 변화된다.

둘째, 피험자의 능력이 검사도구의 특성에 따라 달리 추정된다.

셋째, 피험자들의 능력을 비교할 때 총점에 근거하므로 정확성이 결여된다.

이상의 문제점을 해결하기 위하여 문항반응이론이 등장하게 되었다.

제10장 문항반응이론에 의한 문항분석

1 문항반응이론

고전검사이론이 관찰점수는 진점수와 오차점수로 합성되었음을 가정하고 총점에 의하여 문항을 분석하고 피험자 능력을 추정하는 검사이론이라면, 문항반응이론(item response theory)은 문항 하나하나의 특성에 근거하여 분석하는 이론이다. 그러므로 문항반응이론은 각 문항의 고유한 문항특성곡선에 의하여 문항을 분석한다. 문항반응이론은 고전검사이론이 극복하지 못하는 문항 특성의 불변성 개념과 피험자 능력 불변성 개념을 극복하기 때문에 문항 특성 추정과 피험자 능력추정에 널리 사용되고 있다.

문항반응이론은 이론적 모형이나 수리적 배경에서 전개되었다기보다는 경험적 필요에 의하여 전개되었다고 할 수 있다. Binet와 Simon(1916)은 지능을 측정하기 위한 문항을 제작한 후 [그림 10-1]과 같이 연령에 따라 문항의 답을 맞힌 피험자의 비율을 표시한 점들을 연결하는 곡선을 그려서 연령에 따른 정답률의 변화를 파악하고 이를 기초로 연령에 적합한 문항을 선택하여 검사를 제작하였다.

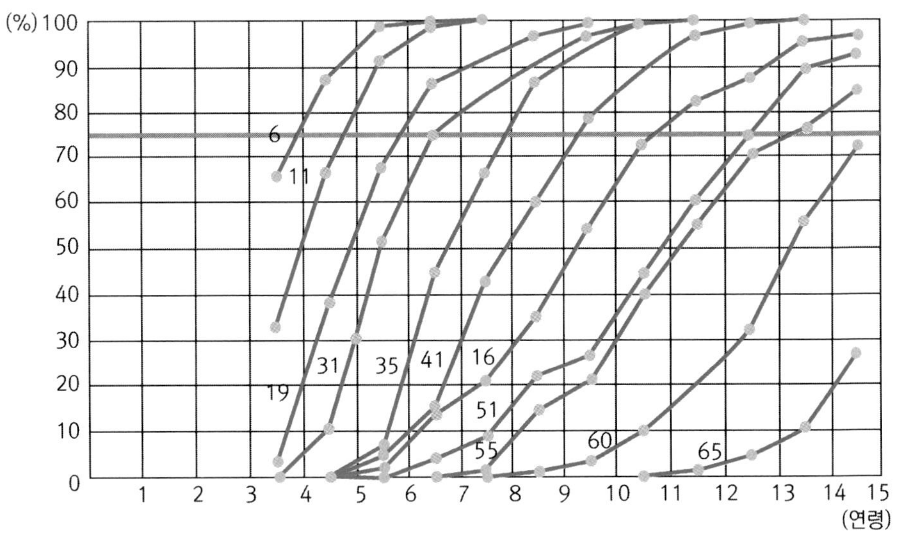

[그림 10-1] 연령에 따른 문항의 답을 맞힌 피험자의 비율

6번 문항의 경우 3.5세 아동들의 65%가 문항의 답을 맞혔고, 4.5세 아동들의 88%, 5.5세 아동들의 99%, 6.5세 이상의 아동들은 모두가 문항의 답을 맞혔다. 41번 문항의 경우 4.5세 이하의 아동들은 문항의 답을 전혀 맞히지 못하였으며, 5.5세 아동들의 5%, 6.5세 아동들의 15%, 7.5세 아동들의 43.5%, 8.5세 아동들의 60%, 9.5세 아동들의 78%, 11.5세 아동들의 97%, 12.5세 아동들의 99.5%, 13.5세 아동들은 모두가 문항의 답을 맞혔다. 6번, 41번의 곡선에서 연령이 증가하면서 문항의 답을 맞히는 아동들의 비율이 증가함을 알 수 있고, 더욱 중요한 것은 6번, 41번 문항이 연령에 따라 달리 기능함을 알 수 있다. 즉, 6번 문항은 3세부터 7세 아동들의 지능을 잘 측정할 수 있는 문항이고, 41번 문항은 5세 이상 13세 이하 아동들의 지능을 측정할 수 있는 문항임을 알 수 있다.

연령에 적합한 문항을 선정하기 위하여 Binet와 Simon(1916)은 피험자 집단의 정답비율이 .75에 해당되는 기준을 설정하여 정답비율 .75에 해당되는 연령이 그 문항을 실시하기에 적합한 연령으로 판정하였다. 그러므로 6번 문항은 4세 아동에게, 41번 문항은 9세와 10세 아동에게 실시할 수 있는 적합한 문항으로서 연령에 따른 지능검사를 구성하는 문항이 된다.

교육학 분야에서 지능검사를 제작할 때 연령에 적합한 문항을 선정하기 위한 방법과 같이 생물학 분야에서 동·식물의 시간에 따른 성장률에 대한 연구가 1800년대 중반부터 이루어졌다. 어느 시점에 동·식물의 성장이 가장 활발히 이루어지거나 완료되는지를 파악하기 위하여 로지스틱 함수를 사용하였다. 그 이후, 문항반응이론은 이론적 공백기를 가져오다 Richardson(1936)이 고전검사이론에 의한 문항 특성 추정과 문항반응이론에 의한 문항특성 추정의 관계를 처음으로 증명하였으며, Lawley (1943)가 문항반응이론과 고전검사이론의 관계를 재정립하고 문항 특성을 추정하는 수리적 모형과 방법을 제안하였으나 계산상의 복잡함과 어려움으로 발전이 늦어지다가, 1980년대 들어 컴퓨터를 사용하면서 많이 발전하여 교육측정 분야에 보편화되고 있는 검사이론이다.

문항반응이론을 전개하기 위해서는 일차원성 가정과 지역독립성 가정이 충족되어야 한다. 첫째, **일차원성 가정(unidimensionality assumption)**이란 검사가 측정하는 내용은 하나의 특성(single trait)이어야 한다는 가정이다. 예를 들어, 수리력을 측정하는 검사는 수리력을 측정해야지 어휘력이 영향을 주어서는 안 된다는 가정이다. 이는 한 검사는 하나의 내용을 측정하여야 한다는 의미이다. 최근에 와서 검사가 여러 특성을 측정하는 경우도 적지 않으므로 다차원 문항반응이론(multidimensional item response theory)이 전개되고 있으나 여기서는 다루지 않는다.

둘째, **지역독립성 가정(local independence assumption)**이란 어떤 능력을 가진 피험자의 한 문항에 대한 응답은 다른 문항의 응답에 영향을 주지 않는다는 가정으로서, 어떤 문항과 다른 문항의 답을 맞힐 확률은 상호 독립적이라는 의미이다.

문항반응이론은 문항모수, 즉 문항난이도, 문항변별도, 문항추측도를 안정적으로 추정하여 문항 특성이 불변하기 때문에 문항반응이론에 의해 추정된 양질의 문항을 선별하여 문제은행을 구축하고 컴퓨터화 검사에 이용할 수 있다.

이 책에서는 문항반응이론에 의한 문항분석 방법을 간략하고 지극히 개념적 수준에서 설명한다. 문항반응이론에 대한 기초적이며 전반적 이해를 위해서는 성태제(1991, 2019a)의 『문항반응이론 입문』을 참고하라.

2 문항특성곡선

[그림 10-1]의 연령에 따라 문항의 답을 맞힐 확률을 나타내는 곡선에서 연령이 높으면 능력이 높음을 가정하여 연령을 능력으로 바꾸면 이 곡선은 능력에 따라 문항의 답을 맞힐 확률을 나타내는 곡선이 되며, 이를 문항특성곡선(Item Characteristic Curve: ICC)이라 한다. 문항특성곡선이라는 용어는 Tucker(1946)에 의하여 처음 사용되었다. 문항특성곡선은 피험자의 능력과 문항의 답을 맞힐 확률의 함수관계로, 피험자의 능력에 따라 문항의 답을 맞힐 확률을 나타낸다. 문항특성곡선의 형태는 다양하나 일반적으로 [그림 10-2]와 같이 S자 형태의 곡선을 나타낸다.

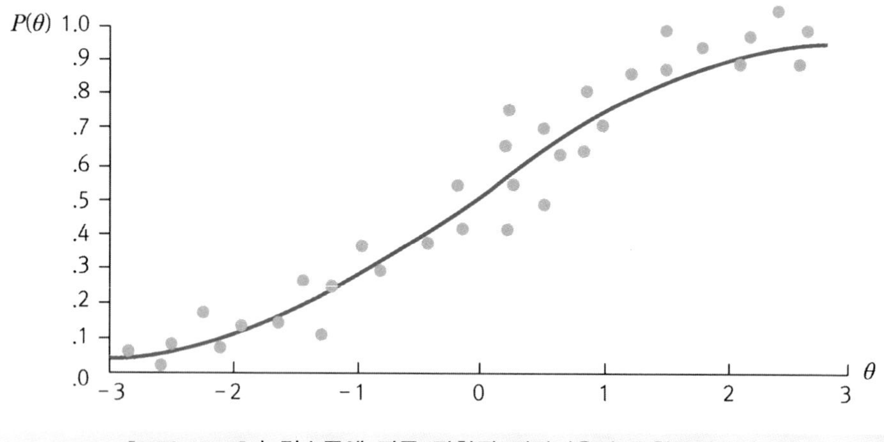

[그림 10-2] 능력수준에 따른 관찰된 정답비율과 문항특성곡선

문항특성곡선의 X축은 피험자 능력을 나타내고 θ로 표기하며, 피험자 능력은 평균이 0이고 표준편차가 1인 표준점수척도를 사용하므로 대부분의 피험자 능력은 −3에서 +3에 위치한다. 문항특성곡선의 Y축은 피험자 능력 θ에 따라 문항의 답을 맞힐 확률을 나타내고, $P(\theta)$로 표기한다. 문항특성곡선은 능력수준에 따라 문항의 답을 맞힐 피험자들의 정답비율, 즉 관찰된 정답비율의 점들을 대표하는 곡선이다. [그림 10-2]에서 각 능력수준에 있는 많은 피험자 중에 그 문항에 답을 맞힌 피험자들의 정답비율은 어느 특정 선상에 있는 것이 아니라 흩어져서 어떤 경향을 띠게 된다.

[그림 10-2]에 제시되어 있는 문항특성곡선을 통하여 능력이 −2에 있는 피험자가 문항의 답을 맞힐 확률은 약 .1이고 능력이 +3에 있는 피험자가 문항의 답을 맞힐 확률은 1.0에 가까움을 알 수 있다.

문항특성곡선은 문항마다 고유한 특성을 지니고 있으므로 각기 다른 형태로 나타난다. 만약 세 문항의 문항특성곡선이 [그림 10-3]과 같다고 하자.

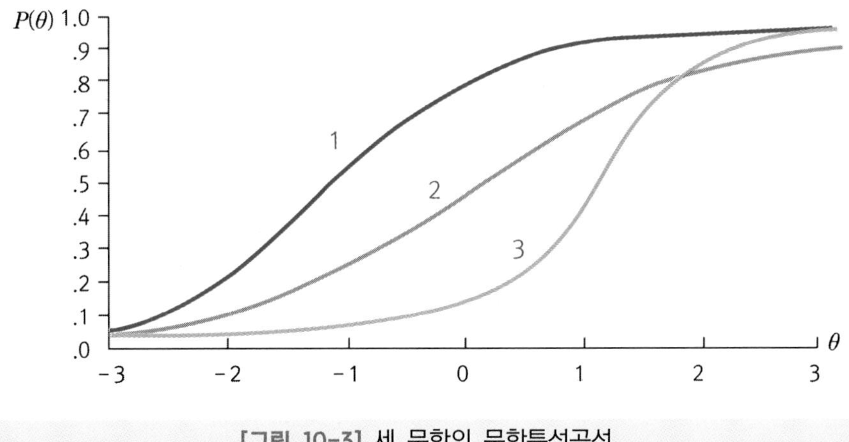

[그림 10-3] 세 문항의 문항특성곡선

1번, 2번, 3번 문항 모두 다른 형태의 문항특성곡선을 가지고 있으며, 이는 각기 달리 기능함을 의미한다. 1번 문항과 3번 문항을 비교할 때, 3번 문항은 1번 문항보다 오른쪽에 위치하여 능력이 높은 피험자들에게 기능하고 1번 문항은 능력이 낮은 피험자들에게 기능한다. 이를 볼 때 3번 문항이 1번 문항보다 더 어렵다는 것을 알 수 있다. 2번 문항과 3번 문항을 비교하면, 피험자 능력이 증가할 때 3번 문항은 2번 문항보다 피험자가 문항의 답을 맞힐 확률의 변화가 심하므로, 즉 확률의 차이가 크므로 피험자의 능력을 더 잘 변별할 수 있다. 그러므로 문항특성곡선에 의하여 그 문항의 어려운 정도, 변별 정도, 추측 정도를 분석할 수 있다.

3 문항반응이론에 의한 문항분석

1) 문항난이도

문항난이도(item difficulty)는 문항의 어려운 정도를 나타내는 지수로서 문항반응이론에서는 문항특성곡선이 어디에 위치하여 기능하는가와 연관된다. 어떤 문항은 높은 능력수준의 피험자들에게 기능하고, 어떤 문항은 낮은 능력수준의 피험자들에게 기능할 수 있다. 문항의 기능이 각기 다른 세 문항의 문항특성곡선이 [그림 10-4]와 같다고 가정하자.

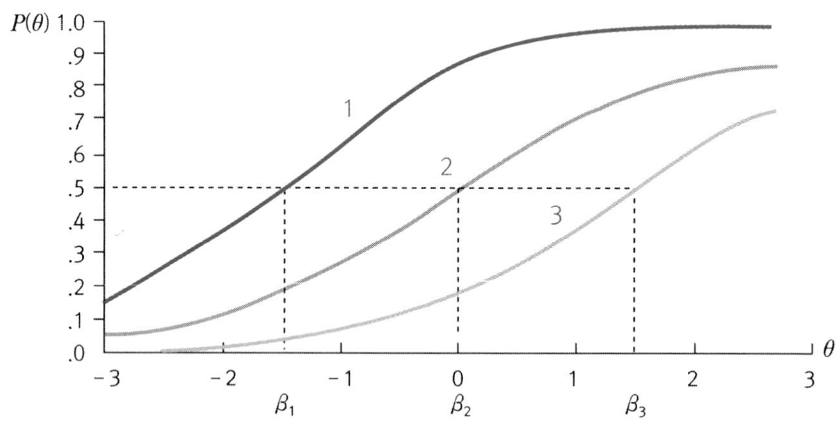

[그림 10-4] 문항난이도가 다른 세 문항의 문항특성곡선

앞의 세 문항이 기능하는 위치는 전체 능력범위에 걸쳐 있으나, 1번 문항은 주로 낮은 능력수준의 피험자들에게서 기능하고, 3번 문항은 보다 높은 능력수준의 피험자 집단에서 기능함을 알 수 있다. 그러므로 직감적으로 3번 문항이 1번 문항보다 어렵다는 사실을 알 수 있다. 1번, 2번, 3번 문항의 문항특성곡선을 보고 설명을 하더라도 능력수준이 0에 있는 피험자가 3번 문항의 답을 맞힐 확률은 .1로서 3번 문항이 가장 어려움을 알 수 있다.

문항반응이론에서 문항특성곡선이 나타내는 문항난이도는 문항의 답을 맞힐 확률이 .5에 해당되는 능력수준의 점을 말하며, β 혹은 b로 표기한다. 문항난이도의 이론적 범위는 $-\infty$에서 $+\infty$에 존재하나 실제로는 일반적으로 -2에서 $+2$ 사이에 존재하며, 그 값이 클수록 그 문항은 어렵다고 해석된다. 문항반응이론에 의한 문항난이도는 총 응답자 중 정답자의 비율로 정의하는 고전검사이론에 의한 문항난이도와 다르다.

문항반응이론에 의한 문항난이도의 언어적 표현은 〈표 10-1〉과 같다. 이와 같은 문항난이도에 대한 해석의 기준은 절대적 기준이라기보다는 이해를 돕기 위한 서술적 표현이다.

〈표 10-1〉 문항난이도의 범위에 따른 언어적 표현

문항난이도 지수	언어적 표현
−2.0 미만	매우 쉽다
−2.0 이상 ~ −.5 미만	쉽다
−.5 이상 ~ +.5 미만	중간이다
+.5 이상 ~ +2.0 미만	어렵다
+2.0 이상	매우 어렵다

2) 문항변별도

문항변별도(item discrimination)는 문항난이도를 나타내는 피험자 능력수준보다 낮은 능력의 피험자와 높은 능력의 피험자를 변별하는 정도를 나타낸다. 즉, 문항이 피험자의 능력수준을 변별하는 정도를 나타낸다. 문항반응이론에 의한 세 개의 문항특성곡선에 의하여 문항변별도를 설명하면 [그림 10-5]와 같다.

1번, 2번, 3번 세 문항은 문항난이도는 같으나 문항특성곡선의 기울기가 다름을 알 수 있다. 3번 문항은 피험자의 능력수준이 증가하여도 문항의 답을 맞힐 확률의 변화가 심하지 않은 반면에, 1번 문항은 능력수준이 변함에 따라 문항의 답을 맞힐 확률이 심하게 변함을 알 수 있다. 따라서 1번 문항이 3번 문항보다 피험자를 잘 변별하여 준다고 말할 수 있다.

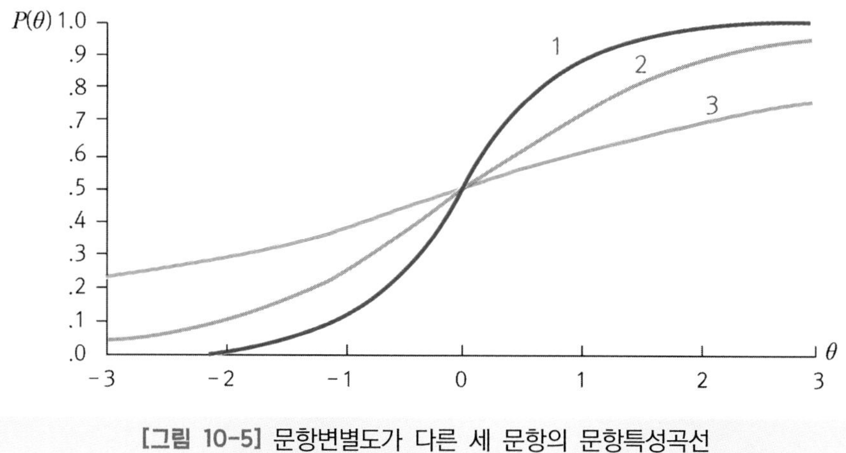

[그림 10-5] 문항변별도가 다른 세 문항의 문항특성곡선

두 문항특성곡선의 기울기가 다름을 통해 1번 문항의 변별력이 3번 문항의 변별력보다 높다는 사실을 알 수 있다. 즉, 문항특성곡선의 기울기가 가파를수록 문항변별도가 높은 것이다. 그렇다면 문항특성곡선의 어느 지점에서의 기울기인가가 문제가 된다. 문항특성곡선에서 문항의 기울기가 가장 가파른 부분은 문항난이도를 나타내는 문항특성곡선상의 점이므로 문항변별도는 문항난이도를 나타내는 점에서의 문항특성곡선의 기울기를 말한다. 문항변별도는 α 혹은 a로 표기하며, 일반적으로 0에서 +2.0의 범위에 있다.

문항변별도의 언어적 표현에 대응하는 문항변별도 지수의 범위는 〈표 10-2〉와 같다.

〈표 10-2〉 언어적 표현에 의한 문항변별도 범위

정규오자이브모형	로지스틱모형	언어적 표현
.00	.00	없다
.00 이상 ~ .20 미만	.00 이상 ~ .35 미만	매우 낮다
.20 이상 ~ .40 미만	.35 이상 ~ .65 미만	낮다
.40 이상 ~ .80 미만	.65 이상 ~ 1.35 미만	적절하다
.80 이상 ~ 1.00 미만	1.35 이상 ~ 1.70 미만	높다
1.0 이상	1.70 이상	매우 높다
+∞	+∞	완벽하다

고전검사이론에 의한 문항변별도는 문항점수와 검사 총점과의 상관계수에 의하여 추정되나 문항반응이론에 의한 문항변별도는 문항특성곡선의 기울기를 말하므로 문항변별도에 대한 두 정의가 상이함을 알 수 있다.

3) 문항추측도

능력이 전혀 없는 피험자는 문항의 답을 전혀 맞히지 못한다. 그러나 실제 시험에 있어서 능력이 전혀 없는 피험자도 추측에 의하여 문항의 답을 맞힐 수 있다. 이를 문항추측도(item guessing)라 하며, 문항특성곡선에 의하면 [그림 10-6]과 같다.

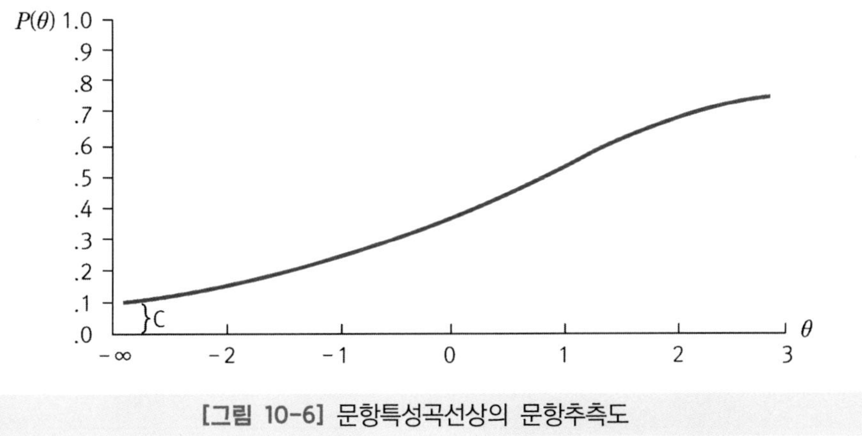

[그림 10-6] 문항특성곡선상의 문항추측도

이 문항특성곡선에서 능력이 전혀 없는 −∞에 있는 피험자가 문항의 답을 맞힐 확률은 0이 아니라 .1이다. 문항추측도는 c로 표기하며, 일반적으로 사지 선다형 문항에서 .2를 넘지 않는다. c값이 높을수록 좋지 않은 문항이다.

4 BayesiAn에 의한 문항분석 실행과 해석

1) 프로그램 설치와 소개

BayesiAn 프로그램은 학지사 홈페이지(http://www.hakjisa.co.kr/)에서 다운로드 받을 수 있다. 프로그램 설치 방법은 [부록 2]를 참고하라.

BayesiAn 프로그램은 문항반응이론의 2-모수 로지스틱모형에 의하여 문항 특성을 분석하고 피험자 능력을 추정하는 프로그램으로, 사용자가 1-모수 문항반응모형과 2-모수 문항반응모형을 선택하고, EM Cycle 수를 지정하여 분석을 실행할 수 있다. 1-모수 문항반응모형에 의해서는 문항난이도만 분석되며, 2-모수 문항반응모형을 선택할 경우 문항난이도와 변별도가 분석된다. 또한 피험자의 능력을 분석하는 방법으로 EAP(Bayesian Expected a Posterior Estimation), MAP(Bayesian Modal Estimation), MLE(Maximum Likelihood Estimation)가 지원되며, 이 중에서 한 가지 방법을 선택하도록 한다. MLE는 최대우도추정법에 의한 능력추정 방법이며, EAP와 MAP는 사전분포를 가정하는 베이지안 추정 방법이다.

〈표 10-3〉 BayesiAn 파일 확장자의 의미와 내용

확장자		의미	내용
.dat/txt		data	입력자료 파일
Bout	*__1P_* .Bout *__2P_* .Bout	1-모수/2-모수 output	검사문항 분석 결과 파일
Bpar	*__1P .Bpar *__2P .Bpar	1-모수/2-모수 parameter	문항모수 파일
Bsco	*_*P_EAP .Bsco *_*P_MAP .Bsco *_*P_MLE .Bsco	EAP/MAP/MLE score	능력모수와 진점수 파일
Bgrp	*__1P .Bgrp *__2P .Bgrp	1-모수/2-모수 graph	그래프 파일 진점수 백분율표 및 검사특성곡선, 검사정보함수

피험자가 문항에 응답한 자료 파일을 가지고 검사분석을 실시하면 〈표 10-3〉과 같이 총 4개의 파일이 생성된다.

자료 파일은 문항분석의 데이터 파일로서 *.dat 나 *.txt의 확장자를 가지고 있어야 한다. 입력 데이터 파일에는 문항 수, 피험자 ID 칸 수와 정답, 답지 수, 문항분석 포함 여부 코드, 응답 데이터 등이 포함되어야 한다.

검사분석 결과 생성되는 첫 번째 파일은 문항모수와 피험자 능력모수의 추정 결과를 포함하며 *.Bout의 확장자를 갖는다. Bayesian 통계 방법에 의해 추정된 문항난이도와 변별도 및 추정오차, 피험자 능력모수 및 추정오차, 문항모수의 전체 평균 및 표준편차, 능력모수의 전체 평균 및 표준편차, Cronbach α신뢰도를 추정한다. 또한 진점수의 백분율표와 검사특성곡선, 검사정보함수를 작성하여 준다. 두 번째 파일은 *.Bpar 파일로 문항분석 결과 추정된 문항난이도 및 변별도, 추정오차, 전체 평균 및 표준편차를 보여 주며, 세 번째 *.Bsco 파일은 EAP, MAP, MLE 중 선택된 방법으로 추정된 피험자 능력모수를 정렬하여 보여 준다. 또한 *.Bgrp는 진점수의 백분율표와 검사특성곡선, 검사정보함수의 그래프 파일이다.

2) 프로그램 실행

BayesiAn을 실행하기 위해 피험자가 응답한 응답자료 파일(*.dat/.txt)이 필요하다. 응답자료 파일의 작성은 사용자가 직접 편집하여 사용하는 방법과 BayesiAn의 [응답자료 파일 생성하기]를 이용하여 작성하는 방법이 있다. BayesiAn의 자료 파일의 형식은 TestAn의 자료 파일의 형식과 동일하며, 실행하는 방법도 매우 유사하다.

자료 파일이 준비가 되면 [그림 10-7]의 초기화면에서 **설정** 아이콘(▦)을 클릭하여 [그림 10-8]의 기본 데이터 설정 화면에서 분석할 자료 파일의 경로와 이름을 입력하고, 결과 파일(.Bout)이 저장될 경로를 지정해 준다.

[그림 10-7] BayesiAn의 초기화면

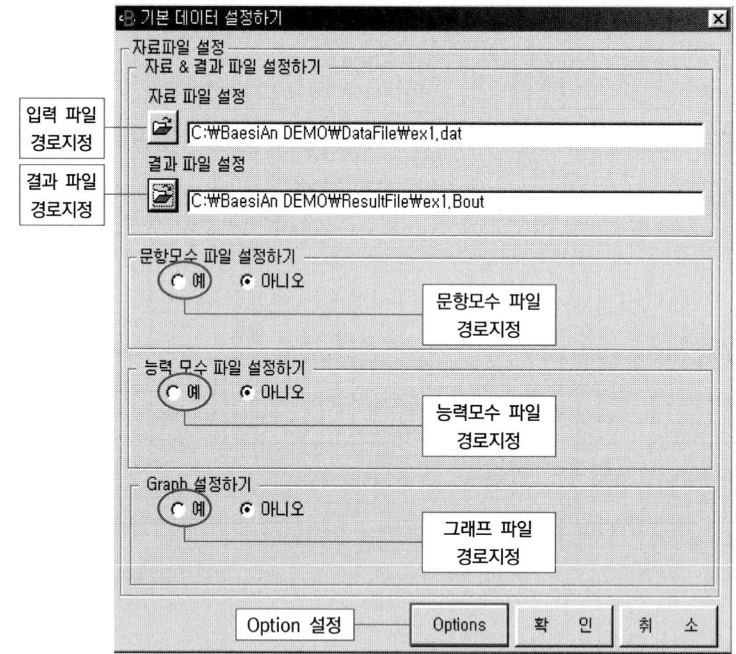

[그림 10-8] 기본 데이터 설정 화면

이때 결과 파일의 경로가 표시되는 텍스트 박스를 더블클릭하면 입력 파일과 파일 이름만 동일하고, 확장자가 '.Bout'인 결과 파일이 자동으로 생성된다. 문항모수 파일, 능력모수 파일, 그래프 파일 등을 별도의 파일로 저장할 수 있다. '◉ 예' 옵션을 선택하면 경로를 지정할 수 있으며, 이때 텍스트 박스를 더블클릭하면 자동으로 파일 이름을 지정해 준다.

Options 을 클릭하면 열리는 [그림 10-9]와 같은 화면에서 분석방법을 지정할 수 있다. Options 과 관련된 내용을 모를 경우 프로그램에 입력된 대로 두고 문항분석을 실행한다.

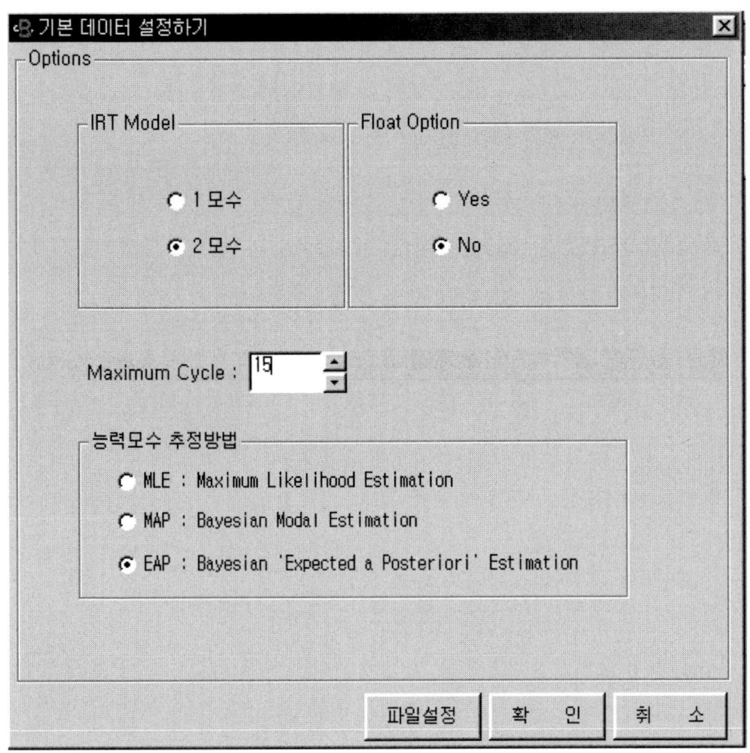

[그림 10-9] option 설정 화면

Options 에서는 우선 1-모수 문항반응모형에 의한 분석을 실행할 것인지, 2-모수 문항반응모형에 의한 분석을 실행할 것인지에 관한 IRT 모형을 설정한다. [Float Option]에서 '◉ Yes'는 정규분포라는 가정 아래 문항모수의 사전분포 평균이 주변최대우도추정(Marginal Maximum Likelihood Estimation)의 방법으로 추정된다는 의미이며, '◉ No'는 고정된 값으로 추정한다는 의미이다. [Maximum Cycle]에서는 최대 EM Cycle 수를 지정할 수 있으며, 디폴트는 15회이다. [능력모수 추정방법]은 MLE / MAP / EAP 등 세 가지가 있으며 이 중에서 한 가지 방법을 선택하도록 한다.

[기본데이터 설정]과 Options 설정이 끝난 후 분석실행 버튼( )을 클릭하면 분석이 실행된다. 분석이 완료되면 [그림 10-10]과 같이 메뉴가 활성화된다. 검사를 분석한 결과를 보려면 [분석 결과]를 클릭하여 결과를 확인할 수 있다. 설정에 따라 [문항모수], [능력모수], [그래프]를 클릭하면 해당 파일을 볼 수 있으며, 인쇄 버튼( )을 클릭하면 해당 파일을 출력할 수 있다.

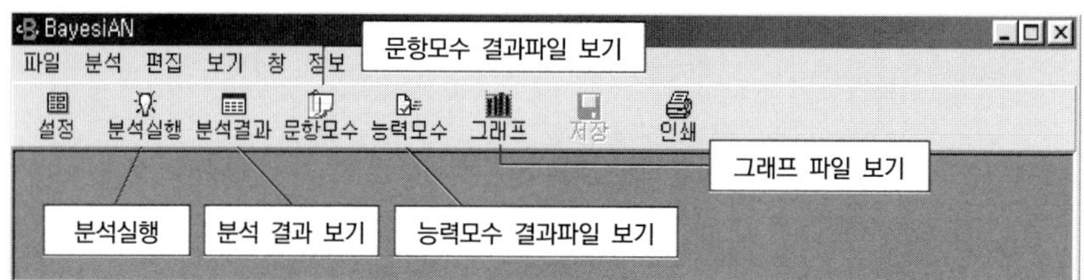

[그림 10-10] 분석 완료 후 메뉴가 활성화된 화면

3) 분석 결과 해석

검사분석 결과 생성되는 파일은 모두 4개이다. BayesiAn을 실행한 후 기본적으로 생성되는 *.Bout 파일, 문항모수 설정 시에 생성되는 *.Bpar, 능력모수 설정 시에 생성되는 *.Bsco, 그래프를 설정할 때 생성되는 *.Bgrp 파일이다.

검사분석 결과 파일에는 파일성격 및 입력 파일 정보, 결과 파일 정보, 파일 생성시간, 분석방법 등 분석에 관한 기본적인 정보와 함께 문항난이도 및 변별도 추정결과, 문항난이도와 변별도에 따른 문항의 내림차순 정렬 결과, 피험자 능력모수 추정결과, 평균 및 표준편차, 신뢰도, 검사특성곡선 및 검사정보함수, 진점수 백분율표 등이 제공된다.

검사분석 프로그램: BayesiAn 1.0 for Windows

파일성격 : 검사분석 결과 파일
입력 파일 : C:\BaesiAn DEMO\DataFile\answer.dat
문항분석 결과 파일 : C:\BaesiAn DEMO\ResultFile\nswer2P_EAP.Bout
생성시간 : 2021년 2월 20일 토요일 오후 06:30

【 분석 데이터 정보 】

피험자 수: 119명
문항 수 : 70개
정 답 : 4313341213123143421334411134233322311322321111211121131334332213432413
답지 수 : 4424442544244444444444444444444444444444444422242444444444444444444
문항분석 : yyyyyyyyyyyyyyyyyyyyyyyyyyyyyyyyyyyyyyyyyyyyyyyyyyyyyyyyyyyyyyyyyyyyyy
포함 여부

【분석 데이터 정보】는 읽어 들인 자료 파일에 대한 정보를 확인하기 위한 부분으로 프로그램 실행을 위한 자료 파일과 문항분석을 위하여 읽은 자료 파일의 정보가 같은지를 확인한다. 70개의 문항에 119명이 응답한 자료이며 정답은 4, 3, 1, …, 4, 1, 3이다.

【 분석 방법 】

분석에 사용된 IRT 모형 : 2모수 Logistic Model

Float Option : No

사전분포 형태 : Normal

최대 EM CYCLE 수 : 15회
최대 Iteration 수 : 2회
EM CYCLE 수렴 기준 : 0.01
모수 추정 CYCLE 수 : 15회

2-모수 로지스틱모형이 BayesiAn 프로그램의 지정값으로 설정되어 있으며 그 방법에 의하여 문항을 분석하였음을 알려 주고 있다. 2-모수 로지스틱모형에 의하여 추정된 70개 문항의 문항변별도와 문항난이도 및 추정오차, 그리고 해당 문항의 최대문항정보는 다음과 같다.

문항모수 추정 결과

문항번호	문항변별도	문항변별도 추정오차	문항난이도	문항난이도 추정오차	최대문항정보
1	.527	.379	2.268	.861	.069
2	1.076	.316	-1.931	.602	.289
3	.663	.322	.434	.297	.110
21	.815	.463	-5.051	2.388	.166
22	1.222	.281	-1.471	.413	.373
23	1.000	.500	-14.917	134.315	.250
24	1.107	.373	-2.758	.981	.306
25	.686	.462	-5.355	2.534	.118
26	.692	.399	-3.304	1.345	.120
27	.835	.302	-1.096	.410	.174
28	.610	.339	.930	.400	.093
29	.441	.442	4.984	2.170	.049
30	.729	.310	-.534	.324	.133

〈중략〉

55	1.000	.500	15.527	114.534	.250
56	2.829	.194	-.561	.112	2.001
57	.533	.439	4.947	2.116	.071
58	1.420	.250	-1.105	.285	.504
59	1.485	.235	-.863	.228	.551
60	.799	.318	-1.437	.520	.160
67	.546	.454	5.639	2.504	.075
68	.890	.277	-.214	.232	.198
69	.719	.361	2.661	.900	.129
70	.618	.342	-1.011	.482	.096

【 난이도 평균 】 -.697
【 난이도 표준편차 】 3.471

【 변별도 평균 】 .890
【 변별도 표준편차 】 .414

가장 변별도가 높은 문항은 56번 문항으로 문항변별도는 2.829이고, 가장 변별도가 낮은 문항은 29번 문항으로 .441이다. 가장 어려운 문항은 55번 문항으로 문항난이도가 15.527이며, 가장 쉬운 문항은 23번 문항으로 −14.917이다. 모든 문항의 평균난이도는 −.697이며, 평균 변별도는 .890이다.

119명의 정답문항 수, 즉 총점과 2-모수 로지스틱모형에 의한 능력추정치와 추정오차 및 진점수는 다음과 같다.

피험자 능력추정 결과

피험자 ID	맞은 문항수	능 력	능 력 모 수 추 정 오 차	진 점 수
0001	52	.950	.170	51.357
0002	41	-.280	.090	42.080
0003	49	.720	.153	49.918
0004	45	.290	.123	46.915
0005	48	.151	.113	45.829

〈 중략 〉

0035	47	.404	.131	47.759
0036	42	-.358	.088	41.329
0037	49	.608	.145	49.179
0038	46	-.172	.095	43.077
0039	57	1.773	.228	55.717
0040	52	.840	.162	50.680
		〈 중략 〉		
0081	31	-1.556	.088	29.024
0082	31	-1.546	.088	29.119
0083	49	.612	.145	49.211
0084	46	.348	.127	47.346
0085	41	-.126	.097	43.492
		〈 중략 〉		
0115	47	.216	.118	46.342
0116	45	.167	.115	45.961
0117	40	-.181	.094	42.998
0118	44	-.116	.098	43.584
0119	41	-.286	.090	42.018

==

【능력 평균】 .124
【능력 표준편차】 .627

119명 중 능력이 가장 낮은 피험자는 ID가 81번으로 능력추정치는 −1.556이고 진점수는 29.024이다. 능력이 가장 높은 피험자는 ID가 39번으로 능력추정치는 1.773이며 진점수는 55.717이다.

검사에 대한 종합적인 분석 결과는 다음과 같다.

검사분석 결과

	난이도	변별도	능력
평 균	-.697	.890	.124
표준 편차	3.471	.414	.627
【신뢰도 (Crobach α)】	.633		

문항의 평균난이도는 −.697로 쉬운 검사라 할 수 있으며, 평균 변별도는 .890으로 변별도가 높은 검사이다. Cronbach α는 .633이다.

5 문항반응이론의 장점과 적용

1) 문항반응이론의 장점

고전검사이론에 의하여 문항난이도, 문항변별도, 문항추측도를 추정하면 동일한 문항일지라도 피험자 집단의 특성에 따라 달리 추정된다. 동일한 문항이라도 어떤 집단에서 검사를 실시하는가에 따라 쉬운 문항으로 분석되거나 그와 반대로 어려운 문항으로 분석될 수도 있다. 또한 문항변별도도 피험자들의 능력수준이 보다 유사한 경우에는 낮게 추정된다.

이에 비하여 문항반응이론은 피험자 집단의 특성에 관계없이 문항마다 고유한 하나의 문항특성곡선을 그리게 된다. 이를 문항반응이론에서는 **문항특성 불변성 개념**을 유지한다고 한다. 예를 들어, 능력수준이 다른 두 피험자 집단에게 각기 검사를 실시한 후 문항특성곡선을 그렸을 때 두 문항특성곡선은 동일하다.

능력이 낮은 피험자 집단에 검사를 실시한 후 그 응답자료를 가지고 문항난이도, 문항변별도, 문항추측도를 추정하고, 능력이 높은 집단에 검사를 실시한 후 문항난이도, 문항변별도, 문항추측도를 추정하였을 때 이들 값은 같다. 능력이 낮은 피험자 집단에게 검사를 실시하여 얻은 피험자 집단의 관찰된 문항 정답비율과 이를 대표하는 문항특성곡선은 [그림 10-11]과 같다.

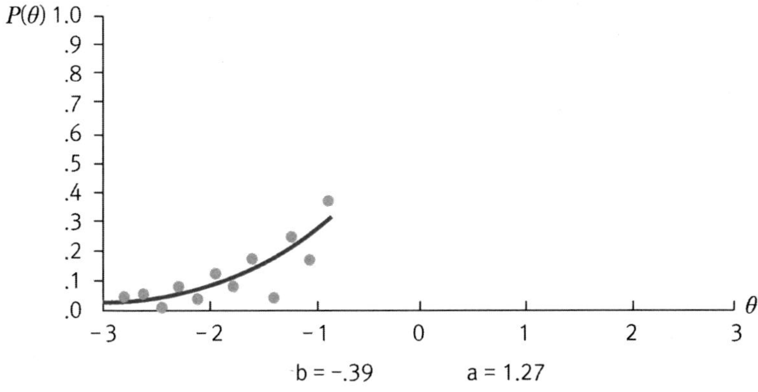

[그림 10-11] 능력이 낮은 피험자 집단의 관찰된 문항 정답비율과 문항특성곡선

능력수준이 낮기 때문에 능력수준이 −1 이하에서 피험자 능력수준별로 정답비율이 나타나고 그를 대표하는 문항특성곡선을 그리게 된다. 수리적 모형에 의하여 이 문항특성곡선은 능력수준 −1 이상으로도 연속적으로 그려질 수 있다. 능력수준이 낮은 피험자 집단의 응답자료에 의하여 추정된 문항난이도는 −.39이고 문항변별도는 1.27이다. 고전검사이론에 의하여 문항난이도를 추정하면 문항의 답을 맞힌 확률이 능력수준 −3에서 능력수준 −1까지 낮기 때문에 문항난이도가 .2 정도로 매우 어려운 문항으로 분석된다.

같은 문항을 능력이 높은 피험자 집단에게 실시하여 얻은 피험자 집단의 관찰된 문항 정답비율과 이를 대표하는 문항특성곡선은 [그림 10−12]와 같다.

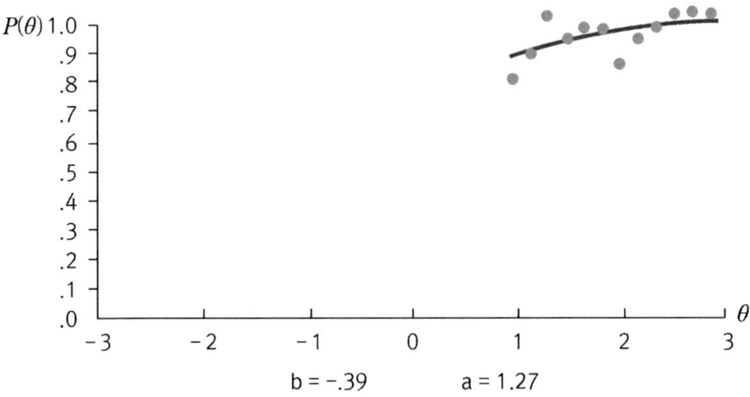

[그림 10-12] 능력이 높은 피험자 집단의 관찰된 문항 정답비율과 문항특성곡선

능력수준이 높은 피험자 집단에게 검사를 실시하였기에 능력수준이 1.0 이상인 범위에서 피험자의 정답비율이 나타나며, 그 점들을 대표하는 문항특성곡선은 능력수준이 1.0 이상인 범위에서 그려지게 된다. 능력수준이 1.0 이상에서 그려진 문항특성곡선은 수리적 모형에 의하여 능력수준이 1.0 이하로도 연속적으로 그려질 수 있으며, 추정된 문항난이도는 −.39이고 문항변별도는 1.27이 된다. 고전검사이론에 의하여 문항난이도를 분석하면 능력이 1에서부터 3까지인 피험자들이 문항의 답을 맞힌 비율이 높기 때문에 문항난이도는 .9 정도로 쉬운 문항으로 분석된다.

그러나 문항반응이론에 의하면 능력수준이 낮은 피험자 집단의 응답자료로 나타낸 문항특성곡선이나, 능력수준이 높은 피험자 집단의 응답자료로 나타낸 문항특성곡선은 [그림 10−13]과 같이 동일한 문항특성곡선임을 알 수 있다. 그러므로 문항반응이론에 의하여 문항을 분석하였을 때는 피험자 집단의 특성에도 불구하고 문항난이도, 문항변별도, 문항추측도가 일관성 있게 추정된다.

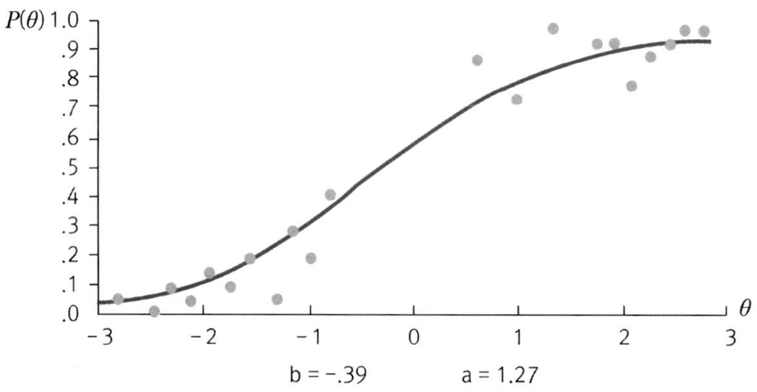

[그림 10-13] 두 피험자 집단의 문항 정답비율에 의한 문항특성곡선

문항반응이론의 다른 강점으로는 피험자의 능력을 추정할 때 쉬운 검사를 실시하거나 어려운 검사를 실시하여도 검사의 난이도에 관계없이 일관성 있게 피험자의 능력을 추정한다는 것이다. 이를 **피험자 능력 불변성 개념**이라 한다. 예를 들어, 검사를 구성하는 문항들의 평균 문항난이도가 1.0인 어려운 검사를 가지고 어떤 피험자의 능력을 추정하였을 때, 그 피험자의 능력이 1.25였다면 평균 문항난이도가 −2.0인

쉬운 검사를 가지고 그 피험자의 능력을 추정하여도 1.25가 된다. 이와 같은 강점은 서열에 의하여 당락이 결정되는 경우 피험자 능력추정의 정확성과 안정성을 확보하므로 매우 바람직하다 할 수 있다.

피험자 능력을 추정할 때 고전검사이론은 총점에 근거하므로 문항의 답을 맞힌 문항 수가 같다면 피험자의 능력은 같다고 판명된다. 그러나 똑같은 문항을 맞히지 않았다면 엄밀히 말해 능력이 같다고 할 수 없다. 보다 어려운 문항의 답을 맞힌 피험자의 능력이 높게 추정되어야 한다. 20문항으로 구성된 대학수학능력시험 수리 영역에 응시한 피험자들의 정답 문항 수와 문항반응이론에 의해 능력추정치를 예를 들어 설명하면 〈표 10-4〉와 같다.

〈표 10-4〉 답을 맞힌 문항 수와 문항반응이론에 의한 능력추정치

피험자	답을 맞힌 문항 수	능력추정치
A	8	.3773
B	8	.2332
C	5	−.6800
D	18	2.4760
E	6	−.4406
F	7	−.1342
G	6	−.6194

고전검사이론에 의하면 A 피험자와 B 피험자는 20문항 중 8문항을 맞혔기에 능력이 똑같다고 판정한다. 그러나 A, B 두 피험자가 답을 맞힌 문항들의 문항난이도를 분석할 때 A 피험자가 보다 어려운 문항의 답을 맞혔으므로 문항반응이론에서는 A 피험자의 능력이 B 피험자의 능력보다 높게 추정된다. E 피험자와 G 피험자의 경우도 답을 맞힌 문항 수는 같으나 E 피험자가 보다 능력이 우수한 것으로 분석되었다. 이와 같이 문항반응이론은 피험자의 능력을 보다 정확하게 추정하므로 현재 대학수학능력시험에서 사용하고 있는 임의적 차등배점제를 사용할 필요가 없다.

2) 문항반응이론에 대한 연구와 적용

문항반응이론은 1930년대에 제안되어 1970년대까지 이론적 발전을 거듭하였으며 수많은 측정학자가 이에 공헌하였다. 문항반응이론은 고전검사이론에 비하여 수리적으로 복잡하지만 지속적인 연구에 따른 이론적 발전으로 수리적 모형에 의한 문항특성과 피험자 능력추정 절차가 거의 확립되었다. 1980년 초반만 하더라도 미국교육학회(AERA)의 측정분과와 국제측정학회(NCME) 연차학술대회의 발표 논문 중 고전검사이론에 관한 논문이 50%, 문항반응이론에 관한 논문이 50%이던 추세가 1983년을 기점으로 문항반응이론과 관련된 논문이 주류를 차지하고 있다.

문항반응이론의 장점인 불변성 개념과 문항 및 검사정보함수 등의 특성 때문에 학교현장 혹은 검사개발 기관 등에서 문항반응이론을 적용하는 경향이 점차 증가하고 있다. 특히 문항을 분석하여 문항을 저장하는 문제은행 구축, 피험자의 능력추정, 자격을 부여하기 위한 자격시험에서의 준거설정, 검사를 여러 번 실시하였을 때 첫 번째 실시한 검사에서 얻은 점수가 다음 번 검사에서 얻은 몇 점과 동일한지를 분석하는 검사동등화, 컴퓨터화 검사 등 수많은 영역에 문항반응이론이 적용되고 있으며, 그 적용 범위는 날로 확산되고 있다. 다행스러운 것은 컴퓨터의 성능이 발달함으로써 문항반응이론에 의한 문항분석과 피험자 능력추정이 매우 용이하게 되었다는 것이다.

Assessment Systems Corporation에서는 1996년에 윈도우즈용 프로그램인 Xcalibre를 개발하였다. Xcalibre는 주변최대우도추정법에 의해 문항모수를 추정하는 프로그램으로, Rasch 모형뿐 아니라 2-모수, 3-모수 모형에 의한 문항분석 및 피험자 능력 모수 추정 결과를 제공한다. Mislevy와 Bock(1986, 1990)은 주변최대우도추정법과 EM 방법을 알고리즘으로 한 BILOG 프로그램을 개발하였으며, Zimowski 외(1996)는 BILOG 프로그램을 확장하여 다집단(multiple group) 분석이 가능한 BILOG-MG 프로그램을 개발하였다. BILOG-MG 프로그램은 Scientific Software International을 통해 제공받을 수 있다. 데이터솔루션에서는 IBM SPSS Statistics에 R프로그램을 연동하여 1-모수, 2-모수, 3-모수 로지스틱모형에 의한 문항모수와 피험자 능력추정치 등을 제공한다. 각 프로그램의 특징과 분석 예시는 성태제(2016)의 『문항반응이론의 이해와 적용(제2판)』을 참고하기 바란다.

제4부

검사의 양호도

제11장 타당도

1 정의

키를 측정하기 위하여 자를 사용하고 무게를 달기 위하여 저울을 사용하는 것이 타당하듯이, 인간의 잠재적 특성인 지능을 측정하기 위하여 지능검사를, 적성을 측정하기 위하여 적성검사를, 인성을 측정하기 위하여 인성검사를 사용하는 것이 타당하다. 타당도(validity)는 검사도구가 측정하고자 하는 것을 얼마나 충실히 측정하였는가를 의미한다.

타당도의 이론적 개념에 대한 발전은 계속적으로 진화되어 왔으며 검사점수나 측정치의 의미와 관계되어 있다. 미국심리학회(American Psychology Association: APA)는 1954년에 발간한 『Technical recommendation』에서 타당도에 대하여 언급하였으며, 이어 『Standards for educational and psychological testing』(AERA, APA, & NCME, 1966)에서 타당도를 세 종류로 구분하였고, 이 세 종류의 타당도가 개념적으로 독립적인 것이기 때문에 한 측정도구의 타당도를 검증함에 있어 모든 종류의 타당도로 검사도구의 타당성을 검증하는 것이 바람직하다고 하였다. AERA, APA와 NCME는 1974년에 『Standards for educational and psychological testing』을 개정하면서 내용타당도를 검사에서 측정되는 행위들이 어떤 행동들의 표본을 얼마나 잘 대표하는가의 개념으로 확대하여 행위에 대한 주관적 판단도 포함된다고 하였으며, 검사의 편파성, 검사의 응용에 따른 사회적 문제 등을 거론하였다.

타당도에 대한 개념에도 변화가 있어 타당도는 검사가 갖는 고유한 속성이라기보다 검사에서 얻는 결과를 가지고 검사의 타당성의 근거를 제시하는 것이라고 보는 것이 최근 견해이다. 또한 타당도를 타당성의 근거를 수집하는 과정으로 본다. 1985년 개정된 『Standards for educational and psychological testing』(AERA, APA, & NCME)에서는 타당도를 개념으로 간주하여 검사점수로 만들어진 추리의 적합성, 의미성, 유용성을 말한다고 정의하였다.

타당도는 검사점수가 검사의 사용 목적에 얼마나 부합하는가의 문제이다. 즉, 검사도구 목적의 적합성에 해당된다. 타당도는 항상 무엇을 측정하는가와 타당한 정도를 언급한다. 모든 내용에 타당한 검사는 존재하지 않으며, 타당도가 '있다' 혹은 '없다'의 이분적 판단을 하기보다는 타당도의 정도를 나타낸다. 또한 타당도(validity)라는 단어 대신에 타당도의 근거(related evidence of validity; evidence based on)라는 용어를 사용한다. 예를 들어, 내용타당도(content validity)라는 단어 대신에 내용과 관련된 타당도의 근거(content-related evidence of validity; evidence based on content)라는 용어를 사용한다. 그리고 검사도구의 타당성을 검증하기 위하여 세 종류의 타당도로 검증하는 것이 바람직하며, 때로는 두 종류 이상의 타당도의 복합(combination)적인 증거를 얻는 것이 바람직하다고 밝히고 있다.

1999년에 발간된 개정판에서는 타당도를 검사점수의 해석에 대하여 근거나 이론이 지지하여 주는 정도(the degree to which evidence and theory support the interpretations of test score entailed by proposed uses of tests)로 정의하였다. 이 정의 또한 타당도를 검사 자체의 문제가 아니라 '이론이나 근거가 검사점수의 해석을 얼마나 지지하는가'를 논하므로 1985년 정의에 포함된 유용성(usefulness)을 배제하더라도 개념적으로 정의를 넓히고 있다. 그리고 타당도로서 '~ related evidence of validity'라는 용어 대신에 'evidence based on ~'이라는 용어를 사용하고 있다.

타당도의 영문이 'validity'에서 '~related evidence of validity'로, 그리고 'evidence based on ~'으로 변화됨에 비추어 볼 때, 타당도라는 용어보다는 '~와 관련된 타당도의 근거'로, 나아가 '~에 기초한 근거'로 번역할 수 있다. 타당도에 대한 정의, 역사, 종류, 종류에 따른 정의와 추정 방법 그리고 장단점의 구체적 내용은 『타당도와 신뢰도』(성태제, 2002)를 참조하라.

Gronlund와 Linn(1990)은 타당도를 이해하는 데 네 가지 주의점을 제시하고 있다.

첫째, 타당도는 피험자 집단에 사용된 측정도구나 검사에 의하여 얻어진 검사결과의 해석에 대한 적합성이지 검사 자체와 관련된 것이 아니다. 그러므로 편의상 검사의 타당도라 표현하지만 정확히 말하면 검사결과로부터 만들어진 해석에 대한 타당성을 의미한다.

둘째, 타당도는 정도의 문제이다. 타당도가 '있다' 혹은 '없다'로 말하는 것이 아니라 어느 정도, 즉 낮다, 적절하다, 높다 등으로 표현하여야 한다.

셋째, 타당도는 특별한 목적이나 해석에 제한된다. 즉, 한 검사가 모든 목적에 부합할 수 없듯이 이 검사는 무엇을 측정하는 데 타당하다고 표현하여야 한다.

넷째, 타당도는 단일한 개념이다. 타당도 개념을 다양한 종류로 구분하기보다는 다양한 종류의 근거에 기초한 단일한 개념으로 해석하고 있다.

2 역사와 종류

지금까지 많은 학자에 의하여 혼란스러울 정도로 다양한 이름의 타당도가 제안되었다. Anastasi(1954)는 타당도를 안면타당도(face validity), 내용타당도(content validity), 요인타당도(factorial validity), 경험타당도(empirical validity)로 구분하였으나, 제2판(1961)에서 타당도를 정리하여 내용타당도(content validity), 예언타당도(prediction validity), 공인타당도(concurrent validity), 구인타당도(construct validity)로 구분하였다. Anastasi의 제3판(1968), 제4판(1976), 제5판(1982), 제6판(1988)에서는 AERA, APA와 NCME(1985)에서와 같이 세 종류의 타당도로 구분하고, 'validity' 대신에 'validation'이라는 용어를 사용하여 내용 관련 타당성(content-related validation), 준거 관련 타당성(criterion-related validation), 구인 관련 타당성(construct-related validation)으로 구분하고 있다.

Cronbach(1949)는 타당도를 논리적 타당도(logical validity), 경험적 타당도(empirical validity)로 구분하였으나, 그의 저서 2판(1960)에서 Anastasi의 제2판(1961)과 같이 타당도를 네 종류로 구분하였고, 제3판(1970)과 제4판(1984), 제5판(1990)에서 세 종류의 타당도로 분류하여 내용 관련 조사(content-related inquiry), 준거에 근거한 조사

(criterion-oriented inquiry), 구인 타당화(construct validation)로 명하고 있다. Anastasi, Cronbach 등은 AERA, APA와 NCME에 의한 타당도 분류 방법을 따르고 있다.

타당도의 종류와 정의에 대하여 학회 중심의 발전 경향을 살펴보면 다음과 같다. 미국심리학회에서 타당도를 내용타당도, 예측타당도, 공인타당도 그리고 구인타당도의 네 종류로 구분하였다. 이어 AERA, APA와 NCME(1966)에서 예측타당도와 공인타당도를 준거타당도(criterion-related validity)로 통합하여 내용타당도, 준거타당도, 구인타당도로 구분하였다. 1985년에는 타당도라는 단어 대신에 타당도의 근거라는 단어를 사용하였다. 예를 들어, 내용타당도(content validity)라는 용어 대신에 내용과 관련된 타당도의 근거(content-related evidence of validity)를, 구인타당도(construct validity) 대신에 구인과 관련된 타당도의 근거(construct-related evidence of validity)를, 준거 관련 타당도(criterion-related validity) 대신에 준거와 관련된 타당도의 근거(criterion-related evidence of validity)라는 용어를 사용하였다. 준거와 관련된 타당도의 근거에는 예언 근거와 공유 근거의 타당성 근거가 있다.

AERA, APA와 NCME(1999, 2014)는 타당도의 개념을 보다 확대하고 교육현장뿐 아니라 산업현장에도 적용할 수 있으며, 계량적 접근에 의한 타당도 수준을 초월하여 질적인 접근에 의한 타당도의 개념으로 넓혀 크게 다섯 종류의 타당도를 소개하고 있다. 1966년, 1985년, 1999년, 2014년에 분류한 타당도의 종류는 〈표 11-1〉과 같다.

〈표 11-1〉 AERA, APA와 NCME에서 제시한 타당도

APA(1966)	AERA, APA, & NCME(1985)	AERA, APA, & NCME(1999, 2014)
• content validity • construct validity • criterion-related validity	• content-related evidence of validity • construct-related evidence of validity • criterion-related evidence of validity	• evidence based on test content • evidence based on response processes • evidence based on internal structure • evidence based on relations to other variables-convergent and discriminant evidence-test-criterion relationships-validity generalization • evidence based on consequences of testing

1999년과 2014년의 분류에서는 검사내용에 기초한 근거, 반응과정에 기초한 근거, 내적 구조에 기초한 근거, 다른 변수와의 관계에 기초한 근거, 검사결과에 기초한 근거로 분류하였으며, 다른 변수와의 관계에 기초한 근거에 수렴 및 판별 근거, 검사–준거 관련성, 타당도 일반화가 있다. 다섯 종류의 타당도 중 새로운 개념의 타당도는 반응과정에 기초한 근거, 수렴 및 판별 근거, 타당도 일반화, 그리고 검사결과에 기초한 근거이다.

1) 내용타당도: 검사내용에 기초한 근거

(1) 정의

내용타당도[검사내용에 기초한 근거(evidence based on test content)]는 논리적 사고에 입각한 분석 과정으로 판단하는 주관적인 타당도로 객관적 자료에 근거하지 않는다. 이는 검사내용 전문가에 의하여 검사가 측정하고자 하는 속성을 제대로 측정하였는지를 주관적으로 판단한다. 그러므로 내용타당도에 의한 검사도구의 타당성 입증은 논란이 따르게 마련이다. 예를 들어, 인성검사를 제작하였을 때 성격심리를 전공한 전문가가 문항들의 내용을 분석한 후 주관적인 판단에 의하여 내용타당도가 있다고 판정하였어도, 다른 내용 전문가가 성격의 정의에 대하여 다른 견해를 가지고 있을 경우 그 검사에 대하여 내용타당도가 결여되어 있다고 주장할 수 있다.

교수·학습과정에서 설정하였던 교육목표의 성취 여부를 묻는 학업성취도검사의 타당성을 검증하고자 할 때 내용타당도가 많이 쓰인다. 그래서 내용타당도를 교과타당도와 교수타당도로 구분하기도 한다. 교과타당도(curriculum validity)란 검사가 교육과정에 있는 내용을 얼마나 잘 포함하고 있는가 하는 문제이고, 교수타당도(instructional validity)란 교수·학습 중에 가르치고 배운 내용이 얼마나 포함되었는가를 말한다. 학업성취도검사에서는 교과 및 교수 타당도를 증진시키기 위하여 내용소와 행동소로 나누는 이원분류표를 체계적으로 작성하는 것이 중요하다.

종전에는 내용타당도라는 용어와 유사하게 안면타당도(face validity)라는 용어를 사용하기도 하였다. 안면타당도는 검사도구의 문항들이 검사제작자나 피험자에게 친숙한 정도를 말한다. 이는 문항들이 피험자들과 얼마만큼 친숙도를 형성하고 있는

가와 일반적 관계를 지니고 있는가의 문제로서, 어떤 특성을 측정할 때 자주 접해 본 문항들이 있으면 안면타당도가 있다고 말한다. 그러나 이 같은 개념은 학문적으로 과학성을 상실하므로 더 이상 안면타당도라는 용어를 사용하지 않는다.

AERA, APA와 NCME(1999)에서 분류한 검사내용에 기초한 근거는 검사의 문항, 질문, 목적이 측정을 위하여 규정된 내용영역이나 전체를 얼마나 잘 대표하는가의 정도를 나타내며, 검사의 내용과 측정하고자 하는 구인과의 관계를 분석하는 작업으로서 검사내용은 검사시행과 점수화와 관련된 절차를 위한 안내, 주제, 어휘, 문항 유형, 검사의 질문, 과제와 관련된다. 내용영역을 상세화하는 작업으로부터 시작하여, 내용을 구체적으로 기술하고, 내용영역과 문항 유형의 분류 등을 포함하게 된다. 이를 검증하기 위하여 논리적이거나 경험적으로 검사문항이 검사내용을 적절하게 대표하고 있는가, 내용영역과 검사점수의 해석에 차이가 있는가를 분석한다. 그러므로 이러한 검사와 검사를 구성하는 요소 사이의 관계에 대한 분석은 일반적으로 내용 전문가들의 판단에 의해 이루어지며, 종전의 내용타당도를 검증하는 방법을 사용한다.

검사내용에 기초한 근거는 검사 개발에서 중심 관건이며, 전문가의 전문적 판단이 측정내용의 전집, 내용 선택, 문항 유형 선택, 점수화 등의 의사결정을 하는 데 중요한 역할을 한다. Anastasi(1988)는 준거참조검사 제작 시 내용타당도가 강조되어야 한다고 주장한다. 그러므로 내용타당도가 계량화되지 않는다고 하여도 과학성이 상실되었다고 볼 수는 없다.

(2) 추정 방법

내용타당도는 주관적 판단에 의하므로 객관적 자료를 사용하지 않으며 타당도에 대하여 수치로 나타내는 객관적 정보를 제공하지 않는다. 검사내용 전문가의 전문지식에 의하여 내용타당도가 검증된다. 학업성취도검사의 내용타당도 검증은 문항들이 검사제작 전 작성한 이원분류표에 의하여 제작되었는지를 확인하는 방법을 사용한다.

(3) 장단점

내용타당도는 계량화되어 있는 정보를 제공하지 못한다 하여도 전문가들의 판단에 의하여 검사의 타당성을 입증받게 되므로 검사의 목적에 부합하는지 여부를 검증할 수 있는 장점이 있다. 일반적으로 전문가들은 어느 측정 영역에 대한 인식을 공유하므로 검사의 타당성 입증에 다른 견해를 표출하는 경우는 많지 않다.

그러나 정의에 대한 공통된 인식이 없는 특성, 특히 정의적 행동 특성을 측정할 때 전문가마다 각기 다른 견해를 가지므로 내용타당도에 대한 각기 다른 검증 결과를 얻을 수 있다. 또한 내용타당도는 계량화되지 않기 때문에 타당성의 정도를 표기할 수 없는 단점도 지니고 있다.

2) 반응과정에 기초한 근거

반응과정에 기초한 근거(evidence based on response process)란 피험자의 응답에 대한 분석으로 이루어지며 반응과정에 대한 이론적이고 경험적인 분석을 통하여 검사가 측정하고자 하는 구인과 피험자의 수행 또는 반응이 얼마나 일치하는가에 근거하여 타당도를 검증한다. 예를 들어, 피험자들의 수학적 추론능력을 측정하기 위한 검사에서 일반적 공식에 따르기보다는 주어진 자료에 대하여 피험자들이 실제로 추론하는가를 검증하는 것을 중요시한다.

반응과정에 대한 연구는 피험자에게만 국한된 것은 아니다. 피험자들의 수행을 관찰하고 판단하는 관찰자 혹은 평가자들도 연구의 대상에서 제외될 수 없으며, 이 경우 평가자의 관찰과 판단이 의도한 점수 해석과 어느 정도 일치하는지를 분석하게 된다. 만약 피험자들의 수행을 채점하는 데 있어 특별한 준거를 적용하도록 되어 있다면, 적절한 준거를 적용하였는지, 의도된 해석에 부적절한 요인이 개입되지는 않았는지 등을 확인하는 일이 중요하다. 따라서 반응과정에 기초한 타당화는 의도한 점수 해석과 구인에 비추어 반응과정이 얼마나 적절한가를 분석하는 경험적인 연구가 필요하다.

반응과정에 기초한 근거를 밝히는 작업은 전문가의 판단에 의존하며 반응하는 과정에 대한 내용분석을 통하여 검증할 수 있다.

3) 구인타당도: 내적 구조에 기초한 근거

(1) 정의

구인타당도[내적 구조에 기초한 근거(evidence based on internal structure)]란 조작적으로 정의되지 않은 인간의 심리적 특성이나 성질을 심리적 구인으로 분석하여 조작적 정의를 부여한 후, 검사점수가 조작적 정의에서 규명한 심리적 구인들을 제대로 측정하였는가를 검증하는 방법이다. 즉, 검사점수를 관심 있는 심리적 속성의 측정자로 보는 데 주안점을 두고 있다. 구인타당도를 구성타당도라고도 한다. AERA, APA와 NCME(1985)는 다음과 같이 구인타당도를 정의하고 있다.

> "The evidence classed in the construct-related category focuses primarily on the test score as a measure of the psychological characteristic of interest."

예를 들어, 창의력을 측정할 때 창의력은 민감성, 이해성, 도전성, 개방성, 자발성 그리고 자신감의 구인으로 구성되어 있다는 조작적 정의에 근거하여 검사를 제작 및 실시한 뒤 그 검사도구가 이 같은 구인들을 측정하고 있다고 판단되면 그 검사는 구인타당도를 지니고 있다고 한다. 만약 검사결과가 조작적으로 규정한 어떤 심리적 특성의 구인들을 제대로 측정하고 있지 못하거나 다른 구인들을 측정한다면 이는 구인타당도가 결여되어 있는 것이다.

구인(構因, construct)이란 심리적 특성이나 행동 양상을 설명하기 위하여 존재를 가정하는 심리적 요인을 말한다. 창의력 검사의 예에서 민감성, 이해성, 도전성 등을 구인이라 할 수 있다. 지능검사에서는 Thurstone이 제안한 일곱 가지 기본 정신능력, 즉 어휘력, 수리력, 추리력, 공간력, 지각력, 기억력, 언어유창성이 구인이 된다.

내적 구조에 기초한 근거는 문항과 검사 구성요소의 관계가 구인에 어느 정도 합치되는가를 분석한다. 검사가 측정하고자 하는 구인들을 측정할 수 있도록 구성되어 있는가의 문제로서, 문항들의 관계가 검사구조의 가정을 지지하는 정도를 말한다. 예를 들어, 건강에 대한 지각을 묻는 검사가 신체적 건강지수와 정신적 건강지수를 측정한다면 검사는 두 가지 구인에 의하여 측정이 적합하도록 구조화되어야 한다.

검사는 단일한 영역을 측정하거나 동질성을 지닌 여러 요소를 측정한다. 검사의 일차원성이 지켜지지 않은 검사일 경우에는 내적 구조에 기초한 타당도의 증거를 찾아보기 어렵다. 그러므로 내적 구조에 기초한 근거를 확인하기 위하여 종전의 구인타당도를 검증하는 방법으로 사용되는 요인분석을 사용한다.

(2) 추정 방법

구인타당도, 내적 구조에 기초한 근거는 어떤 심리적 특성이 무엇인가를 규명한 다음 이에 근거하여 문항을 작성하고 시행하여 얻은 응답결과를 분석하여 정의된 심리적 특성이 제대로 측정되었는가를 수량적으로 규명한다. 이와 같은 기본 개념에 의하여 내적 구조에 기초한 근거를 찾는 세부적인 절차는 다음과 같다.

첫째, 측정하고자 하는 심리적 특성을 구성하는 구인, 즉 요소들이 무엇인지 이론적·경험적 배경에 의하여 밝힌다. 즉, 심리적 특성에 대한 조작적 정의를 내린다.

둘째, 구인과 관련된 이론에 근거하여 구인을 측정할 수 있는 문항을 제작한다.

셋째, 구인들을 측정하는 문항들로 검사를 제작한다.

넷째, 측정대상에게 검사를 실시하여 응답자료를 얻는다.

다섯째, 응답자료를 분석하여 검사가 측정하고자 하는 구인들을 제대로 측정하였는지를 밝힌다.

여섯째, 심리적 특성을 규명하는 조작적 정의에 포함되어 있는 구인과 관계없는 문항을 제거한다.

이상의 여섯 단계에 의하여 구인타당도를 검증하며, 구인타당도 분석을 위한 통계적 방법으로 상관계수법, 실험설계법, 요인분석을 들 수 있다.

상관계수법은 심리적 특성을 구성하는 구인별 점수와 심리적 특성 총점과의 상관계수에 의하여 타당도를 검증하는 방법이다. 만일 특정 구인을 나타내는 점수와 심리적 특성 총점과의 상관계수가 낮으면 그 구인은 심리적 특성을 설명하여 주지 못함을 알 수 있다. 예를 들어, 창의성은 민감성, 이해성, 도전성, 개방성, 자발성, 자신감 그리고 암기력으로 구성되어 있다고 조작적 정의를 내렸다면 구인별 점수와 창의성 총점과의 상관계수를 구할 수 있다. 각 10문항으로 구인별 특성을 측정한 후, 구인별 점수와 전체 70문항에 대한 총점과의 상관계수 및 각 구인 점수들 간의 상관계수를 추정한 결과는 〈표 11-2〉와 같다.

〈표 11-2〉 창의성을 구성하는 구인과 총점 간의 상관계수

	민감성	이해성	도전성	개방성	자발성	자신감	암기력
이해성	.7						
도전성	.8	.7					
개방성	.9	.8	.9				
자발성	.8	.8	.8	.8			
자신감	.7	.9	.9	.9	.8		
암기력	.2	.3	.2	.1	.3	.2	
총 점	.8	.9	.8	.8	.7	.9	.2

〈표 11-2〉에서 창의성을 구성하는 7개 구인 중에 암기력을 제외한 모든 구인은 창의성 총점과의 상관계수가 .7 이상으로 높은 데 비하여, 암기력은 창의성 총점과의 상관계수가 .2로 상관이 매우 낮다고 할 수 있다. 또한 각 구인들 간의 상관계수가 높은 데 비하여 암기력은 다른 여섯 개의 구인들과 상관계수가 낮다. 그러므로 암기력은 창의성을 나타내는 구인으로 적절하지 않다고 판단하게 된다.

실험설계법에서 심리적 특성을 구성하는 심리적 구인을 실험집단에는 처치하고 통제집단에는 처치하지 않았을 경우, 실험집단과 통제집단에서 심리적 특성의 차이가 나타나면 그 구인은 심리적 특성을 설명하는 구인으로 간주할 수 있다. 예를 들어, 불안을 정의할 때 심리적으로 안정되지 않은 상태로서 죽음에 대한 불안, 직장에 대한 불안, 가정생활에 대한 불안, 시험에 대한 불안 등으로 구성되었다고 조작적 정의를 내릴 수 있다. 이때 시험에 대한 불안이 불안을 설명하는 구인인지를 알아보기 위하여 실험설계법을 사용한다.

피험자 집단을 실험집단과 통제집단으로 구분하고 실험집단에는 시험에 대한 예고를 하고 통제집단에는 아무 조치를 하지 않은 경우, 만약 두 집단에서 불안도에 차이가 있다면 시험불안은 불안을 설명하여 주는 구인이 될 수 있다. 반대로 시험에 대

한 예고가 실험집단에 영향을 주지 않아 통제집단과 불안도 수준이 같다면 시험불안은 불안을 구성하는 구인이 될 수 없다.

내적 구조에 기초한 근거를 찾기 위하여 가장 많이 쓰이는 통계적 방법은 요인분석이다. 요인분석(factor analysis)이란 복잡하고 정의되지 않은 많은 변수 간의 상호관계를 분석하여, 상관이 높은 변수들을 모아 요인으로 규명하고 그 요인의 의미를 부여하는 통계적 방법이다. 내적 구조에 기초한 근거를 찾기 위한 요인분석의 기본 절차는 다음과 같다.

첫째, 문항을 제작하여 검사를 실시한 후 문항점수를 얻는다.
둘째, 문항들 간의 상관계수 행렬을 구한다.
셋째, 회전하지 않은 요인을 추출한다.
넷째, 요인을 회전시킨다.
다섯째, 회전된 요인과 관계 있는 요인부하량이 큰 문항들의 문항내용에 근거하여 해석하고 이름을 부여한다.

요인분석에 대한 자세한 성태제와 시기자(2020), 김석우와 최용석(2001)을 참고하라.

SPSS 프로그램을 이용한 분석 예시

사회부적응성은 외로움, 자존감, 불안, 우울, 수줍음의 다섯 가지 구인으로 구성되어 있다는 조작적 정의를 토대로 검사도구를 제작 · 실시한 후 SPSS 프로그램의 요인분석을 이용하여 구인타당도를 검증하는 예시를 제시하면 다음과 같다.

프로그램 실행

메뉴에서 [분석] ▶ [차원 축소] ▶ [요인분석]을 선택한 후 요인분석 대화상자가 열리면 분석할 변수를 오른쪽으로 이동한다. 요인추출을 클릭하여 요인분석 방법과 추출할 요인의 수를 지정하고, 요인회전을 클릭하여 회전 방법을 선택하며, 요인계수 크기순으로 정렬이 되도록 옵션을 클릭하여 크기순 정렬을 선택한다.

[그림 11-1] SPSS 데이터 편집기

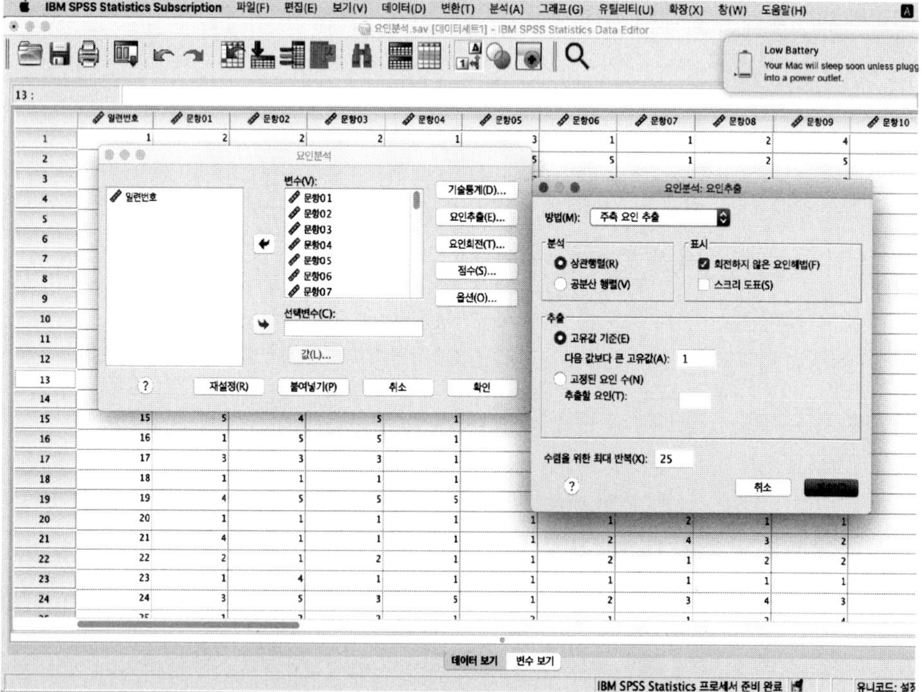

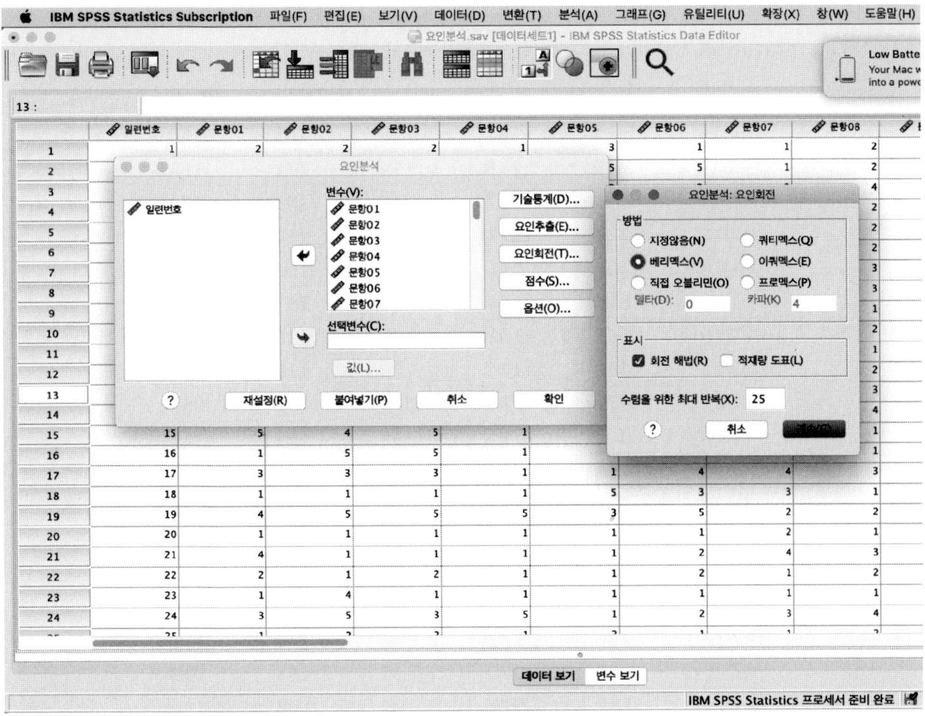

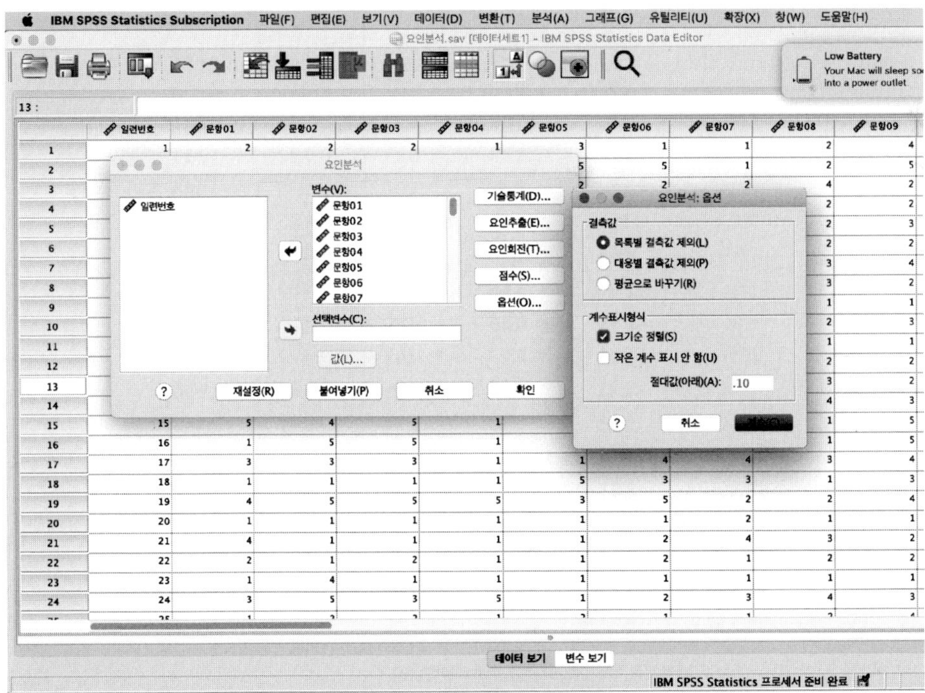

[그림 11-2] 요인분석 대화상자

회전된 요인행렬[a]

	요인				
	1	2	3	4	5
문항16	.725	.162	.259	.168	.168
문항19	.720	.138	.115	.171	.161
문항14	.715	.127	.156	.104	.071
문항15	.706	.122	.195	.166	.092
문항17	.700	.186	.201	.154	.197
문항18	.655	.184	.248	.151	.287
문항20	.644	.164	.189	.315	.114
문항21	.618	.170	.196	.338	.083
문항31	.037	.778	.029	.147	.033
문항32	.007	.732	.088	.055	.116
문항33	.194	.721	.073	.181	.032
문항30	.105	.721	-.008	.209	-.047
문항34	.161	.604	.109	.368	.004
문항36	.131	.558	.128	-.058	.063
문항35	.271	.530	.236	.010	.147
문항37	.286	.511	.046	.231	.120
문항24	.182	.090	.720	.145	.089
문항25	.152	.076	.709	.180	.144
문항26	.204	.105	.641	.121	.079
문항23	.058	.017	.547	.020	.244
문항28	.244	.204	.531	.152	.177
문항29	.198	.079	.507	.116	.158
문항27	.339	.109	.451	.229	.204
문항22	.422	.179	.427	.132	.231
문항09	.162	.031	.160	.655	.185
문항10	.151	.245	.166	.597	.144
문항12	.265	.156	.138	.487	.201
문항11	.206	.335	.134	.487	.127
문항13	.230	.088	.200	.486	.282
문항08	.301	.217	.202	.477	.103
문항07	.271	.327	.075	.388	.150
문항03	.136	.056	.174	.097	.657
문항06	.197	.054	.205	.259	.633
문항02	.203	.154	.289	.192	.521
문항04	.392	.050	.243	.233	.495
문항05	.118	-.022	.371	.164	.410
문항01	.137	.228	.258	.256	.407

추출 방법: 주축 요인추출.
회전 방법: 카이저 정규화가 있는 베리멕스.

a. 6 반복계산에서 요인회전이 수렴되었습니다.

[그림 11-3] 구인타당도 검증을 위한 요인분석 결과

요인분석에서 문항이나 각 변수가 어떤 요인과 관련이 있는지는 요인부하량(factor loading)에 의하여 결정되며, 일반적으로 요인부하량이 .3 이상인 문항이나 변수를 해당 요인과 관계가 있다고 해석한다(성태제, 시기자, 2020). 이 기준에 의하면, 불안을 측정하기 위한 1~6번 문항은 요인 5, 우울을 측정하기 위한 7~13번 문항은 요인 4, 외로움을 측정하기 위한 14~21번 문항은 요인 1, 자존감을 측정하기 위한 22~29번 문항은 요인 3, 수줍음을 측정하기 위한 30~37번 문항은 요인 2와 관련이 있는 것으로 나타났다. 따라서 각 문항은 사회부적응 구인을 타당하게 측정하고 있다고 해석할 수 있다.

(3) 장단점

내적 구조에 기초한 근거는 응답자료에 근거한 계량적 방법에 의하여 검증되므로 과학적이고 객관적이라 할 수 있다. 또한 심리적 특성에 부여한 조작적 정의의 타당성을 밝혀 주므로 많은 연구의 기초가 될 수 있다. 단점으로는 요인분석을 실시할 경우 변수 혹은 문항들 간의 보다 안정적인 상관계수를 얻기 위하여 많은 연구대상이 필요하다는 것이다. 요인분석을 하기 위해서는 일반적으로 300명 이상의 응답자가 필요하다.

4) 다른 변수와의 관계에 기초한 근거

다른 변수와의 관계에 기초한 근거(evidence based on relations to other variables)는 검사점수와 외적 변수와의 관계를 분석하여 검사의 타당도를 검증하는 방법이다. 외적 변수에는 동일하거나 관련된 구인을 측정하는 검사점수, 고용상황에서의 수행준거, 집단분류와 같은 범주변수 등이 포함된다. 다른 변수와의 관계에 기초한 근거는 크게 수렴 및 판별 근거와 검사-준거 관련성, 타당도 일반화로 분류한다.

(1) 수렴 및 판별 근거

수렴 및 판별 근거(convergent and discriminant evidence)에서 검사점수와 유사한 구인을 측정하는 측정치는 수렴 근거를 제공하고, 검사점수와 다른 구인을 측정하는 측정치는 판별 근거를 제공한다. 예를 들어, 피험자들의 독해력을 알아보기 위한 선택형 검사점수와 동일한 능력을 측정하는 논술형 검사점수 간에 관련성이 높으면 이를 통해 수렴 근거를 확인하게 된다. 반면, 독해력 검사점수는 논리적 추론과 같은 기능과는 관련이 없기를 기대하게 되며, 이는 판별 근거를 의미한다. 다시 말해서, 수렴 근거는 동일한 대상을 다른 측정방법으로 측정하여 얻은 결과와의 부합 정도로 타당성을 검증하며, 판별 근거는 다른 방법으로 측정하여 얻은 결과와의 상이한 정도로 타당성을 확인한다. 이와 같이 구인을 측정하는 다른 검사와의 관계는 점수의 의미를 명료화하고 구체적인 해석을 하는 데 도움을 준다. 여러 방법으로 동일한 특성을 측정할 때 그들 간의 상관이 높으면 수렴 근거가 있으며, 동일한 방법에 의하여 다른 특성을 측정할 때 다른 특성들 간의 상관이 높지 않으면 판별 근거를 가진다(임인재, 1980). 수렴 및 판별 근거를 확인하기 위하여 중다특성-중다방법을 사용할 수 있다.

(2) 검사-준거 관련성

검사 - 준거 관련성(test-criterion relationships)은 기본적으로 검사점수가 얼마나 정확하게 다른 준거, 즉 고려되는 내용과 준거 수행을 예측하는가에 관심을 둔다. 준거변수는 학교 운영자, 회사 경영자, 고객 같은 검사 사용자들이 관심을 가지는 속성이나 결과를 말한다. 그러므로 검사-준거 관련성은 주어진 검사를 적용하는 상황에서 준거변수에 기초한 해석과정의 적합성, 신뢰도, 타당도에 따라 달라진다. 예전의 예측타당도와 공인타당도가 검사-준거 관련성에 포함된다. 예측근거는 검사 자료가 얼마나 정확하게 차후의 준거점수를 예측하는가를 확인하는 것이라면, 공인근거는 같은 시간에 다른 검사로부터 예측치와 준거 정보를 획득하는 것이다. 검사점수와 준거변수 간의 상관계수를 산출하여 검증할 수 있다.

① 예측타당도: 준거와 관련된 예측근거

a. 정의

예측타당도[예측근거(criterion-related evidence-predictive)]는 준거타당도의 하나로서 제작된 검사에서 얻은 점수와 준거로서 미래의 어떤 행위와의 관계로 추정되는 타당도이다. 즉, 검사점수가 미래의 행위를 얼마나 잘 예측하는가 하는 문제이다. 예를 들어, 비행사 적성검사를 보았을 때 그 적성검사에서 높은 점수를 받은 비행사가 안전운행 기록이 높다면 그 검사의 예측타당도가 높다고 할 수 있다. 예측타당도를 예언타당도, 예측근거라고도 한다.

일반적으로 적성검사는 예측근거를 중요시하는 경향이 있으며, 임상심리에서 사용되는 심리검사 등에도 자주 이용된다. 대학입시제도에서 시행되는 대학수학능력시험도 예측근거가 중요시된다. 즉, 대학수학능력시험에서 높은 점수를 획득한 학생이 대학에서 성공적으로 학업을 수행할 때, 다시 말하여 학점이 높을 때 대학수학능력시험의 예측근거가 높다고 할 수 있다. 예측근거 역시 검사점수와 미래의 행동과의 관계에 의하여 추정되므로 계량화되는 특징을 지니고 있다.

b. 추정 방법

예측근거는 상관계수에 의하여 추정되며, 추정 절차는 다음과 같다.

첫째, 피험자 집단에게 새로 제작한 검사를 실시한다.
둘째, 일정 기간 후 검사한 내용과 관계가 있는 피험자들의 행위를 측정한다.
셋째, 검사점수와 미래 행위의 측정치와 상관 정도를 추정한다.

주의해야 할 사항은 미래 행위에 대한 측정이다. 미래 행위에 대한 측정은 이전에 만들었던 검사로 다시 측정하는 것이 아니라 검사에서 특정한 내용과 관련된 행동이어야 한다. 그러므로 미래 행동을 측정하는 데 어려움이 있을 수 있다.

예측근거를 검증하는 예로 10점 만점인 비행사 적성검사를 치른 결과와 비행사 교육을 마친 후 1년 동안 무사고 운행거리의 결과는 〈표 11-3〉과 같다.

〈표 11-3〉 비행사의 적성검사점수와 무사고 운행거리

비행사	적성검사(X)	운행거리(Y: 만 Km)
A	9	8
B	8	6
C	6	7
D	5	5
E	8	6

〈표 11-3〉에 있는 자료에 의하여 비행사 적성검사의 예측근거를 검증하는 절차는 〈표 11-4〉와 같다.

〈표 11-4〉 비행사 적성검사의 예측타당도 추정

비행사	X_i	Y_i	$(X_i-\overline{X})$	$(X_i-\overline{X})^2$	$(Y_i-\overline{Y})$	$(Y_i-\overline{Y})^2$	$(X_i-\overline{X})(Y_i-\overline{Y})$
A	9	8	1.80	3.24	1.60	2.56	2.88
B	8	6	.80	.64	−.40	.16	−.32
C	6	7	−1.20	1.44	.60	.36	−.72
D	5	5	−2.20	4.84	−1.40	1.96	3.08
E	8	6	.80	.64	−.40	.16	−.32
Σ	36	32	.00	10.80	.00	5.20	4.60
	$\overline{X}=7.2$	$\overline{Y}=6.4$					

$$s_X^2=\frac{\sum(X_i-\overline{X})^2}{n}=\frac{(9-7.2)^2+\ \cdots\ +(8-7.2)^2}{5}=\frac{10.8}{5}=2.16$$

$$s_Y^2=\frac{\sum(Y_i-\overline{Y})^2}{n}=\frac{(8-6.4)^2+\ \cdots\ +(6-6.4)^2}{5}=\frac{5.2}{5}=1.04$$

$$s_{XY}=\frac{\sum(X_i-\overline{X})(Y_i-\overline{Y})}{n}=\frac{(9-7.2)(8-6.4)+\ \cdots\ +(8-7.2)(6-6.4)}{5}=\frac{4.6}{5}=.92$$

$$r_{XY}=\frac{s_{XY}}{s_X s_Y}=\frac{.92}{\sqrt{2.16}\sqrt{1.04}}=.614$$

비행사 적성검사의 예측타당도는 .614로 예측근거가 높은 편이다.

c. 장단점

예측근거의 장점으로는 검사도구가 미래의 행위를 예언하여 주기 때문에 예측근거가 높으면 선발, 채용, 배치 등의 목적을 위하여 검사를 사용할 수 있다. 예를 들어, 약사고시, 의사고시 등의 검사에서는 예측근거가 중요시되어야 하며, 높은 예측근거를 지녀야 한다. 단점으로는 동시 측정이 불가능하므로 검사의 타당성을 검증하기 위하여 시간적 여유가 필요하다는 것이다. 또한 일정한 시간 뒤에 측정한 행위와 검사의 점수 간의 상관계수에 의하여 타당도를 검증하기 때문에 검사를 실시하고 난 후 인간의 특성이 변화되지 않았다고 보장하기 어렵다. 그러나 예측근거는 적성검사를 위한 중요한 타당도가 된다.

예측근거는 과소 추정되는 특징을 지니고 있다. 과소 추정되는 이유는 미래의 행위를 동시에 측정할 수 없으며 시간의 흐름에 따라 평가대상의 사고나 행동이 변화되기 때문이기도 하지만 통계적으로 자료가 절단되기 때문이다. 예를 들어, 대학입학을 위한 대학수학능력시험 점수의 예측근거는 [그림 11-4]와 같이 일정 점수 이상을 받아 대학에 입학한 학생들의 점수와 교과 성적과의 상관계수에 의해 추정한다.

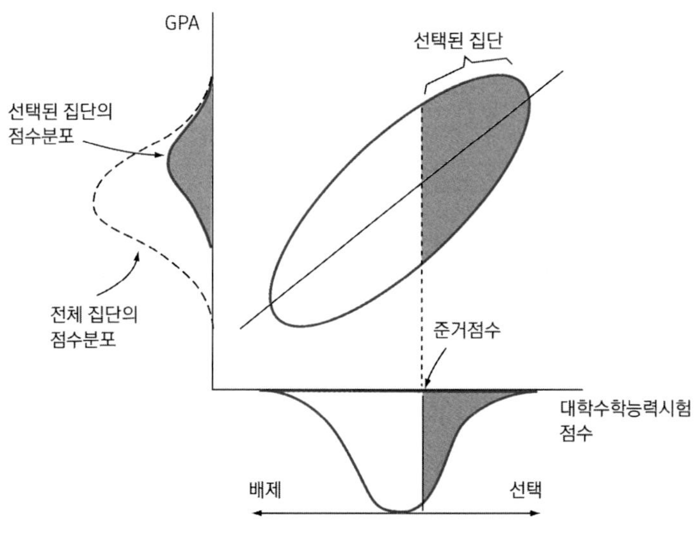

[그림 11-4] 대학수학능력시험 점수와 대학입학 후 성적과의 관계

[그림 11-4]에서는 수능점수가 준거점수 미만인 학생은 입학이 허용되지 않는다. 만약 수능점수가 낮은 학생에게 입학이 허용되었을 경우 준거점수 이상에서 나타난 경향성에 비추어 볼 때 그 학생들은 낮은 학점을 얻게 된다. 그러므로 전체 학생들의 수능점수와 전공교과 학점과의 상관계수를 추정한다면 준거점수 이상의 자료에 의한 상관계수보다 높게 추정된다. 그러므로 절단된 자료에 의하여 예측근거를 추정하기 위하여 다음과 같은 교정공식을 사용하여야 한다(Lord & Novick, 1968).

$$\rho_{xy}^2 = \left\{1 + \frac{\sigma_{x^*}^2}{\sigma_x^2}\left(\frac{1}{\rho_{x^*y^*}^2} - 1\right)\right\}^{-1}$$

$\rho_{x^*y^*}^2$: 절단된 자료에 의한 상관계수

$\sigma_{x^*}^2$: 절단된 자료의 분산

σ_x^2 : 절단되지 않은 자료의 분산

예측근거는 양적 정보를 제공하므로 과학적이라는 특징이 있으나 과소 추정되는 경향이 있다. 수능의 예측근거를 추정할 때 주의할 점은 준거로서 미래의 행동이나 특성은 수능점수의 내용과 밀접한 관계가 있는 자료이어야 한다. 대학에 입학한 후 전공교과의 성적으로 수능의 예측근거를 검증한다면 수능점수의 내용과 밀접한 단일 교과성적을 사용하여야 하며, 이를 문항반응이론에 근거한 학점(IRT based GPA; Young, 1990)이라고 한다. 또한 자료가 절단되었을 때 교정공식을 사용하여 예측타당도를 추정하여야 한다.

SPSS 프로그램을 이용한 분석 예시

SPSS 프로그램을 이용하여 〈표 11-3〉의 자료로 예측근거를 추정하는 절차와 실행 결과를 제시하면 다음과 같다.

프로그램 실행

메뉴에서 [분석] ▶ [상관분석] ▶ [이변량 상관]을 선택한 후 상관분석 대화상자가 열리면 분석할 변수를 오른쪽으로 이동하고 옵션을 클릭하여 산출하고자 하는 통계량을 선택 후 확인을 누른다.

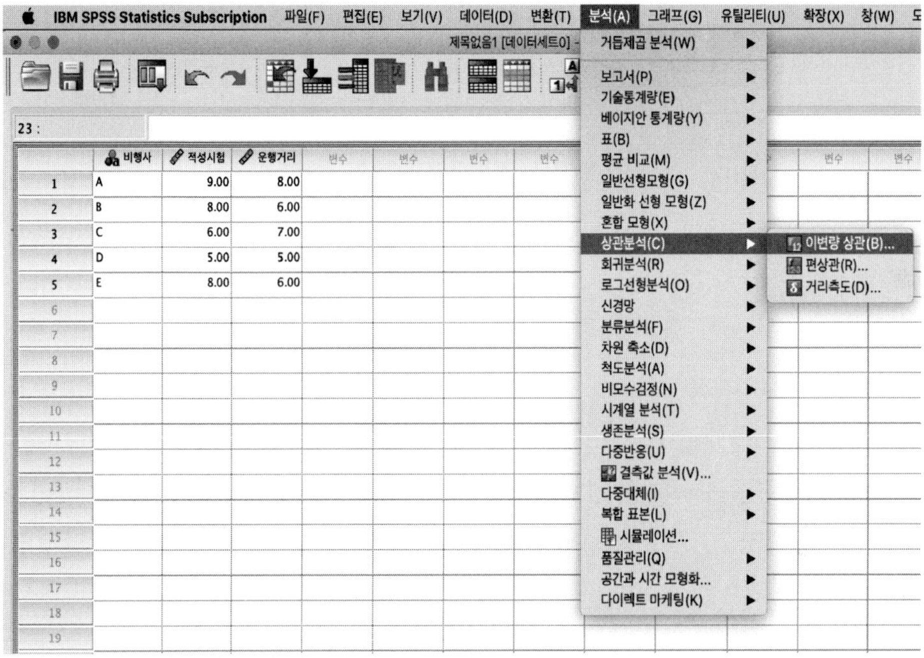

[그림 11-5] SPSS 데이터 편집기

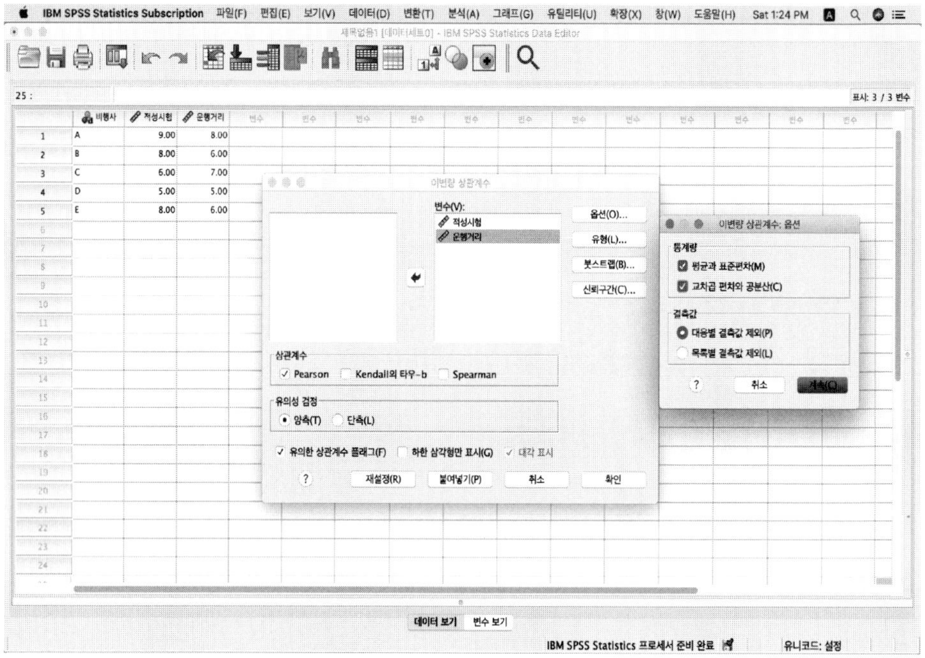

[그림 11-6] 상관분석 대화상자

실행 결과

기술통계량

	평균	표준편차	N
적성시험	7.2000	1.64317	5
운행거리	6.4000	1.14018	5

상관관계

		적성시험	운행거리
적성시험	Pearson 상관	1	.614
	유의확률 (양측)		.271
	제곱합 및 교차곱	10.800	4.600
	공분산	2.700	1.150
	N	5	5
운행거리	Pearson 상관	.614	1
	유의확률 (양측)	.271	
	제곱합 및 교차곱	4.600	5.200
	공분산	1.150	1.300
	N	5	5

[그림 11-7] 예측타당도 검증을 위한 상관분석 결과

비행사 5명의 적성검사 점수와 운행거리 간의 Pearson 상관계수는 .614로 성태제(2019c)의 타당도 평가기준에 의하면 타당도가 높은 편이다.

② 공인타당도

a. 정의

공인타당도[공인근거(concurrent evidence)]는 준거타당도의 한 종류로 검사점수와 준거로 기존에 타당성을 입증받고 있는 검사로부터 얻은 점수와의 관계에 의하여 검증하는 타당도이다. 새로운 검사를 제작하였을 때 새로 제작한 검사의 타당성을 검증하기 위하여 기존에 타당성을 보장받고 있는 검사와의 유사성 혹은 연관성에 의하여 타당성을 검증하는 방법이 공인타당도이며, 공유타당도라고도 한다. AERA, APA와 NCME(1999)에서는 공인근거(concurrent evidence)라고 한다. 예를 들어, 연구자가 본인의 연구에 부합하는 인성검사를 제작하였을 때 그 인성검사의 공인근거를 검증하기 위하여 MMPI(Minnesota Multiple Personality Inventory) 검사와의 관계를 검증하여 새로 제작한 검사의 타당성을 판정한다.

공인근거는 새로 제작한 검사에 의한 점수와 준거점수로 타당성을 인정받고 있는 검사 점수와의 상관계수에 의하여 검증되므로 계량화된다.

b. 추정 방법

공인근거는 새로 제작된 검사의 점수와 기존에 타당성을 검증받은 검사의 점수 간의 상관계수에 의하여 추정되며, 공인근거의 추정 절차는 다음과 같다.

첫째, 피험자 집단에게 새로 제작된 검사를 실시한다.

둘째, 동일 집단에게 동일한 시험 상황에서 타당성을 인정받고 있는 검사를 실시한다.

셋째, 두 검사점수 간의 상관계수를 추정한다.

공인근거를 검증하는 실제 예로, 어떤 교사가 수리능력을 간단히 측정하는 간편수리검사를 개발하였다. 5문항으로 구성된 간편수리검사의 공인근거를 검증하기 위하여 5명의 피험자에게 검사를 실시하고, 이들에게 10문항으로 구성된 표준화수리검사를 실시한 결과 얻은 두 검사점수는 〈표 11-5〉와 같다.

〈표 11-5〉 간편수리검사와 표준화수리검사 점수

피험자	간편수리검사	표준화수리검사
A	1	2
B	2	3
C	4	5
D	3	3
E	5	7

새로 제작한 간편수리검사의 공인근거를 추정하기 위하여 간편수리검사에서 얻은 점수와 표준화수리검사에서 얻은 점수 간의 상관계수를 추정한다. 상관계수 공식에 간편수리검사와 표준화수리검사 점수를 대입하여 상관계수를 추정하는 세부적인 계산 절차는 〈표 11-6〉과 같으며, 이 검사의 공인근거는 .949로 '매우 높은 편이다'라고 해석한다.

〈표 11-6〉 간편수리검사의 공인타당도 검증 절차

피험자	X_i	Y_i	$(X_i-\overline{X})$	$(X_i-\overline{X})^2$	$(Y_i-\overline{Y})$	$(Y_i-\overline{Y})^2$	$(X_i-\overline{X})(Y_i-\overline{Y})$
A	1	2	−2	4	−2	4	4
B	2	3	−1	1	−1	1	1
C	4	5	1	1	1	1	1
D	3	3	0	0	−1	1	0
E	5	7	2	4	3	9	6
$\sum$	15	20	0	10	0	16	12
	$\overline{X}=3$	$\overline{Y}=4$					

$$s_X^2 = \frac{\sum(X_i-\overline{X})^2}{n} = \frac{(1-3)^2+\cdots+(5-3)^2}{5} = \frac{10}{5} = 2.0$$

$$s_Y^2 = \frac{\sum(Y_i - \overline{Y})^2}{n} = \frac{(2-4)^2 + \cdots + (7-4)^2}{5} = \frac{16}{5} = 3.2$$

$$s_{XY} = \frac{\sum(X_i - \overline{X})(Y_i - \overline{Y})}{n} = \frac{(1-3)(2-4) + \cdots + (5-3)(7-4)}{5} = \frac{12}{5} = 2.4$$

$$r_{XY} = \frac{s_{XY}}{s_X s_Y} = \frac{2.4}{\sqrt{2.0}\sqrt{3.2}} = .949$$

SPSS 프로그램을 이용한 분석 예시

SPSS 프로그램을 이용하여 〈표 11-5〉의 자료로 공인근거를 추정하는 절차와 실행 결과를 제시하면 다음과 같다.

프로그램 실행

메뉴에서 [분석] ▶ [상관분석] ▶ [이변량 상관]을 선택한 후 상관분석 대화상자가 열리면 분석할 변수를 오른쪽으로 이동하고 옵션을 클릭하여 산출하고자 하는 통계량을 선택 후 확인을 누른다.

IBM SPSS Statistics Subscription 파일(F) 편집(E) 보기(V) 데이터(D) 변환(T) 분석(A) 그래프(G) 유틸리티(U) 확장(X) 창(W) 도움

제목없음1 [데이터세트0]

	피험자	간편수리검사	표준화수리검사
1	A	1.00	2.00
2	B	2.00	3.00
3	C	4.00	5.00
4	D	3.00	3.00
5	E	5.00	7.00

거듭제곱 분석(W)
보고서(P)
기술통계량(E)
베이지안 통계량(Y)
표(B)
평균 비교(M)
일반선형모형(G)
일반화 선형 모형(Z)
혼합 모형(X)
상관분석(C) ▶ 이변량 상관(B)... / 편상관(R)... / 거리측도(D)...
회귀분석(R)
로그선형분석(O)
신경망
분류분석(F)
차원 축소(D)
척도분석(A)
비모수검정(N)
시계열 분석(T)
생존분석(S)
다중반응(U)
결측값 분석(V)...
다중대체(I)
복합 표본(L)
시뮬레이션...
품질관리(Q)
공간과 시간 모형화...
다이렉트 마케팅(K)

데이터 보기 변수 보기

IBM SPSS Statistics 프로세서 준비 완료

[그림 11-8] SPSS 데이터 편집기

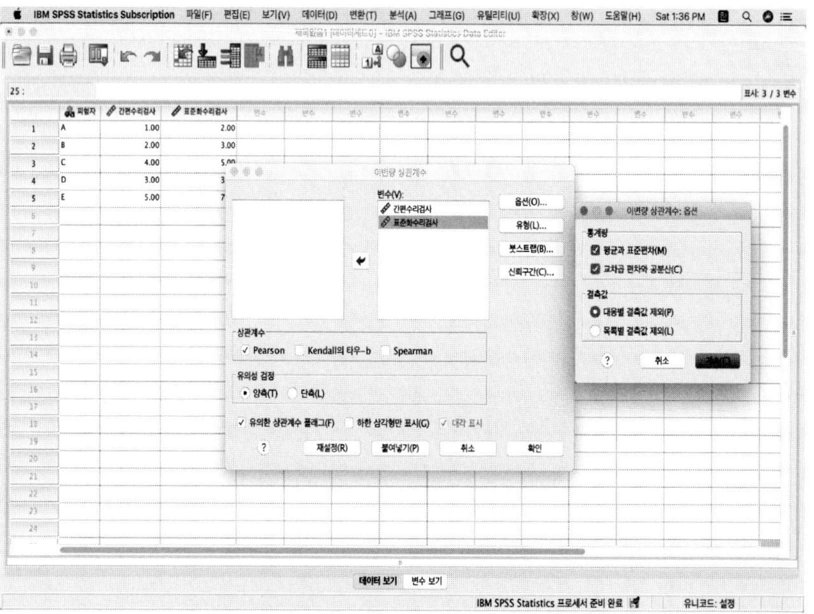

[그림 11-9] 상관분석 대화상자

실행 결과

기술통계량

	평균	표준편차	N
간편수리검사	3.0000	1.58114	5
표준화수리검사	4.0000	2.00000	5

상관관계

		간편수리검사	표준화수리검사
간편수리검사	Pearson 상관	1	.949*
	유의확률 (양측)		.014
	제곱합 및 교차곱	10.000	12.000
	공분산	2.500	3.000
	N	5	5
표준화수리검사	Pearson 상관	.949*	1
	유의확률 (양측)	.014	
	제곱합 및 교차곱	12.000	16.000
	공분산	3.000	4.000
	N	5	5

*. 상관관계가 0.05 수준에서 유의합니다(양측).

[그림 11-10] 공인타당도 검증을 위한 상관분석 결과

피험자 5명의 간편수리검사와 표준화수리검사 간의 Pearson 상관계수는 .949로 타당도가 매우 높다고 평가할 수 있다.

c. 장단점

공인근거는 계량화되어 타당도에 대한 객관적인 정보를 제공할 수 있으며 타당도의 정도를 나타낼 수 있는 장점을 갖는다. 그러나 기존에 타당성을 입증받고 있는 검사가 없을 경우 공인근거를 추정할 수 없으며, 기존에 타당성을 입증받은 검사가 있을지라도 그 검사와의 관계에 의하여 공인근거가 검증되므로 기존에 타당성을 입증받은 검사에 의존한다는 단점이 있다.

(3) 타당도 일반화

타당도 일반화(validity generalization)는 교육이나 고용 상황에서 검사-준거 관련성에 기초한 타당도의 근거를 새로운 상황에 일반화할 수 있는 정도를 말한다. 검

사는 다른 시간, 다른 상황에서 검사–준거 관련성이 매우 다양할 수 있기 때문에, 타당도의 증거로써 검사–준거 관련성을 위하여 얻는 자료에 의존한다. 교육에서는 새로운 상황에 대하여 타당성 연구를 하지 않고 축적된 자료를 통해 그 검사의 검사–준거 관련성에 기초한 타당도를 일반화시킬 수 있으나 주의가 요청된다. 다른 시간이나 다른 장소에서 같거나 유사한 수행 능력을 예측할 때, 검사–준거 관계가 매우 다양하게 관찰될 것이다.

타당도 일반화 연구가 이루어지기 전에는 다양하게 나타나는 상황에 대하여 개별적이고 지엽적인 연구가 수행되었다. 그러나 메타분석적인 연구가 이루어짐에 따라 새로운 상황에서 검사–준거 관련성을 측정하는 일에 도움을 주고 있다. 타당도 일반화 연구에서 포함되는 주요 국면은 예측하고자 하는 구인 측정의 방법상의 차이, 직업 또는 교육과정의 유형, 준거 측정이 사용되는 유형, 피험자 유형, 타당화 연구 시기이다. 유사한 상황에서 과거의 타당화 연구 통계값들이 새로운 상황에서도 유용하다면 이는 타당도 일반화로 간주된다. 어떤 특별한 타당화 연구나 어떤 다양한 국면에서 타당도 일반화의 목적은 경험적으로 여러 국면에서 다양성이 검사–준거 관계에 미치는 영향의 정도를 결정하는 것이다.

5) 결과타당도: 검사결과에 기초한 근거

AERA, APA와 NCME(1985)에서 규정한 타당도 못지않게 중요한 점은 실시한 평가가 무엇을 위한 평가이고 어떠한 결과를 가져왔는지를 점검해 보는 것이다. Cureton (1951)은 동일한 검사에 의하여 측정된 점수의 의미도 검사를 치른 집단의 경험에 의존한다고 주장하였다. Cronbach(1971)도 타당도는 검사 자체의 속성이 아니라 각 검사의 활용에 비추어 새롭게 평가되어야 한다고 주장하였다. 이는 타당도의 개념이 검사점수에 기초한 기술적 해석뿐 아니라 평가결과와 그에 따른 조치에 대한 평가도 포함되어야 함을 의미한다.

1985년도에 출판된 『Standards for Educational and Psychological Testing』에서도 검사개발자는 검사의 결과와 영향을 고려하여야 한다고 하였다. 타당도의 개념이 검사도구 특성의 문제라기보다는 검사점수 결과를 적용하는 데 관심을 두면서

Messick(1989)은 1970년 후반 평가점수 사용을 둘러싼 사회적 가치와 윤리적 이유를 제기하였다. 그는 타당도의 개념이 사회적 결과와 연관되어 있다고 주장하고, 검사 사용의 사회적 결과는 타당도의 틀 속에서 중요한 부분이라며 결과타당도를 제안하였다.

결과타당도(consequential validity)란 검사나 평가를 실시하고 난 결과에 대한 가치판단으로, 평가결과와 평가목적 간의 부합성, 평가결과를 이용할 때의 목적 도달 정도, 평가결과가 사회에 주는 영향과 관련이 있다.

결과타당도가 제기되면서 결과타당도가 타당도의 범주 안에 포함되는가에 대한 논쟁이 제기되었다(성태제, 1999; Shepard, 1997; Linn, 1997; Popham, 1997; Mehrens, 1997).

Shepard(1997)에 따르면 검사개발자는 검사의 기초가 되는 이론에 대한 검증을 하여야 하며, 검사와 검사결과의 관계를 검토하여 검사가 의도한 결과뿐 아니라 의도하지 않은 결과에 대해서도 책임져야 한다. 또한 검사결과 중 의도하지 않은 결과가 발생하였을 경우 부정적 충격(adverse impact)과 부수효과(side effect)에 대한 검증을 실시하여 검사의 목적에 맞게 검사도구를 수정하여야 하므로 결과타당도를 중요하게 고려하여야 한다. Linn(1997)도 검사결과에 대한 고려를 타당도에서 배제하는 것은 검사결과에 대한 배려를 등한시하는 것으로, 검사 사용의 결과에 대한 검토는 검사에 대한 평가에 있어 매우 중요한 요소라고 주장한다.

Popham(1997)은 검사 사용의 결과를 검토하여야 하는 당위성과 검사점수로부터의 추론이 정확하여야 함에는 동의하지만, 결과타당도의 개념이 모호하여 현장의 교사나 학교행정가들에게 혼란을 야기하고 검사결과의 불합리한 활용에 관심을 갖도록 하기 때문에 사회적 결과에 대한 확인은 타당도와 분리되어야 한다고 강조한다. 그러나 Popham(2011)은 검사 자체가 타당하다 혹은 타당하지 않다라고 논하는 것이 아니라 검사점수에 근거한 추론의 정확성에 대하여 타당하다 혹은 타당하지 않다라고 논하여야 하고, 사려 깊은 교육자들은 검사를 사용한 결과가 중요하다는 것을 인지하여야 한다고 주장한다. Shepard(1997)도 최근에 고부담검사 제작자들이 검사결과에 대한 충분한 주의를 기울이지 않는다고 우려를 표명하였다. Mehrens(1997)는 검사결과를 검토할 필요가 있지만 긍정적 결과 혹은 부정적 결과의 분석은 검사의 구인에 대한 추론의 정확성에 대한 타당도보다는 검사결과에 대한 처리, 그리고 사회적 허용성 등을 강조하고 때로는 정치적 가치판단을 포함하게 되므로 결과타당도는 타당도의 종류에 포함되지 않는 것이 바람직하다고 주장한다.

성태제(1999)는 [그림 11-11]과 같이 검사는 교육적 목적에 의하여 제작되나 정치, 경제, 사회, 문화와 국가의 교육이념에 둘러싸여 있으므로 시대적 배경이나 환경을 고려하여야 하며, 검사결과는 의도한 결과, 의도하지 않은 결과, 긍정적 결과, 부정적 결과, 실재적 결과 그리고 잠재적 결과를 분석하여야 한다고 강조한다.

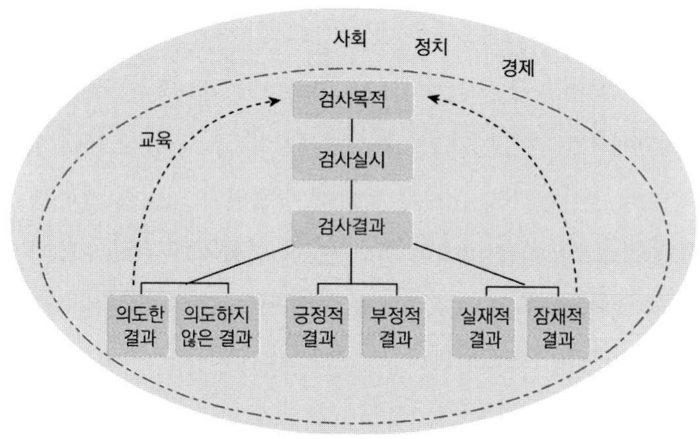

[그림 11-11] 사회 속의 검사와 검사결과

검사의 결과타당도를 고려하면 검사제작, 실시, 수집, 분석, 해석, 활용까지 체계적으로 검사를 운영하며, 검사가 사회에 미치는 영향까지 고려하기 때문에 양질의 검사를 제작하게 된다. AERA, APA와 NCME(1999)에서 '검사결과에 기초한 근거(evidence based on consequence of testing)'를 제시하였으며, 2014년에는 그 의미를 '검사개발자가 의도한 검사점수의 해석 및 활용(interpretation and uses of test scores intended by test developers)' '검사점수의 해석에 직접적으로 근거하지 않은 검사 사용에 대한 의견(claims made about test use that are not directly based on test score interpretation)' '의도하지 않은 결과(consequences that are unintended)'의 세 가지로 구체화하여 제시하였다.

검사결과에 기초한 근거는 검사결과가 검사의 목적과 얼마나 부합하는가, 즉 의도한 결과를 얼마나 달성하였으며 의도하지 않은 어떤 결과가 나타났는지에 대한 검증이다. 다른 집단에 검사목적과 다른 결과가 관찰되는 것은 심각한 문제로서 검사의 타당화와 사회정책 간의 괴리에 기인한다고 볼 수 있다. 예를 들어, 고용과 승진을 결정짓는 검사점수에 집단 간 다른 효과가 있다면 관심의 수준을 넘어 문제가 된다. 검사결과의 타당성에 대한 판단은 어떠한 배경에 의하여 그러한 결과가 나타났는가, 즉 결과에 대한 원인에 초점을 둔다. 고용시험에서 검사제작자가 검사 사용이 직원 채용을 위한 경비절감, 작업 효율성 증진, 그리고 다른 혜택을 가져왔다면 결과타당도가 있다고 할 수 있다. 다른 예로 대안적 평가방법으로 제안되고 있는 수행평가가 학생들의 학습 동기를 얼마나 유발하고 학습의 변화를 어떻게 유도하는지, 그리고 의도하지 않은 부정적 결과가 무엇인지는 결과타당도를 분석하여 알 수 있다.

Linn과 Gronlund(2000)는 검사결과에 기초한 근거는 다음의 네 가지 질문을 통하여 분석할 수 있다고 하였다. 첫째, 검사가 측정하고자 하는 것이 원래 의도한 것인지, 즉 검사가 중요한 학습목표와 부합하는지, 둘째, 학생이 평가를 준비하기 위하여 더 열심히 공부한다고 믿는 이유가 있는지, 셋째, 평가가 인위적으로 학생들의 공부를 제한하지 않는지, 넷째, 평가가 학생들의 창의적 표현이나 탐구정신을 격려하는지 혹은 좌절시키는지를 확인하여 결과에 기초한 근거를 알 수 있다.

3 타당도의 적용

검사내용에 기초한 근거(내용타당도)는 검사도구의 타당도를 검증하는 기본적인 절차로서 검사가 측정하고자 하는 내용을 측정하는지를 검증하므로 필수적인 절차로 간주된다. 내용타당도가 학업성취도검사에만 적용되는 것으로 아는 것은 잘못된 것이며, 모든 검사도구의 타당성을 검증하는 방법이다.

내적 구조에 기초한 근거(구인타당도)는 심리적 특성을 측정하는 검사의 타당성을 검증하기 위하여 주로 사용되는 방법으로 알려져 있으나 임상심리학, 정신의학, 교육학, 체육학 등 모든 분야에서 적용 범위가 넓혀지고 있는 타당도이다. 즉, 측정하고자 하는 내용을 구인들로 규정하고 그 구인들을 제대로 측정하였는지를 검증하므로 타당도 중 검사도구의 타당성을 검증하는 합리적인 방법으로 고려된다. 검사도구의 타당도를 검증함에 있어 구인타당도를 사용하는 경향은 증가하는 추세이다.

검사내용에 기초한 근거, 내적 구조에 기초한 근거, 다른 변수에 기초한 근거 모두가 개념적으로 독립되어 있으므로 각각의 타당도는 검사도구의 다른 측면의 타당성을 검증한다. 그러므로 검사도구의 타당도를 검증하기 위하여 모든 방법에 의하여 타당도를 검증하는 것이 바람직하다. 학업성취도검사는 내용에 기초한 근거, 적성검사는 예측근거, 인성검사는 내적 구조에 기초한 근거로 제한하는 경향으로 타당도의 선택이 검사도구의 사용 목적에 의존할 수 있으나 바람직하지는 않다.

Kubiszyn과 Borich(1993)는 일반적으로 검사도구의 공인근거가 예측근거보다 높게 추정된다고 주장한다. 이는 공인근거는 동시에 추정되는 데 비하여 예측근거는 얼마간의 시간이 지난 후에 행위변수와의 관계를 추정하기 때문이다. 공인근거가 .8 이상이거나 예측근거가 .6 이상이면 타당한 검사라고 할 수 있다고 하였다.

타당도 검증은 검사도구의 측정 목적 달성 여부를 증명하므로 모든 행동과학을 위한 자료분석의 기본 절차이다. 타당도의 검증 없이 얻은 자료에 기초한 심리적 증상의 진단, 인성 측정, 학업성취도 비교, 교육효과 확인 등은 잘못된 결론을 유도할 수 있다.

타당도 지수에 의하여 평가하는 절대적 기준은 없으나 상관계수에 의하여 추정되는 공인근거와 예측근거는 성태제(2019c)의 상관계수의 언어적 표현기준에 의하여 〈표 11-7〉과 같이 평가할 수 있다.

〈표 11-7〉 상관계수 추정에 의한 타당도 평가

상관계수에 의한 타당도 지수	타당도 평가
.00 이상 ~ .20 미만	매우 낮다
.20 이상 ~ .40 미만	낮다
.40 이상 ~ .60 미만	적절하다
.60 이상 ~ .80 미만	높다
.80 이상 ~ 1.00	매우 높다

제12장 신뢰도

1 검사 신뢰도

1) 정의

저울은 몸무게를 측정하기 위한 목적에 타당한 측정도구라 할 수 있지만 모든 저울이 몸무게를 정확하게 측정할 수 있는 것은 아니다. 몸무게를 잴 때마다 다르게 측정되는 저울이 있을 것이고, 항상 일관성 있게 측정하는 저울이 있을 것이다. 어떤 사물의 무게를 변함없이 일관성 있게 측정해야 신뢰로운 저울이 된다.

검사도구의 타당성이 입증되었다면 신뢰성이 고려되어야 한다. 인간의 어떤 속성을 측정할 때마다 같은 점수를 얻는다면, 이 검사도구는 신뢰성이 있다고 할 수 있다. AERA, APA와 NCME(1999)는 신뢰도란 피험자들에게 동일한 검사를 반복 실시하였을 때의 측정의 일치성이라 정의하였다. 그러므로 신뢰도(reliability)란 측정하려고 하는 것을 얼마나 안정적으로 일관성 있게 측정하였는가의 문제이며, 검사도구가 정확하게 오차 없이 측정한 정도를 의미하므로, 만약 측정 시 오차가 크다면 신뢰도는 낮아진다.

신뢰도를 이해하는 데 가장 기본이 되는 개념은 크게 두 가지로 설명된다.

첫째는 고전적인 접근방법으로 동일한 피험자 집단에게 동일한 검사를 반복 시행하거나, 한 검사와 동형검사를 실시하여 얻은 두 측정치 간의 상관계수를 추정하는 방법이다. 동일한 검사를 두 번 실시하여 얻은 결과는 검사도구의 안정성을 의미하며, 한 검사와 다른 동형검사 점수와의 상관계수에 의한 검사의 신뢰도는 두 검사의 유사성을 의미한다. 검사를 두 번 실시하여 검사의 안정성이나 유사성을 추정하기 위하여 두 검사 간의 상관계수를 이용한다. 이를 위하여 Pearson(1896)의 단순적률 상관계수를 이용한다.

둘째는 고전검사이론의 기본 가정 중에서 측정의 오차 개념에 의한 접근 방법으로 동일 측정대상을 무한히 반복 측정하였을 때 측정치들이 유사할수록 신뢰도가 높아진다. 다시 말하여, 동일한 측정대상을 동일한 측정도구로 무한히 반복 측정한 결과에 대한 진점수와 오차점수의 분산에 기초한 방법이다. 관찰점수에서 진점수가 차지하는 비중이 크고 오차점수가 차지하는 부분이 작으면 신뢰도가 높다고 할 수 있듯이, 관찰점수의 분산에서 진점수 분산이 차지하는 비율이 높고 오차점수의 분산이 작다면 이는 일관성 있게 측정한 것으로 간주되어 신뢰도가 높게 된다.

제9장의 '고전검사이론에 의한 문항분석'에서 설명하였듯이, 관찰점수는 다음과 같이 그 측정대상이 지니고 있는 진짜 특성 혹은 진점수와 측정 과정에서 발생하는 오차점수로 구성된다.

$$X = T + e$$

X: 관찰점수
T: 진점수
e: 오차점수

동일 대상을 무한히 반복 측정하였을 때 관찰점수가 항상 같았다면 이는 측정 시마다 오차 없이 측정하였다고 할 수 있다. 그러나 이와 같은 경우는 사실상 거의 불가능하므로 관찰점수는 각각 다르게 측정되는 경우가 흔하다.

사물의 특성이나 인간의 능력을 측정하였을 때 진짜 특성이나 진짜 능력에 대한 측정치인 진점수 추정 방법에 대한 의문이 제기된다. 예를 들어, 정국이가 10문항으로 제작된 수리검사를 5번 반복 실시하여 5, 6, 5, 4, 6점을 얻었을 때, 정국이의 진짜 수리능력, 즉 진점수는 몇 점일까 하는 의문이 제기된다.

진점수를 추정하는 가장 합리적인 방법은 관찰점수의 평균을 산출하는 것이다. 그러므로 진점수는 관찰점수의 기댓값으로 추정된다.

$$T = E(X)$$

관찰점수는 진점수와 오차점수로 합성되어 있으므로 반복 측정하였을 때 관찰점수의 분산은 다음 식과 같다.

$$\sigma_X^2 = \sigma_{(T+e)}^2 = \sigma_T^2 + \sigma_e^2 + 2\sigma_{Te}$$
$$(\because \sigma_{Te} = \rho_{Te}\sigma_T\sigma_e)$$

앞의 공식에서 진점수와 오차점수의 공분산인 σ_{Te}는 항상 0이 된다. 이는 고전검사이론의 기본가정에서 진점수와 오차점수의 상관계수가 0이기 때문이다. 진점수와 오차점수의 상관이 0이라는 것은 공분산이 0임을 의미하므로 앞의 공식은 다음 공식으로 변환된다.

$$\sigma_X^2 = \sigma_{(T+e)}^2 = \sigma_T^2 + \sigma_e^2$$

즉, 관찰점수의 분산은 진점수 분산과 오차점수 분산으로 합성되어 있음을 알 수 있으며, 이를 도식화하면 [그림 12-1]과 같다.

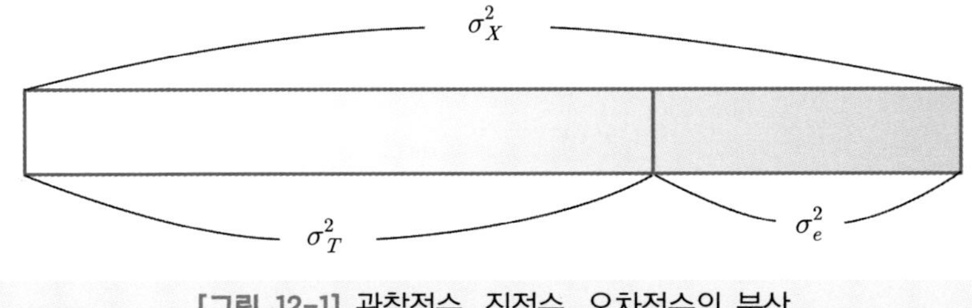

[그림 12-1] 관찰점수, 진점수, 오차점수의 분산

[그림 12-1]에서 오차점수의 분산 부분이 0이면 측정 오차가 없음을 의미하는 것

으로 관찰점수의 분산이 진점수의 분산과 같기 때문에 신뢰도가 1이 된다. 반대로 진점수 분산이 0이라면 모든 관찰점수의 분산은 오차점수의 분산이 되어 있음을 의미하며 신뢰도는 0이 된다. 그러므로 신뢰도는 관찰점수의 분산 중 진점수 분산이 차지하는 비율임을 알 수 있다. 따라서 신뢰도($\rho_{XX'}$)를 추정하는 공식은 다음과 같다.

$$\rho_{XX'} = \frac{\sigma_T^2}{\sigma_X^2}$$

앞의 공식에서 진점수 분산은 관찰점수 분산에서 오차점수 분산을 제거한 양이 되므로 신뢰도를 추정하는 공식은 다음과 같이 쓸 수 있다.

$$\begin{aligned}\rho_{XX'} &= \frac{\sigma_T^2}{\sigma_X^2} = \frac{\sigma_X^2 - \sigma_e^2}{\sigma_X^2} \\ &(\because \sigma_X^2 = \sigma_T^2 + \sigma_e^2) \\ &= 1 - \frac{\sigma_e^2}{\sigma_X^2}\end{aligned}$$

관찰점수 분산 전체가 진점수 분산이 되는 경우에는 신뢰도는 1이고 모든 측정의 오차는 0이 되며, 이때 검사결과를 완전히 신뢰할 수 있다. 즉, $\rho_{XX'} = 1$이면 $\sigma_X^2 = \sigma_T^2$이고 $\sigma_e^2 = 0$으로 이때의 측정은 오차 없이 이루어졌음을 의미한다. 오차가 존재하면 신뢰도는 1보다 작게 된다. 따라서 신뢰도와 측정 오차와의 관계는 다음 식과 같이 유도된다.

$$\begin{aligned}\rho_{XX'} &= 1 - \frac{\sigma_e^2}{\sigma_X^2} \\ \frac{\sigma_e^2}{\sigma_X^2} &= 1 - \rho_{XX'} \\ \sigma_e^2 &= \sigma_X^2(1 - \rho_{XX'}) \\ \sigma_e &= \sigma_X\sqrt{(1 - \rho_{XX'})}\end{aligned}$$

그러므로 측정의 표준오차(standard error of measurement)는 관찰점수의 표준편차와 1에서 신뢰도 계수를 뺀 값의 제곱근과의 곱이라는 것을 알 수 있다.

2) 역사

신뢰도의 개념과 관련하여 신뢰도를 두 검사점수의 상관관계로 보는 관점과 진점수 분산과 관찰점수 분산의 비율로 보는 관점이 있다.

검사의 신뢰도를 추정하기 위하여 처음 사용된 공식은 Pearson(1896)이 제안한 단순적률상관계수 공식이다. 단순적률상관계수는 신뢰도 추정뿐 아니라 사회현상의 수많은 변수들 간의 관계를 규명하는 데 널리 이용되고 있는 통계로 준거타당도 검증을 위해서도 상관계수를 이용한다고 설명하였다. 신뢰도의 개념은 Spearman(1904)에 의하여 소개되었으며, 각기 독립적으로 얻어진 두 검사를 구성하는 문항 간 상관들의 평균으로 정의하였다. 이 정의에 의하여 여러 용어로 신뢰도를 표현하여 오다가 Spearman(1910)이 신뢰도 계수(reliability coefficient)라는 단어를 처음 사용하면서 어떤 사물에 대한 여러 측정치를 두 부분으로 나누어 계산한 반분점수 간의 상관계수라 정의하였다. 이 같은 정의에 의하여 Spearman과 그의 추종자들은 신뢰도를 추정할 수 있는 수학적 모형을 제안하는 검사이론을 발전시켰다.

1913년까지 요인분석을 제외한 검사이론의 대부분이 Spearman에 의하여 정립되었다. 이어 Fisher(1925)에 의해 실험설계를 위한 분산분석의 통계적 방법이 제안되기 전까지 상관계수를 이용한 검사이론이 발전되었다. 이때의 신뢰도는 동일한 피험자에게 검사를 두 번 실시하여 얻은 두 검사점수 간의 상관계수로 추정하든가, 한 번 검사를 시행한 후 한 검사를 동형이 되게 두 부분으로 나누어 두 부분 점수 간의 상관계수를 조정하여 신뢰도를 추정하는 방법을 사용하였다. 전자를 재검사신뢰도라 하고 후자를 반분검사신뢰도라 한다. 반분검사신뢰도 추정 공식은 Spearman(1910)과 Brown(1910)에 의하여 제안되었다. 초기에는 신뢰도를 추정하는 방법으로 흔히 재검사신뢰도와 반분검사신뢰도 추정 방법을 사용하였다.

Kuder와 Richardson(1937)은 신뢰도 계수를 추정하기 위하여 검사문항들의 분산과 공분산을 사용하여 공식 KR-20과 KR-21을 제안하였다. KR-20은 문항점수들이 맞고 틀리는, 즉 1점과 0점의 이분문항으로 주어질 때 신뢰도를 추정하는 공식이고, KR−21은 문항점수가 연속점수일 때 신뢰도를 추정하는 공식이다. KR−20과 KR−21은 검사를 두 부분으로 나누지 않아도 신뢰도를 추정할 수 있는 장점이 있기 때문에 널리 사용되었다.

이어 Hoyt(1941)가 분산분석방법을 이용하여 신뢰도를 추정하는 새로운 공식을 유도하였다. 한 피험자가 여러 다른 문항에 반복적으로 응답하므로 이는 실험설계에서 동일 피험자에게 다른 처치를 반복적으로 가하는 경우와 유사하므로 반복설계방법을 이용하였다. Hoyt가 제안한 분산분석방법에 의하여 신뢰도를 추정하는 방법이 다소 복잡하기는 하지만 문항점수가 이분점수이든 연속점수이든 하나의 공식으로 신뢰도를 추정할 수 있다는 장점이 있다. Hoyt 이외에 Lindquist, Burt 외에도 분산분석방법을 이용하여 검사이론을 더욱 발전시켰다.

1951년에는 Cronbach가 검사의 문항점수가 이분점수이든 연속점수이든 신뢰도를 추정할 수 있는 보다 간단한 공식을 제안하였다. Cronbach의 공식은 KR−20 공식의 변형된 형태로 이분문항의 분산이 문항에 정답할 확률과 그렇지 않을 확률의 곱으로 계산됨을 착안하여 신뢰도 계산 공식을 도출하였으며, Cronbach α라 명명하였다.

KR−20, Hoyt 신뢰도보다 Cronbach α가 많은 연구에서 사용되는 이유는 신뢰도 추정 공식이 간단하고 신뢰도를 추정해 주는 많은 프로그램에 널리 사용되고 있기 때문이다. 그러나 KR−20, Hoyt 그리고 Cronbach α 모두 신뢰도는 진점수 분산을 관찰점수 분산으로 나눈 값이라는 신뢰도의 기본 개념에 입각하여 전개된 공식들이므로 동일한 응답자료를 가지고 세 가지 다른 공식에 의하여 신뢰도를 추정하여도 신뢰도 계수는 같게 나타난다.

3) 종류

신뢰도에는 검사도구의 안정성을 측정하는 재검사신뢰도, 두 검사 간의 유사성을 측정하는 동형검사신뢰도, 그리고 진점수 분산의 비율 개념에 의한 내적일관성신뢰도가 있다.

추정 방법에 따라 신뢰도는 Pearson의 단순적률상관계수 추정 공식에 의한 재검사신뢰도와 동형검사신뢰도가 있으며, Spearman과 Brown의 반분검사신뢰도, 문항 점수의 분산과 공분산 개념을 이용한 KR−20, KR−21, 분산분석을 이용한 Hoyt 신뢰도, Cronbach α가 있다.

(1) 재검사신뢰도

① 정의

재검사신뢰도(test-retest reliability)는 동일한 검사를 동일한 피험자 집단에 일정 시간 간격을 두고 두 번 실시하여 두 검사점수의 상관계수에 의하여 신뢰도를 검증하는 방법이다. 재검사신뢰도는 Pearson의 단순적률상관계수 추정 공식에 의하여 산출되며, 이는 검사도구의 안정성에 대한 지표가 된다. 재검사신뢰도 추정을 위한 검사의 실시 간격은 일반적으로 피험자의 기억이 소멸된다고 여겨지는 2주에서 4주로 설정하나 검사도구의 특성, 측정내용에 따라 달라질 수 있다.

② 추정 방법

재검사신뢰도는 동일한 검사를 동일 집단에게 두 번 실시하여 얻은 두 검사점수 간의 상관계수로 추정한다. 예를 들어, 10문항으로 제작된 수학검사의 재검사신뢰도를 추정하기 위하여 6명의 피험자에게 두 번의 검사를 실시하여 얻은 점수는 〈표 12−1〉과 같다.

〈표 12-1〉 수학검사의 검사-재검사 점수

피험자	검사	재검사
A	7	7
B	5	6
C	9	9
D	8	7
E	6	6
F	8	8

검사와 재검사에서 얻은 〈표 12-1〉의 점수를 가지고 재검사신뢰도를 추정하는 절차는 〈표 12-2〉와 같다.

〈표 12-2〉 수학검사의 재검사신뢰도 추정 절차

피험자	X	Y	$(X_i-\overline{X})$	$(X_i-\overline{X})^2$	$(Y_i-\overline{Y})$	$(Y_i-\overline{Y})^2$	$(X_i-\overline{X})(Y_i-\overline{Y})$
A	7	7	-.167	.028	-.167	.028	.028
B	5	6	-2.167	4.694	-1.167	1.361	2.528
C	9	9	1.833	3.361	1.833	3.361	3.361
D	8	7	.833	.694	-.167	.028	-.139
E	6	6	-1.167	1.361	-1.167	1.361	1.361
F	8	8	.833	.694	.833	.694	.694
$\sum$	43	43	.000	10.833	.000	6.833	7.833
	$\overline{X}$=7.167	$\overline{Y}$=7.167					

$$s_X^2=\frac{\sum(X_i-\overline{X})^2}{n}=\frac{(7-7.167)^2+\ \cdots\ +(8-7.167)^2}{6}=\frac{10.833}{6}=1.806$$

$$s_Y^2=\frac{\sum(Y_i-\overline{Y})^2}{n}=\frac{(7-7.167)^2+\ \cdots\ +(8-7.167)^2}{6}=\frac{6.833}{6}=1.139$$

$$s_{XY}=\frac{\sum(X_i-\overline{X})(Y_i-\overline{Y})}{n}=\frac{(7-7.167)(7-7.167)+\ \cdots\ +(8-7.167)(8-7.167)}{6}$$

$$=\frac{7.833}{6}=1.306$$

$$r_{XY}=\frac{s_{XY}}{s_X s_Y}=\frac{1.306}{\sqrt{1.806}\sqrt{1.139}}=.910$$

수학검사의 재검사신뢰도는 .910으로 매우 높다고 할 수 있다.

SPSS 프로그램을 이용한 분석 예시

SPSS 프로그램을 이용하여 ⟨표 12-1⟩의 자료로 재검사신뢰도를 추정하는 절차와 실행 결과를 제시하면 다음과 같다.

프로그램 실행

메뉴에서 분석 ▶ 상관분석 ▶ 이변량 상관을 선택한 후 상관분석 대화상자가 열리면 분석할 변수를 오른쪽으로 이동하고 옵션을 클릭하여 산출하고자 하는 통계량을 선택한 후 확인을 누른다.

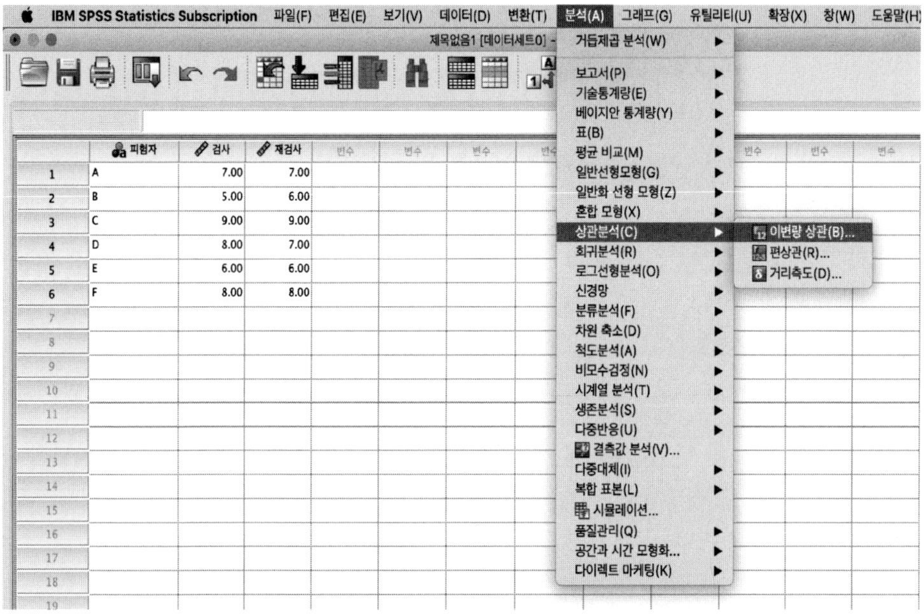

[그림 12-2] SPSS 데이터 편집기

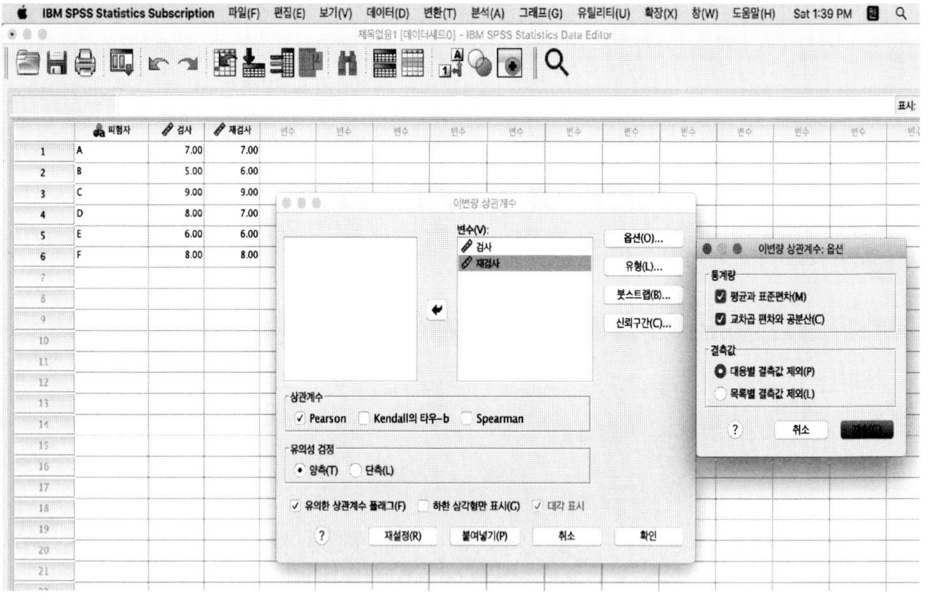

[그림 12-3] 상관분석 대화상자

실행 결과

기술통계량

	평균	표준편차	N
검사	7.1667	1.47196	6
재검사	7.1667	1.16905	6

상관관계

		검사	재검사
검사	Pearson 상관	1	.910*
	유의확률 (양측)		.012
	제곱합 및 교차곱	10.833	7.833
	공분산	2.167	1.567
	N	6	6
재검사	Pearson 상관	.910*	1
	유의확률 (양측)	.012	
	제곱합 및 교차곱	7.833	6.833
	공분산	1.567	1.367
	N	6	6

*. 상관관계가 0.05 수준에서 유의합니다(양측).

[그림 12-4] 재검사신뢰도 검증을 위한 상관분석 결과

6명의 피험자를 대상으로 한 수학검사 점수와 재검사 점수 간의 상관계수는 .910으로 수학검사의 재검사신뢰도는 매우 높다.

③ 장단점

재검사신뢰도는 추정 방법이 간단하다는 장점이 있는 반면, 단점도 많다. 첫째, 시험 간격 설정에 따른 문제가 있다. 시험 간격은 검사를 두 번 시행하는 데 따른 기억효과를 배제하기 위한 기간을 의미한다. 검사의 문항 수, 검사도구의 문항 특성, 검사의 난이도 등에 의하여 시험 간격은 변화되며 시험 간격에 따라 신뢰도 계수가 달리 추정되는 근본적인 문제점을 지니고 있다. 기억효과를 배제하기 위하여 시험 간격을 3개월 혹은 6개월로 설정하는 경우도 있으나, 그 기간은 학습능력의 변화 혹은 피험자의 성장·성숙 등 인간의 특성이 변화되기에 충분한 기간이 되므로 검사도구의 신뢰도를 추정하는 적절한 시험 간격이라 할 수 없다.

둘째, 검사를 두 번 시행하는 데 따른 문제점이다. 실질적으로 검사를 두 번 시행해야 하는 어려움과 동일한 검사 환경, 검사에 대한 동일한 동기와 검사태도를 만들기 어렵다. 이와 같은 문제점에도 불구하고 재검사신뢰도를 사용하는 이유는 일반적으로 검사의 신뢰도를 과대 추정하기 때문이다.

(2) 동형검사신뢰도

① 정의

동형검사신뢰도(parallel-form reliability)를 구하기 위해서는 검사도구의 신뢰도를 검증하기 위하여 두 개의 동형검사를 제작한 뒤, 동일 피험자 집단에게 검사를 실시해야 한다. 이때 얻은 두 검사점수의 상관계수로 신뢰도를 추정한다. 동형검사신뢰도는 두 검사 간의 유사성을 측정하며, 평행검사신뢰도라고도 한다.

동형검사의 기본조건은 한 검사에 의한 진점수와 다른 동형검사에 의한 진점수가 같아야 하고, 한 검사에 의한 오차점수의 분산과 동형검사에 의한 오차점수의 분산이 같아야 한다. 동형검사신뢰도의 일종으로 유사검사신뢰도(alternate-form reliability)가 있다. 유사검사란 한 검사에 의한 진점수와 다른 검사에 의한 진점수는 동일하나, 두 검사의 오차점수 분산이 동일하지 않은 검사를 말한다.

동형검사를 제작할 때에는 두 검사가 동일한 내용을 측정하여야 하며, 동일한 형태의 문항과 문항 수, 그리고 동일한 문항난이도와 문항변별도를 가져야 한다. 그러므로 동형검사 제작이 용이하지 않음을 알 수 있다.

② 추정 방법

동형검사신뢰도를 추정하기 위해서는 두 개의 동형검사가 제작되어 동일 피험자에게 검사가 두 번 시행되어야 한다. 10문항으로 제작된 학업성취도검사와 동형검사를 5명의 피험자에게 실시한 결과로 얻은 점수는 〈표 12-3〉과 같다.

〈표 12-3〉 학업성취도 두 동형검사점수

피험자	검사(X)	동형검사(Y)
A	7	6
B	5	6
C	9	8
D	8	7
E	6	6

두 동형검사로부터 얻은 두 점수의 동형검사신뢰도를 추정하는 절차는 〈표 12-4〉와 같다.

〈표 12-4〉 학업성취도검사의 동형검사신뢰도 추정 절차

피험자	X	Y	$(X_i-\overline{X})$	$(X_i-\overline{X})^2$	$(Y_i-\overline{Y})$	$(Y_i-\overline{Y})^2$	$(X_i-\overline{X})(Y_i-\overline{Y})$
A	7	6	.00	.00	−.60	.36	.00
B	5	6	−2.00	4.00	−.60	.36	1.20
C	9	8	2.00	4.00	1.40	1.96	2.80
D	8	7	1.00	1.00	.40	.16	.40
E	6	6	−1.00	1.00	−.60	.36	.60
$\sum$	35	33	.00	10.00	.00	3.20	5.00
	$\overline{X}=7.0$	$\overline{Y}=6.6$					

$$s_X^2 = \frac{\sum(X_i - \overline{X})^2}{n} = \frac{(7-7.0)^2 + \cdots + (6-7.0)^2}{5} = \frac{10}{5} = 2.0$$

$$s_Y^2 = \frac{\sum(Y_i - \overline{Y})^2}{n} = \frac{(6-6.6)^2 + \cdots + (6-6.6)^2}{5} = \frac{3.2}{5} = .64$$

$$s_{XY} = \frac{\sum(X_i - \overline{X})(Y_i - \overline{Y})}{n} = \frac{(7-7.0)(6-6.6) + \cdots + (6-7.0)(6-6.6)}{5} = \frac{5}{5} = 1.0$$

$$r_{XY} = \frac{s_{XY}}{s_X s_Y} = \frac{1.0}{\sqrt{2.0}\sqrt{.64}} = .884$$

동형검사신뢰도는 .884로 신뢰도가 매우 높다고 해석할 수 있다.

SPSS 프로그램을 이용한 분석 예시

SPSS 프로그램을 이용하여 〈표 12-3〉의 자료로 동형검사신뢰도를 추정하는 절차와 실행 결과를 제시하면 다음과 같다.

프로그램 실행

메뉴에서 [분석] ▶ [상관분석] ▶ [이변량 상관]을 선택한 후 상관분석 대화상자가 열리면 분석할 변수를 오른쪽으로 이동하고 옵션을 클릭하여 산출하고자 하는 통계량을 선택한 후 확인을 누른다.

IBM SPSS Statistics Subscription 파일(F) 편집(E) 보기(V) 데이터(D) 변환(T) 분석(A) 그래프(G) 유틸리티(U) 확장(X) 창(W) 도움말

제목없음1 [데이터세트0]

	피험자	검사	동형검사
1	A	7.00	6.00
2	B	5.00	6.00
3	C	9.00	8.00
4	D	8.00	7.00
5	E	6.00	6.00

거듭제곱 분석(W)
보고서(P)
기술통계량(E)
베이지안 통계량(Y)
표(B)
평균 비교(M)
일반선형모형(G)
일반화 선형 모형(Z)
혼합 모형(X)
상관분석(C)
회귀분석(R)
로그선형분석(O)
신경망
분류분석(F)
차원 축소(D)
척도분석(A)
비모수검정(N)
시계열 분석(T)
생존분석(S)
다중반응(U)
결측값 분석(V)...
다중대체(I)
복합 표본(L)
시뮬레이션...
품질관리(Q)
공간과 시간 모형화...
다이렉트 마케팅(K)

이변량 상관(B)...
편상관(R)...
거리측도(D)...

데이터 보기 변수 보기

IBM SPSS Statistics 프로세서 준비 완료

[그림 12-5] SPSS 데이터 편집기

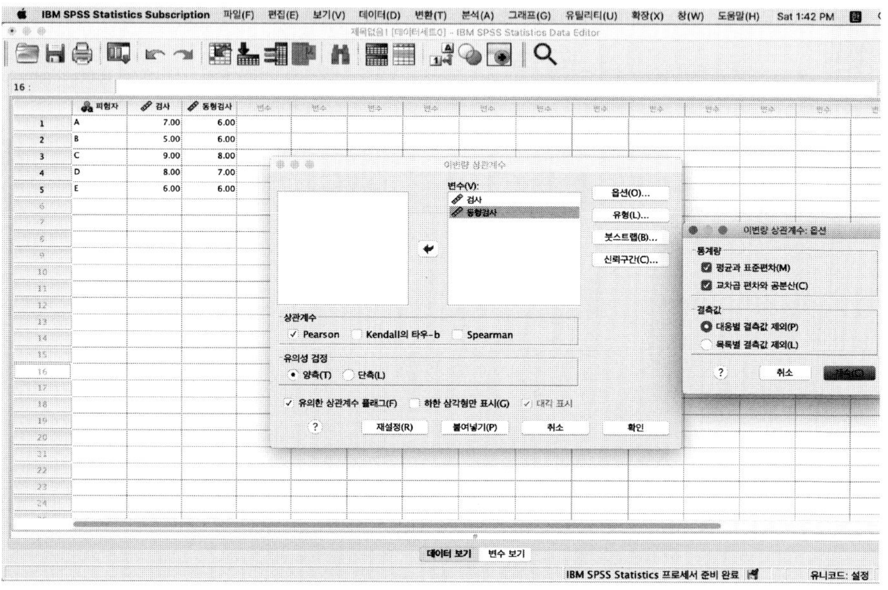

[그림 12-6] 상관분석 대화상자

실행 결과

기술통계량

	평균	표준편차	N
검사	7.0000	1.58114	5
동형검사	6.6000	.89443	5

상관관계

		검사	동형검사
검사	Pearson 상관	1	.884*
	유의확률 (양측)		.047
	제곱합 및 교차곱	10.000	5.000
	공분산	2.500	1.250
	N	5	5
동형검사	Pearson 상관	.884*	1
	유의확률 (양측)	.047	
	제곱합 및 교차곱	5.000	3.200
	공분산	1.250	.800
	N	5	5

*. 상관관계가 0.05 수준에서 유의합니다(양측).

[그림 12-7] 동형검사 신뢰도 검증을 위한 상관분석 결과

피험자 5명의 학업성취도검사 점수와 동형검사 점수 간의 상관계수는 .884로 동형검사신뢰도는 매우 높음을 알 수 있다.

③ 장단점

동형검사신뢰도의 장점은 두 개의 동형검사를 동일 집단에 동시에 시행하므로 시험 간격이 문제가 되지 않는다는 점과 신뢰도 계수 추정이 쉽다는 점이다. 반면, 동형검사 제작이 어렵다는 단점이 있다. 검사제작 전문가라도 두 개의 동형검사를 제작하기란 쉽지 않다. 이뿐 아니라 두 검사의 동형성 여부에 따라 동형검사신뢰도 계수가 달리 추정되며 재검사신뢰도처럼 검사를 두 번 시행하는 데 따른 현실적인 문제점이 있다. 동일한 검사환경, 피험자의 동일한 검사동기와 검사태도를 유지하기 어렵다.

(3) 내적일관성신뢰도

재검사신뢰도와 동형검사신뢰도는 동일 피험자에게 검사를 두 번 실시하는 번거로움이 따르며, 시험 간격과 검사의 동형성 정도에 따라 신뢰도 계수가 변화되는 문제점을 지니고 있다. 이에 비하여 내적일관성신뢰도는 검사를 두 번 실시하지 않고 검사의 신뢰도를 추정할 수 있는 장점을 지니고 있다. **내적일관성신뢰도**(internal consistency reliability)란 검사를 구성하고 있는 부분 검사 혹은 문항 간의 일관성의 정도를 말하며, 검사를 구성하는 부분 검사나 문항들이 측정하고자 하는 내용을 얼마나 일관성 있게 측정하였는가 하는 문제이다.

내적일관성신뢰도에는 검사를 구성하는 두 부분 검사 간의 유사성에 의해 추정되는 반분검사신뢰도, 문항 간 측정의 일관성에 의해 추정되는 문항내적일관성신뢰도가 있다. 문항내적일관성신뢰도에는 KR-20, KR-21, Hoyt 신뢰도, Cronbach α가 있다.

① 반분검사신뢰도

a. 정의

반분검사신뢰도(split-half reliability)는 한 번 실시한 검사를 두 부분으로 나누어 두 부분 검사점수의 상관계수를 계산한 후, Spearman-Brown 공식에 의하여 추정한다.

반분검사신뢰도를 추정할 때 검사를 양분한 두 부분 검사점수의 상관계수를 그대로 사용하면 신뢰도가 과소 추정된다. 만약 20문항으로 제작된 검사도구를 10문항씩 양분하여 두 부분 검사점수 간의 상관계수를 추정하였다면 이는 20문항으로 구성한 검사의 내적일관성신뢰도가 아니라 10문항으로 제작된 동형검사신뢰도가 된다. 그러므로 10문항으로 구성된 동형검사신뢰도가 아니라 20문항으로 제작된 검사의 신뢰도를 추정하기 위해서는 상관계수를 그대로 사용하지 않고 다음 공식을 사용한다(Spearman, 1910; Brown, 1910).

$$\rho_{XX'} = \frac{2\rho_{YY'}}{1+\rho_{YY'}}$$

$\rho_{XX'}$: 반분검사신뢰도 계수

$\rho_{YY'}$: 반분된 검사점수의 상관계수

Spearman–Brown의 반분검사신뢰도 추정공식에 의하면 반분검사신뢰도 계수는 양분된 검사점수의 상관계수보다 커진다. 검사도구의 길이, 즉 문항 수를 감소시키면 신뢰도 계수는 감소하고 문항 수를 증가시키면 신뢰도 계수는 증가한다.

4문항으로 구성된 간편공간력 검사를 3명에게 실시하여 얻은 응답자료를 가지고 비교해 보면 다음과 같다.

〈표 12-5〉 반분검사신뢰도 추정

문항 / 피험자	문항				홀수문항 Y	짝수문항 Y'
	1	2	3	4		
A	1	0	0	1	1	1
B	1	1	1	1	2	2
C	0	0	0	1	0	1
$\sum$					3	4

피험자	Y	Y'	$(Y_i-\overline{Y})$	$(Y_i-\overline{Y})^2$	$(Y'_i-\overline{Y'})$	$(Y'_i-\overline{Y'})^2$	$(Y_i-\overline{Y})(Y'_i-\overline{Y'})$
A	1	1	.000	.000	−.333	.111	.000
B	2	2	1.000	1.000	.667	.444	.667
C	0	1	−1.000	1.000	−.333	.111	.333
$\sum$	3	4	.000	2.000	.000	.667	1.000
	$\overline{Y}=1$	$\overline{Y'}=1.333$					

$$s_Y^2=\frac{\sum(Y_i-\overline{Y})^2}{n}=\frac{(1-1)^2+(2-1)^2+(0-1)^2}{3}=\frac{2}{3}=.667$$

$$s_{Y'}^2=\frac{\sum(Y'_i-\overline{Y'})^2}{n}=\frac{(1-1.333)^2+(2-1.333)^2+(1-1.333)^2}{3}=\frac{.667}{3}=.222$$

$$s_{YY'}=\frac{\sum(Y_i-\overline{Y})(Y'_i-\overline{Y'})}{n}$$

$$= \frac{(1-1)(1-1.333)+(2-1)(2-1.333)+(0-1)(1-1.333)}{3} = \frac{1}{3} = .333$$

$$r_{YY'} = \frac{s_{YY'}}{s_Y s_{Y'}} = \frac{.333}{\sqrt{.667}\sqrt{.222}} = .866$$

$$\gamma_{XX'} = \frac{2(.866)}{1+.866}$$
$$= .928$$

4문항으로 구성된 간편공간력 검사의 반분검사신뢰도는 .928로 매우 높다. 반분검사신뢰도를 추정할 때 양분된 부분검사에서 계산된 상관계수를 그대로 신뢰도라 하지 않는 이유는 앞의 예에서 상관계수 .866은 실제 홀수번호인 두 문항으로 구성된 한 검사와 짝수번호인 두 문항으로 구성된 다른 검사와의 동형검사신뢰도를 의미하지, 4문항으로 구성된 검사의 내적일관성신뢰도가 아니기 때문에 신뢰도를 과소 추정한다. 따라서 〈표 12-5〉의 응답자료에 의한 간편공간력 검사의 반분신뢰도는 .928이 된다.

b. 추정 방법

반분검사신뢰도 추정 시 검사를 반분하는 방법에는 짝수번호 문항과 홀수번호 문항으로 반분하는 기우법과 전체 검사를 문항 순서에 따라 전과 후로 나누는 전후법, 무작위로 분할하는 단순무작위법, 문항 특성에 의하여 반분하는 방법이 있다. 문항 특성에 의한 반분법은 문항난이도와 문항변별도에 의존한다. 문항 특성에 의하여 검사를 반분하면 동일한 난이도와 동일한 진점수를 갖는 두 부분 검사를 만들 수 있다.

검사는 피험자에게 충분한 시험시간을 주어 능력을 발휘하게 하는 역량검사와 제한된 시간에 많은 문제를 풀게 하는 속도검사로 구분되며, 속도검사를 위한 반분검사신뢰도를 추정할 때 검사를 앞뒤로 나누는 전후법은 사용하지 않아야 한다. 왜냐하면 속도검사 시 능력이 부족한 피험자는 앞부분만을 응답하고 뒷부분은 응답하지 못하기 때문이다.

6문항으로 제작된 검사를 5명의 피험자에게 실시하여 얻은 검사의 문항점수와 총점이 〈표 12-6〉과 같다고 하자.

〈표 12-6〉 검사의 문항점수와 총점

피험자 \ 문항	1	2	3	4	5	6	총점
A	1	1	1	1	0	0	4
B	1	1	1	1	1	1	6
C	1	1	1	0	0	0	3
D	1	1	0	0	1	0	3
E	1	0	0	0	0	0	1

이때 앞의 3문항과 뒤의 3문항으로 양분하여 반분검사신뢰도를 추정하는 절차는 〈표 12-7〉과 같으며, 이 검사의 반분검사신뢰도는 .627로 높은 편이라고 할 수 있다.

〈표 12-7〉 반분검사신뢰도 추정 절차

피험자 \ 검사	앞 문항 Y(1+2+3)	뒤 문항 Y'(4+5+6)	YY'	Y^2	Y'^2
A	3	1	3	9	1
B	3	3	9	9	9
C	3	0	3	9	0
D	2	1	2	4	1
E	1	0	1	1	0
Σ	12	5	18	32	11

피험자	Y	Y'	$(Y_i-\overline{Y})$	$(Y_i-\overline{Y})^2$	$(Y'_i-\overline{Y'})$	$(Y'_i-\overline{Y'})^2$	$(Y_i-\overline{Y})(Y'_i-\overline{Y'})$
A	3	1	.60	.36	.00	.00	.00
B	3	3	.60	.36	2.00	4.00	1.20
C	3	0	.60	.36	−1.00	1.00	−.60
D	2	1	−.40	.16	.00	.00	.00
E	1	0	−1.40	1.96	−1.00	1.00	1.40
Σ	12	5	.00	3.20	.00	6.00	2.00
	$\overline{Y}=2.4$	$\overline{Y'}=1$					

$$s_Y^2 = \frac{\sum(Y_i - \overline{Y})^2}{n} = \frac{(3-2.4)^2 + \cdots + (1-2.4)^2}{5} = \frac{3.2}{5} = .64$$

$$s_{Y'}^2 = \frac{\sum(Y'_i - \overline{Y'})^2}{n} = \frac{(1-1)^2 + \cdots + (0-1)^2}{5} = \frac{6}{5} = 1.2$$

$$s_{YY'} = \frac{\sum(Y_i - \overline{Y})(Y'_i - \overline{Y'})}{n} = \frac{(3-2.4)(1-1) + \cdots + (1-2.4)(0-1)}{5} = \frac{2}{5} = .4$$

$$r_{YY'} = \frac{s_{YY'}}{s_Y s_{Y'}} = \frac{.4}{\sqrt{.64}\sqrt{1.2}} = .456$$

$$\gamma_{XX'} = \frac{2(.456)}{1+.456}$$
$$= .627$$

SPSS 프로그램을 이용한 분석 예시

SPSS 프로그램을 이용하여 〈표 12-6〉의 6문항으로 제작된 검사를 5명의 피험자에게 실시하여 얻은 검사 자료의 반분검사신뢰도를 추정하는 절차와 실행 결과는 다음과 같다.

프로그램 실행

메뉴에서 [분석] ▶ [척도분석] ▶ [신뢰도 분석]을 선택한 후 신뢰도 분석 대화상자에서 분석할 문항을 문항 리스트로 이동하고 모형에서 반분을 선택한다.

IBM SPSS Statistics Subscription 파일(F) 편집(E) 보기(V) 데이터(D) 변환(T) 분석(A) 그래프(G) 유틸리티(U) 확장(X) 창(W) 도움말(H)

제목없음1 [데이터세트0]

	피험자	문항1	문항2	문항3	문항4	문항5	문항6
1	A	1.00	1.00	1.00	1.00	.00	.00
2	B	1.00	1.00	1.00	1.00	1.00	1.00
3	C	1.00	1.00	1.00	.00	.00	.00
4	D	1.00	1.00	.00	.00	1.00	.00
5	E	1.00	.00	.00	.00	.00	.00

거듭제곱 분석(W)
보고서(P)
기술통계량(E)
베이지안 통계량(Y)
표(B)
평균 비교(M)
일반선형모형(G)
일반화 선형 모형(Z)
혼합 모형(X)
상관분석(C)
회귀분석(R)
로그선형분석(O)
신경망
분류분석(F)
차원 축소(D)
척도분석(A)
비모수검정(N)
시계열 분석(T)
생존분석(S)
다중반응(U)
결측값 분석(V)...
다중대체(I)
복합 표본(L)
시뮬레이션...
품질관리(Q)
공간과 시간 모형화...
다이렉트 마케팅(K)

신뢰도 분석(R)...
가중 카파(K)...
다차원 확장(PREFSCAL)(U)...
다차원척도법(PROXSCAL)...
다차원척도법(ALSCAL)(M)...

데이터 보기 변수 보기
IBM SPSS Statistics 프로세서 준비 완료

[그림 12-8] SPSS 데이터 편집기

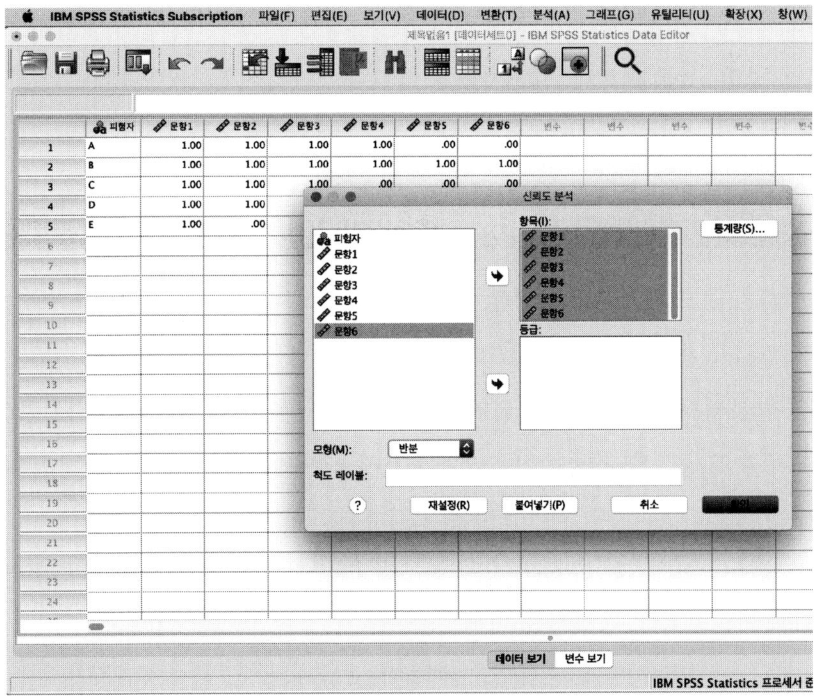

[그림 12-9] 신뢰도 분석 대화상자

실행 결과

신뢰도 통계량

Cronbach의 알파	파트 1	값	.563
		항목 수	3[a]
	파트 2	값	.700
		항목 수	3[b]
	전체 항목 수		6
문항간 상관관계			.456
Spearman-Brown 계수	같은 길이		.627
	다른 길이		.627
Guttman 반분계수			.606

a. 항목: 문항1, 문항2, 문항3.

b. 항목: 문항4, 문항5, 문항6.

[그림 12-10] 반분검사신뢰도 분석 결과

추정된 반분검사신뢰도는 .627이며 SPSS 프로그램은 전후법에 의해 검사를 반분하여 신뢰도를 추정한다. 〈표 12-6〉의 자료로 기우법에 의한 반분검사신뢰도를 추정하면 .964로, 검사를 반분하는 방법에 따라 추정된 반분검사신뢰도의 값이 상이함을 알 수 있다.

c. 장단점

반분검사신뢰도는 재검사신뢰도나 동형검사신뢰도를 추정할 때처럼 검사를 두 번 시행하지 않고 신뢰도를 추정할 수 있는 장점을 지니고 있다. 그러므로 시험 간격이나 동형검사 제작 등의 문제를 고려할 필요가 없다. 그러나 검사를 양분하는 방법에 따라 반분검사신뢰도 계수가 달리 추정된다는 단점이 있다. 만약 〈표 12-7〉과 같이 전후법으로 양분하지 않고 기우법으로 검사를 반분한다면 두 부분 검사점수의 상관계수는 .930이고 반분검사신뢰도는 .964가 된다. 일반적으로 반분검사신뢰도를 높게 추정하기 위해서는 문항 특성에 의하여 두 부분 검사가 동형이 되도록 검사를 반분하는 방법을 사용하는 것이 바람직하다.

② 문항내적일관성신뢰도

검사도구의 내적일관성신뢰도를 추정하는 방법으로 검사를 두 부분으로 나누어 부분검사 간의 유사성을 추정하는 방법과 문항 하나하나를 하나의 검사로 간주하여 문항들 간의 유사성 혹은 측정의 일치성을 추정하는 방법이 있다고 설명하였다. 문항내적일관성을 추정하는 방법으로 KR−20, KR−21, Hoyt 신뢰도, Cronbach α가 있다. 이상의 신뢰도 추정 방법은 진점수의 분산을 관찰점수의 분산으로 나눈 비율에 기초한 개념으로서 KR−20, KR−21, Hoyt 신뢰도, Cronbach α의 순으로 제안되었다.

KR−20은 이분문항에만 적용되고, KR−21은 이분문항이 아닌 다분문항에만 적용되며, Hoyt 신뢰도는 이분문항뿐 아니라 다분문항의 신뢰도도 추정한다. 그러나 분산분석 방법을 사용하므로 추정 방법이 복잡하게 여겨져 보편화되지 못하였으며, Cronbach α가 흔히 사용되고 있다. Cronbach α가 많이 사용되는 이유는 이분문항뿐 아니라 연속적으로 점수가 부여되는 문항들에 대한 신뢰도 추정도 가능하며, 신뢰도 계산 공식의 유도과정과 개념이 보다 간단하기 때문이다. 역사적으로 가장 늦게 제안된 것이 Cronbach α이지만 이 장에서는 Cronbach α, KR−20, KR−21, Hoyt 신뢰도 순으로 설명한다.

a. Cronbach α

■ 정의

Cronbach(1951)는 문항내적일관성을 측정하기 위하여 검사를 두 부분으로 나누지 않고 문항점수의 분산을 고려한 Cronbach α를 제안하였다. Cronbach α 역시 신뢰도의 두 번째 기본 개념에 의한 관찰점수 분산과 진점수 분산 비율에 근거한다. 그러므로 Cronbach α는 문항점수가 이분점수가 아닐 때 KR−20의 일반화된 공식이라 말할 수 있으며, 다음 공식에 의하여 문항내적일관성을 측정하는 신뢰도를 계산할 수 있다.

$$\rho_{XX'} \geq \alpha = \frac{n}{n-1}\left(1 - \frac{\sum_{i=1}^{n}\sigma_{Y_i}^2}{\sigma_X^2}\right)$$

n : 문항 수

$\sigma_{Y_i}^2$: i번째 문항점수의 분산

σ_X^2: 총점의 분산

■ 추정 방법

〈표 12-6〉의 응답자료를 가지고 Cronbach α에 의한 문항내적일관성신뢰도를 추정하는 절차는 〈표 12-8〉과 같다.

〈표 12-8〉 Cronbach α에 의한 신뢰도 추정 절차

피험자 \ 문항	1	2	3	4	5	6	총점(X)
A	1	1	1	1	0	0	4
B	1	1	1	1	1	1	6
C	1	1	1	0	0	0	3
D	1	1	0	0	1	0	3
E	1	0	0	0	0	0	1
$\overline{Y_i}$	1	.8	.6	.4	.4	.2	$\overline{X}$=3.4

$$S_1^2 = \frac{(1-1)^2+(1-1)^2+(1-1)^2+(1-1)^2+(1-1)^2}{5} = 0$$

$$S_2^2 = \frac{(1-.8)^2+(1-.8)^2+(1-.8)^2+(1-.8)^2+(0-.8)^2}{5} = .16$$

$$S_3^2 = \frac{(1-.6)^2+(1-.6)^2+(1-.6)^2+(0-.6)^2+(0-.6)^2}{5} = .24$$

$$S_4^2 = \frac{(1-.4)^2+(1-.4)^2+(0-.4)^2+(0-.4)^2+(0-.4)^2}{5} = .24$$

$$S_5^2 = \frac{(0-.4)^2+(1-.4)^2+(0-.4)^2+(1-.4)^2+(0-.4)^2}{5} = .24$$

$$S_6^2 = \frac{(0-.2)^2+(1-.2)^2+(0-.2)^2+(0-.2)^2+(0-.2)^2}{5} = .16$$

$$\Sigma S_i^2 = 0 + .16 + .24 + .24 + .24 + .16 = 1.04$$

$$S_X^2 = \frac{(4-3.4)^2+(6-3.4)^2+(3-3.4)^2+(3-3.4)^2+(1-3.4)^2}{5} = 2.64$$

$$\alpha = \frac{n}{n-1}\left(1 - \frac{\sum S_i^2}{S_X^2}\right) = \frac{6}{5}\left(1 - \frac{1.04}{2.64}\right) = .727$$

Cronbach α에 의한 문항내적일관성신뢰도는 .727로 신뢰도가 높다고 할 수 있다. Cronbach α는 문항점수가 이분점수뿐 아니라 연속점수일 때도 신뢰도를 추정할 수 있다. 학교 도서관에 대한 만족도를 묻는 4개의 문항에 5명이 응답하였을 때의 응답 결과는 〈표 12-9〉와 같다. 각 문항은 5단계 Likert 척도를 사용하였으며 1점은 매우 불만족, 2점은 불만족, 3점은 보통, 4점은 만족, 5점은 매우 만족을 의미한다.

〈표 12-9〉 도서관에 대한 만족도 응답결과

피험자 \ 문항	1	2	3	4
A	4	3	5	4
B	3	3	4	4
C	5	5	4	5
D	2	1	3	2
E	3	2	4	3

〈표 12-9〉의 응답 자료를 가지고 Cronbach α를 계산하는 절차는 〈표 12-10〉과 같다.

〈표 12-10〉 도서관 만족도 응답결과의 Cronbach α 계산 절차

피험자 \ 문항	1	2	3	4	총점(X)
A	4	3	5	4	16
B	3	3	4	4	14
C	5	5	4	5	19
D	2	1	3	2	8
E	3	2	4	3	12
$\overline{Y_i}$	3.4	2.8	4	3.6	$\overline{X}$=13.8

$$S_1^2 = \frac{(4-3.4)^2+(3-3.4)^2+(5-3.4)^2+(2-3.4)^2+(3-3.4)^2}{5} = 1.04$$

$$S_2^2 = \frac{(3-2.8)^2+(3-2.8)^2+(5-2.8)^2+(1-2.8)^2+(2-2.8)^2}{5} = 1.76$$

$$S_3^2 = \frac{(5-4)^2+(4-4)^2+(4-4)^2+(3-4)^2+(4-4)^2}{5} = .40$$

$$S_4^2 = \frac{(4-3.6)^2+(4-3.6)^2+(5-3.6)^2+(2-3.6)^2+(3-3.6)^2}{5} = 1.04$$

$$\sum S_i^2 = 1.04 + 1.76 + .40 + 1.04 = 4.24$$

$$S_X^2 = \frac{(16-13.8)^2+(14-13.8)^2+(19-13.8)^2+(8-13.8)^2+(12-13.8)^2}{5}$$

$$= 13.76$$

$$\therefore \ \alpha = \frac{n}{n-1}(1-\frac{\sum S_i^2}{S_X^2}) = \frac{4}{4-1}(1-\frac{4.24}{13.76}) = .922$$

문항내적일관성신뢰도 Cronbach α는 .922로 신뢰도가 매우 높다고 할 수 있다.

SPSS 프로그램을 이용한 분석 예시

SPSS 프로그램을 이용하여 〈표 12-9〉의 자료로 Cronbach α를 추정하는 절차와 실행 결과를 제시하면 다음과 같다.

프로그램 실행

SPSS 프로그램의 데이터 편집기에 [그림 12-11]과 같이 자료를 입력한 다음 메뉴에서 [분석] ▶ [척도분석] ▶ [신뢰도 분석]을 선택하면 [그림 12-12]와 같은 대화상자가 열린다.

Cronbach α를 추정하기 위해서는 [그림 12-12]의 신뢰도 분석 대화상자에서 분석할 문항을 문항 리스트로 이동하고 모형을 알파로 선택한다.

[그림 12-11] SPSS 데이터 편집기

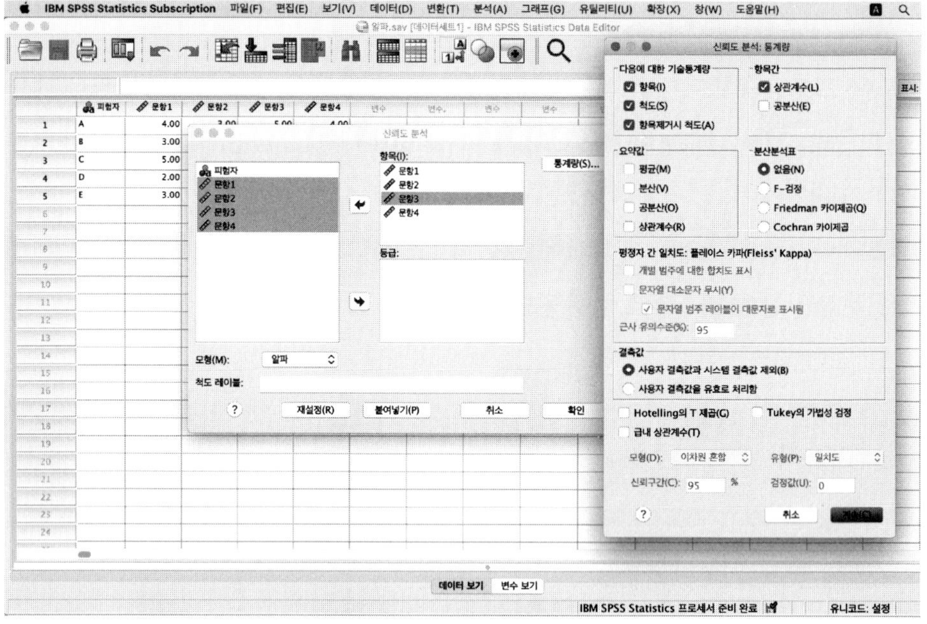

[그림 12-12] 신뢰도 분석 대화상자

실행 결과

신뢰도 통계량

Cronbach의 알파	표준화된 항목의 Cronbach의 알파	항목 수
.922	.927	4

항목 통계량

	평균	표준편차	N
문항1	3.4000	1.14018	5
문항2	2.8000	1.48324	5
문항3	4.0000	.70711	5
문항4	3.6000	1.14018	5

항목간 상관행렬

	문항1	문항2	문항3	문항4
문항1	1.000	.946	.620	.923
문항2	.946	1.000	.477	.976
문항3	.620	.477	1.000	.620
문항4	.923	.976	.620	1.000

항목 총계 통계량

	항목이 삭제된 경우 척도 평균	항목이 삭제된 경우 척도 분산	수정된 항목-전체 상관계수	제곱 다중 상관계수	항목이 삭제된 경우 Cronbach 알파
문항1	10.4000	9.300	.949	.	.855
문항2	11.0000	7.500	.923	.	.880
문항3	9.8000	13.700	.573	.	.974
문항4	10.2000	9.200	.969	.	.848

척도 통계량

평균	분산	표준편차	항목 수
13.8000	17.200	4.14729	4

[그림 12-13] 문항내적일관성신뢰도(Cronbach α) 분석 결과

4문항으로 구성된 도서관 만족도 검사의 Cronbach α는 .922로 신뢰도가 매우 높다고 평가할 수 있다. 표준화된 항목의 Cronbach α는 문항점수를 모두 각 문항점수의 표준점수로 치환하여 얻은 Cronbach α 값이다. 문항점수들의 배점이 다를 경우, 즉 어떤 문항은 3점 척도이고, 다른 문항은 7점 척도 등으로 다양할 때 신뢰도 지수를 추정하기 위하여 사용되기도 한다. 그러나 모든 문항점수가 동일 척도일 때는 고려하지 않는다.

5점 만점의 Likert 척도에 의한 문항별 평균, 표준편차를 살펴보면, 1번 문항의 평균은 3.4, 표준편차가 1.140, 2번 문항의 평균은 2.8, 표준편차는 1.483, 3번 문항의 평균은 4.0, 표준편차는 .707, 4번 문항의 평균은 3.6, 표준편차는 1.140이다. 문항점수 간 상관계수 추정 결과, 1번 문항점수와 2번 문항점수의 상관계수는 .946, 3번 문항점수와의 상관계수는 .620, 4번 문항점수와의 상관은 .923이다. 2번 문항의 점수와 3번 문항의 상관은 .477, 4번 문항점수와의 상관은 .976이다. 3번 문항점수와 4번

문항점수의 상관은 .620이다. 문항 간의 상관계수가 높으면 문항 간의 일관성이 높기 때문에 신뢰도 계수가 높게 추정된다. 4문항으로 구성된 도서관 만족도 검사에서 5명 피험자의 평균은 13.8이며, 분산은 17.2이다.

항목 총계 통계량 부분의 '항목이 삭제된 경우 Cronbach α'는 그 문항을 제거하여 3문항으로 신뢰도를 추정한 결과이다. 1번 문항을 제거하고 2, 3, 4번 문항으로 Cronbach α를 추정하면 신뢰도 계수는 .855이다. 즉, 1번 문항을 제거하면 문항내적일관성신뢰도가 낮아지므로 1번 문항은 양호한 문항이다. 반면, 3번 문항을 제거할 때 신뢰도는 .974로 오히려 증가하므로 3번 문항은 문항내적일관성신뢰도를 감소시키는 좋지 않은 문항으로 해석할 수 있다. 상관계수 행렬에서 3번 문항은 다른 문항의 점수와 상관이 낮은 편으로 신뢰도를 감소시킬 수 있다. 문항변별도가 낮거나 음수인 문항은 신뢰도를 감소시킨다.

■ 장단점

Cronbach α에 의하여 신뢰도를 추정하면 검사를 양분하지 않아도 되는 장점과 문항 간의 일관성에 의하여 단일한 신뢰도 추정 결과를 얻을 수 있는 장점이 있다. 그러므로 재검사신뢰도, 동형검사신뢰도, 반분검사신뢰도가 지니는 단점을 극복할 수 있다. Cronbach α는 검사도구의 신뢰도를 과소 추정하는 경향이 있으나 검사도구의 질을 분석함에 있어 어느 정도의 엄격성이 요구되기 때문에 과소 추정되는 정보가 더 바람직하다.

b. KR-20, KR-21

■ 정의

검사를 반분하는 방법에 따라 신뢰도 계수가 변화하는 문제점을 해결하기 위하여 각 문항들의 분산과 공분산을 사용하여 문항들 간의 측정의 일관성을 추정하는 방법을 Kuder와 Richardson(1937)이 제안하였다. Kuder와 Richardson이 제안한 공식은 KR-20과 KR-21이 있으며, KR-20은 문항점수가 0과 1일 때 신뢰도를 추정하는 공식이다. KR-20은 문항의 답이 있는 학업성취도검사에 주로 쓰이며 다음 공식과 같다.

$$KR-20 = \rho_{XX'} = \frac{n}{n-1}\left(1 - \frac{\sum p_i q_i}{\sigma_X^2}\right)$$

n : 문항 수

p_i : 문항의 답을 맞힌 피험자 비율

q_i : $1-p_i$

σ_X^2 : 피험자 총점의 분산

KR−20은 문항점수가 연속점수일 때는 사용할 수 없으므로 이런 문제점을 해결하기 위하여 Kuder와 Richardson은 KR−21을 제안하였다. 질문의 응답이 Likert 척도에 의하여 부여되는 점수이든지, 여러 범주 변수일 때 사용된다. KR−21은 문항 평균 난이도를 고려하였으며 다음 공식과 같다.

$$KR-21 = \rho_{XX'} = \frac{n}{n-1}\left(1 - \frac{\overline{X}(n-\overline{X})}{n\sigma_X^2}\right)$$

KR−20과 KR−21은 다음과 같은 관계가 있다.

$$\text{KR}-20 \geq \text{KR}-21$$

만약 문항난이도 p_i가 동일할 때는 KR−20과 KR−21은 동일하지만 p_i가 같지 않을 때 KR−21은 KR−20보다 작아져서 검사 신뢰도를 과소 추정하게 된다. KR−21은 문항점수가 연속변수일 때 신뢰도를 추정하기 위하여 제안되었으나, Hoyt 신뢰도와 Cronbach α가 제안된 후부터는 잘 사용하지 않는다.

■ 추정 방법

반분검사신뢰도를 추정한 자료 〈표 12−6〉을 가지고 KR−20에 의한 문항내적일관성신뢰도를 추정하는 절차는 〈표 12−11〉과 같다.

〈표 12-11〉 KR-20에 의한 신뢰도 추정 절차

피험자 \ 문항	1	2	3	4	5	6	총점(X)
A	1	1	1	1	0	0	4
B	1	1	1	1	1	1	6
C	1	1	1	0	0	0	3
D	1	1	0	0	1	0	3
E	1	0	0	0	0	0	1
p	1.0	.8	.6	.4	.4	.2	
q	0	.2	.4	.6	.6	.8	$\overline{X}$=3.4
pq	0	.16	.24	.24	.24	.16	

$$\sum p_i q_i = 0 + .16 + .24 + .24 + .24 + .16 = 1.04$$

$$S_X^2 = \frac{(4-3.4)^2 + (6-3.4)^2 + (3-3.4)^2 + (3-3.4)^2 + (1-3.4)^2}{5} = 2.64$$

$$KR-20 = \frac{6}{5}\left(1 - \frac{1.04}{2.64}\right) = .727$$

KR-20에 의한 문항내적일관성신뢰도는 .727로 높다고 할 수 있으며, 〈표 12-8〉에서 추정된 Cronbach α에 의한 문항내적일관성신뢰도와 같다.

■ 장단점

신뢰도 추정을 위하여 KR-20과 KR-21을 사용하는 데 따른 장점은 Cronbach α와 같이 검사를 두 번 실시하거나 양분할 필요가 없다는 것이다. 검사의 각 문항의 응답 자료를 그대로 분석하여 신뢰도를 추정하므로 검사의 신뢰도를 과학적으로 추정하는 장점이 있다.

c. Hoyt 신뢰도

■ 정의

Hoyt(1941)는 문항 간의 내적일관성을 추정하기 위하여 분산분석(Analysis of Variance: ANOVA) 방법을 사용하였다. 검사를 시행할 때 동일한 피험자가 여러 문항에 반복 응답하므로 이를 분산분석의 반복설계로 간주할 수 있다. 분산분석을 통하여 피험자 간 편차제곱평균과 문항과 피험자의 상호작용인 오차제곱평균(MSe)에 근거한 다음 공식에 의하여 신뢰도 계수를 추정한다.

$$\rho_{XX'} = \frac{MS_P - MS_e}{MS_P} = 1 - \frac{MS_e}{MS_P}$$

MS_P: 피험자 간 편차제곱평균

MS_e: 오차 제곱평균

Hoyt 신뢰도 역시 신뢰도의 두 번째 접근 방법인 진점수 분산이 관찰점수 분산 중 차지하는 비율에 입각하여 전개되므로 동일한 검사 응답 자료를 가지고 추정한 Cronbach α계수와 같다.

■ 추정 방법

분산분석에 의하여 Hoyt 신뢰도를 계산하기 앞서 편차제곱합을 계산하는 절차를 숙지하여야 한다. 총 편차제곱합, 피험자 간 편차제곱합, 피험자 내 편차제곱합, 문항 간 편차제곱합, 그리고 오차제곱합을 계산하기 위한 수식은 [그림 12-14]와 같다.

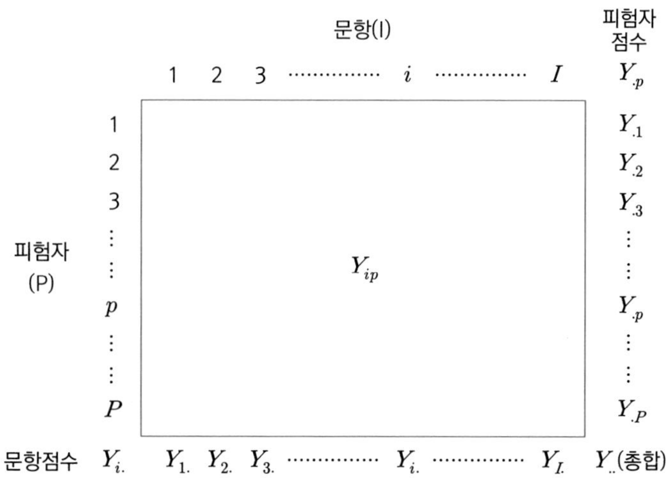

[그림 12-14] p피험자와 i문항의 응답결과 분산분석을 위한 수식 도표

총 편차제곱합, 피험자 간 편차제곱합, 피험자 내 편차제곱합, 문항 간 편차제곱합, 피험자와 문항 간 상호작용인 오차제곱합은 다음과 같이 계산된다.

$$SS_T = \sum\sum Y_{ip}^2 - \frac{Y_{..}^2}{IP}$$

$$SS_P = \frac{\sum Y_{.P}^2}{I} - \frac{Y_{..}^2}{IP}$$

$$SS_W = \sum\sum Y_{ip}^2 - \frac{\sum Y_{.P}^2}{I}$$

$$SS_I = \frac{\sum Y_{I.}^2}{P} - \frac{Y_{..}^2}{IP}$$

$$SS_{IP} = \sum\sum Y_{ip}^2 - \frac{\sum Y_{.P}^2}{I} - \frac{\sum Y_{I.}^2}{P} + \frac{Y_{..}^2}{IP}$$

그리고 피험자 간 편차제곱평균, 피험자 내 편차제곱평균, 문항 간 편차제곱평균, 상호작용으로 오차제곱평균은 편차제곱합을 해당되는 자유도로 나눈 값이 된다.

$$MS_P = SS_P / (P-1)$$

$$MS_W = SS_W / P(I-1)$$

$$MS_I = SS_I / (I-1)$$

$$MS_{IP} = MS_{IP} / (I-1)(P-1)$$

Cronbach α를 추정하기 위하여 사용한 자료인 〈표 12-9〉 학교 도서관 만족도 응답결과를 가지고 Hoyt의 신뢰도 공식에 의해 신뢰도를 계산하는 절차는 〈표 12-12〉와 같다.

〈표 12-12〉 도서관 만족도 응답결과의 Hoyt 신뢰도 계산 절차

피험자 \ 문항	1	2	3	4	총점($Y_{.P}$)
A	4	3	5	4	16
B	3	3	4	4	14
C	5	5	4	5	19
D	2	1	3	2	8
E	3	2	4	3	12
$Y_{I.}$	17	14	20	18	69

$$\sum Y_{ip}^2 = 4^2 + 3^2 + 5^2 + 4^2 + \cdots + 3^2 + 2^2 + 4^2 + 3^2 = 263$$

$$\sum \frac{Y_{.P}^2}{I} = \frac{16^2}{4} + \frac{14^2}{4} + \frac{19^2}{4} + \frac{8^2}{4} + \frac{12^2}{4} = 255.25$$

$$\sum \frac{Y_{I.}^2}{P} = \frac{17^2}{5} + \frac{14^2}{5} + \frac{20^2}{5} + \frac{18^2}{5} = 241.8$$

$$\frac{Y_{..}^2}{IP} = 238.05$$

총 편차제곱합, 피험자 간 편차제곱합, 피험자 내 편차제곱합, 문항 간 편차제곱합, 상호작용인 오차제곱합은 다음과 같다.

$$SS_T = 263 - 238.05 = 24.95$$

$$SS_P = 255.25 - 238.05 = 17.2$$

$$SS_W = 263 - 255.25 = 7.75$$

$$SS_I = 241.8 - 238.05 = 3.75$$

$$SS_{IP} = 263 - 255.25 - 241.8 + 238.05 = 4$$

피험자 간 편차제곱평균, 피험자 내 편차제곱평균, 문항 간 편차제곱평균, 상호작용인 오차제곱평균은 다음과 같다.

$$MS_P = 17.2/(5-1) = 4.3$$

$$MS_W = 7.75/5(4-1) = .517$$

$$MS_I = 3.75/(4-1) = 1.25$$

$$MS_{IP} = 4/(5-1)(4-1) = .333$$

5명의 피험자가 4문항에 응답한 결과의 분산분석 결과는 〈표 12-13〉과 같다.

〈표 12-13〉 5명의 피험자가 4문항에 응답한 결과의 분산분석표

분산원	제곱합	자유도	제곱평균
피험자간	17.2	4	4.3
피험자내	7.75	15	.517
문항	3.75	3	1.25
오차	4.0	12	.333
총	24.95	19	

그러므로 Hoyt 신뢰도는 다음과 같다.

$$r_{XX'} = 1 - \frac{MS_{IP}}{MS_P} = 1 - \frac{.333}{4.3} = .92$$

Hoyt 신뢰도 계산 공식에서 얻은 신뢰도 계수 .92는 〈표 12-10〉에서 Cronbach α에 의해 계산된 결과와 동일함을 알 수 있다.

■ 장단점

Hoyt 신뢰도 추정 방법은 Cronbach α, KR-20과 같이 검사를 두 번 시행하거나 양분하지 않아도 되는 장점이 있다. 또한 신뢰도의 추정치가 변하지 않는다는 장점이 있으나, 계산 절차에서 보듯이 계산상의 복잡함이 단점이기도 하다. 그러나 분산분석의 반복설계를 인지하고 있으면 그리 어려운 계산 절차는 아니다.

4) 신뢰도의 적용과 영향을 주는 요인

(1) 적용

검사 개발자는 검사의 양호도를 입증하기 위해 검사 신뢰도에 대한 정보를 제공하여야 하고, 개발된 검사를 활용할 때는 검사 신뢰도를 확인하여 신뢰도가 높은 검사도구를 선택하여야 한다. 검사도구의 신뢰도를 추정할 때 재검사신뢰도, 동형검사신뢰도, 반분검사신뢰도, 문항내적일관성신뢰도를 사용한다.

예전에 개발된 검사도구나 검사제작 기관에서 만든 검사도구의 경우 신뢰도 계수가 가장 높게 추정되는 재검사신뢰도를 보고하는 경향이 있다. 그러나 재검사신뢰도는 신뢰도를 과대 추정할 뿐 아니라 과학성을 결여하기 때문에 최근에는 사용을 권장하지 않는다.

신뢰도 계수를 기준으로 할 때, 일반적으로 재검사신뢰도 계수가 가장 높고, 동형검사신뢰도, 반분검사신뢰도, 문항내적일관성신뢰도 순으로 낮다. 문항내적일관성신뢰도에서 설명하였듯이, 문항내적일관성신뢰도는 과학적이고 가장 낮은 계수를 제공하므로 신뢰도에 대한 가장 정확한 정보를 제공한다. 그러므로 검사도구를 개발하거나 선택할 때 문항내적일관성신뢰도를 사용하는 것이 바람직하다.

(2) 영향을 주는 요인

검사 제작자는 검사도구의 신뢰도를 높이기 위하여 신뢰도에 영향을 주는 요인을 숙지하여야 한다.

첫째, 신뢰도에 영향을 주는 요인은 문항 수이다. 인간이 지니고 있는 속성을 적은 수의 문항으로 측정할 때보다 많은 수의 문항으로 검사를 실시할 때 측정의 오차를 줄일 수 있다. 문항은 문항 제작절차와 제작원리에 준하여 제작된 문항이어야 한다. 양질의 문항 수를 증가시키면 신뢰도 계수는 계속 선형적으로 증가하는 것이 아니라 곡선형적으로 증가한다. 검사의 길이와 신뢰도 계수의 관계는 〈표 12-14〉와 [그림 12-15]에 제시되어 있다(Ebel & Frisble, 1991).

〈표 12-14〉 검사의 길이와 신뢰도 계수

문항 수	5	10	20	40	80	160	320	640	∞
신뢰도 계수	.20	.33	.50	.67	.80	.89	.94	.97	1.00

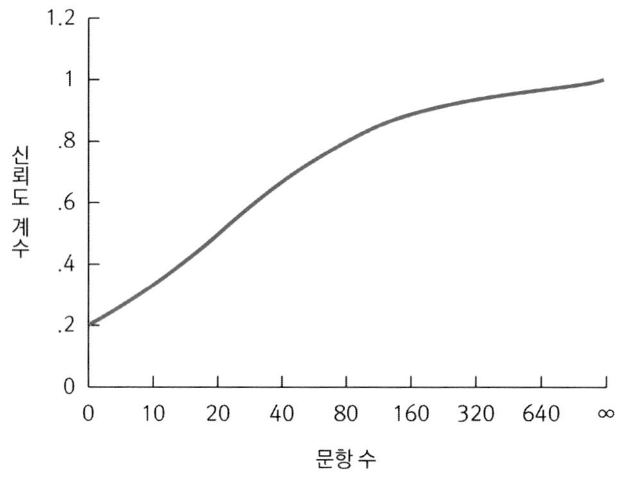

[그림 12-15] 검사 길이에 따른 신뢰도 계수 증가 곡선

둘째, 문항의 난이도가 적절할 때 검사의 신뢰도는 증가한다. 검사가 너무 어렵거나 쉬우면 피험자의 검사불안과 부주의가 발생하여 일관성 있는 응답을 하지 못하므로 신뢰도가 저하된다.

셋째, 문항변별도가 높을 때 검사의 신뢰도는 증가한다. 즉, 문항이 피험자를 능력에 따라 구분할 수 있는 문항변별력이 있어야 검사의 신뢰도가 높아진다.

넷째, 검사도구의 측정내용이 보다 좁은 범위의 내용일 때 검사의 신뢰도는 증가한다. 예를 들어, 한국사 시험에서 검사의 내용범위가 근대사로 제한된다면 한국사 전체의 내용을 포함하는 검사보다 신뢰도가 높을 것이다. 이는 검사내용의 범위를 좁힐 때, 문항 간의 동질성을 유지하기가 용이하기 때문이다.

다섯째, 검사 시간이 충분하여야 한다. 이는 문항 수와 관계되는 문제이기도 하다. 충분한 시간이 부여될 때 응답의 안전성을 보장받을 수 있다. 그러므로 속도검사보다는 역량검사가 신뢰도 측면에서 바람직하다.

이상의 내용을 요약하면, 검사가 중간 정도의 난이도를 가지며 변별도가 높은 문항이 많고 검사 길이가 길 때 신뢰도는 증가한다. 이를테면, 동일한 내용을 측정하고 검사의 다른 측정학적 조건이 동일하다고 가정할 때 난이도가 다양한 검사 중에서 중간 난이도 검사의 신뢰도 계수가 가장 높고, 변별도가 다양한 검사들 중에서는 변별력이 높은 검사의 신뢰도 계수가 가장 높으며, 동일한 난이도와 변별도의 특성을 가진 검사들에서는 검사의 길이가 길수록 신뢰도 계수가 높게 나타난다(김경희, 1993). 일반적으로 좋은 문항은 변별도가 높으며, 타당도는 물론 신뢰도도 높다. 이와 같은 문항은 제작할 때부터 주의를 기울인 문항으로써 문항제작 지침에 근거하여 제작된 문항이다. 문항을 제작하기 위한 상세한 지침은 이 책의 제5장을 참조하라.

5) 타당도와 신뢰도의 관계

타당도는 검사도구가 측정하고자 하는 특성을 얼마나 충실히 측정하였는가 하는 검사목적에의 부합성을, 신뢰도는 측정하고자 하는 내용을 얼마나 오차 없이 정확하게 측정하였는가 하는 검사도구의 일관성을 의미한다. 이와 같이 타당도와 신뢰도가 다른 개념이라 할지라도 검사도구를 제작하거나 활용하는 데 있어 필수적으로 고려하여야 하는 요소이므로 타당도와 신뢰도의 관계에 대한 이해가 필요하다.

검사도구에 의한 관찰점수는 [그림 12-16]과 같이 진점수와 오차점수로 구성된다.

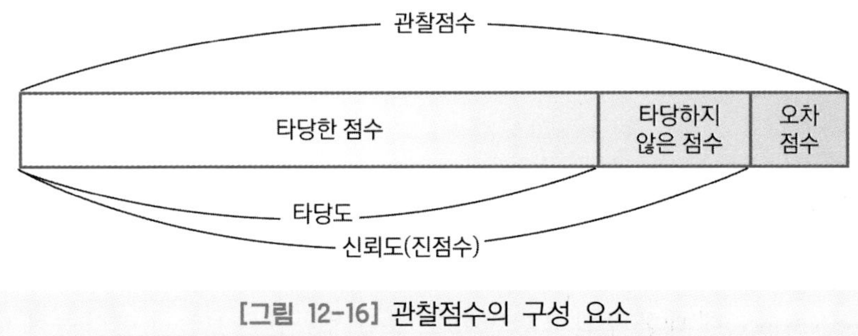

[그림 12-16] 관찰점수의 구성 요소

신뢰도는 관찰점수에서 오차점수를 제외한 진점수에 해당되며, 진점수는 검사도구에서 측정하고자 하는 특성을 측정한 타당한 점수와 다른 특성을 측정한 타당하지 않은 점수로 구분된다. 전체 관찰점수 중 타당한 점수 부분이 타당도가 된다.

[그림 12-16]에서 보는 바와 같이 타당도가 높기 위해서는 신뢰도가 높아야 한다. 그러나 신뢰도가 높다고 반드시 타당도가 높은 것은 아니다. 신뢰도는 타당도의 중요한 선행요건으로서 타당도를 담보하기 위한 필요조건이지 충분조건은 아니라는 점을 유념할 필요가 있다.

2 채점자내신뢰도와 채점자간신뢰도

예체능계 실기평가나 논술시험과 같이 채점자의 주관적 판단에 의해 점수 또는 등급이 부여될 경우 채점의 신뢰성이 중요한 쟁점으로 부각될 수 있다. 이 절에서는 채점자내신뢰도, 채점자간신뢰도의 정의와 추정 방법 및 해석 기준에 대해 설명한다.

1) 채점자내신뢰도

채점자내신뢰도(intra-rater reliability)는 채점자가 모든 측정대상에 대하여 계속적으로 일관성 있게 측정하였는지를 나타낸다. 채점자내신뢰도인 개인의 일관성이 전제가 되지 않는다면, 채점자 개인의 채점기준이 변화된다는 것을 의미한다. 그러므로 채점자내신뢰도는 채점자간신뢰도 추정의 기본 전제조건이 된다.

2) 채점자간신뢰도

(1) 정의

'작품이 훌륭하다' '다이빙을 멋지게 했다' 혹은 '글을 잘 썼다' 등의 표현은 행위나 수행(performance)에 대한 주관적 판단이다. 주관적 판단은 보는 사람의 눈에 비추어 판단한 결과로서 사람마다 다를 수 있어 논쟁의 소지가 있다. 어떤 사물과 사건에 대한 평가가 이와 같이 언어적으로 표현될 때 판단기준이 달라 타인과의 의사소통이 원활하지 못할 뿐 아니라 모호성과 막연성 때문에 판단에 따른 실수를 유발할 가능성이 있다. 그러므로 경험과학에서는 타인과의 의사소통을 원활히 하고 언어적 표현에 따른 모호성과 주관성을 배제하기 위하여 보다 객관적인 정보를 제공하려 한다. 예를 들어, 어떤 작품에 대한 평정을 A, B, C, D, E로 분류할 때 그 작품은 A급이라든지, 다이빙 행위는 10점 만점에 9점이라든지, 그 글은 5단계 평정법에 의하여 5점을 받았다든지 등으로 표현한다.

인지적 또는 정의적 행동 특성을 측정하는 단답형의 검사도구는 타당도와 신뢰도로 검사의 질을 분석한다. 그러나 논술형 고사나 예체능계의 심동적 영역의 수행결과에 대한 채점 혹은 평가결과는 객관도에 의하여 분석된다. **객관도(objectivity)**란 평정자가 주관적인 편견을 얼마나 배제하였는가의 문제이다. 그러므로 객관도란 한 평정자가 다른 평정자와 얼마나 유사하게 평가하였는가의 문제와 한 평정자가 많은 측정대상에 대하여 계속적으로 일관성 있게 측정하였는가의 문제로 구분할 수 있다. 전자를 평정자간신뢰도(inter-rater reliability), 후자를 평정자내신뢰도(intra-rater reliability)라 한다. 객관도라는 용어는 평정의 주관성 배제 유무를 확인하는 매우 포괄적인 용어로서 학문적 용어로 쓰이는 경우는 드물다.

평가의 결과를 등급으로 부여한다면 평정자간신뢰도, 평정자내신뢰도라는 용어를 사용하고, 평가결과가 점수로 부여된다면 채점자간신뢰도(inter-scorer reliability), 채점자내신뢰도(intra-scorer reliability)라는 용어를 사용한다. 예를 들어, 인지적 능력을 측정하는 논술형 고사의 경우 학생의 답안에 점수를 부여하므로 채점자간신뢰도와 채점자내신뢰도라는 용어를 사용한다. 만약에 관찰에 의한 결과라면 관찰자간신뢰도(inter-observer reliability), 관찰자내신뢰도(intra-observer reliability)라는 용어를 사용한다.

(2) 기본가정

채점자내신뢰도가 채점자간신뢰도 추정의 기본 전제조건이 됨을 설명하였다. 이외에도 채점자간신뢰도 혹은 관찰자간신뢰도를 추정하기 위한 기본가정은 다음과 같다.

첫째, 피험자는 동일한 행위나 같은 문항에 응답하여야 한다.

둘째, 평정자는 상호 독립적이어야 한다.

셋째, 평정자는 동일 대상을 평정하여야 한다.

이상의 가정을 충족하는 예로 세계 올림픽 대회의 다이빙이나 피겨 스케이팅 경기를 들 수 있다. 한 선수가 경기를 펼친 후 다수의 심판관이 동시에 관찰하여 각각의 점수를 부여한다.

채점의 공정성을 확보하기 위하여 앞의 세 가정이 충족되어야 함에도 불구하고 채점자들이 동일 대상을 평정하기가 용이하지 않기 때문에 A 채점자는 전반부의 피험자를, B 채점자는 후반부의 피험자들의 수행결과를 평정하여 얻은 자료로 평정자간 신뢰도를 추정하는 방법을 간혹 볼 수 있다. 관찰도 마찬가지로 관찰자간신뢰도를 추정하기 위하여 앞의 가정을 충족하여야 한다.

(3) 추정 방법

채점자간신뢰도를 추정하는 방법은 점수가 양적 변수인지 질적 변수인지에 따라 구분한다. 양적 변수일 경우는 상관계수법을 적용하고, 질적 변수 혹은 범주변수일 경우는 일치도 통계나 Cohen의 Kappa 공식을 사용한다.

① 상관계수법

채점결과가 점수로 부여될 때, 두 채점자가 동일한 집단의 피험자에게 얼마나 유사하게 점수를 부여하였는지 파악하기 위해 채점자간신뢰도 추정 방법으로 단순적률상관계수 공식을 사용한다. 〈표 12-15〉는 학습자들의 수행이나 그 결과에 대한 채점자들의 채점결과이며, 〈표 12-16〉은 채점자간신뢰도를 상관계수로 추정한 결과이다.

〈표 12-15〉 3명의 채점자가 5명의 학습자의 수행에 부여한 점수

채점자 / 학습자	R_1	R_2	R_3
A	9	8	9
B	10	9	9
C	6	6	5
D	8	7	7
E	6	9	6

〈표 12-16〉 3명의 채점자 간 채점점수의 상관계수

	R_1	R_2
R_2	.41	
R_3	.95	.56

첫 번째 채점자와 두 번째 채점자의 채점자간신뢰도는 .41, 두 번째 채점자와 세 번째 채점자의 채점자간신뢰도는 .56으로 낮은 반면, 첫 번째 채점자와 세 번째 채점자의 채점자간신뢰도는 .95로 높다.

〈표 12-16〉에 의하면, 두 번째 채점자는 첫 번째 채점자와 세 번째 채점자와 낮은 상관을 보임으로써 두 채점자와 다른 채점기준으로 채점한 것으로 해석할 수 있다.

세 명의 채점자의 채점결과를 살펴보면, 가장 우수한 학습자는 B이며 수행이 낮은 학습자는 C이다. 그리고 세 명의 채점자 중 첫 번째 채점자가 높은 점수를 부여하는 경향이 있고, 두 번째와 세 번째 채점자는 첫 번째 채점자보다 낮은 점수를 부여하고 있다. 이런 채점 경향에 비추어 볼 때 E 학습자의 경우 두 번째 채점자는 6점을 부여하든지 혹은 5점을 부여하여야 채점의 일관성을 유지할 수 있다. 그러나 E 학습자에게 9점을 부여함으로써 두 번째 채점자는 채점자내신뢰도를 잃을 뿐 아니라 채점자간신뢰도도 낮게 추정되었다. 이런 경우는 E 학습자의 수행결과를 다시 채점하는 기회를 갖는 것이 바람직하다. 만약 어떤 채점자가 다른 채점자들과 매우 다르게 채점한다면 해당 채점자에게 채점에 대한 훈련을 다시 하든지 채점에서 제외시키는 것이 바람직하다.

SPSS 프로그램을 이용한 분석 예시

SPSS 프로그램을 이용하여 〈표 12-15〉의 자료로 상관계수에 의한 채점자간신뢰도를 추정하는 절차와 결과를 제시하면 다음과 같다.

프로그램 실행

메뉴에서 분석 ▶ 상관분석 ▶ 이변량 상관을 선택한 후 상관분석 대화상자가 열리면 분석할 변수를 오른쪽으로 이동하여 상관계수를 추정한다.

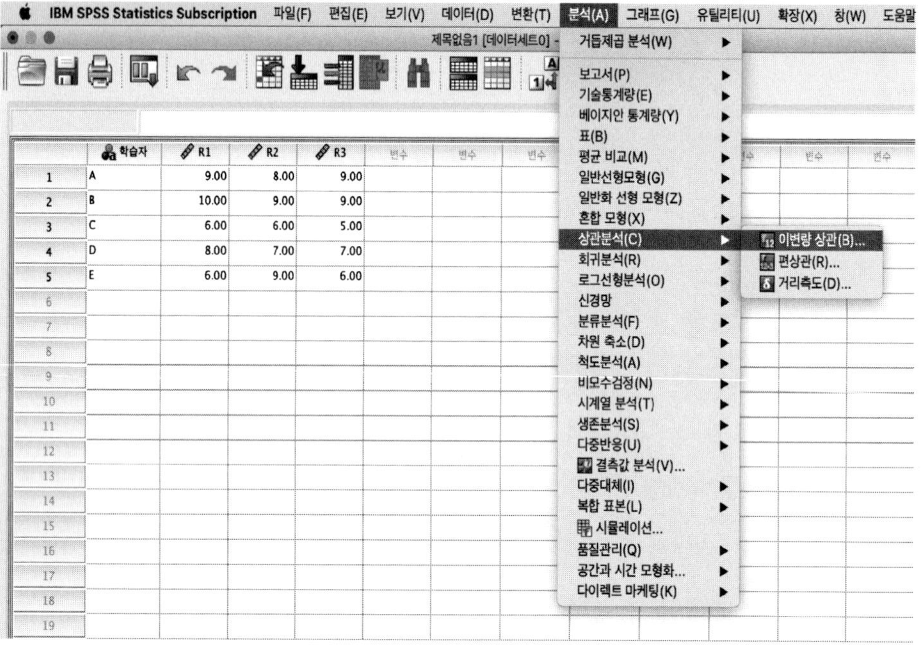

[그림 12-17] SPSS 데이터 편집기

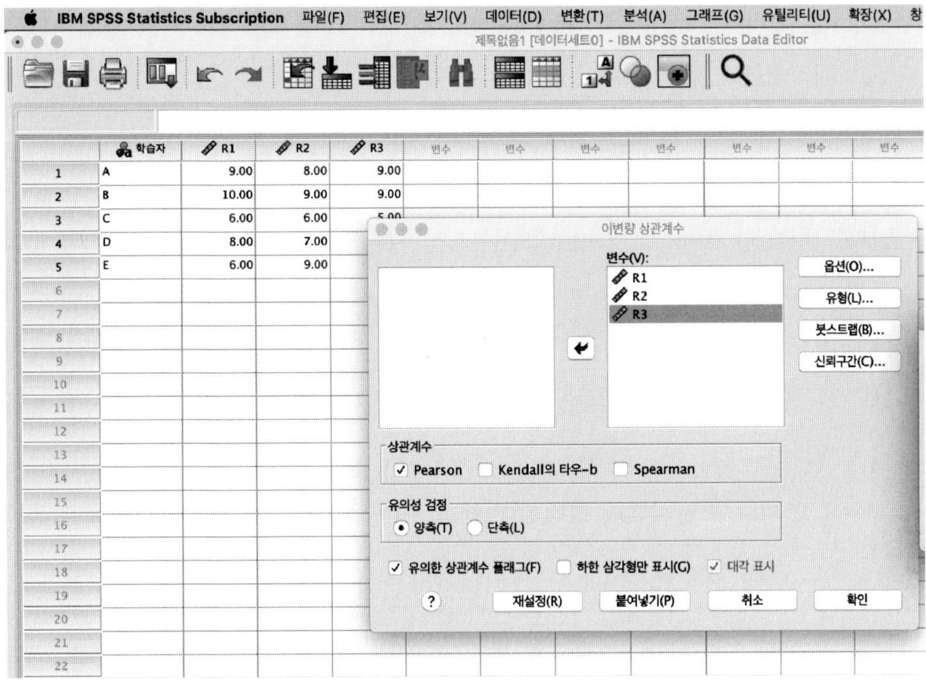

[그림 12-18] SPSS 상관분석 대화상자

실행 결과

상관관계

		R1	R2	R3
R1	Pearson 상관	1	.407	.953*
	유의확률 (양측)		.496	.012
	N	5	5	5
R2	Pearson 상관	.407	1	.557
	유의확률 (양측)	.496		.329
	N	5	5	5
R3	Pearson 상관	.953*	.557	1
	유의확률 (양측)	.012	.329	
	N	5	5	5

*. 상관관계가 0.05 수준에서 유의합니다(양측).

[그림 12-19] 채점자간신뢰도 산출을 위한 상관분석 결과

상관분석 결과, 첫 번째 채점자와 두 번째 채점자 간 점수의 상관계수는 .407, 두 번째 채점자와 세 번째 채점자 간 점수의 상관계수는 .557, 첫 번째 채점자와 세 번째

채점자 간 점수의 상관계수는 .953이다. 따라서 두 번째 채점자가 다른 채점자들과 다르게 채점하는 경향이 있다고 해석할 수 있다.

② 일치도 통계

일치도 통계(agreement statistics)는 채점자가 관찰대상의 행위나 수행결과에 점수를 부여하기보다는 어떤 유목이나 범주로 분류할 때 채점자 간의 분류 일치도를 추정하는 방법이다. 일치도 통계는 관찰법에서 관찰자들이 관찰대상의 행위를 분류하여 관찰자 간 분류의 유사성을 추정하기 위하여 흔히 사용된다. 두 관찰자가 어떤 행위나 수행결과를 J개의 범주로 분류하여 평정한다면 평정결과는 〈표 12-17〉과 같다. 두 관찰자에 의하여 일치되게 평정된 피험자 수는 J×J 분할표에서 대각선에 위치한 $N_{11}, N_{22}, N_{33}, \cdots\cdots N_{JJ}$로서 두 평정자 간의 일치도 통계는 다음 공식에 의한다.

$$P_A = \frac{N_{11} + N_{22} + N_{33} + \ \cdots\cdots \ + N_{JJ}}{N}$$

〈표 12-17〉 두 관찰자에 의한 행위나 수행평정

		관찰자 O_1					
		1	2	3	……	J-1	J	
관찰자 O_2	1	N_{11}						$N_{1\cdot}$
	2		N_{22}					$N_{2\cdot}$
	3			N_{33}				$N_{3\cdot}$
	⋮							⋮
	J-1							
	J						N_{JJ}	$N_{J\cdot}$
		$N_{\cdot 1}$	$N_{\cdot 2}$	$N_{\cdot 3}$	……	$N_{\cdot J-1}$	$N_{\cdot J}$	N

3명의 관찰자들이 10명의 아동들의 행위를 관찰하여 공격적 행위, 방어적 행위, 우호적 행위, 중립적 행위로 분류한 결과가 〈표 12-18〉과 같을 때, 첫 번째 관찰자와 두 번째 관찰자는 아동들의 행위를 유사하게 분류하였으나 세 번째 관찰자는 다소 상

이하게 분류하였음을 알 수 있다.

〈표 12-18〉 아동들의 행위 관찰결과

학생 \ 관찰자	O_1	O_2	O_3
1	D	D	N
2	F	F	F
3	O	O	F
4	F	F	O
5	N	N	N
6	D	D	N
7	N	N	F
8	F	N	F
9	O	O	O
10	D	D	D

O: 공격적 행위, D: 방어적 행위, F: 우호적 행위, N: 중립적 행위

첫 번째 관찰자와 두 번째 관찰자 간의 일치도 통계 계산 절차는 〈표 12-19〉와 같다.

〈표 12-19〉 일치도 통계 계산 절차

O_2 \ O_1	O	D	F	N
O	2			
D		3		
F			2	
N			1	2

$P_A = (2 + 3 + 2 + 2) / 10 = .9$

〈표 12-19〉에 의한 일치도 통계 계산 절차에 의하여 세 관찰자 간 아동들의 행위 관찰결과의 일치도 통계는 〈표 12-20〉과 같다.

〈표 12-20〉 아동 행위에 대한 세 관찰자 간 일치도

	O_1	O_2
O_2	.9	
O_3	.5	.4

첫 번째 관찰자와 두 번째 관찰자 간 일치도는 .9로 매우 높으나 첫 번째 관찰자와 세 번째 관찰자 간, 그리고 두 번째 관찰자와 세 번째 관찰자 간 일치도 통계는 .5와 .4로 높지 않다. 일반적으로 관찰자 간 일치도 통계가 .85 이상일 때 높다고 해석한다.

일치도 통계는 평정이나 관찰결과가 이름이나 유목으로 분류될 때 관찰자간신뢰도를 추정하는 방법으로 매우 쉽다는 것이 장점이나 우연에 의하여 동일하게 평정되는 확률을 포함하고 있어 관찰자간신뢰도를 과대 추정할 수 있다.

SPSS 프로그램을 이용한 분석 예시

SPSS 프로그램을 이용하여 〈표 12-18〉의 자료로 일치도 통계를 추정하는 절차와 결과를 제시하면 다음과 같다.

프로그램 실행

메뉴에서 [분석] ▶ [기술통계량] ▶ [교차분석]을 선택한 후 교차분석 대화상자가 열리면 첫 번째 관찰자(O_1)와 두 번째 관찰자(O_2)를 선택하여 열과 행으로 이동하고, 셀을 클릭하여 관측빈도와 전체 퍼센트를 선택한다. 동일한 방법으로 첫 번째 관찰자(O_1)와 세 번째 관찰자(O_3), 두 번째 관찰자(O_2)와 세 번째(O_3) 관찰자에 대한 교차분석을 실시한다.

IBM SPSS Statistics Subscription 파일(F) 편집(E) 보기(V) 데이터(D) 변환(T) 분석(A) 그래프(G) 유틸리티(U) 확장(X) 창(W) 도움말(H)

제목없음2 [데이터세트3]

	학생	O1	O2	O3
1	1.00	D	D	N
2	2.00	F	F	F
3	3.00	O	O	F
4	4.00	F	F	O
5	5.00	N	N	N
6	6.00	D	D	N
7	7.00	N	N	F
8	8.00	F	N	F
9	9.00	O	O	O
10	10.00	D	D	D

거듭제곱 분석(W)
보고서(P)
기술통계량(E)
베이지안 통계량(Y)
표(B)
평균 비교(M)
일반선형모형(G)
일반화 선형 모형(Z)
혼합 모형(X)
상관분석(C)
회귀분석(R)
로그선형분석(O)
신경망
분류분석(F)
차원 축소(D)
척도분석(A)
비모수검정(N)
시계열 분석(T)
생존분석(S)
다중반응(U)
결측값 분석(V)...
다중대체(I)
복합 표본(L)
시뮬레이션...
품질관리(Q)
공간과 시간 모형화...
다이렉트 마케팅(K)

빈도분석(F)...
기술통계(D)...
데이터 탐색(E)...
교차분석(C)...
비율통계량(R)...
P-P 도표...
Q-Q 도표...

[그림 12-20] SPSS 데이터 편집기

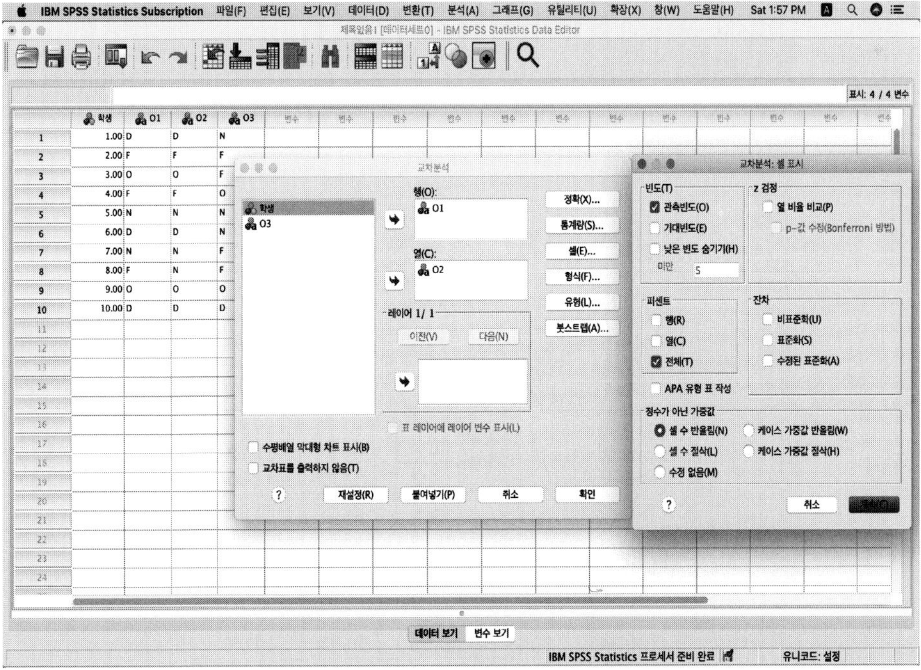

[그림 12-21] SPSS 교차분석 대화상자

실행 결과

O1 * O2 교차표

			D	F	N	O	전체
O1	D	빈도	3	0	0	0	3
		전체 중 %	30.0%	0.0%	0.0%	0.0%	30.0%
	F	빈도	0	2	1	0	3
		전체 중 %	0.0%	20.0%	10.0%	0.0%	30.0%
	N	빈도	0	0	2	0	2
		전체 중 %	0.0%	0.0%	20.0%	0.0%	20.0%
	O	빈도	0	0	0	2	2
		전체 중 %	0.0%	0.0%	0.0%	20.0%	20.0%
전체		빈도	3	2	3	2	10
		전체 중 %	30.0%	20.0%	30.0%	20.0%	100.0%

O1 * O3 교차표

			O3				
			D	F	N	O	전체
O1	D	빈도	1	0	2	0	3
		전체 중 %	10.0%	0.0%	20.0%	0.0%	30.0%
	F	빈도	0	2	0	1	3
		전체 중 %	0.0%	20.0%	0.0%	10.0%	30.0%
	N	빈도	0	1	1	0	2
		전체 중 %	0.0%	10.0%	10.0%	0.0%	20.0%
	O	빈도	0	1	0	1	2
		전체 중 %	0.0%	10.0%	0.0%	10.0%	20.0%
전체		빈도	1	4	3	2	10
		전체 중 %	10.0%	40.0%	30.0%	20.0%	100.0%

O2 * O3 교차표

			O3				
			D	F	N	O	전체
O2	D	빈도	1	0	2	0	3
		전체 중 %	10.0%	0.0%	20.0%	0.0%	30.0%
	F	빈도	0	1	0	1	2
		전체 중 %	0.0%	10.0%	0.0%	10.0%	20.0%
	N	빈도	0	2	1	0	3
		전체 중 %	0.0%	20.0%	10.0%	0.0%	30.0%
	O	빈도	0	1	0	1	2
		전체 중 %	0.0%	10.0%	0.0%	10.0%	20.0%
전체		빈도	1	4	3	2	10
		전체 중 %	10.0%	40.0%	30.0%	20.0%	100.0%

[그림 12-22] 일치도 통계 산출을 위한 교차분석 결과

교차표에서 두 명의 관찰자에 의해 일치되게 분류된 아동의 비율은 대각선에 있는 전체 퍼센트의 합이다. 따라서 첫 번째 관찰자와 두 번째 관찰자 간의 일치도 통계는 .9, 첫 번째 관찰자와 세 번째 관찰자 간의 일치도 통계는 .5, 두 번째 관찰자와 세 번째 관찰자 간의 일치도 통계는 .4이다.

③ Kappa 계수

일치도 통계는 두 평정자가 동일하게 평정하는 대각선 부분에 우연에 의하여 평정된 피험자가 포함되어 있어 두 평정자 간의 일치도가 과대 추정되는 문제점을 지니고 있다. 이 문제점을 해결하기 위하여 Cohen(1960)은 우연에 의한 확률을 제거한 **Kappa 계수**를 제안하였다. 우연에 의하여 J × J 분할표의 대각선에 있는 칸에 분류되는 사례 수는 다음과 같이 해당 칸과 관계된 주변 피험자 수를 곱한 값을 총 사례 수로 나누어 계산한다.

$$N_{jc} = \frac{N_{.j} \times N_{j.}}{N}$$

그러므로 J × J 분할표에서 두 평정자에 의하여 동일하게 분류되는 모든 사례 수는 우연에 의하여 대각선 칸에 동일하게 분류되는 사례 수를 더하면 되고, 이것을 전체 사례 수로 나누면 전체 피험자 중 우연히 두 평정자에 의하여 일치된 평정을 받은 피험자의 비율이 계산된다.

$$N_c = \sum_{j=1}^{j} \frac{N_{.j} \times N_{j.}}{N}$$

$$P_c = \frac{N_c}{N}$$

우연에 의하여 평정결과가 일치할 비율을 제거한 Cohen의 Kappa 계수 계산공식은 다음과 같으며, 일치도 통계보다 항상 값이 작다.

$$K = \frac{P_A - P_c}{1 - P_c}$$

P_A: 일치도 통계

P_c: 확률적으로 우연에 의하여 일치될 확률

100명의 평가대상을 두 평정자가 채점한 결과가 〈표 12-21〉과 같을 때, Kappa 계수를 산출하는 절차는 다음과 같다.

〈표 12-21〉 두 명의 평정자가 면접한 결과

		R_1 A	R_1 B	R_1 C	
R_2	A	15	1	4	20
R_2	B	5	35	10	50
R_2	C	4	6	20	30
		24	42	34	100

A: 우수, B: 보통, C: 미흡

$$P_A = \frac{70}{100} = .70$$

확률적으로 우연에 의하여 두 채점자로부터 일치된 평정을 받을 기대빈도는 다음과 같이 계산된다.

$$N_A = \frac{24 \times 20}{100} = 4.8$$

$$N_B = \frac{42 \times 50}{100} = 21$$

$$N_C = \frac{34 \times 30}{100} = 10.2$$

100명 중 20명이 A로 분류되었기에 24명 중 20%에 해당하는 4.8명이 두 평정자가 모두 A로 분류한 15명 중에 확률적으로 포함되어 있다.

$$P_c = \frac{4.8 + 21 + 10.2}{100} = .36$$

$$K = \frac{.7 - .36}{1 - .36} = .53$$

SPSS 프로그램을 이용한 분석 예시

SPSS 프로그램을 이용하여 〈표 12-21〉의 자료로 Kappa 계수를 추정하는 절차와 결과를 제시하면 다음과 같다.

프로그램 실행

피험자별 원자료가 아닌 채점 등급 유형별 집계표를 이용하여 교차분석을 실시하고자 할 경우, 등급 유형별 학생 수에 가중치를 부여하여 빈도로 처리하여야 한다. 이를 위해 메뉴에서 [데이터] ▶ [가중 케이스]를 선택하고 학생 수를 빈도 변수로 이동하여 학생 수에 가중치를 부여한다.

[그림 12-23] 가중케이스 대화상자

메뉴에서 [분석] ▶ [기술통계량] ▶ [교차분석]을 선택한 후 교차분석 대화상자가 열리면 분석하고자 하는 관찰자를 선택하여 열과 행으로 이동한다. **통계량**을 클릭하여 카파(K)를 선택하고, 일치도 통계와 비교하고자 할 경우 **셀**을 클릭하여 관측빈도와 전체 퍼센트를 선택한다.

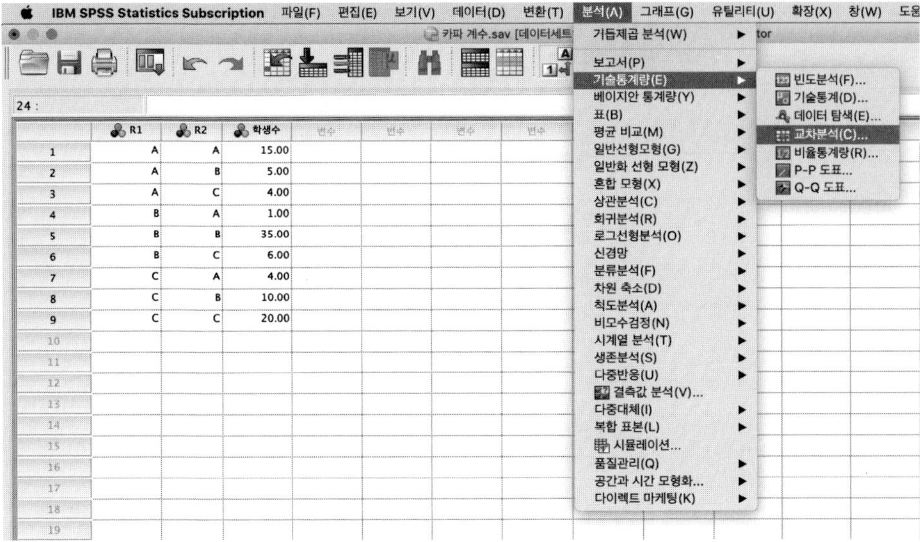

[그림 12-24] SPSS 데이터 편집기

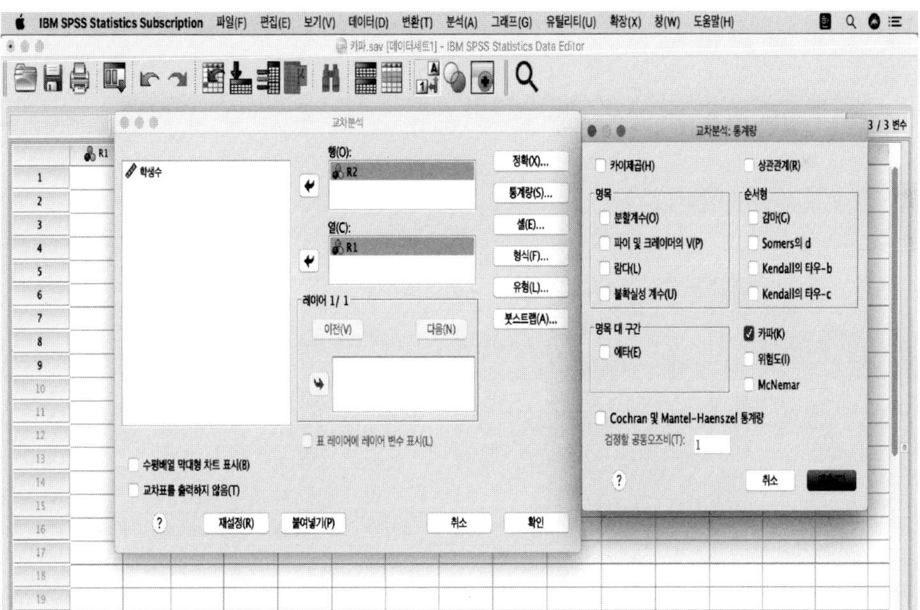

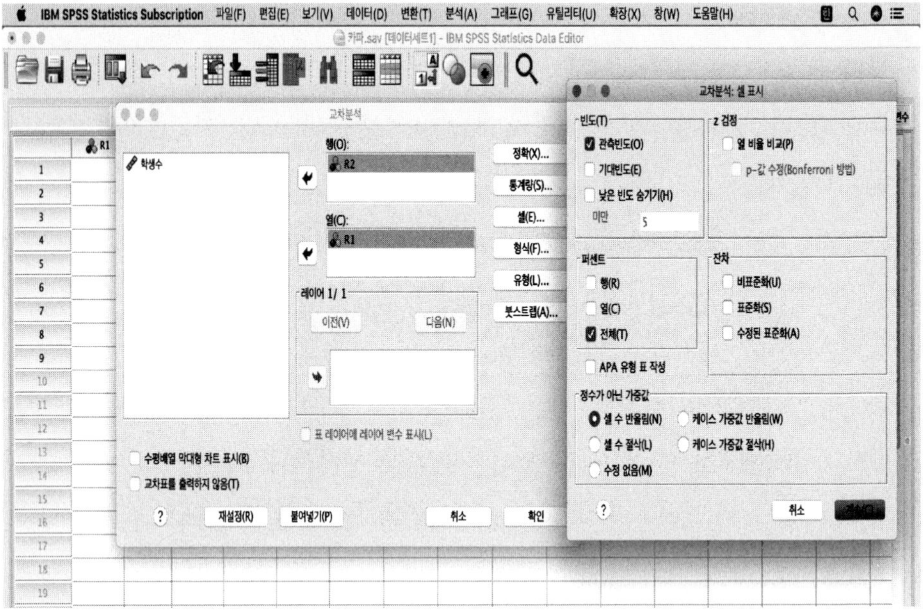

[그림 12-25] SPSS 교차분석 대화상자

실행 결과

R2 * R1 교차표

			R1 1	R1 2	R1 3	전체
R2	1	빈도	15	1	4	20
		전체 중 %	15.0%	1.0%	4.0%	20.0%
	2	빈도	5	35	10	50
		전체 중 %	5.0%	35.0%	10.0%	50.0%
	3	빈도	4	6	20	30
		전체 중 %	4.0%	6.0%	20.0%	30.0%
전체		빈도	24	42	34	100
		전체 중 %	24.0%	42.0%	34.0%	100.0%

대칭적 측도

		값	근사 표준오차[a]	근사 T 값[b]	근사 유의확률
일치 측도	카파	.531	.071	7.419	<.001
유효 케이스 수		100			

a. 영가설을 가정하지 않음.

b. 영가설을 가정하는 점근 표준오차 사용

[그림 12-26] Kappa 계수 분석 결과

두 명의 채점자에 의해 일치된 평정을 받은 피험자의 비율은 교차표의 대각선에 있는 전체 퍼센트의 합을 전체 사례수로 나눈 값이다. 따라서 일치도 통계는 .7이며, 우연에 의한 확률을 제외한 Kappa 계수는 .531이다.

3) 채점자내신뢰도와 채점자간신뢰도의 적용

성태제(1989)는 채점자간신뢰도 추정으로 채점자료에 대한 신뢰성을 인정하는 절대적 기준은 없으나 채점결과가 점수로 부여될 때 상관계수는 .6 이상, 그리고 채점결과가 범주로 부여될 때 일치도 통계는 .85 이상, Kappa 계수는 .75 이상을 제안하고 있다.

교육현장에서 평가의 결과는 학습자에게 중요한 영향을 주기 때문에 신뢰로운 결과를 확보하는 일은 매우 중요하다. 예를 들어, 대학입학전형에서 실시되는 논술고사, 최근에 강조되고 있는 심층면접, 특히 예체능계 실기고사에 대한 채점결과를 전형자료로 사용하기 전에 채점자내신뢰도와 채점자간신뢰도가 먼저 검증되어야 한다. 이 외에도 고용과 승진을 결정하기 위한 평정자료나 교육기관평가, 교사평가 등 평가자의 주관이 포함될 수 있는 평가자료의 경우 평가자내신뢰도와 평가자간신뢰도를 검증한 후 행정적 기능을 위한 자료로 활용하여야 한다.

제13장 공정성

1 정의

검사공정성은 검사가 피험자에게 편파적이지 않고 공평한 정도를 의미한다. 인간의 특성이나 집단의 특성을 평가하기 위하여 검사를 사용하게 되면서 검사결과에 대한 개인차 연구가 활발히 이루어지게 되었다. 나아가 지난 20년간 여러 검사에서 집단 간의 차이, 즉 성별 차 혹은 인종 차 그리고 사회계층 차에 대한 논쟁을 불러일으켰다. 대표적인 논쟁으로 Jensen의 백인지능우위론을 들 수 있다. Jensen(1969)은 백인의 지능점수가 흑인의 지능점수보다 1 표준편차 높다고 주장하였다. 이와 같은 인종 간의 지능 차에 대한 주장은 흑백 간의 인종 분쟁뿐 아니라 교육측정 분야에 새로운 연구 과제를 낳게 하였다. 지능을 측정하는 검사도구가 흑인집단과 백인집단에 공정한가를 확인한 후 집단 간 비교가 가능하기 때문에, 검사 및 문항의 편파성에 대한 연구가 활발하게 전개되었다. William(1971)은 교육에 관계된 시험과 고용검사는 일반적으로 백인 중산층에 유리하게 제작되었다고 주장하였다. Faggen-Steckler, McCarthy와 Title(1974)도 표준화 검사에 성별과 관계된 많은 명사와 대명사가 존재한다고 주장하였다.

자격이 중시되는 현대사회에서 자격부여를 결정하기 위한 검사들은 어느 누구에게나 공정하여야 한다. 특히 우리나라와 같은 상황에서 상급학교 진학을 위한 입학시험은 더욱 공정해야 한다. 만약 어떤 검사나 문항이 특정 집단에 불리하게 제작되었다면 윤리적 측면뿐 아니라 법률적 문제로까지 비화될 가능성이 있다. 그러므로 편파성 문항이나 검사를 찾아내는 방법에 대한 연구는 윤리적 · 법률적 문제이기 이전에 교육 · 심리측정학적 측면에서도 간과할 수 없는 과제이다. 이에 교육 · 심리 측정학자들은 검사나 문항의 편파성 문제를 개념적 수준에서 벗어나 검사에서 편파성 문항을 추출하는 방법을 제안하였다. 편파성 문항 추출 방법은 1970년대 이후 교육측정학의 주요 연구 주제가 되었으며, 『Journal of Educational Measurement』의 1976년 봄호에서 특집으로 다루어졌다.

'biased item'은 편중문항(안창규, 차경옥, 1984) 혹은 편파성 문항(문용린, 1987)이라 번역되고 있다. **편파성**(bias)이란 『Webster's international dictionary』(1981)에 의하면, 통계학적 관점에서 '진점수(true value)로부터 일정 방향으로 떨어진 정도'를 말하며, 사회학적 관점에서 '다른 뜻을 의미한다'는 말이다. 표준국어대사전(국립국어원, 2021)에 의하면 '어느 한쪽으로 치우쳐 공정성을 잃는 성질'을 의미한다. Angoff(1982)에 의하면 검사는 편파성(bias)과 공정성(fairness)의 문제를 지니고 있으며, 편파성은 피험자들의 응답에 기인하고, 공정성은 검사의 목적에 기인한다고 말하고 있다. 예를 들면, 예비 택시 운전사에게 맨해튼에 있는 세 공원에 대하여 물었을 때, 이 문항은 예비 택시 운전사가 얼마나 뉴욕의 지리에 대하여 잘 알고 있는가를 묻는 질문이기에 타당한 문항이 될 수 있다. 그러나 만약 예비 택시 운전사가 뉴욕에 거주한 경험이 없다면 이 문항은 그들에게 불리한 편파성 문항이 되는 것이라 설명하였다.

편파성 문항에 대한 보편타당한 정의는 같은 능력수준을 가진 피험자들이 그들이 속한 집단의 특성 때문에 문항의 답을 맞힐 확률이 다른 문항을 **편파성 문항**이라 한다. 예를 들면, 어휘력 검사에서 어휘능력 수준이 같은 두 피험자가 있을 때, 남녀집단의 특성이나 혹은 인종집단의 특성 때문에 한 피험자에게는 쉬운 문항이 되고 다른 피험자에게는 어려운 문항이 된다면 이 문항은 편파성 문항이 된다.

이와 같이 집단에 따라서 문항의 기능이 다르기 때문에 최근에는 문항 편파성(item bias)이라는 용어보다는 차별기능문항(differential item function: DIF 또는 differential item performance)이라는 용어를 사용하고 있다.

차별기능문항에 대한 정의는 문항반응이론에 의한 문항특성곡선에 의하여 설명하면 매우 명료하다. **차별기능문항**이란 피험자의 능력이 같음에도 불구하고 그들이 속한 집단의 특성 때문에 문항의 답을 맞힐 확률이 다른 문항이다. 즉, 집단에 따라 문항특성곡선이 달리 그려지는 문항을 차별기능문항이라 한다.

비차별기능문항과 차별기능문항을 문항특성곡선에 의하여 설명하면 [그림 13-1]과 같다.

[그림 13-1] 문항특성곡선에 의한 비차별기능문항과 차별기능문항

ⓐ 문항은 모든 집단에서 문항의 답을 맞힐 확률이 같으므로 비차별기능문항이다. 즉, 각 집단에 따른 문항특성곡선이 같다. 그러나 ⓑ 문항과 ⓒ 문항은 문항의 답을 맞힐 확률이 집단에 따라 다른 문항특성곡선을 가지고 있기에 차별기능문항이라 한다. Mellenbergh(1982)는 ⓑ 문항을 능력수준의 모든 범위에서 A 집단의 피험자들이 B 집단의 피험자들보다 일률적으로 문항의 답을 맞히는 확률이 높으므로 이런 형태의 차별기능문항을 균일적 차별기능문항(uniform DIF)이라 정의하였고, ⓒ 문항은 두 문항특성곡선이 교차하는 능력수준의 점까지는 B집단의 피험자들에게 쉬운 문항이고, 그 교차점 이상에서는 A집단의 피험자에게 쉬운 문항으로서 이 같은 차별기능문항을 비균일적 차별기능문항(non-uniform DIF)이라 구분하였다.

차별기능의 정도는 문항특성곡선 간 넓이에 비례한다. 즉, 문항특성곡선 간 넓이가 넓을수록 차별기능이 심하다는 것을 뜻한다.

2 문항과 검사의 차별기능 추출 방법

차별기능문항을 추출하는 방법은 크게 고전검사이론에 기초한 방법과 문항반응이론에 기초한 방법으로 분류한다. 다양한 방법이 제안되어 사용되고 있으나 두 검사이론에 의한 보편적인 방법을 소개하면 다음과 같다.

〈고전검사이론에 기초한 DIF 추출 방법〉

- Cleary와 Hilton의 분산분석 방법
- Angoff와 Ford의 변환난이도 방법
- Camilli의 χ^2 방법
- Mantel-Haenszel 방법
- 로지스틱 회귀분석 방법
- 로지스틱 판별분석 방법

〈문항반응이론에 기초한 DIF 추출 방법〉

- 문항모수치 비교 방법
- 문항특성곡선 간 넓이 추정 방법
  - Rudner의 방법
  - Raju의 방법
- SIBTEST 방법
- 다국면 Rasch 모형 방법

차별기능문항을 추출하는 방법들은 차별기능문항에 대한 기본 정의는 같으나 방법상의 정의는 다소 다르다.

분산분석(analysis of variance) 방법에 의한 편파성 문항 추출 방법을 제안한 Cleary와 Hilton(1968)은 문항과 집단 간의 상호작용이 존재하는 문항을 차별기능문항이라 정의하였다. 그러나 분산분석 방법에 의한 편파성 문항에 대한 정의는 많은 학자에 의하여 비판을 받았다(Camilli & Shepard, 1987; Hunter, 1975; Lord, 1977). Camilli와 Shepard(1987)는 두 집단의 성취수준에 차이가 존재할 때 문항변별도가 높은 문항이 편파성 문항으로 규명되는 모순점을 지니고 있다고 밝히고 있다.

Angoff와 Ford(1973)는 한 집단에 대한 문항난이도가 다른 집단에 의한 문항난이도보다 높거나 낮은 문항을 차별기능문항이라 정의하였다. Angoff의 변환 문항난이도에 의한 편파성 문항 추출 방법은 두 집단의 능력이 차이가 있을 때 변별력이 높은 문항을 편파성 문항으로 추출하는 문제점이 있다고 지적되고 있다(Angoff, 1982; Hunter, 1975; Lord, 1977).

χ^2 방법을 처음 제안한 Scheuneman(1975, 1979)은 동일 검사에서 같은 점수를 받

은 피험자들이 속한 집단 특성에 따라 문항의 답을 맞힌 피험자의 비율이 다른 문항을 편파성 문항이라 정의하였다. Camilli(1979)도 χ^2 방법을 사용하여 차별기능문항을 추출하는 방법을 제안하였다. 그러나 χ^2 방법은 동일 피험자 집단을 점수의 범위에 의하여 집단화하는 방법이므로 차별기능의 정도가 달리 계산되는 문제점을 안고 있다. 이러한 문제점으로 인해 Mantel과 Haenszel이 고안한 방법을 사용하게 되었다.

여기서는 고전검사이론에 근거한 추출 방법 중 가장 널리 사용되는 Mantel-Haenszel 방법과 문항반응이론에 근거한 방법 중 문항특성곡선 간 넓이를 추정하는 Raju의 면적 측정법, Raju 방법의 확장인 DFIT 방법, 그리고 비모수적 방법으로 잠재변수를 활용한 SIBTEST 방법을 개념적 수준에서 설명한다.

1) Mantel-Haenszel 방법

Mantel-Haenszel(MH) 방법은 차별기능문항, 즉 두 집단에 기능을 달리하는 문항을 추출하기 위한 방법으로 각 점수별로 집단과 문항 정답 여부의 두 요인에 따른 2×2 분할표에 의한다. MH 방법은 Mantel과 Haenszel(1959)에 의하여 생물통계학 분야에서 질병분석을 위하여 사용되던 통계적 방법으로 Holland(1985)가 MH 방법을 차별기능문항 추출에 처음 적용하였으며, Holland와 Thayer(1985, 1986, 1988)가 차별기능문항 추출을 위한 방법으로 정립하였다. MH 방법은 Scheuneman(1975)과 Camilli(1979)의 χ^2 방법의 연장이라 볼 수 있으며 구체적인 내용은 다음과 같다.

MH 방법을 적용하기 위해서는 두 집단이 존재하여야 하며, 한 집단을 연구집단(focal group)이라 하고 다른 집단은 참조집단(reference group)이라 가정한다. 피험자들을 원점수에 따라 J개의 집단으로 구분한다. 만약 30점 만점의 검사라면 원점수는 0점부터 30점까지 있으므로 31개 집단이 될 수 있다. J개의 집단이란 연구집단과 참조집단의 능력수준이 같은, 즉 원점수가 같은 집단을 의미한다. 원점수가 j점인 집단에서 연구집단 혹은 참조집단과 해당 문항의 정답 여부를 나타낸 2×2 분할표는 [그림 13-2]와 같다.

		집단	
		R(참조집단)	F(연구집단)
정답 여부	1	P_{R_j}	P_{F_j}
	0	Q_{R_j}	Q_{F_j}

P_{R_j} : j 점수를 얻은 참조집단의 피험자 중 답을 맞힌 피험자 비율
Q_{R_j}: j 점수를 얻은 참조집단의 피험자 중 답을 틀린 피험자 비율
P_{F_j} : j 점수를 얻은 연구집단의 피험자 중 답을 맞힌 피험자 비율
Q_{F_j}: j 점수를 얻은 연구집단의 피험자 중 답을 틀린 피험자 비율

[그림 13-2] 원점수를 일치시킨 j 점수 능력집단의 정답 여부에 따른 피험자 비율의 2×2 분할표

[그림 13-2]에서 어떤 문항이 차별기능을 하지 않는다면 P_{Rj}와 P_{Fj}는 같을 것이다. 즉, j 점수를 얻은 피험자들 중 참조집단에서 그 문항의 답을 맞힌 피험자 비율이나 연구집단에서 그 문항의 답을 맞힌 피험자의 비율이 같다는 것이다. 더 확장하여 특정 j 점수가 아니라 모든 점수 수준에서 두 비율이 같다면 이 문항은 차별적으로 기능하지 않는 좋은 문항이 된다. 만약 두 비율에 차이가 있다면 각 j 점수 수준에서 정답비율의 차이를 계산하여야 한다.

MH 방법의 영가설과 차별기능문항을 추출하기 위한 MH χ^2의 계산 공식은 다음과 같다.

$$H_0 : \frac{P_{rj}}{Q_{rj}} = \alpha_j \times \frac{P_{fj}}{Q_{fj}} \ (\text{모든 점수 수준에서 } \alpha_j = 1)$$

$$MH\ \chi^2 = \frac{(|\sum A_j - \sum E(A_j)| - 1/2)^2}{\sum Var(A_j)}$$

$$E(A_j) = \frac{n_{rj} \times m_{1j}}{T_j}$$

$$Var(A_j) = \frac{n_{rj} \times n_{fj} \times m_{1j} \times m_{0j}}{T_j^2(T_j - 1)}$$

n_{rj} : j 점수 수준에서의 참조집단 사례 수
n_{fj} : j 점수 수준에서의 연구집단 사례 수
m_{1j}: j 점수 수준에서의 전체집단 정답 사례 수
m_{0j}: j 점수 수준에서의 전체집단 오답 사례 수
T_j : j 점수 수준에서의 전체집단 사례 수

χ^2 통계치는 특정 문항이 집단에 따라 차별기능을 하지 않는다는 영가설하에 자유도가 1인 χ^2 분포를 따르며, 차별기능의 방향과 정도는 α_{MH}와 Δ_{MH}로 해석한다. α_{MH}는 모든 점수 수준에서 α_j를 합산한 값이며, Δ_{MH}는 α_{MH}의 제한된 범위와 편파적 분포의 문제를 해결하고 해석의 용이성을 위해 α_{MH}를 로그변형한 값이다. α_{MH}가 1보다 크면 참조집단에 유리하고, 1보다 작으면 연구집단에 유리한 문항으로 해석하며, Δ_{MH} 값이 음수일 때는 참조집단에 유리하고, 양수일 때는 연구집단에 유리한 문항으로 판단한다. 차별기능의 정도는 ETS(Educational Testing Services)의 분류 기준에 따라 $|\Delta_{MH}| \le 1.0$이면 유의하지 않은 수준(A수준), $1.0 < |\Delta_{MH}| < 1.5$이면 중간 수준(B수준), $|\Delta_{MH}| > 1.5$이면 심한 수준(C수준)으로 해석한다.

자세한 내용은 Holland(1985), Holland와 Thayer(1986, 1988), 성태제(1993), 김신영(2001)을 참고하라.

2) Raju 방법

문항반응이론이 측정 분야의 새로운 이론으로 타당성을 입증받으면서 차별기능 문항을 추출하는 방법에 응용되었다. 문항반응이론을 이용한 차별기능문항 추출 방법은 비교 집단들로부터 추정된 문항모수치를 비교하는 방법과 문항특성곡선을 비교하는 방법으로 크게 양분할 수 있다.

두 방법 중 두 문항특성곡선 간의 넓이에 의하여 차별기능문항을 추출하는 방법이 가장 타당한 방법으로 인정받고 있다. 이는 문항반응이론에 의한 문항특성곡선 간 넓이 추정 방법이 차별기능문항에 대한 보편적 정의와 일치하기 때문이다. 즉, 같은 능력을 지니고 있으면서도 소속한 집단 특성 때문에 문항의 답을 맞힐 확률이 다른

문항이 차별기능문항이므로, 문항의 차별기능 여부는 문항특성곡선에 의존하여야 한다. 어떤 문항의 문항특성곡선이 다른 두 집단, 즉 연구집단과 참조집단에서 다른 형태를 나타낼 때 이 문항은 차별기능문항이라 할 수 있다.

차별기능의 정도를 두 문항특성곡선 간의 넓이에 의하여 계산하는 방법으로 Rudner(1977), Rudner 등(1980) 그리고 Shepard(1980, 1984)에 의한 방법이 있다. 이들의 방법은 두 문항특성곡선 간의 넓이를 계산할 때, 능력범위를 제한하여 그 능력범위를 같은 간격으로 세분한 뒤, 각기 다른 문항특성곡선에 의한 문항의 답을 맞힐 확률의 차에 $\Delta\theta$를 곱한 후 제한된 능력범위 안에서 모두 더하여 계산한다.

$$Area = \sum_{k=1}^{K}[P_{iF}(\theta_k) - P_{iR}(\theta_k)]\Delta\theta$$

$P_{iF}(\theta_k)$: k 능력수준을 가진 연구집단에 소속한 피험자가 문항 i에 답을 맞힐 확률

$P_{iR}(\theta_k)$: k 능력수준을 가진 참조집단에 소속한 피험자가 문항 i에 답을 맞힐 확률

$\Delta\theta$: 세분한 능력수준의 간격

이 방법은 일단 능력범위를 제한하고 그 능력범위를 급간으로 구분하는 인위적 조작이 필요하므로 정밀성이 떨어진다. 이를 해결하기 위하여 Raju(1988, 1990)가 수리적으로 문항특성곡선 간의 넓이를 계산하는 공식을 제안하였으며, Kim과 Cohen (1991)은 제한된 능력범위에서 문항특성곡선 간의 넓이를 계산하는 방법을 제안하였다.

Raju(1988, 1990)는 문항특성곡선 간의 넓이를 적분에 의하여 추정하는 방법을 제안하였다. [그림 13-1]의 ⓑ 균일적 차별기능문항, ⓒ 비균일적 차별기능문항에서 모두 두 집단의 문항특성곡선 간 넓이를 다음 공식에 의해 추정한다.

$$Area = \int_{-\infty}^{+\infty} [P_{iF}(\theta_j) - P_{iR}(\theta_j)] d\theta$$

$P_{iF}(\theta_j)$: j 능력수준을 가진 연구집단에 속한 피험자가 문항 i에 답을 맞힐 확률

$P_{iR}(\theta_j)$: j 능력수준을 가진 참조집단에 속한 피험자가 문항 i에 답을 맞힐 확률

Raju 방법(1988)은 능력범위를 세분하지 않고 전체 능력범위에서 두 문항특성곡선 간의 넓이를 추정하기 위하여 적분을 한다. 문항이 참조집단과 연구집단 중 어느 집단에 유리한가에 대한 분석은 부호화 면적(Signed Area: SA)으로, 집단에 관계없이 차별기능 정도에 대한 분석은 비부호화 면적(Unsigned Area: UA)으로 추정하며, 다음의 공식에 의한다. 비부호화 면적은 비균일적 차별기능문항일 때 적용한다.

$$SA = \int_{-\infty}^{+\infty} [P_{iF}(\theta_j) - P_{iR}(\theta_j)] d\theta$$

$$UA = \int_{-\infty}^{+\infty} |P_{iF}(\theta_j) - P_{iR}(\theta_j)| d\theta$$

SA와 UA를 추정함에 있어 문항반응모형은 1-모수, 2-모수, 3-모수 모두 적용할 수 있으나, 3-모수 문항반응모형을 적용할 때에는 문항추측도를 하나로 고정해야 하는 한계점이 있다.

Raju, van der Linden과 Fleer(1995)는 피험자들이 많이 몰려 있는 능력수준 구간에서 나타나는 차별기능이 더욱 중요하다는 사실에 주목하였고, 문항특성곡선 간 면적에 의해 차별기능 정도를 추정하는 면적측정법을 확장하여 피험자들의 능력수준을 반영한 문항과 검사의 차별기능(Differential Function of Item and Test: DFIT) 추정 방법을 제안하였다. 문항과 검사의 차별기능 추정 방법은 피험자가 많이 몰려 있는 능력수준 구간에 가중치를 부여하여 능력수준 분포의 차이를 고려한 점과 Raju 방법(1988)에서 문항추측도를 고정해야 했던 한계를 극복한 점에서 기존의 면적 측정법보다 개선된 방법이다(Oshima & Morris, 2008).

DFIT에는 검사와 문항의 차별기능 정도를 나타내는 세 가지 차별기능지수가 있으며, 전체 검사의 차별기능 정도를 반영한 지수인 차별기능검사(DTF)와 문항 수준의 차별기능지수인 보상적 차별기능(Compensatory DIF: CDIF), 비보상적 차별기능(NonCompensatory DIF: NCDIF)이 있다.

먼저, **차별기능검사(DTF)**는 연구집단과 참조집단 피험자의 진점수, 즉 검사특성곡선이 다르면 검사가 차별기능을 한다고 평가한다. 문항 수준에서 나타난 차별기능을 차별기능문항이라고 하듯이 전체 문항의 합, 즉 검사 수준에서 차별기능을 나타내면 차별기능검사라고 한다. 피험자의 능력이 같더라도 속해 있는 집단의 특성에 의해 진점수가 다르게 나타난다면 이 검사는 차별기능을 하는 검사가 된다. 즉, 차별기능검사는 전체 검사 수준에서 차별기능의 정도를 파악할 수 있으며, 모든 피험자(S)의 능력(θ)에 대해 다음과 같이 추정한다.

$$DTF = \epsilon_F(DTF_S) = \epsilon_F(T_{sF} - T_{sR})^2$$

ϵ_F : 연구집단의 능력(θ)분포 기댓값
T_{sF} : 연구집단의 검사특성곡선
T_{sR} : 참조집단의 검사특성곡선

ϵ_F는 연구집단 피험자 능력의 기댓값, 즉 평균값으로서 가장 많은 피험자가 몰려 있는 능력수준 분포를 반영하는 가중치 역할을 한다.

다음으로 문항 수준의 차별기능지수는 보상적 차별기능(CDIF)과 비보상적 차별기능(NCDIF)으로 구분한다. 하나의 검사에 속해 있는 문항 중에서 어떤 문항은 연구집단에 유리하게 작용하지만, 어떤 문항은 참조집단에 유리하게 작용할 수도 있다. 이때 문항의 차별기능지수는 연구집단에 유리할 경우 양수(+)의 값이 되는 반면, 참조집단에 유리할 경우 음수(−)의 값이 된다. 양수 또는 음수의 값을 갖는 문항의 차별기능지수들을 합산하였을 때 서로 상쇄되어 없어지거나 양이 줄어들 수 있다. 이렇게 반대되는 부호의 지수들이 서로 상쇄되는 것을 '보상'이라 한다.

보상적 차별기능(CDIF)지수는 양수와 음수의 차별기능지수들이 있으며 서로 상쇄되는 성격인 보상성을 가지며, 보상적 차별기능지수의 총합은 차별기능검사 지수와

같다. 또한 보상적 차별기능지수는 문항 수준의 차별기능이 전체 검사의 차별기능에 미치는 영향을 파악하기 위해 문항과 검사의 공분산을 지수에 반영한다.

비보상적 차별기능(NCDIF)은 보상적 차별기능과 달리 문항이 어느 집단에 더 유리하게 작용하는지는 관심이 없으며, 문항의 차별기능이 균일적이든 비균일적이든 오직 차별기능의 양 그 자체에만 관심이 있다. 그러므로 비보상적 차별기능은 참조집단과 연구집단의 문항특성곡선 간 차이를 제곱한다. 문항 간에 반대되는 부호의 차별기능이 있더라도 이를 제곱한 값은 모두 양수이므로 상쇄되거나 양이 줄어들지 않는다.

비보상적 차별기능지수는 연구자가 검정하고자 하는 연구문항을 제외한 모든 문항에 차별기능이 없다는 것을 전제로 한 지수이므로, 검사 수준의 차별기능이나 문항과 검사의 차별기능 간 관련성을 알고자 할 경우 비보상적 차별기능이 아닌 보상적 차별기능지수를 추정하여야 한다. 보상적 차별기능지수는 검사 수준의 차별기능이나 문항과 검사의 차별기능이 연구집단이나 참조집단 중 어디서 나타나는지를 분석할 때 사용한다. 비보상적 차별기능지수는 집단에 관계없이 차별기능의 정도를 분석할 때 사용한다.

3) SIBTEST

차별기능문항의 추출 방법은 맞고 틀리는 이분적 문항의 차별기능 정도를 추정하기 위하여 제안되었으나 최근에는 정답이 없는 심리검사 등에서 사용될 수 있는 다분문항을 위한 차별기능문항의 추출 방법이 제안되고 있다(Raju et al., 2006). 특히 SIBTEST (simultaneous item bias test)는 Shealy와 Stout(1993)가 개발한 것으로, 처음에는 이분문항만을 다룰 수 있는 검사로 출발하였으나 지금은 추가적으로 차별기능문항군 (Differential Bundle Functioning: DBF)의 추출, 다분문항의 차별기능문항을 다루는 부분까지 확장되었다. **SIBTEST**는 비모수적 방법으로 각 능력수준에서 문항수행을 결정하기 위해 수학적 모형을 사용하지 않고, 단순히 각 능력수준에서 관찰된 문항수행을 집단마다 고려하는 방법이다. 따라서 SIBTEST의 주요한 특징은 문항에서의 수행을 비교하기 위해 동일한 잠재적 능력수준에서 두 집단의 피험자들을 대응하는 회귀선 교정방법을 사용한다(전현정, 2010; 진수정, 성태제, 2004).

SIBTEST의 첫 단계는 검사문항들을 대응 하위검사와 연구 하위검사 혹은 문항으로 분리하며, 각 참조집단과 연구집단에 속하는 피험자들은 대응 하위검사 점수에 따라서 J개의 그룹으로 나뉘고, 대응 하위검사에서 같은 점수를 갖는 참조집단과 연구집단의 피험자들의 연구 하위검사 문항에 대한 수행을 비교한다. 이때 차별기능문항의 부재를 검사하는 통계적 가설은 다음과 같다.

$$H_A : \beta_{UNI} \neq 0 \ , \ H_0 : \beta_{UNI} = 0$$

β_{UNI}는 하나의 문항이 연구되는 경우 일방적 DIF의 양을 나타내는 모수로서, 같은 능력을 가진 참조집단과 연구집단 피험자 사이의 가중된 기댓값의 차이이다.

$$\beta_{UNI} = \sum_{j=1}^{J} P_j(\overline{Y}^*_{Rj} - \overline{Y}^*_{Fj})$$

여기서 P_j는 하위집단 j에 속한 연구집단의 비율이고, $\overline{Y}^*_{Rj}$와 $\overline{Y}^*_{Fj}$는 참조집단과 연구집단에 있는 피험자들의 연구 하위검사 문항의 조정된 평균이다. 즉, SIBTEST는 고전진점수이론에 근거하여 대응변수의 진점수를 추정하고, 그 추정치 위에 문항 수행을 회귀시킨다. 이러한 β_{UNI} 값의 검증 통계치는 $Z = \dfrac{\beta_{UNI}}{\sigma(\beta_{UNI})}$ 이며, 검증결과 유의한 양수의 β_{UNI} 값은 참조집단에 유리하게 기능하는 문항이고, 유의한 음수의 β_{UNI} 값은 연구집단에 유리하게 기능하는 문항이다.

SIBTEST는 문항군에서의 차별기능문항이 없어질 때까지 체계적으로 차별기능문항을 제거하는 과정을 반복적으로 수행하여 차별기능문항을 추출할 수 있는 장점이 있으며(Roussos & Stout, 1996), 균일적인 차별기능문항의 경우 MH 방법과 유사하게 추출된다(진수정, 성태제, 2004).

이상에서 소개한 방법 이외에 Swaminathan과 Rogers(1990)의 로지스틱 회귀분석(logistic regression) 방법과 Miller와 Spray(1993)의 로지스틱 판별분석(logistic discriminant function analysis), Penfield와 Algina(2006)의 DIF 효과 분산 추정법(DIF effect variance estimatiors), Williams와 Beretvas(2006)의 비선형 다층모형에 의한 DIF 추출(hierarchical generalized lenear model DIF) 등 다양한 방법이 활용되고 있다.

차별기능 오답지에 대한 분석 기법으로 고전검사이론에서는 선형로그방법(Green, Crone, & Folk, 1989), 표준화접근 방법(Dorans, Schmitt, & Bleistein, 1992)이 있으며, 문항반응이론에서는 LR 검정 방법(Thissen, Steinberg, & Gerrad, 1986; Thissen, Steinberg, & Wainer, 1988, 1993)이 있다.

통계 프로그램을 이용한 차별기능문항분석 예시

KoreaPlus Statistics(Embedded on SPSS) 프로그램[1]을 이용하여 다분문항에 적용 가능한 Generalized Mantel–Haenszel(GMH) 방법으로 성별에 따른 차별기능문항을 추출하는 과정과 결과를 제시하면 다음과 같다. 분석자료는 TIMSS 2015 초등학교 4학년 수학 공개 문항에 대한 한국 학생의 응답자료이다.

프로그램 실행

메뉴에서 KoreaPlus ▶ Scale ▶ Differential Item Functioning ▶ Generalized Mantel-Haenszel(GMH)을 선택 후 차별기능문항분석 대화상자가 열리면 분석할 변수를 오른쪽으로 이동하고 참조기준에 비교 기준집단(여학생)의 변수값(1)을 입력한다.

1) 데이터솔루션에서 IBM SPSS Statistics이 제공하는 기능 외에 국내 사용자들에게 유용하게 쓰이는 통계 분석 방법을 추가한 프로그램

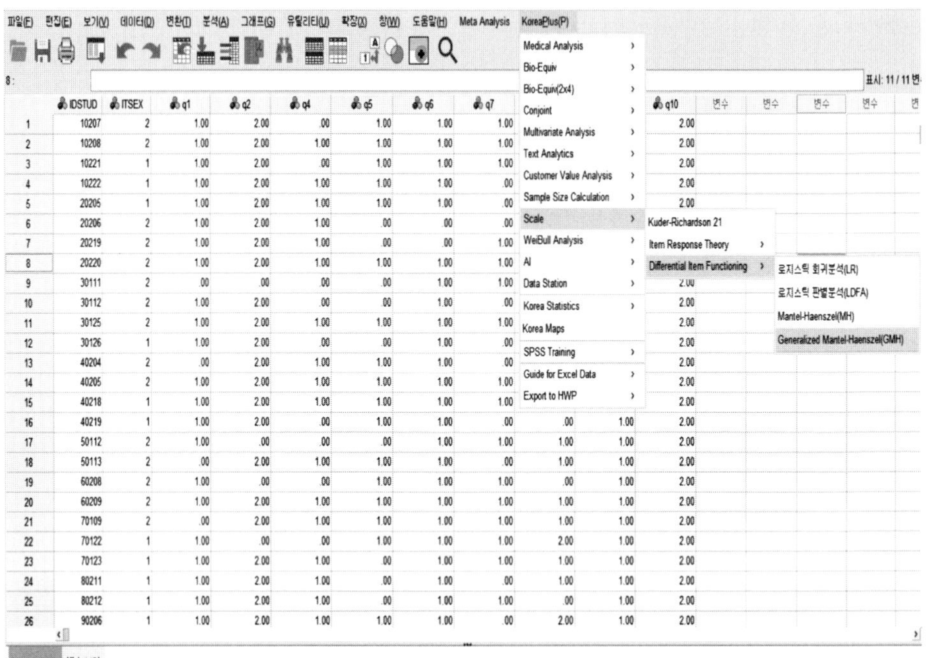

[그림 13-3] 차별기능문항분석 대화상자

실행 결과

Generalized Mantel-Haenszel

Chi-square 통계량

	문항	통계량	유의확률	중요도
1	q1	4.5688	0.0326	*
2	q2	17.1900	0.0000	***
3	q4	0.0400	0.8414	
4	q5	0.1085	0.7418	
5	q6	1.0263	0.3110	
6	q7	0.1086	0.7418	
7	q8	0.3064	0.5799	
8	q9	1.6031	0.2055	
9	q10	24.1961	0.0000	***

Signif. codes: 0 '***' 0.001 '**' 0.01 '*' 0.05 '.' 0.1 ' ' 1
Detection threshold: 3.8415 (significance level: 0.05)

차별기능문항

	문항
1	q1
2	q2
3	q10

효과 크기

	문항	alphaMH	deltaMH	code
1	q1	1.6713	-1.2070	B
2	q2	1.3729	-0.7448	A
3	q4	0.9557	0.1064	A
4	q5	1.0672	-0.1529	A
5	q6	1.3705	-0.7407	A
6	q7	1.0614	-0.1400	A
7	q8	0.8704	0.3261	A
8	q9	2.4738	-2.1285	C
9	q10	2.1103	-1.7550	C

Effect size code:
'A': negligible effect
'B': moderate effect
'C': large effect
Effect size codes: 0 'A' 1.0 'B' 1.5 'C'
(for absolute values of 'deltaMH'

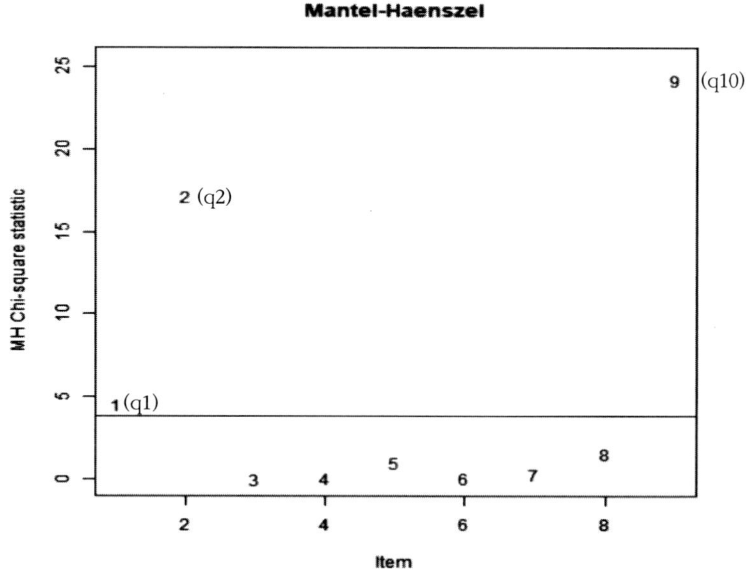

[그림 13-4] 차별기능문항분석 결과

분석 결과에는 각 문항의 차별기능에 대한 χ^2 검정 통계량과 유의확률, 차별기능 문항으로 추출된 문항번호가 제시되며, 차별기능의 정도를 나타내는 효과크기(effect size) 값과 이에 대한 해석기준이 제공된다. 이 외에도 분석 옵션에서 산점도를 선택하면 χ^2 검정 통계량에 대한 임계치(critical value)를 기준으로 각 문항의 χ^2 검정 통계량 분포를 제시해 준다.

분석 결과에 따르면 1번, 2번, 10번 문항이 유의수준 .05에서 유의하게 차별기능을 하는 것으로 추출되었다. α_{MH}와 Δ_{MH} 값에 근거할 때 세 문항 모두 여학생에게 유리한 문항이며, 차별기능 정도에 대한 ETS의 분류기준에 따르면, 1번 문항은 중간 수준(B수준), 10번 문항은 심한 수준(C 수준)이라고 해석할 수 있다.

3 문항과 검사의 차별기능 분석의 활용

Raju, Oshima와 Wolach(2005)가 이분문항과 다분문항의 차별기능문항과 차별기능검사를 추출하는 컴퓨터 프로그램(IPR software)을 개발한 이후 최근에는 R 통계 프로그램의 다양한 패키지(Package)를 이용한 차별기능 관련 연구가 더욱 활발히 진행되고 있다.

차별기능의 추출을 다차원 자료에 대해 적용한 연구로는 MULTISIB(Stout et al., 1997), Multidimensional DFIT(Oshima, Raju, & Flowers, 1997)가 있으며, MIRT모수로 집단에 구체화된 DIF의 크기를 측정하는 연구(Fukuhara & Kamata, 2011), χ^2(우도비 검정), Lord의 χ^2 검정과 Raju의 면적측정법을 다차원 IRT 모형에 적용하는 방법(Yao & Li, 2010)들이 있다. 한편, 특정 조건에서 차별기능의 추출률과 정확성을 높이기 위해 일정 조건하에서 가장 타당한 추출 방법을 탐색하기 위한 연구(Finch, 2005)가 있다.

새로운 차별기능문항 추출 방법에 대한 연구로 인지진단이론을 적용한 연구(Hou, de la Torre, & Nandakumar, 2014; Li & Wang, 2015), George와 Robitzsch(2014)의 다집단 인지진단이론을 적용한 확장된 차별기능문항 연구, 다차원 문항반응이론을 토대로 MCMC(Markov Chain Monte Carlo)를 적용한 연구(Yao & Li, 2010), 구조방정식의 개념으로 잠재변인들에 대한 MIMIC(Multiple Indicates Multiple Causes) 모형을 적용한 연구 등이 있다(Jin et al., 2012; Lee, Bulut, & Suh, 2017; Woods & Grimm, 2011). Suh와 Bolt(2011)는 2단계 LR 검정을 사용하여 차별기능문항과 오답지의 차별기능을 분석하는 연구를 수행하였다.

국내에서도 차별기능에 대한 관심이 증대되면서 관련 연구들이 많이 발표되고 있다. 안창규와 차경옥(1984)에 의한 변환 문항난이도 방법, χ^2 방법에 의한 비교 연구에서는 정범모와 김호권(1965)이 제작한 표준화 지능검사 중 일반지능검사 I과 이상노(1975)가 제작한 지능집단검사 초등학교 고학년용 검사의 언어검사 문항 중 문화적 배경에 따른 차별기능문항이 존재한다고 밝혔다. 문용린(1987)은 문항반응이론에 의한 문항특성곡선을 이용한 차별기능문항 추출 방법을 개념적 수준에서 소개하였다. 이후 대학수학능력시험의 차별기능에 대한 연구(이경희, 2014; 추정아, 성태제, 1993), 적성검사의 차별기능에 대한 연구(노언경, 2007; 서영숙, 2000), TIMSS, PISA,

ICILS 등 국제학업성취도평가에서의 차별기능에 대한 연구(권승아, 2017; 김종민, 이문수, 안성훈, 2016; 노언경, 2010; 박찬호, 2017; 윤지영, 2011; 이문수, 2018), 다분차별기능에 대한 연구(손원숙, 2007; 송미영, 2001), 문항유형 등 문항특성에 따른 차별기능에 대한 연구(박민호, 2015; 진수정, 성태제, 2004), 비선형 다층모형 적용 연구(이명애, 2010), 구조방정식 모형에 근거한 MIMIC 기법 적용 연구(윤수철, 2013; 이재훈, 2011), 인지진단이론 적용 연구(권승아, 송미영, 성태제, 2017), 차별기능문항이 검사 동등화에 미치는 영향에 대한 연구(신혜성, 2018; 황다솜, 2016), 차별기능의 원인을 탐색하기 위한 연구(손원숙, 2012; 전현정, 2010) 등 다양한 주제의 연구들이 수행되었다.

우리나라만큼 검사가 개인에게 영향을 주는 나라도 드물다. 대표적으로 대학진학을 위한 검사와 사회 진출을 위한 각종 자격시험(교원 선발시험, 공무원시험, 의사·약사·간호사 국가시험, 정보처리기사 시험, 한국어능력시험, 한자능력시험 등)을 들 수 있다. 이렇게 많은 검사가 시행되고 있음에도 불구하고 교육 이외의 분야에서 차별기능문항에 대한 연구가 활성화되지 못함은 차별기능에 대한 지식과 관심이 부족하기 때문이다. 자격시험의 공정성을 담보하기 위해서는 성별에 따라 달리 기능하는 문항이 있는지 혹은 검사가 차별기능을 하는지 등을 분석할 필요가 있다.

차별기능이라는 주제로 이 책의 한 장을 구성한 것은 앞으로 실시되는 모든 검사에서 차별기능문항이 없어야 함을 강조하기 위함이고, 이를 통해 검사의 질이 향상되고 성차별 등 불필요한 사회적 논란을 미연에 방지할 수 있기 때문이다. 그러므로 검사 제작과정뿐 아니라 검사 실시 후에도 과학적인 방법에 의하여 차별기능문항을 제거하기 위한 노력이 필요하다.

제 5 부

검사점수 산출 및 결과 보고

제14장 검사점수 산출

1 검사점수 부여 방식

검사 실시 후에는 검사 목적에 부합하는 정보를 산출하여 제공하여야 한다. McMillan (2018)은 검사점수 부여 방식과 각각의 장단점을 피드백의 적절성(adequate feedback), 융통성, 실제성 측면에서 〈표 14-1〉과 같이 제시하였다.

〈표 14-1〉 검사점수 부여 방식 및 특징

방식	피드백의 적절성	융통성	실제성
문자 등급 (letter grades)	• 문자 등급만 활용 시 단일 지표 이상의 피드백을 제공하지 못함	• 다양한 형태의 평가(규준참조평가/준거참조평가/성장참조평가 등)에 적용 가능	• 문자 등급의 의미 명료화 위해 시간과 기술 필요
정답률 (percentage correct)	• 정답률만 활용 시 단일 지표 이상의 피드백을 제공하지 못함	• 정답과 오답으로 구성되어 선호도가 높음	• 점수 산출 및 합산 용이 • 평가 도구 개발 위한 시간 소요
루브릭/점검표 (rubric/checklist)	• 루브릭 구성 차원 설계에 따라 높은 수준의 피드백 제공 • 차원별 점수 합산 시 전체 수행에 대한 피드백 제공 가능	• 다양한 형태의 평가에 적용 가능	• 루브릭 개발 위해 시간 필요 • 루브릭 개발되면 성적 부여 용이

준거-기반 (standards-based)	• 수행기준과 관련된 높은 수준의 피드백 제공	• 다양한 형태의 평가에 적용 가능	• 적절한 수행 기준 결정이 어렵고 시간이 많이 소요됨 • 기준 개발되면 등급화 용이
문장형 서술 (written description)	• 높은 수준의 개별화된 피드백 제공	• 질적인 평가 설계 시 활용하며, 정 · 오답이 있는 시험에는 부적절함	• 시간집중적 성적 부여 방식 • 모든 등급에 활용하기 어려움

출처: McMillan(2018), p. 442.

○ 문자 등급(letter grade)

문자로 검사점수를 부여하는 방식은 가장 많이 사용되는 방식으로 등급은 주로 최우수(excellence)/탁월(outstanding), 우수(good), 보통(average)/수용할만한(acceptable), 미흡(poor), 불만족(unsatisfactory) 등과 같이 다양한 수준을 나타낼 수 있는 형용사를 사용하거나 +, - 기호를 활용하기도 한다. 이 방식은 편리하고 간단하며 전반적인 수행수준에 대해 파악할 수 있는 장점은 있으나, 학생의 강점과 약점에 대해서는 정보를 제공하기 어렵다는 단점이 있다. 따라서 각 등급을 적절하고 유용하게 해석할 수 있도록 등급별로 의미를 부여할 필요가 있다.

○ 정답률(percentage correct)

정답률은 객관식 시험의 성적을 제공할 때 공통적으로 사용되는 방식으로 100을 기준으로 한 정답비율 또는 점수를 의미한다. 계산이 간단하고 기록하기 쉬우며, 문자 등급과 조합하여 사용할 경우 변별력 있는 정보를 제공할 수 있는 장점이 있으며, 수행과제나 에세이에도 적용할 수 있다. 제한점으로는 수행수준에 대한 일반적인 정보만을 제공해 준다는 점, 문항 정답비율과 숙달비율이 다른 의미임에도 이를 동일시하는 경향이 있다는 점, 검사시행 오차로 인해 1, 2점의 차이는 의미 있는 차이가 아닐 수 있다는 점 등을 들 수 있다.

○ 루브릭/점검표(rubric/checklist)

숙달 정도를 평가하기 위하여 학습목표 측면에서 학생들의 수행을 보여 주는 루브릭이나 점검표를 활용하게 된다. 루브릭은 학생의 수행 측면과 수행에 대한 교사의 판단 근거가 되는 점수로 구성되며, 보통 두 개 이상의 범주를 포함한다. 점수화 방법을 기술한 루브릭은 점검표로도 활용할 수 있다. 학생의 강점과 약점에 대한 상세화된 피드백을 제공해 줄 수 있는 장점이 있는 반면, 루브릭을 개발하는 데 많은 노력과 시간이 필요하다. 그러나 일단 루브릭이 개발되고 나면 점수화하는 것이 용이하므로 피드백을 효율적으로 제공해 줄 수 있다.

○ 준거-기반(standards-based)

성취기준에 근거한 준거-기반 등급 부여 방식은 학생과 학부모에게 의미 있는 피드백을 제공해 줄 수 있는 효과적인 방식이다. 이는 준거참조방식에 해당하며, '준거'는 모든 학생에게 동일하게 적용된다.

Guskey와 Bailey(2001)는 준거-기반 방식의 성적 부여 절차를 다음과 같이 네 단계로 제시하였다.

- 주요 학습목표와 준거 확인
- 준거에 부합하는 수행지표 설정
- 숙달 수준을 나타내는 벤치마크 확인
- 준거를 충족하는 향상과 최종 성취를 나타낼 수 있는 성적표 양식 개발

학생의 성취 정도를 구분하기 위한 수행지표(performance indicators)이다. 가장 많이 사용되는 예로 초보(beginning), 향상(progressing), 숙달(proficient), 탁월(exceptional), 또는 거의(seldom), 가끔(sometimes), 자주(frequently), 항상(consistently) 등을 들 수 있다. 이러한 수행지표를 통해 학생과 학부모는 현재의 상태뿐 아니라 평가기간 동안 성취해야 하는 학습의 양에 대한 정보를 얻을 수 있으며, 학생의 동기와 수행의 관계를 파악하는 데도 도움이 된다.

○ 문장형 서술(written description)

등급이나 점수를 제공할 때 문장으로 서술하는 방식을 병행하게 되면 개별 학생의 강점과 약점에 대해 피드백을 제공해 줄 수 있는 장점이 있다. 그러나 등급이나 점수에 대응되는 문장을 구상하는 것은 많은 노력과 시간이 소요되고 간단하지 않다는 단점이 있다.

검사 개발자는 이상에서 제시한 다양한 성적 부여 방식의 장단점에 대한 이해를 토대로 최종 성적을 어떻게 산출하여 제공할 것인지 결정하여야 한다. 많은 검사에서 규준점수와 준거점수를 산출하여 이를 검사 대상 및 활용 목적에 적합한 방식으로 제공하므로 이 장에서는 규준점수와 준거점수의 종류, 산출 방식 및 결과 보고 방식에 대해 다룬다.

2 규준점수

1) 정의

규준은 원점수의 상대적 위치를 알기 위하여 쓰이는 자로서 모집단을 대표하는 표본을 통해 얻은 점수에 기초한다고 설명하였다. 검사의 목적상 상대비교에 의한 서열점수를 알고자 할 때, 규준참조검사를 실시하여 상대서열에 대한 정보를 얻을 수 있다. 이와 같이 규준에 비추어 피험자의 원점수에 대한 상대서열을 나타내는 점수를 **규준점수**라 한다. 규준점수에는 퍼센타일, Z점수, T점수, 스테나인 점수가 있다. 규준점수는 모집단의 모든 피험자 능력이나 특성이 정규분포를 이루어야 한다는 가정을 필요로 한다. 만약 정규분포 가정을 충족하지 않는다면 규준점수를 사용하지 않아야 한다.

2) 종류와 계산 방법

(1) 퍼센타일

퍼센타일(percentile)은 백분위수로서, 얻은 자료를 크기순으로 늘어놓아 100등분한 값을 말한다. 그러므로 가장 작은 수부터 가장 큰 수 사이의 중간에 있는 점수는 50퍼센타일 혹은 50백분위수가 된다. 백분위수보다 퍼센타일이라는 용어가 보편적이기에 퍼센타일로 통용한다. 원점수가 50점인 피험자의 규준점수가 40퍼센타일이라면, 그 피험자의 상대적 서열은 40%에 해당된다는 것이다.

원점수에 해당되는 규준점수는 정규분포에 의하여 계산되므로 평균과 표준편차의 개념, 그리고 정규분포의 특성에 대하여 이해하여야 한다. 평균은 모든 값을 더한 후 총 사례수로 나눈 값으로 분포의 위치를 말해 주고, 표준편차는 각 값이 평균들로부터 떨어진 편차들의 평균으로 분포의 흩어진 정보를 말해 준다. 평균과 표준편차는 각각 다음 공식에 의하여 계산된다.

$$\overline{X} = \frac{\Sigma X}{N}$$

$$S_X = \sqrt{\frac{\Sigma(X - \overline{X})^2}{N}}$$

정규분포는 좌우대칭이면서 평균, 중앙값, 최빈값이 같은 단봉분포를 말하며 [그림 14-1]과 같다.

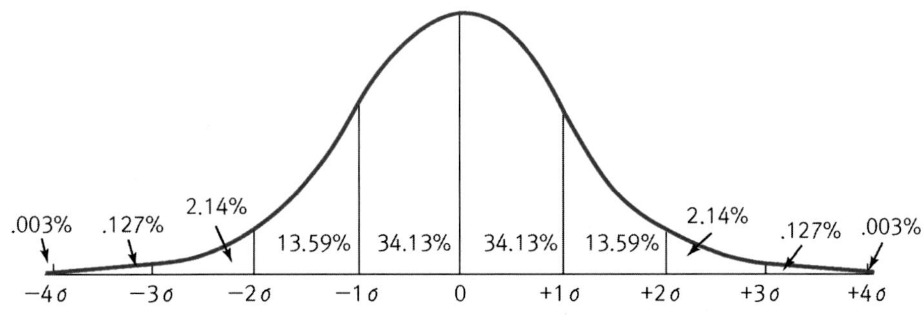

[그림 14-1] 정규분포에 의한 퍼센타일

정규분포에서 어떤 피험자의 점수가 평균점수와 같았다면, 그 피험자의 규준점수는 50퍼센타일이다. 또한 다른 피험자의 점수가 평균보다 1표준편차 위라면 84.13퍼센타일이 된다. 이는 상위 15.87퍼센타일이라 부르기도 한다. 예를 들어, 400점 만점의 학업성취도검사에서 평균이 200점이며 표준편차가 50점일 때, 한 피험자가 300점을 얻었다면 평균점수보다 2표준편차 위에 있으므로 정규분포에 의하여 97.72퍼센타일에 해당하며 이를 상위 2.28퍼센타일로 표현하기도 한다.

규준점수로서 원점수에 해당하는 퍼센타일이 제공되면 피험자의 상대적 서열을 쉽게 알 수 있다. 현재 대학수학능력시험의 경우, 원점수에 해당하는 표준점수와 퍼센타일(백분위수)이 제공되고 있다.

(2) 표준점수

정규분포 가정하에서 원점수에 해당하는 상대적 서열을 나타내는 점수에는 표준점수(standard score)가 있으며, Z점수와 T점수가 대표적이다.

① Z점수

Z점수는 평균은 0, 표준편차가 1인 점수로서 계산하는 공식은 다음과 같으며, 앞의 예의 Z점수는 2가 된다.

$$Z = \frac{X - \overline{X}}{S_X} = \frac{300 - 200}{50} = 2$$

피험자가 얻은 점수를 표준점수인 Z점수로 표현하였을 때, 평균점수 미만 점수를 받은 모든 피험자의 Z점수는 음수가 되며, 소수점이 되는 경우도 많다. Z점수에 해당하는 백분위는 [부록 1]에서 찾을 수 있다. 예를 들어, 어느 피험자의 Z점수가 1.65였다면 누적백분율은 95.05%임을 알 수 있으며, 상위 4.95%에 있다.

② T점수

음수나 소수로 표현되는 Z점수의 불편함을 해결하기 위하여 McCall(1939)이 T점수를 제안하였다. T점수는 평균은 50, 표준편차는 10인 점수로서 계산 공식은 다음과 같다.

$$T = 50 + 10Z = 50 + (10 \times 2) = 70$$

이 경우, 평균이 200점이고 표준편차가 50점인 검사에서 300점을 얻어 Z점수는 2점이었으므로 T점수는 70점이 된다. 정규분포 아래서 평균과 표준편차에 따른 Z점수와 T점수는 [그림 14-2]와 같다.

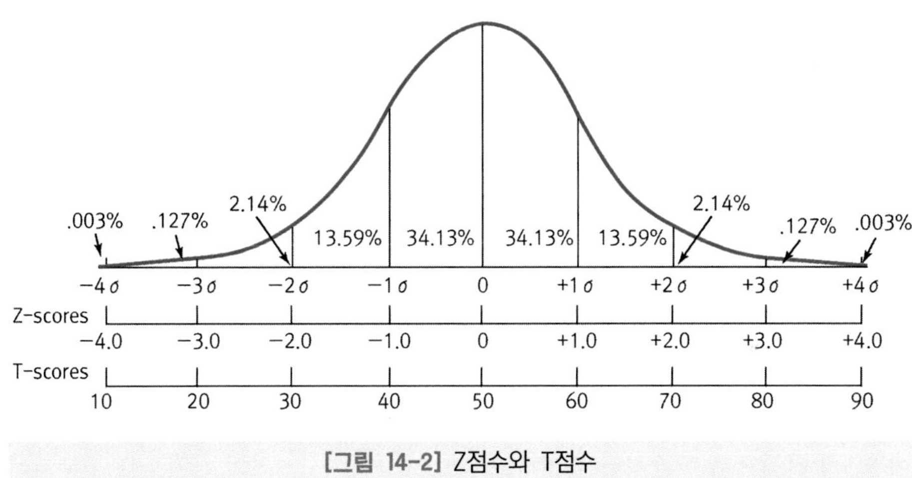

[그림 14-2] Z점수와 T점수

[그림 14-2]는 원점수, Z점수, T점수에 의한 상대적 서열, 즉 퍼센타일을 알려 준다. 만약 어떤 피험자가 평균보다 1표준편차 위인 점수를 얻었다면 Z점수는 1, T점수는 60점이며, 퍼센타일은 84.13%이다. 다른 예로 어떤 피험자가 대학수학능력시험의 탐구영역 선택과목에서 T점수를 40점 받았다면 그의 Z점수는 −1점이고 퍼센타일은 15.87%임을 알 수 있다.

③ 스테나인 점수

스테나인 점수(stanine scores)는 9개의 범주를 가진 표준점수로서 제2차 세계대전 중 미 공군에서 개발한 것으로 평균은 5, 표준편차는 2로 표준화한 점수이다

(Hopkins, Stanley, & Hopkins, 1990). 정규분포에 기초한 스테나인 점수와 그에 해당하는 Z점수, T점수는 [그림 14-3]과 같다.

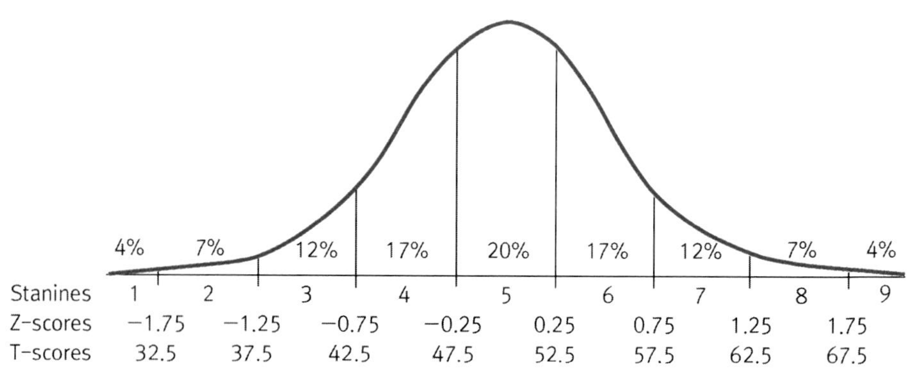

[그림 14-3] 스테나인 점수와 Z점수, T점수

스테나인 점수는 원점수의 분포를 정규분포로 가정하고 가장 낮은 점수부터 높은 점수로 배열한 후, 맨 아래의 4%에 1을, 그다음 7%에 2를, 그다음 12%에 3을, 그다음 17%에 4를, 그다음 20%에 5를 부여하며 상위 4%에 만점인 9를 부여한다. 스테나인 점수 1점과 2점을 구분하는 지점의 Z점수는 −1.75이며 2점과 3점을 구분하는 지점은 −1.25이다. 스테나인 점수를 구분하는 지점의 Z점수는 [그림 14-3]에서와 같이 0.5의 간격으로 등간성을 유지하고 있으며, T점수도 5점의 간격으로 구분되어 있다.

정규분포 가정을 충족하지 않으면 스테나인 점수를 적용하는 것이 적합하지 않다(Anastasi, 1976). 스테나인 점수는 상대적 서열에 대한 자세한 정보를 얻을 수는 없지만 유사집단을 하나로 묶어 한 자리 수의 지수를 제공하는 특징이 있으며, 점보다는 구간으로 묶는 특징을 지니고 있다. 상대비교평가에서 점수가 주는 영향을 교육적으로 약화시키기 위하여 사용되는 점수로서 우리나라에서도 2002학년도부터 대학수학능력시험에서 이 점수를 제공하고 있다. 다만, 스테나인 점수 1을 9등급으로, 9를 1등급으로 하는 것이 다르다.

(3) 변환점수

변환점수(transformed score)는 Z점수를 특정한 평균과 표준편차를 갖도록 선형 변환한 것이다. SAT 점수와 GRE 점수, 지능점수인 Wechsler 점수와 Binet-Simon 점수를 예로 들 수 있다. SAT, ACT, Wechsler 및 Stanford Binet IQ 점수는 [그림 14-4]와 같다.

SAT의 평균은 500점이고 표준편차는 100점으로서 어떤 피험자가 SAT의 언어영역에서 600점을 받았을 때 84.13%에 해당됨을 알 수 있다. ACT의 평균은 20점, 표준편차는 5점이다. 지능검사의 평균은 100점이며, Wechsler 검사의 표준편차는 15점, Stanford-Binet 검사의 표준편차는 16점이다.

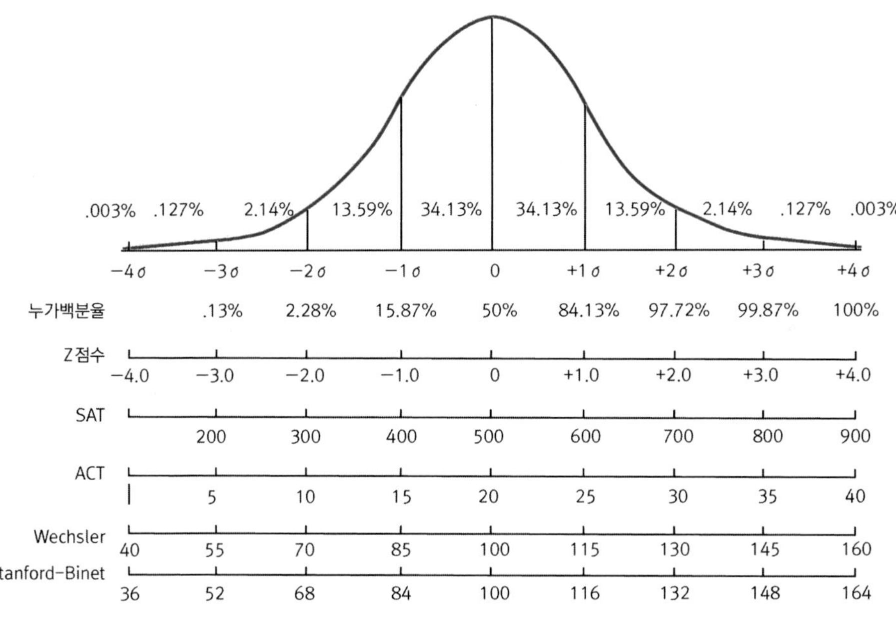

[그림 14-4] SAT, ACT, Wechsler, Stanford-Binet 변환점수

3) 규준점수의 특징과 해석

학교현장에서 학생들이 얻은 점수의 등위가 보고되고 있으며, 대학수학능력시험이나 적성검사 등에는 T점수가 보고되고 있다.

규준점수인 퍼센타일이나 Z점수, T점수로 피험자의 상대적 서열을 파악하여 의사

결정을 용이하게 내릴 수 있다. 그러나 규준점수는 모집단을 대표하는 표본이 대표성을 띠어야 하며 규준을 작성하기 위하여 사용되는 검사가 타당하고 신뢰할 수 있어야 한다. 규준점수가 지니는 한계는 무엇을 얼마만큼 알고 모르는지에 대한 직접적인 정보를 제공해 주지 못함으로써 교수·학습에 충분한 도움을 주지 못한다는 점이다.

3 준거점수

1) 정의

준거(criterion, cut-off, standard)란 피험자가 어떤 일을 수행할 수 있다고 대중(public)이 확신하는 지식 혹은 기술 수준을 말한다(AERA, APA, & NCME, 1985). AERA, APA와 NCME(1999, 2014)에서는 분할점수(cut score)란 성패나 당락을 구분하는 점수라고 정의하고 있다.

Glaser(1963)는 인간의 성취수준을 지식 획득의 연속선상에서 영점인 상태에서부터 완전한 상태까지 나타낼 수 있다고 보기 때문에 준거는 개인의 성취 적합성에 따라 어느 점에서도 설정할 수 있다고 주장한다. 특히 학교 학습에서 학생의 학업성취가 수업목표에 도달하였는지의 여부를 결정하기 위하여 준거를 설정할 필요가 있으며, 학습자를 이 준거에 의해 완전학습자 혹은 불완전학습자로 구분한다. 그러므로 준거는 준거참조검사의 매우 중요한 요소이다.

Glass(1978)는 모든 준거설정방법은 임의적이며 근본적으로 결함을 가지고 있기 때문에 교육적 의사결정이나 검사점수를 해석하기 위하여 사용될 수 없다고 주장하였다. 그러나 Block(1978)과 Popham(1978)은 임의적(arbitrary)이라는 단어의 사전적 의미를 분석해 보면, '제멋대로의 변덕스러운'이라는 의미도 있지만, '심사숙고한 재량'이라는 뜻도 있으므로 준거설정방법은 무원칙에 의한 것이 아니라 이론적 배경을 근거로 하여 과학적 방법을 동원한 주관적 판단이 요구되는 방법이라고 반박하였다. 교육현장에서 일어나는 모든 연속변수를 인위적인 이분법에 의하여 분류할 때 판단의 오류를 전혀 배제할 수는 없다. 그러나 특정 준거를 기점으로 교수·학습의 장에서 완전학습자와 불완전학습자로 분류하거나 자격검사에서 자격부여를 결정하기 때문에 준거는 과학적이고 객관적으로 설정하여야 한다.

2) 준거설정방법

준거설정방법은 무원칙에 의한 임의성에서 탈피하여야 하며, 이론 혹은 규칙을 근거로 하는 타당하고 과학적인 방법이어야 한다. 물론 연구자에 따라 상정하고 있는 이론적 방법이 고유하므로 각 방법에 따라 설정된 준거는 차이가 있을 수 있다. Shepard(1984)는 준거설정방법은 절대적 혹은 규준적 기준을 도출하기 위한 것으로서 그 기준은 준거설정방법 내에 존재하기보다는 교사나 평가 전문가의 마음속에 가정하고 있는 심리적 구인으로부터 결정된다고 하였다.

Hambleton(1998)은 준거설정의 일반적인 단계를 다음과 같이 제시하였다(성태제 역, 2011).

첫째, 집단을 대표하는 다수의 준거설정자를 선정한다.

둘째, 준거설정방법을 설정하고, 사전훈련 자료와 준거설정 회의 의제를 준비한다.

셋째, 수행범주(성취기준)별 설명을 준비한다.

넷째, 준거설정자들을 훈련시킨다.

다섯째, 준거설정자들이 준거설정한 결과를 수합하여 요약 정리 후 피드백을 위해 준거설정자들에게 다시 제공한다.

여섯째, 준거설정자들이 1차 준거설정 결과에 대해 논의하도록 독려한다.

일곱째, 준거설정자들이 2차 준거설정을 시행하도록 하고 5, 6단계의 과정을 반복한다.

여덟째, 준거설정자들이 이전 단계의 결과를 검토하여 최종적으로 준거설정을 하고, 각 성취준거에 대한 최종안을 제안하도록 한다.

아홉째, 준거설정과정에 대한 준거설정자들의 평가를 진행한다. 이때 준거설정자별로 준거설정과정과 결과에 대한 확신의 정도를 묻는 내용도 포함시킨다.

열째, 타당성을 입증할 만한 적절한 자료를 수집한다. 여기에는 준거설정과정과 다른 증거들이 포함된다.

Mills와 Melican(1988)은 현재까지 제안된 준거설정방법을 네 가지 범주로 구분하였다. 네 범주는 규준적 준거설정방법, 피험자 집단특성평가에 의한 준거설정방법, 검사도구 내용분석평가에 의한 준거설정방법, 절충적 준거설정방법이며, 각 범주에 속하는 준거설정방법은 다음과 같다.

규준적 준거설정방법
피험자 집단특성평가에 의한 준거설정방법
- 집단비교방법
- 경계선 방법

검사도구 내용분석평가에 의한 준거설정방법
- Nedelsky 방법
- Angoff 방법
- Jaeger 방법
- Ebel 방법
- 북마크 방법
- 맵마크 방법

절충적 준거설정방법
- Hosfee 방법
- Beuk 방법
- de Gruijter 방법

최근에는 문항반응이론에 의한 문항난이도를 고려한 북마크(book mark) 방법과 맵마크(map mark) 방법이 사용되고 있다. 준거설정방법에 대하여 보다 자세한 내용은 Berk(1984), Cizek과 Bunch(2007), 그리고 이를 번역한 성태제(2011)의 역서 『준거설정』을 참고하라.

이상의 여러 준거설정방법 중 여기서는 규준적 준거설정방법, 피험자 집단특성평가에 의한 준거설정방법, 검사도구 내용분석평가에 의한 준거설정방법을 설명한다.

(1) 규준적 준거설정방법

규준적 준거설정방법은 검사를 택한 피험자들의 상대적 서열이나 피험자 집단의 일정 비율에 의하여 준거를 설정하는 방법이다. 예를 들면, 어떤 검사를 택한 피험자 집단의 상위 20% 피험자들에게 자격증을 부여한다면 20%가 준거가 된다.

이 방법은 검사를 실시하기 전에 일정한 비율을 쉽게 결정할 수 있으므로 의사결정을 할 때 많이 사용된다. 그러나 일정한 비율에 의하여 선발된 피험자들이 기대하는 성취수준에 도달하였는지에 대하여는 확신할 수 없다. 앞의 예에서 상위 20% 피험자들에게 자격증을 부여한다면 상위 20%에 해당되는 피험자 중에는 성취수준 또는 최소능력수준(minimum competence level)에 도달하지 못한 피험자도 포함될 수 있다. 그러므로 교수·학습 프로그램 개발이나 개인의 학습발달 정도를 분석하고자 할 경우에는 이 규준적 준거설정방법을 사용하지 않는다. 또한 Ebel(1979)도 규준적 준거설정방법은 합리적이지 않은 비율을 임의로 설정하기 쉽다고 지적하였다. 이 방법은 준거를 설정하기 때문에 준거참조평가를 위한 방법이라 간주할지 모르나 엄밀하게 분류하면 규준참조평가를 위한 준거설정방법이라 할 수 있다.

(2) 피험자 집단특성평가에 의한 준거설정방법

① 집단비교방법

집단비교방법(contrasting groups method)은 Zieky와 Livingston(1977)이 제안한 방법으로서 교사 혹은 교과 전문가 또는 평가 전문가가 피험자 집단의 개개인을 주관적으로 완전학습자 혹은 불완전학습자로 구분하여 검사를 실시한 후 완전학습자의 점수분포와 불완전학습자의 점수분포가 교차되는 점을 준거로 설정하는 방법이며, [그림 14-5]와 같다.

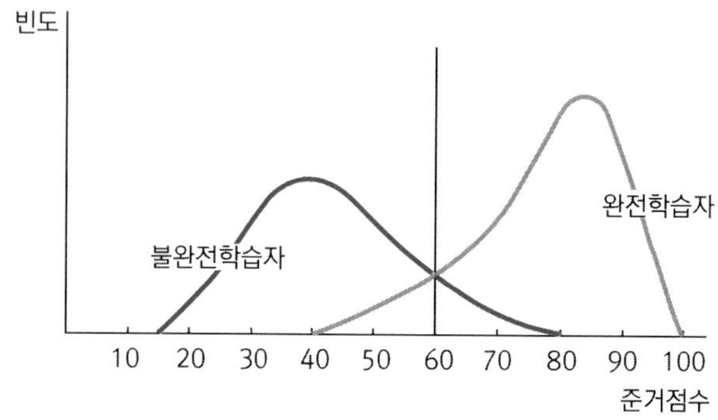

[그림 14-5] 두 집단 비교에 의한 준거점수 설정 방법

피험자 개인을 완전학습자 혹은 불완전학습자로 분류하는 방법은 일반적으로 교사가 학점을 부여할 때 사용하는 것으로서 교수 · 학습 이전이나 진행 중에 평가의 대상이 되는 모든 자료를 수집하여 판정하거나 규준적 준거설정방법을 이용하여 분류할 수 있다.

집단비교방법의 단점은 다음과 같다.

첫째, 완전학습자와 불완전학습자의 집단분류에 따라 준거점수가 변화한다는 것이다. 즉, 두 집단의 능력 특성에 따라 준거점수가 달라진다.

둘째, 준거점수가 불완전학습자로 분류된 소수의 고득점 피험자들에 의해 높아지거나 완전학습자로 분류된 소수의 하위점수 피험자들에 의해 낮아질 수 있다는 것이다.

셋째, 준거점수에 도달하지 못하였어도 완전학습자로 분류되거나 준거점수를 능가하였음에도 불완전학습자로 분류되는 판정의 오류가 일어날 수 있다.

집단비교방법에 의한 준거점수는 여러 요인, 즉 불완전학습자와 완전학습자 표본의 비율, 완전학습의 정도를 어떻게 정의하는가에 따라 변화되기 때문에 안정적이지 못하다는 비판을 받고 있다.

② 경계선 방법

경계선 방법(borderline group method)은 집단비교방법의 두 집단 분류에 의해 준거점수가 변화되는 모순점을 해결하기 위하여 Livingston과 Zieky(1982)가 제안한 방법이다. 경계선 방법은 모든 피험자를 완전학습자와 불완전학습자로 분류하고 완전학습자로 분류된 피험자 집단에서 검사점수의 중앙값을 준거점수로 설정하는 방법이다. 두 집단비교방법에서 준거점수는 불완전학습자 집단에 의해 영향을 받지만 Livingston과 Zieky 방법에서는 불완전학습자 집단을 고려하지 않기 때문에 불완전학습자 집단의 점수분포가 준거설정에 영향을 주지 않는다.

Mills(1983)가 제안한 경계선 방법은 다음 세 가지 점수를 설정해야 한다.

첫째, 완전학습자로 분류할 수 있는 확실한 최저점수, 즉 완전학습자로 규명하기 위한 기준점수를 설정한다.

둘째, 어느 점수 미만이면 불완전학습자로 분류할 수 있는 확실한 최고점수, 즉 불완전학습자로 분류하기 위한 기준점수를 설정한다. 예를 들어, 100점 만점의 검사에서 80점 이상이면 완전학습자로 분류하고, 60점 미만이면 불완전학습자로 분류한다는 판단을 내린다.

셋째, 불완전학습자로 분류되는 최고점수와 완전학습자로 분류되는 최저점수 사이에 있는 피험자들의 검사점수들의 중앙값을 준거점수로 설정한다.

앞의 예에서 60점 미만이면 불완전학습자로, 그리고 80점 이상이면 완전학습자로 분류된다고 하였을 때 60점 이상과 80점 미만의 피험자들은 어느 집단으로도 분류할 수 없으므로 60점 이상과 80점 미만 사이에 있는 피험자들의 점수를 나열한 후 그 가운데 있는 피험자의 점수를 준거로 설정하면 [그림 14-6]과 같다.

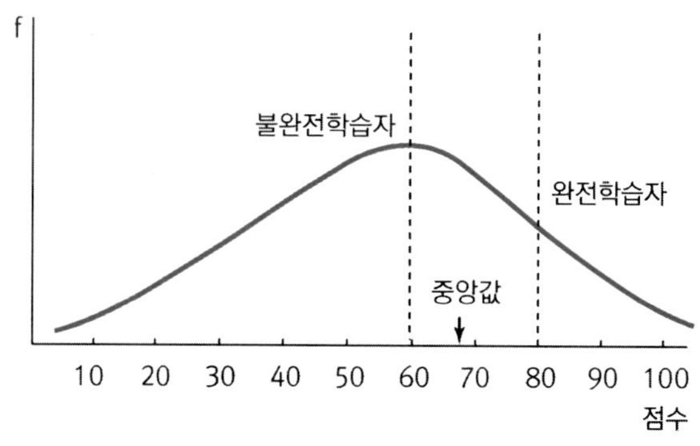

[그림 14-6] Mills에 의한 경계선 방법

Mills의 경계선 방법은 두 집단으로 구분하여 나타나는 분포의 영향은 받지 않으나 불완전학습자로 분류하는 최고점수와 완전학습자로 분류하는 최저점수에 의하여 준거점수가 변화될 수 있다는 단점을 지닌다.

(3) 검사도구 내용분석평가에 의한 준거설정방법

규준적 준거설정방법이나 집단비교방법, 경계선 방법은 검사도구 내용분석에 의한 것이 아닌 규명된 집단의 상대적 정보에 의해 준거점수를 설정하는 방법이다. Glaser(1963)는 준거참조검사의 문항을 작성하기 위해서는 상대적 규준에 의한 정보보다 검사내용에 주안점을 두어야 한다고 주장하였다. 역사적으로도 검사도구의 내용분석에 기초하여 준거를 설정하는 것이 타당하다고 보았다. 검사내용에 근거하여 준거를 설정하면 피험자 집단의 특성에 영향을 받지 않으므로 준거점수가 변화되지 않는 장점이 있다.

검사도구 내용분석에 의해 준거를 설정하는 방법으로는 Nedelsky 방법, Angoff 방법, Jaeger 방법, Ebel 방법, 북마크 방법, 맵마크 방법 등이 있다. 이 준거설정방법은 문항 하나하나에 대한 분석과 평가 과정을 통하여 준거점수를 설정한다.

① Nedelsky 방법

Nedelsky(1954)가 제안한 방법으로서 준거를 설정하는 방법 중 가장 오래되었으며, 보건의학과 관련된 자격증을 부여하기 위한 최소능력검사(minimum competency test)에 많이 쓰였다. Nedelsky는 피험자들이 문제를 읽은 후 확실하게 정답이 아닐 것이라고 생각하는 답지들을 일단 제거한 후 나머지 답지들 중에 임의로 선택하여 문항의 답을 맞힐 것이라 생각하였다. 그러므로 Nedelsky 방법은 교사나 평가 전문가가 완전학습자로 분류할 수 있는 최소능력보유 피험자(minimum competency examinee)를 가정하고 최소능력보유 피험자가 문항을 읽은 후 정답이 아니라고 생각하는 답지를 몇 개 제거하는가에 초점을 둔다. 그리고 제거되고 남은 나머지 답지들 중 추측에 의하여 무작위로 선택하여 문항의 답을 맞힐 것이라는 가정에서 출발한다. 예를 들면, 사지 선다형의 문항에서 교사나 평가 전문가가 최소능력보유 피험자는 네 개의 답지 중 하나의 답지만 정답지가 아니라 생각할 것이라고 판단하면, 최소능력보유 피험자는 나머지 세 개의 답지 중 추측하여 답을 맞히기 때문에 그 문항의 답을 맞힐 확률은 1/3이 된다. 만약 최소능력보유 피험자가 그 문항을 보고 네 개의 답지 중 두 개가 정답이 아니라고 생각한다면 나머지 두 개의 답지 중 하나를 추측하여 문항의 답을 맞힐 것이므로 문항의 답을 맞힐 확률은 1/2이 된다. 문항의 내용이 어렵다면 정답이 아니라고 제거할 수 있는 답지가 적을 것이고, 문항의 내용이 쉽다면 정답이 아니라고 제거할 답지가 많아지게 될 것이다.

Nedelsky 방법에 의한 준거점수는 정답이 아닌 답지를 제거한 후 문항의 정답을 맞힐 확률을 모두 더한 것이며, 이를 최저통과수준(minimum pass level)이라 한다.

$$C = \sum P_i = \sum_{i=1}^{n} \frac{1}{Q - IQ}$$

P_i : 최소능력보유 피험자가 문항 i를 맞힐 수 있는 확률

Q : 문항의 전체 답지 수

IQ : 교사나 평가 전문가가 최소능력보유 피험자가 정답이 아니라고 생각하는 답지의 수

다섯 문항으로 구성된 검사에서 최소능력보유 피험자가 정답이 아니어서 제거할 수 있는 답지 수가 〈표 14-2〉와 같을 때 준거점수는 2.4이다.

〈표 14-2〉 Nedelsky 방법에 의한 준거점수

문항	답지 수	정답 아닌 답지	P_i
1	4	2	1/2
2	4	3	1
3	4	0	1/4
4	4	1	1/3
5	4	1	1/3

$C = 2.4$

만일 각 문항의 중요도에 따라 가중치를 부여하면, 즉 문항배점이 다르면 준거점수는 다음 공식에 의하여 계산된다.

$$C = \sum_{i=1}^{n} W_i \times P_i$$

W_i : 문항의 가중치

P_i : 문항을 맞힐 확률

Nedelsky 방법은 문항의 내용을 분석하여 준거를 설정하는 방법이며, 다음과 같은 문제점을 가지고 있다.

첫째, 피험자들이 정답이 아니라고 생각하는 답지를 제거하고 난 후 나머지 답지에서 정답을 선택할 때 무선적으로 추측하지 않는다(Brennan & Lockwood, 1980; Melican, Mills, & Plake, 1987). 즉, 피험자들이 정답이 아니라고 생각하는 답지를 일차적으로 제거한 후 남은 답지가 두 개일지라도 추측에 의해 무선적으로 선택하는 것이 아니라, 그중에 가장 매력적인 답지를 선택한다는 주장이다.

둘째, 문항을 맞힐 수 있는 확률은 오답이라고 생각하는 답지 수를 전체 답지 수에서 제거한 후 남은 답지 수의 역함수에 의해 계산되므로 문항을 맞힐 수 있는 확률의 범위가 다양하지 못하다(Brennan & Lockwood, 1980). 사지 선다형의 문항에서 문항을 맞힐 수 있는 확률은 〈표 14-2〉에서 보듯이 1, 1/2, 1/3, 1/4이 된다.

셋째, 사지 선다형 문항의 예에서 보듯이 문항을 맞힐 확률에서 1과 1/2 사이의 확률이 이론적으로 존재할 수 없기 때문에 Nedelsky 방법에 의한 준거점수는 일반적으로 다른 준거설정방법에 의한 준거점수보다 낮게 설정된다(Shepard, 1980).

넷째, 선다형 문항 유형에만 적용 가능하다.

② Angoff 방법

Angoff(1971)가 제안한 것으로 교사나 평가 전문가가 문항을 분석한 후 최소능력 보유 피험자들로 구성된 가상적 집단에서 어느 정도 비율의 피험자가 문항의 정답을 맞힐 수 있는가를 판정한 다음, 각 문항의 답을 맞힐 피험자 비율의 합을 준거점수로 설정하는 방법이다. 예를 들어, 5문항으로 구성된 검사에서 준거를 설정하는 절차는 〈표 14-3〉과 같다.

〈표 14-3〉 Angoff 방법에 의한 준거 설정방법

분석 / 문항	P	가중점수 W	WP
1	.5	2	1.0
2	.8	3	2.4
3	.7	1	.7
4	.9	1	.9
5	.1	2	.2
	$C = 3.0$		$C = 5.2$

교사나 내용 전문가가 내용을 보고 분석한 결과, 최소능력을 보유한 완전학습자 100명을 가상하였을 때, 1번 문항에 대해서는 50명이 문항의 답을 맞힐 것이라 판단하였고, 2번 문항은 80명, 5번 문항은 10명만이 문항의 답을 맞힐 것이라 판단하였다. 이와 같이 각 문항의 내용을 분석하여 확률을 구한 뒤 그 값을 더하면 3이 되므로 준거점수는 3점이다. 그러므로 5점 만점의 검사에서 피험자의 점수결과를 통보할 때, '준거점수는 3점이고, 학생의 점수는 1점이다'라는 식으로 보고한다. 만약 문항마다 점수 가중치가 다른 경우 점수 가중치를 확률에 곱하여 얻은 점수를 더한 값이 준

거점수가 된다. 〈표 14-3〉에서 각 문항점수의 가중치가 다를 경우 검사의 준거점수는 5.2점이다.

최소능력보유 피험자 100명의 가상적 피험자 집단을 상상하기 어려운 경우, 대안적 방법으로 교사나 평가자가 문항난이도가 같다고 생각되는 100문항을 연상한 후 최소능력보유 피험자 한 명이 그 100개 문항 중 몇 %를 맞힐 수 있는가를 판정한 다음 각 문항의 정답 확률을 합하여 준거점수를 설정할 수 있다.

Angoff 방법은 Nedelsky 방법에 비해 절차가 간단하고 문항을 맞힐 수 있는 확률이 다양하며 선다형이 아닌 문항에도 적용할 수 있는 장점이 있다. 그러나 교사나 평가 전문가가 문항의 난이도를 부여할 때 문항의 내용보다는 문항의 줄거리나 문항의 답지에 의해 영향을 받게 되어 문항난이도가 과소 추정되거나 과대 추정되는 단점이 있다. 즉, 교사나 평가 전문가에 따라 문항난이도가 다르게 추정되면 준거점수도 달라지게 된다. 준거점수가 변화되는 문제를 해결하기 위하여 다수의 교사나 평가전문가가 Angoff 방법을 사용하여 준거를 설정한 후 준거점수들의 평균을 추정하면 보다 타당한 준거점수를 얻을 수 있다.

③ Jaeger 방법

Jaeger(1978)가 제안한 방법으로 개념적으로 가장 간단하다. 교사나 평가 전문가가 최소능력보유 피험자가 각 문항을 맞힐 수 있는지 없는지를 판정한 후, 맞힐 수 있는 문항의 수를 합한 것이 준거점수가 된다. 확률에 의한 결정이 아니라 정답 여부 질문에 대한 '예' '아니요'의 판정에 의해 준거가 결정된다. 이 방법의 장점은 교사나 평가 전문가가 개념적으로 가상적 최소능력보유 피험자 집단을 연상할 필요가 없어 간단명료하다는 것이다.

〈표 14-3〉의 문항들을 Jaeger 방법에 의하여 분석한 뒤, 준거를 설정하는 절차는 〈표 14-4〉와 같다.

〈표 14-4〉 Jaeger 방법에 의한 준거 설정방법

문항 \ 방법	Angoff(P)	Jaeger
1	.5	0
2	.8	1
3	.7	1
4	.9	1
5	.1	0
		$C=3$

Jaeger 방법은 Angoff 방법보다 간단하다. 두 방법 모두 각 문항의 내용을 분석하여 그 결과에 의해 준거를 설정하였으므로 막연하게 검사도구 전체에 대한 느낌으로 준거를 설정하는 것보다 객관적이고 과학적이라 할 수 있다. 한 명의 교사나 내용 전문가의 판단에 의하여 준거점수를 설정하는 것보다는 다수의 교사나 내용 전문가의 판단에 의하여 준거를 설정하는 것이 바람직하다. 이때는 교사나 내용 전문가가 각각 문항을 분석하여 교사나 내용 전문가마다 계산된 각기 다른 준거점수의 평균이 준거점수가 된다.

앞으로 많은 전형제도에서 준거참조평가가 이용될 것이므로 준거참조검사 결과에 대한 해석과 보고 방법에 관심을 기울여야 할 것이다.

④ Ebel 방법

Ebel(1972, 1979)이 제안한 방법으로, 검사도구의 내용을 분석하여 준거를 설정하는 방법 중 가장 복잡한 방법이라 할 수 있다. 교사나 평가 전문가는 문항을 두 가지 판단기준에 따라 분류한다. [그림 14-7]에 제시된 바와 같이 하나는 문항의 난이도를 기준으로 쉬운 문항, 적절한 문항, 어려운 문항의 세 범주로 구분하는 것이며, 다른 하나는 문항의 적절성에 따라 필수적(essential) 문항, 중요한(important) 문항, 수용할 만한(acceptable) 문항, 문제가 있는(questional) 문항의 네 범주로 구분한다. 즉, 3×4의 행렬표에 의해 각 문항을 분석한 후 각 칸에 떨어진 문항들을 맞힐 기대 확률을 부여하고, 그 확률들을 더하면 준거점수가 된다.

		문항의 적절성			
		문제가 있는 문항	수용할 만한 문항	중요한 문항	필수적 문항
문항 난이도	쉬운 문항				
	적절한 문항				
	어려운 문항				

[그림 14-7] Ebel 방법에 의한 분류

Ebel 방법의 장점은 준거점수 설정 시 문항난이도뿐 아니라 문항의 적절성도 고려된다는 점이다. 그러나 교사들이 두 가지의 판단기준을 적용하여 문항을 분류하는 것이 어렵다는 단점이 있다. 현재 국내 중·고등학교 성취평가제에서 적용하고 있는 단위학교 산출 분할점수 방법은 Ebel 방법의 기본 틀을 변형한 이원목적분류표 활용 방법으로 알려져 있다(박은아 외, 2013).

⑤ 북마크 방법

북마크(bookmark) 방법은 Angoff 방법의 단점을 보완하기 위해 Lewis, Mitzel과 Green(1996)에 의해 소개되었고, 최근에 널리 사용하는 준거설정방법이다. 이 방법은 선택형 문항과 구성형 문항으로 구성된 검사에서도 사용하며, 준거설정자들이 단순하게 준거를 설정할 수 있도록 하고, 성취수준에 대한 기술을 용이하게 하기 위하여 개발되었다. 북마크 방법의 기본적인 특징은 문항반응이론에 의하여 문항난이도를 추정하고 문항난이도에 따라 문항을 배열한 문항순서집에 의하여 준거를 설정한다. **문항순서집(ordered item booklet: OIB)**이란 문항난이도에 의해 쉬운 문항부터 어려운 문항 순서로 각 문항의 위치를 결정하여 한 페이지에 한 문항씩 정렬한 문항집을 말한다.

문항순서집에는 선택형 문항과 구성형 문항이 모두 하나의 문항집에 포함되는데, 선택형 문항이든, 구성형 문항이든 해당 부분 점수마다 한 번씩 문항집에 등장하게 된다. 또한 구성형 문항의 경우 각 부분점수를 받기 위한 채점기준과 피험자들의 응답 예시가 함께 제시된다. 문항순서집은 실제 검사에 포함된 문항들로만 구성되어야 하는 것은 아니다. 실제로 시행된 검사의 문항보다 더 많거나 적은 수의 문항을 포함하기도 한다. 만약 실제 검사에 포함된 문항보다 더 많은 문항을 문항순서집에 포함시킨다면 문항의 내용과 난이도가 다양해져 난이도 간격을 채워 줄 수 있으므로 준거설정자들에게 더 많은 정보를 제공할 수 있다. 예를 들어, 1.05와 1.25의 난이도를 가지는 두 문항 사이에 실제검사에 포함되지 않은 1.10, 1.15, 1.20 난이도의 문항들을 포함시킨다면 준거설정자들이 더 정확한 분할점수를 설정하는 데 도움을 줄 수 있다 (Cizek & Bunch, 2007). 이렇게 제작된 하나의 문항순서집을 통해 준거설정자들은 문항의 위치척도와 실제 문항번호, 문항이 측정하고자 하는 내용에 대한 정보뿐 아니라 한 문항이 다른 문항보다 더 어렵거나 쉬운 이유와 같은 준거설정에 필요한 다양한 정보를 한 번에 얻을 수 있다.

북마크 방법의 기본질문은 '최소능력보유 피험자가 이 문항의 답을 맞힐 만한가?' 하는 것이다. 이 질문에서 '할 만한가(likely)'에 관한 정의, 즉 숙달 정도에 대한 정의를 내리는 것이 가장 중요한 일이다. 일반적으로 북마크 방법에서는 최소능력보유 피험자의 정답률이 67% 이상이 되는 경우를 '숙달'로 정의하고, 이 값을 응답확률 혹은 숙달준거라 한다. 그러나 응답확률 50%도 많이 사용된다. 이는 준거설정자들이 '할 수 있다'와 '할 수 없다'를 구분하는 이분법적 판단에서 보편적으로 사용되는 값이고, 이론적으로도 지지되기 때문이다. 준거설정자들은 이 기본질문을 바탕으로 문항순서집의 첫 번째 문항부터 검토를 시작하여 최소능력보유 피험자의 정답률이 사전에 설정된 응답 확률보다 낮은 정답률을 가질 것이라고 판단되는 문항에 북마크하고, 그 문항의 모수를 바탕으로 준거를 설정한다. 예를 들어, 50문항으로 구성된 문항순서집이 있을 때 가장 쉬운 문항부터 내용 전문가가 그 문항의 내용을 분석하여 최소능력보유 피험자의 67%(혹은 50%) 이상이 그 문항의 답을 맞힐 수 있을지 여부를 판정한다. 다음 문항들에 대하여도 동일하게 분석을 실시하여 최소능력보유 피험자 중 67%(혹은 50%) 이하가 답을 맞힐 것이라 판단되는 마지막 문항에 북마크하고 각 패널이 북마크한 문항의 난이도에 해당하는 척도점수의 중앙값 또는 평균으로 분할점수를 산출한다. 예를 들어, 피험자들의 성취수준을 북마크 방법에 의해 1~4수준의 네 단계로 평정하고자 할 때의 준거설정방법을 도식화하여 나타내면 [그림 14-8]과 같다.

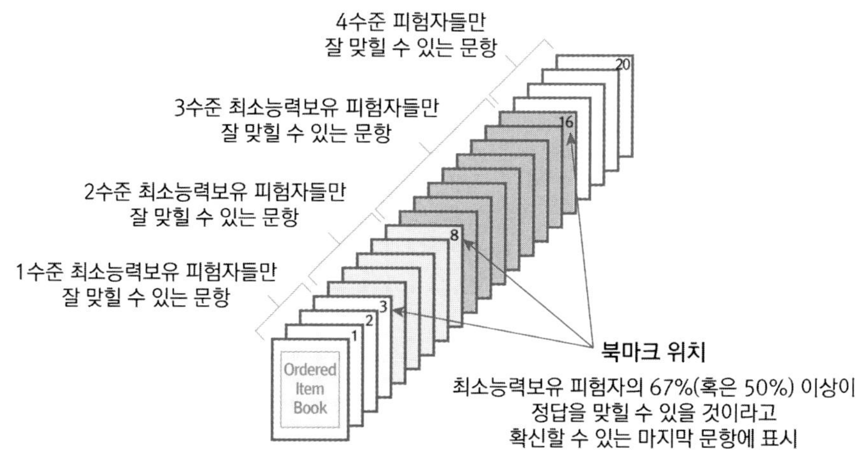

[그림 14-8] 북마크 방법에 의한 평정 예시

북마크 방법의 장점은, 첫째, 선택형 문항과 구성형 문항으로 구성된 검사에서도 준거를 설정할 수 있으며, 둘째, 개념이 명료하여 다른 준거설정방법에 비해 간단하고 준거설정에 필요한 시간이 절약될 수 있다. 또한 [그림 14-9]와 같이 척도점수와 문항의 난이도가 연계되어 있어 각 성취수준에 해당하는 피험자가 맞힐 수 있는 수준의 문항이 무엇인지, 각 문항에서 요구되는 지식과 기술이 무엇인지에 대한 구체적인 정보를 제공해 줄 수 있다.

북마크 방법의 단점은 다음과 같다. 첫째, 문항순서집을 제작하여야 한다는 번거로움이 있다. 둘째, 문항난이도에 의한 문항순서집을 만들기 위하여 문항반응모형과 이때 사용되는 응답확률에 대해 다양한 의견이 있을 수 있다. 셋째, 문항난이도에 의해 문항이 정렬되므로 문항의 변별도와 추측도 그리고 문항의 외적 요인이 경시될 수도 있다. 이러한 단점에도 불구하고 북마크 방법은 절차적 · 개념적으로 문항반응이론을 적용함으로 인해 다양한 분야에서 선호하는 준거설정방법 중 하나이다.

Mathematics, Grade 12, 2019

CONTENT CLASSIFICATIONS

Click on a classification to see a description.

● Number Properties and Operations	■ Data Analysis, Statistics, and Probability	▲ Algebra	▼ Measurement and Geometry

300

- ■ **279** Create a box plot to summarize data and compare graph characteristics—Extended (CR)
- ■ **258** Analyze generalizations as possible sources of bias in surveys—Correct (SR)
- ▲ **249** Find domain of function in mathematical context—Correct (MC)
- ■ **241** Create a box plot to summarize data and compare graph characteristics—Satisfactory (CR)
- ▼ **232** Compare the area of triangles within a rectangle—Correct (SR)
- ● **232** Expand binomial expression containing radicals—Correct (MC)
- ▼ **218** Describe transformations performed on a given figure in the xy-plane—Correct (CR)

216 *NAEP Advanced*

- ■ **212** Use summary statistics to find possible values of the data set—Satisfactory (CR)
- ■ **212** Evaluate a study based on given components—Correct (SR)
- ■ **205** Create a box plot to summarize data and compare graph characteristics—Partial (CR)
- ▲ **202** Analyze a quadratic equation based on a situation—Correct (SR)
- ● **200** Solve a multistep problem involving percentages—Correct (CR)
- ▼ **194** Describe transformations performed on a given figure in the xy-plane—Partial (CR)
- ■ **193** Use summary statistics to find possible values of the data set—Partial (CR)
- ● **183** Determine a quantity that is in proportion to a total (calculator available)—Correct (MC)
- ▲ **181** Use the graph of a step function to solve a problem in a context—Correct (MC)
- ▼ **181** Determine number of lines of symmetry for a given figure—Correct (MC)
- ● **180** Give counterexample to numerical conjecture—Correct (CR)
- ■ **177** Find mean based on linear transformation of data (calculator available)—Correct (CR)

176 *NAEP Proficient*

- ■ **175** Analyze data in a scatterplot to make a prediction—Correct (SR)
- ▲ **174** Find y-intercept of graph from quadratic equation—Correct (MC)
- ▼ **170** Find a point that completes a parallelogram—Correct (CR)
- ● **168** Solve a story problem using least common multiple—Correct (MC)
- ■ **162** Use summary statistics to find possible values of the data set—Minimal (CR)
- ▲ **158** Evaluate rational expression for given value—Correct (CR)
- ■ **157** Evaluate data in a spreadsheet—Correct (SR)
- ● **155** Use proportions to calculate a height (calculator available)—Correct (CR)
- ■ **154** Create a box plot to summarize data and compare graph characteristics—Minimal (CR)
- ▼ **153** Determine the effect of scaling on diameter—Correct (MC)
- ▼ **150** Compare the area of triangles within a rectangle—Partial (SR)
- ▲ **148** Determine equivalent polynomials—Correct (MC)
- ■ **146** Analyze generalizations as possible sources of bias in surveys—Partial (SR)
- ▼ **145** Describe a method to construct an octagon—Correct (MC)
- ■ **142** Read graph of normally-distributed data—Correct (CR)

141 *NAEP Basic*

- ▼ **140** Select an appropriate unit of measure to use in a context—Correct (MC)
- ▲ **138** Convert a temperature to another unit using a special formula—Correct (MC)
- ● **136** Solve a multistep problem involving percentages—Partial (CR)
- ▲ **136** Transform the graph of a quadratic—Correct (CR)
- ■ **136** Evaluate a study based on given components—Partial (SR)
- ● **131** Determine distance on a map given the scale—Correct (MC)
- ▼ **128** Use similarity to find the length of a side of a triangle—Correct (CR)
- ■ **115** Analyze data in a scatterplot to make a prediction—Partial (SR)
- ■ **111** Evaluate data in a spreadsheet—Partial (SR)

[그림 14-9] 2019 NAEP 12학년 수학 교과 문항맵

출처: https://www.nationsreportcard.gov/itemmaps/?subj=MAT&grade=12&year=2019

3) 준거설정방법의 활용

준거설정방법의 선택은 각 준거설정방법의 논리적 과학성과 그 방법들을 사용할 수 있는 상황에 의존하게 된다. 각 준거설정방법은 각기 다른 논리적 배경에 의해 전개되고 있으나, 준거참조평가를 지향하는 검사에서는 일반적으로 피험자 집단의 비율에 의한 규준적 준거설정방법과 완전학습자와 불완전학습자 두 집단을 비교하여 준거를 설정하는 두 집단비교방법을 사용하고 있다. 준거참조평가를 위한 준거설정방법에는 검사도구의 내용을 문항별로 분석하여 준거점수를 설정하는 Angoff 방법이 널리 쓰이며, Jaeger 방법도 자격증 부여를 위한 준거설정방법으로 많이 쓰이고 있다. 최근에는 평가자의 논의를 통한 북마크 방법이 널리 이용되고 있다. 절충적 준거설정방법은 규준적 준거설정방법과 검사도구 내용분석평가에 의한 두 방법을 절충한 것으로, 개념적으로는 논리적이고 분석적이라 할 수 있으나 타당성과 유용성에 관한 경험적 연구가 적고 계산의 복잡성 때문에 많이 쓰이지 않는다.

제15장 결과 보고

점수를 보고하는 방법은 일반적으로 원점수를 보고하는 방법, 규준점수를 보고하는 방법, 준거에 비추어 보고하는 방법으로 구분할 수 있다. 원점수에 대한 상대비교의 의미를 갖게 하기 위하여 규준점수를, 절대기준에 의한 평가를 위하여 준거점수를 제공한다.

1 원점수와 규준점수 보고

원점수와 규준점수를 동시에 보고할 경우, 평균점수와 표준편차를 동시에 보고하여 상대적 서열을 알 수 있을 뿐 아니라, 학생들이 얻은 점수의 분포도 분석할 수 있다. 그 예는 [그림 15-1]과 같다.

2021학년도 1학기
국어과 성적일람표

제1학년 (강의실명) 교과담당교사 ( ) 인

평가방법 (반영비율)		지필평가 (60%)		수행평가 (40%)				합계	원점수	석차 등급	석차 (동석차수) /수강자수
반/번호, 성명 \ 명칭. 영역 (반영비율)		1회 (30%)	2회 (30%)	○○○ (10%)	◇◇◇ (10%)	□□□ (10%)	△△△ (10%)				
1/1	김○○	28.50	29.40	8.80	9.60	8.80	10.00	95.10	95	1	4(15)/532
1/2	나○○	25.50	19.20	6.00	8.00	7.00	5.00	70.70	71	5	273/532
1/3											
수강자 최고점		30.00	30.00	10.00	10.00	10.00	10.00	100.00			
수강자 최저점		9.95	10.00	5.00	6.00	7.00	6.00	43.95			
수강자 평균		23.42	25.74	8.40	8.16	8.76	7.59	82.07			
강의실 평균		21.24	24.43	8.50	7.52	8.91	7.35	77.95			
과목 평균									82.1		
과목 표준편차									10.1		

[그림 15-1] 일반계 고등학교 보통교과 성적일람표 예시

출처: 교육부(2021), p. 108.

[그림 15-1]의 예를 살펴보면, 학생의 원점수와 함께 석차와 석차등급을 제공하여 학생의 상대적인 성취도를 파악할 수 있도록 하고 있으며, 과목 평균과 표준편차가 제공되어 과목별로 학생들의 분포를 분석할 수 있다.

학생의 원점수를 평균점수와 표준편차를 고려하여 변환한 표준점수, 백분위, 등급(스테나인 점수)을 보고하는 대학수학능력시험 성적통지표는 [그림 15-2]와 같다.

2022학년도 대학수학능력시험 성적통지표(예시)

수험번호	성 명	생년월일		성별	출신고교(반 또는 졸업연도)		
12345678	홍길동	03.09.05		남	한국고등학교(9)		
영 역	한국사	국어	수학	영어	탐구		제2외국어/한문
선택과목		화법과 작문	확률과 통계		생활과 윤리	지구과학 I	독일어 I
표준점수		131	137		53	64	
백분위		93	95		75	93	
등 급	2	2	2	1	4	2	2

2021. 12. 10.
한 국 교 육 과 정 평 가 원 장

[그림 15-2] 대학수학능력시험 성적표 예시

출처: 한국교육과정평가원(2021), p. 32.

2 원점수와 준거점수 보고

준거참조평가에서는 준거점수에 비추어 학생이 얻은 점수를 해석한다. 이는 상대적 서열에 관심이 있는 것이 아니라 준거에 비추어 어느 정도 달성하였는지를 해석할 수 있게 한다.

[그림 15-2]의 대학수학능력시험 성적표 예시에서 한국사, 영어, 제2외국어/한문 영역은 절대평가에 따른 등급을 제공한다. 영역별 등급 분할 원점수는 영역의 특성을 고려하여 다음 〈표 15-1〉과 같이 설정하고 있다.

〈표 15-1〉 대학수학능력시험의 등급분할 원점수

등급	1	2	3	4	5	6	7	8	9
영어	100~90	89~80	79~70	69~60	59~50	49~40	39~30	29~20	19~0
한국사	50~40	39~35	34~30	29~25	24~20	19~15	14~10	9~5	4~0
제2외국어/한문	50~45	44~40	39~35	34~30	29~25	24~20	19~15	14~10	9~0

출처: 한국교육과정평가원(2021), pp. 30-31.

준거점수를 제공하는 또 다른 예로 국가수준 학업성취도 평가가 있으며, 성적표 예시는 [그림 15-3]과 같다.

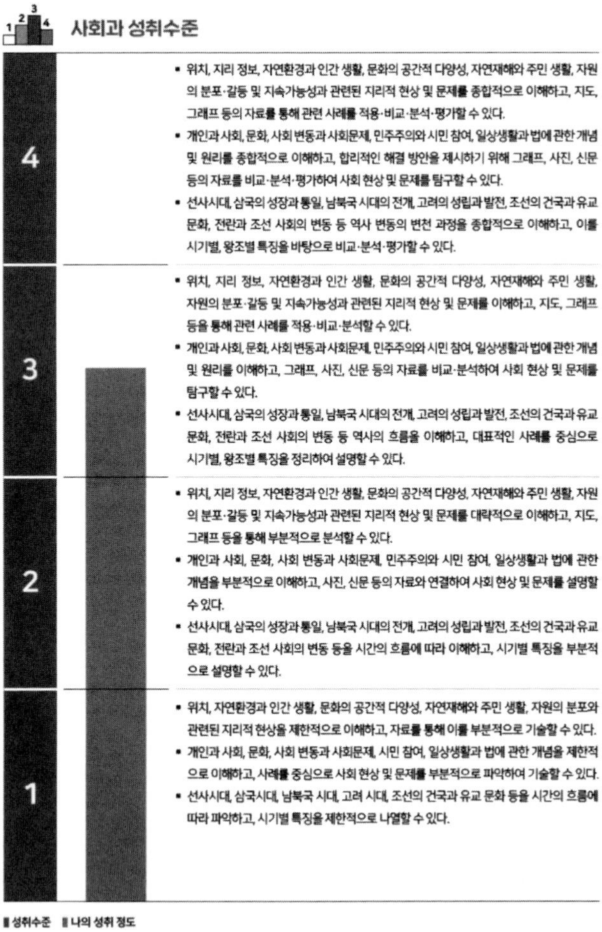

사회과 성취수준

4
- 위치, 지리 정보, 자연환경과 인간 생활, 문화의 공간적 다양성, 자연재해와 주민 생활, 자원의 분포·갈등 및 지속가능성과 관련된 지리적 현상 및 문제를 종합적으로 이해하고, 지도, 그래프 등의 자료를 통해 관련 사례를 적용·비교·분석·평가할 수 있다.
- 개인과 사회, 문화, 사회 변동과 사회문제, 민주주의와 시민 참여, 일상생활과 법에 관한 개념 및 원리를 종합적으로 이해하고, 합리적인 해결 방안을 제시하기 위해 그래프, 사진, 신문 등의 자료를 비교·분석·평가하여 사회 현상 및 문제를 탐구할 수 있다.
- 선사시대, 삼국의 성장과 통일, 남북국 시대의 전개, 고려의 성립과 발전, 조선의 건국과 유교 문화, 전란과 조선 사회의 변동 등 역사 변동의 변천 과정을 종합적으로 이해하고, 이를 시기별, 왕조별 특징을 바탕으로 비교·분석·평가할 수 있다.

3
- 위치, 지리 정보, 자연환경과 인간 생활, 문화의 공간적 다양성, 자연재해와 주민 생활, 자원의 분포·갈등 및 지속가능성과 관련된 지리적 현상 및 문제를 이해하고, 지도, 그래프 등을 통해 관련 사례를 적용·비교·분석할 수 있다.
- 개인과 사회, 문화, 사회 변동과 사회문제, 민주주의와 시민 참여, 일상생활과 법에 관한 개념 및 원리를 이해하고, 그래프, 사진, 신문 등의 자료를 비교·분석하여 사회 현상 및 문제를 탐구할 수 있다.
- 선사시대, 삼국의 성장과 통일, 남북국 시대의 전개, 고려의 성립과 발전, 조선의 건국과 유교 문화, 전란과 조선 사회의 변동 등 역사의 흐름을 이해하고, 대표적인 사례를 중심으로 시기별, 왕조별 특징을 정리하여 설명할 수 있다.

2
- 위치, 지리 정보, 자연환경과 인간 생활, 문화의 공간적 다양성, 자연재해와 주민 생활, 자원의 분포·갈등 및 지속가능성과 관련된 지리적 현상 및 문제를 대략적으로 이해하고, 지도, 그래프 등을 통해 부분적으로 분석할 수 있다.
- 개인과 사회, 문화, 사회 변동과 사회문제, 민주주의와 시민 참여, 일상생활과 법에 관한 개념을 부분적으로 이해하고, 사진, 신문 등의 자료와 연결하여 사회 현상 및 문제를 설명할 수 있다.
- 선사시대, 삼국의 성장과 통일, 남북국 시대의 전개, 고려의 성립과 발전, 조선의 건국과 유교 문화, 전란과 조선 사회의 변동 등을 시간의 흐름에 따라 이해하고, 시기별 특징을 부분적으로 설명할 수 있다.

1
- 위치, 자연환경과 인간 생활, 문화의 공간적 다양성, 자연재해와 주민 생활, 자원의 분포와 관련된 지리적 현상을 제한적으로 이해하고, 자료를 통해 이를 부분적으로 기술할 수 있다.
- 개인과 사회, 문화, 사회 변동과 사회문제, 시민 참여, 일상생활과 법에 관한 개념을 제한적으로 이해하고, 사례를 중심으로 사회 현상 및 문제를 부분적으로 파악하여 기술할 수 있다.
- 선사시대, 삼국시대, 남북국 시대, 고려 시대, 조선의 건국과 유교 문화 등을 시간의 흐름에 따라 파악하고, 시기별 특징을 제한적으로 나열할 수 있다.

▮성취수준 ▮나의 성취 정도

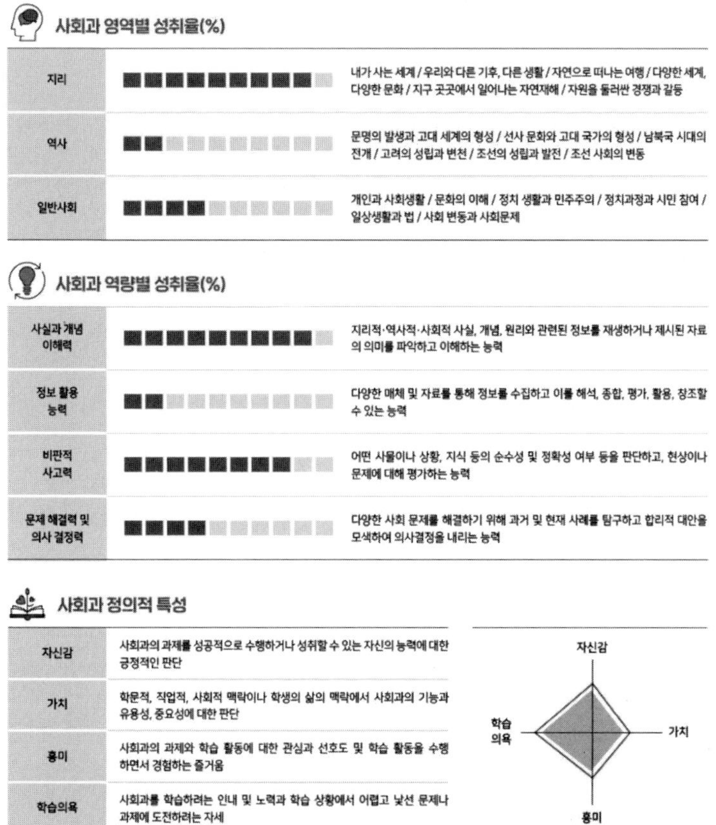

중학교 학년 반 번 이름:

사회과 영역별 성취율(%)

지리	내가 사는 세계 / 우리와 다른 기후, 다른 생활 / 자연으로 떠나는 여행 / 다양한 세계, 다양한 문화 / 지구 곳곳에서 일어나는 자연재해 / 자원을 둘러싼 경쟁과 갈등
역사	문명의 발생과 고대 세계의 형성 / 선사 문화와 고대 국가의 형성 / 남북국 시대의 전개 / 고려의 성립과 변천 / 조선의 성립과 발전 / 조선 사회의 변동
일반사회	개인과 사회생활 / 문화의 이해 / 정치 생활과 민주주의 / 정치과정과 시민 참여 / 일상생활과 법 / 사회 변동과 사회문제

사회과 역량별 성취율(%)

사실과 개념 이해력	지리적·역사적·사회적 사실, 개념, 원리와 관련된 정보를 재생하거나 제시된 자료의 의미를 파악하고 이해하는 능력
정보 활용 능력	다양한 매체 및 자료를 통해 정보를 수집하고 이를 해석, 종합, 평가, 활용, 창조할 수 있는 능력
비판적 사고력	어떤 사물이나 상황, 지식 등의 순수성 및 정확성 여부 등을 판단하고, 현상이나 문제에 대해 평가하는 능력
문제 해결력 및 의사 결정력	다양한 사회 문제를 해결하기 위해 과거 및 현재 사례를 탐구하고 합리적 대안을 모색하여 의사결정을 내리는 능력

사회과 정의적 특성

자신감	사회과의 과제를 성공적으로 수행하거나 성취할 수 있는 자신의 능력에 대한 긍정적인 판단
가치	학문적, 직업적, 사회적 맥락이나 학생의 삶의 맥락에서 사회과의 기능과 유용성, 중요성에 대한 판단
흥미	사회과의 과제와 학습 활동에 대한 관심과 선호도 및 학습 활동을 수행하면서 경험하는 즐거움
학습의욕	사회과를 학습하려는 인내 및 노력과 학습 상황에서 어렵고 낯선 문제나 과제에 도전하려는 자세

교육부 | 시·도 교육청 | 한국교육과정평가원

[그림 15-3] 국가수준 학업성취도 평가 성적표 예시

출처: 서민희 외(2020), p. 32.

학생의 교과별 평가결과는 네 단계의 성취수준으로 제시되고, 각 성취수준을 구분하는 척도점수에 근거하여 해당 학생이 달성한 성취 정도가 막대그래프로 제시되며, 각 성취수준에 해당하는 학생이 무엇을 할 수 있는지에 대한 구체적인 정보가 제공된다. 내용영역별 평가결과와 교과역량별 평가결과에서는 학생이 각 영역에서 얻은 성취율이 제공되며, 교과기반 정의적 특성 결과에서는 각 요소에 대한 상대적인 비교를 통해 학생의 강·약점에 대해 알려 준다.

3 결과 해석

검사 목적에 따라 원점수와 규준점수 혹은 원점수와 준거점수가 제시된다. 원점수와 규준점수가 제시되었을 때, 규준점수는 어떻게 산출되었는지 이해하여야 하며, 특히 규준에 대한 이해가 병행되어야 검사결과를 활용할 수 있다. 모집단으로부터 어떤 피험자들이 추출되었는지, 규준을 제작하기 위하여 실시된 검사의 내용이 무엇인지에 대한 이해를 바탕으로 규준점수를 해석하여야 한다. 규준점수에 대한 단순한 상대적 정보에 대한 과신은 교육의 의미를 상실하며, 검사결과를 오용할 수 있다.

원점수와 준거점수가 제시되었을 때, 준거점수는 어떤 방법에 의하여 설정되었는지 그리고 검사의 내용이 무엇인지 이해하여야만 검사결과를 구체적으로 해석하여 활용할 수 있다. 예를 들어, 영역별로 준거점수와 성취수준(원점수)을 비교하여 부족한 영역을 파악하고 이를 개선할 수 있는 교수·학습 전략을 수립할 수 있다.

문항제작은 예술이라 하였듯이 완벽한 예술은 존재하지 않는다. 그러므로 완벽한 검사는 있을 수도 없다. 한계점을 지닌 검사라도 검사의 목적에 부합하게 활용하고, 검사 개발자의 세심한 배려가 담겨 있을 때, 검사는 교육적 기능을 극대화할 수 있다.

부록

[부록 1] 표준정규분포표

[부록 2] TestAn/BayesiAn 프로그램 설치 방법

[부록 3] jamovi를 이용한 문항 및 검사 특성 분석

[부록 1] 표준정규분포표

z	$P(z)$	z	$P(z)$ $\alpha=1-P(z)$	z	$P(z)$ $\alpha=1-P(z)$	z	$P(z)$ $\alpha=1-P(z)$
.00	.5000000	.47	.6808225	.94	.8263912	1.41	.9207302
.01	.5039894	.48	.6843863	.95	.8289439	1.42	.9221962
.02	.5079783	.49	.6879331	.96	.8314724	1.43	.9236415
.03	.5119665	.50	.6914625	.97	.8339768	1.44	.9250663
.04	.5159534	.51	.6949743	.98	.8364569	1.45	.9264707
.05	.5199388	.52	.6984682	.99	.8389129	1.46	.9278550
.06	.5239222	.53	.7019440	1.00	.8413447	1.47	.9292191
.07	.5279032	.54	.7054015	1.01	.8437524	1.48	.9305634
.08	.5318814	.55	.7088403	1.02	.8461358	1.49	.9318879
.09	.5358564	.56	.7122603	1.03	.8484950	1.50	.9331928
.10	.5398278	.57	.7156612	1.04	.8508300	1.51	.9344783
.11	.5437953	.58	.7190427	1.05	.8531409	1.52	.9357445
.12	.5477584	.59	.7224047	1.06	.8554277	1.53	.9369916
.13	.5517168	.60	.7257469	1.07	.8576903	1.54	.9382198
.14	.5556700	.61	.7290691	1.08	.8599289	1.55	.9394292
.15	.5596177	.62	.7323711	1.09	.8621434	1.56	.9406201
.16	.5635595	.63	.7356527	1.10	.8643339	1.57	.9417924
.17	.5674949	.64	.7389137	1.11	.8665005	1.58	.9429466
.18	.5714237	.65	.7421539	1.12	.8686431	1.59	.9440826
.19	.5753454	.66	.7453731	1.13	.8707619	1.60	.9452007
.20	.5792597	.67	.7485711	1.14	.8728568	1.61	.9463011
.21	.5831662	.68	.7517478	1.15	.8749281	1.62	.9473839
.22	.5870604	.69	.7549029	1.16	.8769756	1.63	.9484493
.23	.5909541	.70	.7580363	1.17	.8789995	1.64	.9494974
.24	.5948349	.71	.7611479	1.18	.8809999	1.65	.9505285
.25	.5987063	.72	.7642375	1.19	.8829768	1.66	.9515428
.26	.6025681	.73	.7673049	1.20	.8849303	1.67	.9525403
.27	.6064199	.74	.7703500	1.21	.8868606	1.68	.9535213
.28	.6102612	.75	.7733726	1.22	.8887676	1.69	.9544860
.29	.6140919	.76	.7763727	1.23	.8906514	1.70	.9554345
.30	.6179114	.77	.7793501	1.24	.8925123	1.71	.9563671
.31	.6217195	.78	.7823046	1.25	.8943502	1.72	.9572838
.32	.6255158	.79	.7852361	1.26	.8961653	1.73	.9581849
.33	.6293000	.80	.7881446	1.27	.8979577	1.74	.9590705
.34	.6330717	.81	.7910299	1.28	.8997274	1.75	.9599408
.35	.6368307	.82	.7938919	1.29	.9014747	1.76	.9607961
.36	.6405764	.83	.7967306	1.30	.9031995	1.77	.9616364
.37	.6443088	.84	.7995458	1.31	.9049021	1.78	.9624620
.38	.6480273	.85	.8023375	1.32	.9065825	1.79	.9632730
.39	.6517317	.86	.8051055	1.33	.9082409	1.80	.9640697
.40	.6554217	.87	.8078498	1.34	.9098773	1.81	.9648521
.41	.6590970	.88	.8105703	1.35	.9114920	1.82	.9656205
.42	.6627573	.89	.8132671	1.36	.9130850	1.83	.9663750
.43	.6664022	.90	.8159399	1.37	.9146565	1.84	.9671159
.44	.6700314	.91	.8185887	1.38	.9162067	1.85	.9678432
.45	.6736448	.92	.8212136	1.39	.9177356	1.86	.9685572
.46	.6772419	.93	.8238145	1.40	.9192433	1.87	.9692581

z	$P(z)$	z	$P(z)$ $\alpha = 1 - P(z)$	z	$P(z)$ $\alpha = 1 - P(z)$	z	$P(z)$ $\alpha = 1 - P(z)$
1.88	.9699460	2.09	.9816911	2.30	.9892759	2.51	.9939634
1.89	.9706210	2.10	.9821356	2.31	.9895559	2.52	.9941323
1.90	.9712834	2.11	.9825708	2.32	.9898296	2.53	.9942969
1.91	.9719334	2.12	.9829970	2.33	.9900969	2.54	.9944574
1.92	.9725711	2.13	.9834142	2.34	.9903581	2.55	.9946139
1.93	.9731966	2.14	.9838226	2.35	.9906133	2.56	.9947664
1.94	.9738102	2.15	.9842224	2.36	.9908625	2.57	.9949151
1.95	.9744119	2.16	.9846137	2.37	.9911060	2.58	.9950600
1.96	.9750021	2.17	.9849966	2.38	.9913437	2.59	.9952012
1.97	.9755808	2.18	.9853713	2.39	.9915758	2.60	.9953388
1.98	.9761482	2.19	.9857379	2.40	.9918025	2.70	.9965330
1.99	.9767045	2.20	.9860966	2.41	.9920237	2.80	.9974449
2.00	.9772499	2.21	.9864474	2.42	.9922397	2.90	.9981342
2.01	.9777844	2.22	.9867906	2.43	.9924506	3.00	.9986501
2.02	.9783083	2.23	.9871263	2.44	.9926564	3.20	.9993129
2.03	.9788217	2.24	.9874545	2.45	.9928572	3.40	.9996631
2.04	.9793248	2.25	.9877755	2.46	.9930531	3.60	.9998409
2.05	.9798178	2.26	.9880894	2.47	.9932443	3.80	.9999277
2.06	.9803007	2.27	.9883962	2.48	.9934309	4.00	.9999683
2.07	.9807738	2.28	.9886962	2.49	.9936128	4.50	.9999966
2.08	.9812372	2.29	.9889893	2.50	.9937903	5.00	.9999997
						5.50	.9999999

[부록 2] TestAn/BayesiAn 프로그램 설치 방법

학지사 홈페이지(http://www.hakjisa.co.kr/)에 접속하여 로그인 또는 회원가입 후 검색창에 '검사제작과 분석'를 검색한다.

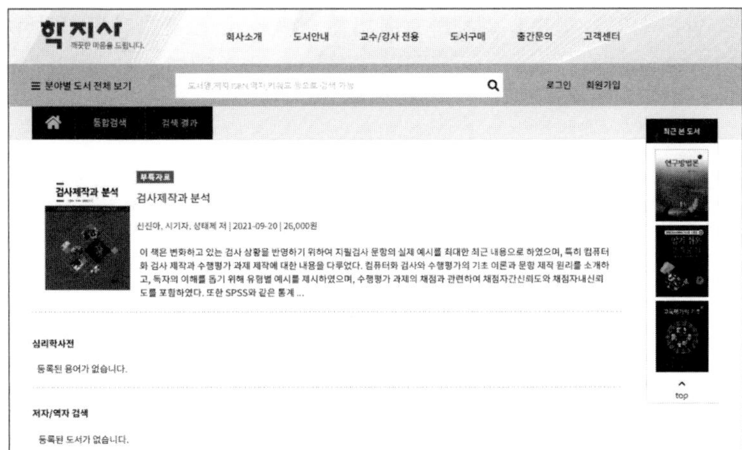

검색 결과에서 '검사제작과 분석'을 클릭하면 '도서 상세정보' 페이지로 들어가게 된다.

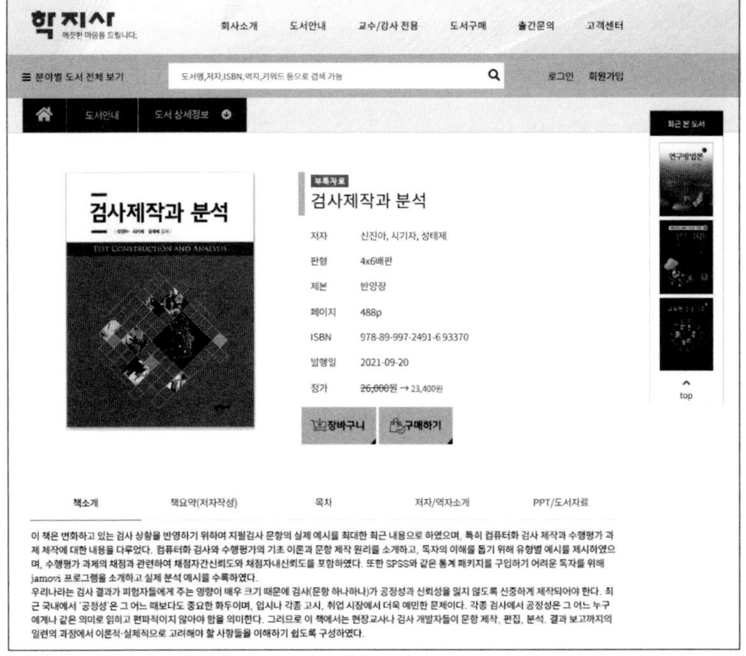

하단의 'PPT/도서자료'란에 있는 압축파일을 다운로드 받는다.

책소개	책요약(저자작성)	목차	저자/역자소개	PPT/도서자료

번호	제목	파일	작성일
1	[부록자료] 공용 [부록자료] 검사제작과 분석 .zip TestWizard 실행 사용자코드: admin000/ 암호: 1, TestWizard로 제작된 검사시행 암호: 1.	다운로드	2021-8-19

다운로드 받은 파일의 압축을 해제하고 폴더를 열어 main 프로그램을 실행한다.

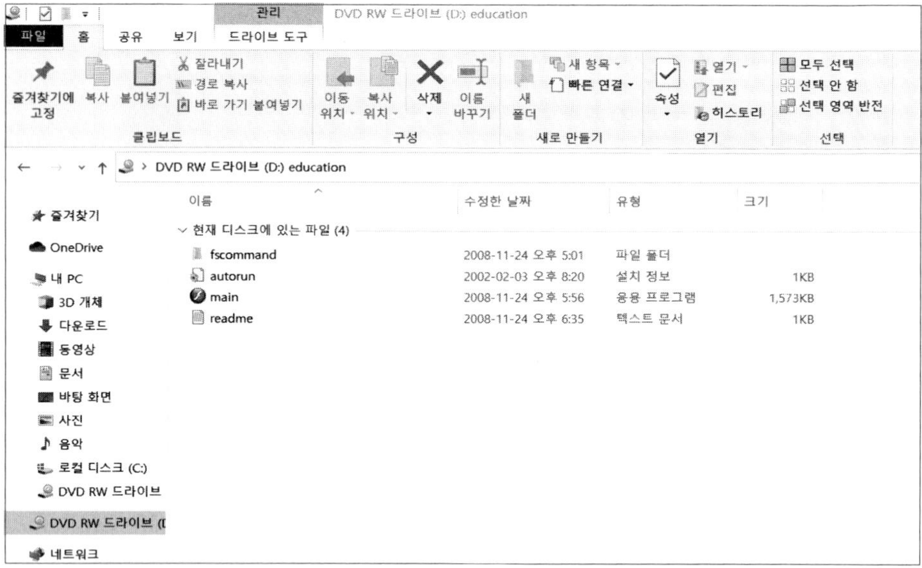

main 프로그램을 실행하면 다음과 같은 화면이 뜨며, TestWizard, TestAn, RaschAn, BayesiAn 프로그램의 설치 및 매뉴얼 열람이 가능하다. 참고적으로 설명하면 TestWizard는 컴퓨터화 검사의 데모버전이고, RaschAn은 라쉬모형, 즉 1－모수 로지스틱모형에 의한 문항분석 프로그램이다.

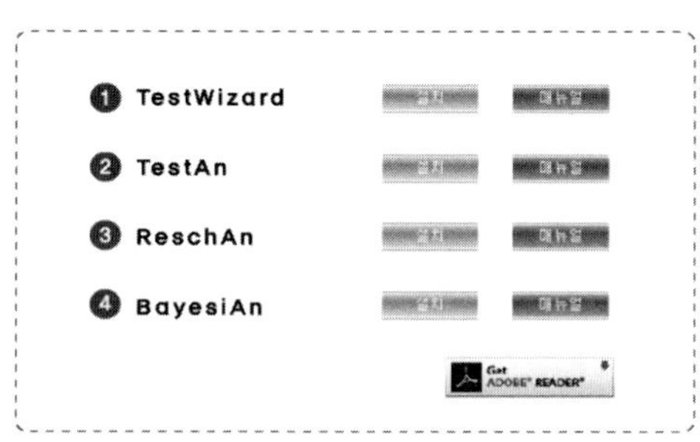

TestAn 프로그램을 설치하고자 할 경우 ❷ **TestAn** 옆의 설치 버튼을 클릭하면 설치가 진행되며, 바탕화면에 TestAn 아이콘이 생성된다.

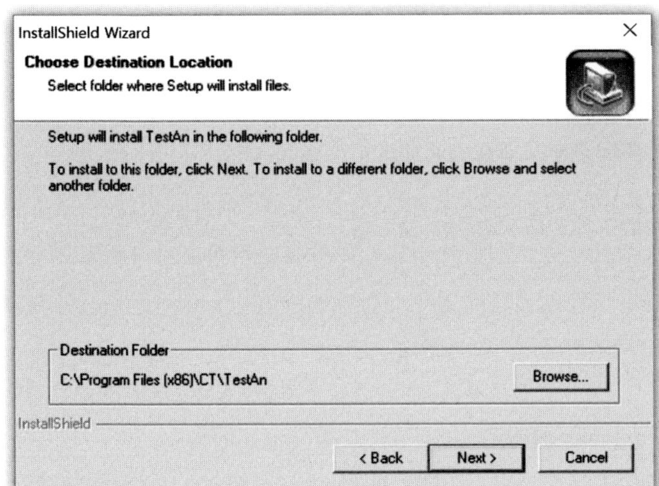

BayesiAn 프로그램을 설치하고자 할 경우 ❹ **BayesiAn** 옆의 설치 버튼을 클릭하면 설치가 진행되며, 바탕화면에 BayesiAn 아이콘이 생성된다.

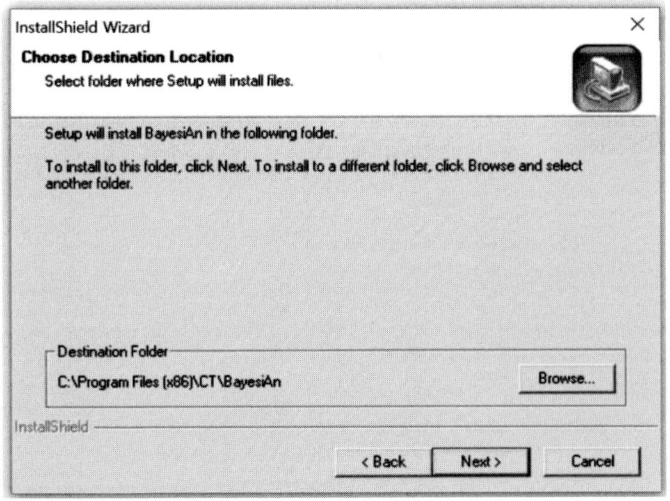

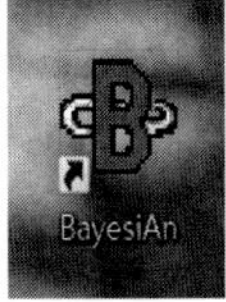

[부록 3] jamovi를 이용한 문항 및 검사 특성 분석

1 jamovi를 이용한 자료분석 절차

jamovi는 오스트레일리아 통계학자 Jonathon Love, Damian Dropmann 그리고 Ravi Selker가 개발한 통계분석 프로그램으로 R기반의 GUI(Graphic User Interface) 프로그램이다. jamovi는 실행이 편리하고 데이터와 분석 결과를 한 화면에서 확인할 수 있을 뿐 아니라 SPSS나 SAS에 비해 컴퓨터 용량을 많이 필요로 하지 않는 장점을 가지고 있다. jamovi를 이용한 자료분석 방법에 대한 상세한 설명은 성태제(2019d)의 『jamovi를 이용한 알기 쉬운 통계분석』을 참고하기 바란다.

1) jamovi 프로그램 내려받기

https://www.jamovi.org/download.html에서 사용자의 컴퓨터 사용 환경에 맞는 설치 프로그램을 내려받는다.

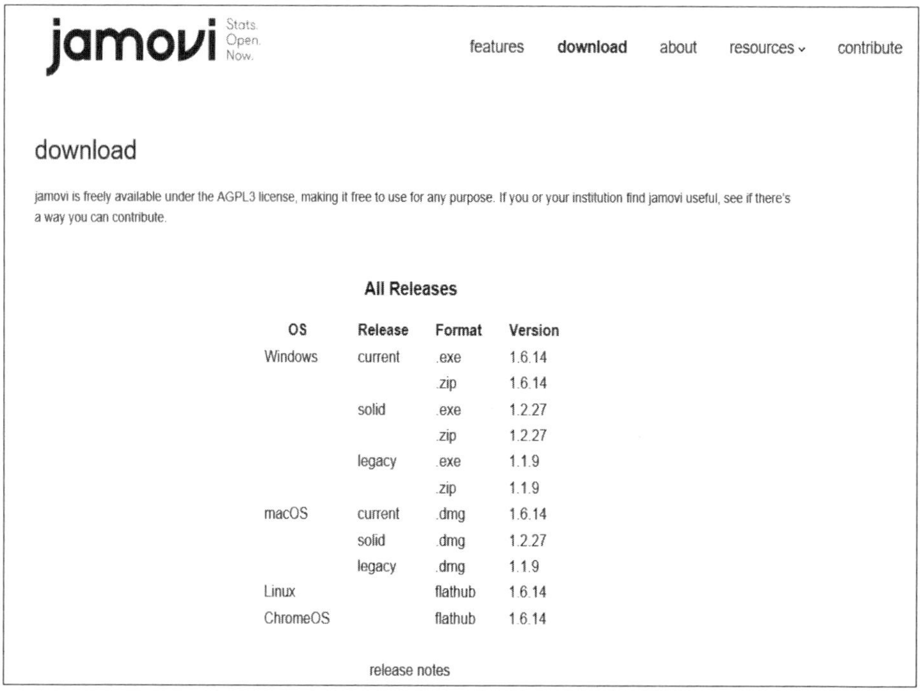

jamovi Stats. Open. Now.

features download about resources contribute

download

jamovi is freely available under the AGPL3 license, making it free to use for any purpose. If you or your institution find jamovi useful, see if there's a way you can contribute.

All Releases

OS	Release	Format	Version
Windows	current	.exe	1.6.14
		.zip	1.6.14
	solid	.exe	1.2.27
		.zip	1.2.27
	legacy	.exe	1.1.9
		.zip	1.1.9
macOS	current	.dmg	1.6.14
	solid	.dmg	1.2.27
	legacy	.dmg	1.1.9
Linux		flathub	1.6.14
ChromeOS		flathub	1.6.14

release notes

2) 자료 입력 및 저장

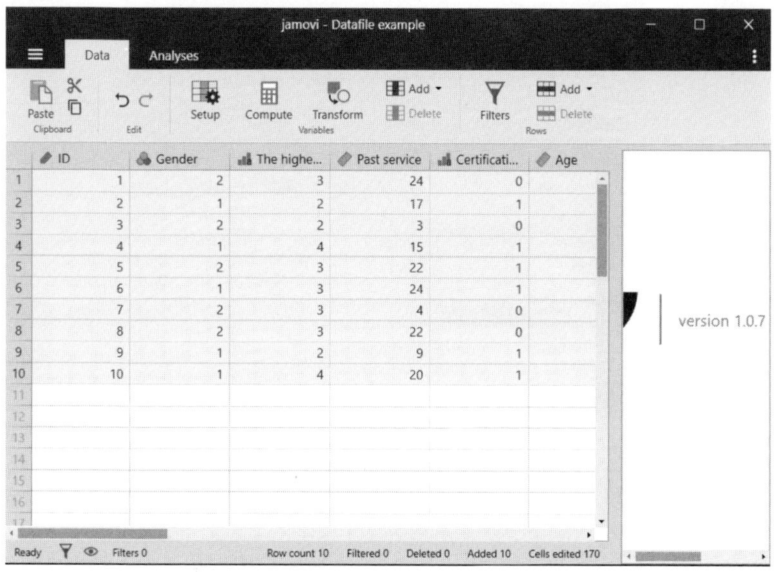

자료분석을 위한 데이터는 앞과 같이 jamovi 프로그램의 데이터 창에 직접 입력하거나 Excel이나 SPSS, SAS, Stata 등과 같은 프로그램에서 입력한 자료를 불러올 수도 있다. jamovi 프로그램에서 불러오기 가능한 파일은 jamovi의 '*.omv, *.omt', Excel의 '*.csv, *.txt', SPSS의 '*.sav', R data files, Stata files, SAS files, JASP files 등이다. 따라서 자료를 저장할 때는 위의 확장자를 지정한다.

3) 변수 정의

데이터 창의 변수명을 두 번 클릭하면 변수에 대한 정보를 확인할 수 있다. 성별 변수 'Gender'를 예로 들면 다음과 같다.

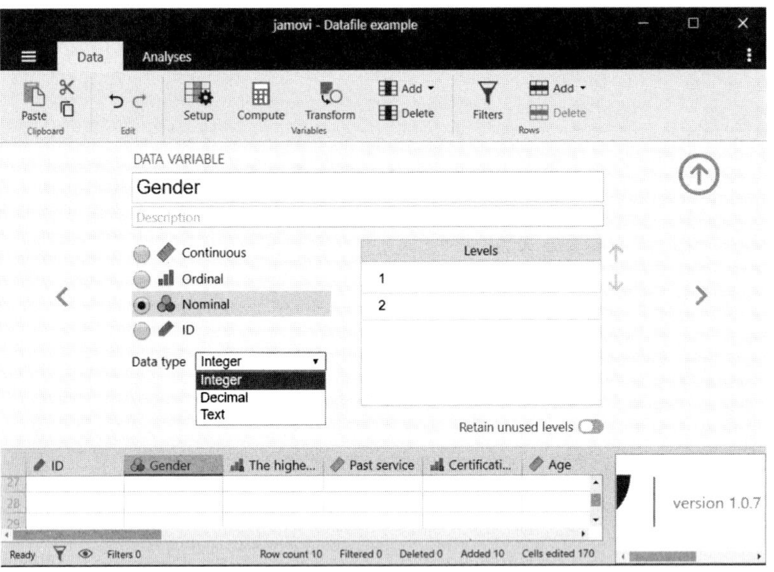

성별 변수인 'Gender'의 경우 명목 변수(Nominal)이고, 수준(Level)은 두 수준이며, 데이터 유형(Data type)은 정수(Integer)로 되어 있다. 변수의 성질에 따라 데이터의 유형을 정수, 소수, 텍스트로 지정할 수 있다. 만약 변수에 대한 설명이 필요하다면 'Description'에서 설명을 추가하고, 'Levels'에서 각 수준에 대한 설명을 입력한다.

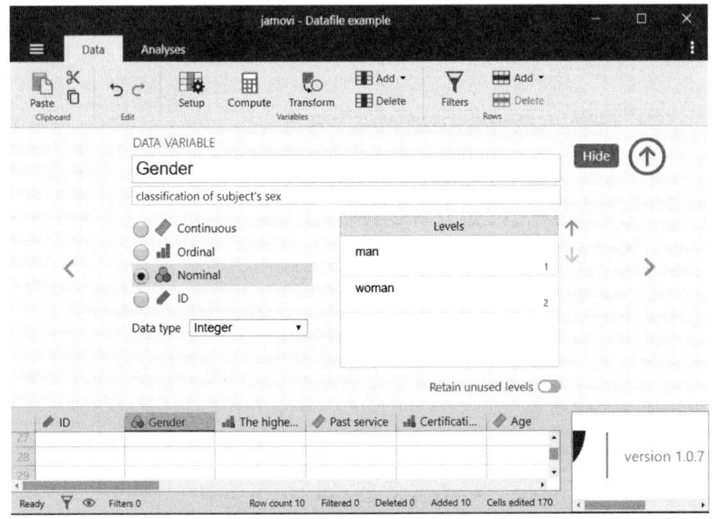

오른쪽 상단의 위쪽 화살표를 누르면 변수설명 창이 사라지고 변수의 수준에 입력한 내용들이 데이터시트에 반영되었음을 확인할 수 있다.

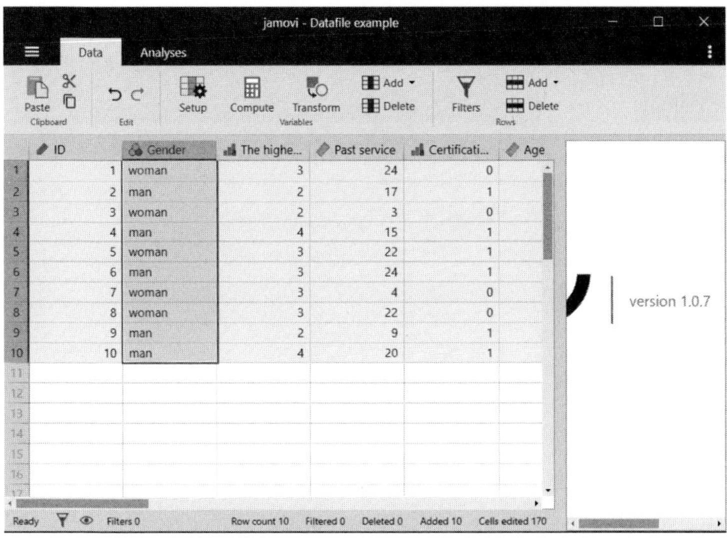

4) 자료분석

(1) 자료파일 가져오기

다른 프로그램에서 작업한 파일을 불러오기 위해서는 왼쪽 상단의 '≡'을 누르고 'Open' → 'This PC' → 'Browse'를 누르면 파일탐색기가 나타난다. 불러올 파일의 저장위치를 선택하고 파일 이름과 파일의 확장자를 선택하면 jamovi 데이터 창에서 파일이 열린다.

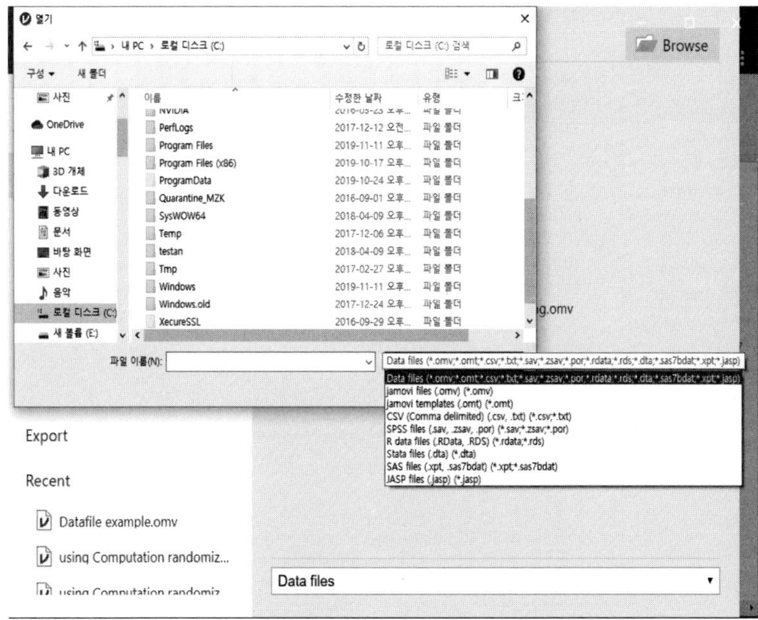

(2) 자료분석 수행하기

jamovi - Datafile example

Data Analyses

Exploration T-Tests ANOVA Regression Frequencies Factor Linear Models Modules

Descriptives

		Gender	The highe...	Past service	Certificati...	Age
1	1	2	3	24	0	
2	2	1	2	17	1	
3	3	2	2	3	0	
4	4	1	4	15	1	
5	5	2	3	22	1	
6	6	1	3	24	1	
7	7	2	3	4	0	
8	8	2	3	22	0	
9	9	1	2	9	1	
10	10	1	4	20	1	

version 1.0.7

Ready Filters 0 Row count 10 Filtered 0 Deleted 0 Added 10 Cells edited 170

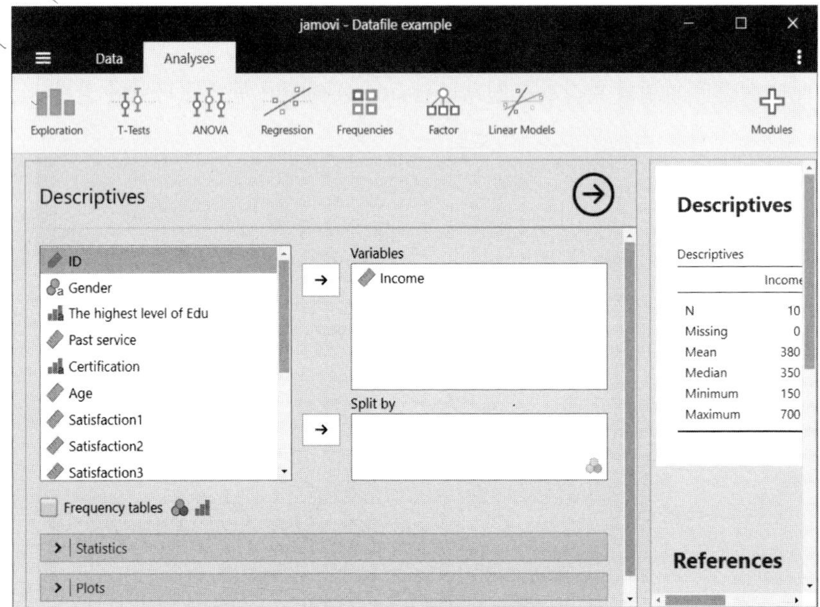

(3) 분석 결과 저장 및 내보내기

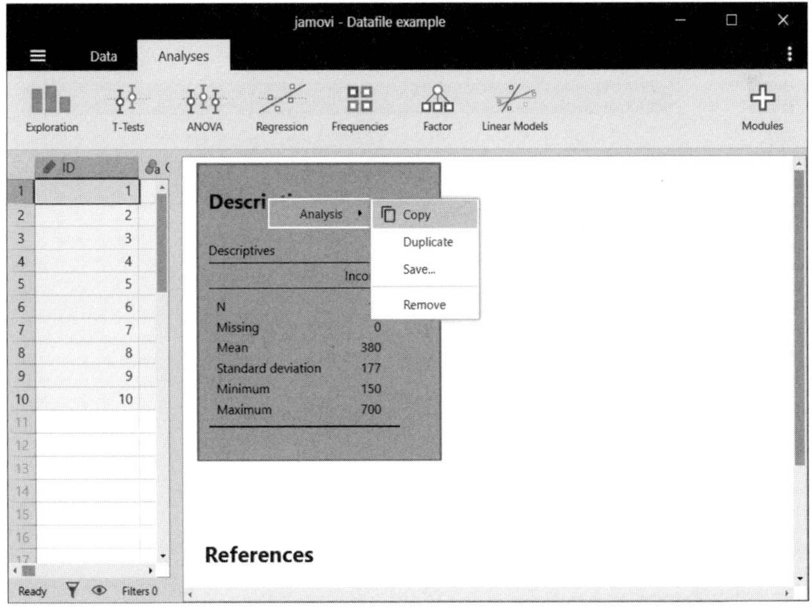

분석 결과를 저장하거나 내보내는 방법은 다음과 같다. 첫째, 해당 분석 결과에서 마우스 오른쪽을 클릭하여 'Copy'를 선택하고 Excel이나 MS-WORD 등에 붙여넣기하여 저장할 수 있다. 둘째, 왼쪽 상단의 '≡'을 누르고 'Open' → 'Save as' → 'This PC' → 'Browse'를 통

해 원하는 위치에 데이터와 결과 파일을 모두 저장할 수 있다. 이때 저장되는 파일의 형식은 jamovi 프로그램의 '*.omv'파일이다.

셋째, 해당 분석 결과에서 마우스 오른쪽을 클릭한 후 'Save results'를 선택하거나 왼쪽 상단의 '≡'을 누르고 'Open' → 'Export' → 'This PC' → 'Browse'를 통해 원하는 위치에 결과 파일을 저장할 수 있다. 이 경우 저장 파일의 형식은 '파일 형식(T)'에서 'PDF'나 'HTML (*.html, *htm)'로 저장된다.

2 jamovi 프로그램을 이용한 문항변별도 추정 방법

jamovi 프로그램에서 〈표 9-3〉의 자료로 문항점수와 총점 간의 상관계수에 의한 문항변별도를 추정하는 절차와 분석 결과를 제시하면 다음과 같다.

프로그램 실행

총점을 산출하기 위해 Data ▶ Compute 를 클릭하여 계산식을 입력한다.

피험자	문항1	문항2	문항3	총점	F
1	1	1	1	3	
2	1	1	0	2	
3	0	0	1	1	
4	0	0	0	0	
5	1	1	0	2	

상관계수를 산출하기 위해 Analyses ▶ Regression ▶ Correlation matrix 를 선택한 후 분석할 변수를 오른쪽으로 옮기고 필요한 분석 항목을 선택한다.

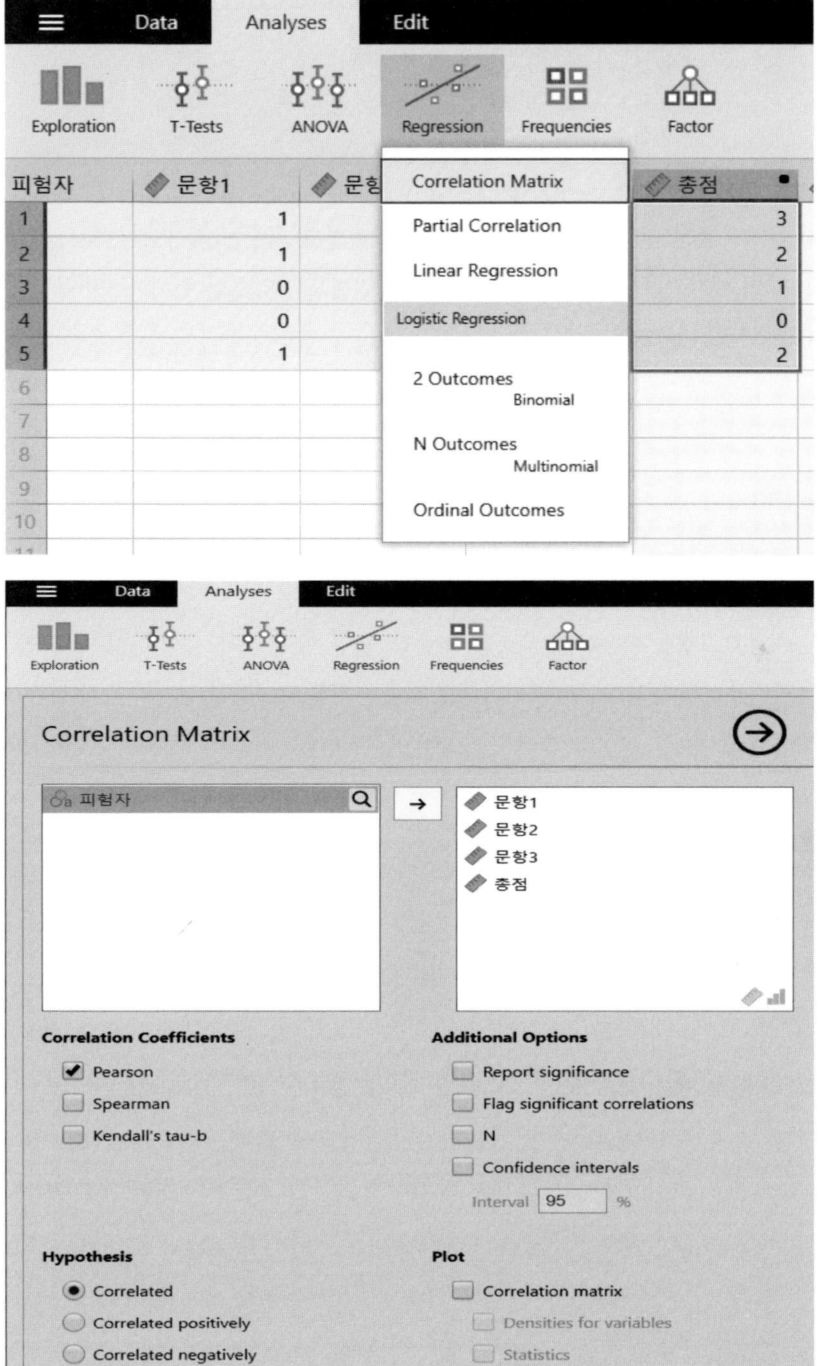

실행 결과

Correlation Matrix

	문항1	문항2	문항3	총점
문항1	—			
문항2	1.000	—		
문항3	-0.167	-0.167	—	
총점	0.881	0.881	0.320	—

문항점수와 총점 간의 상관계수에 의한 문항변별도 지수는 각 .881, .881, .320으로, Ebel(1965)의 평가기준에 따르면 세 문항의 문항변별도는 양호한 편이나 3번 문항의 변별도가 다소 낮음을 알 수 있다.

3 jamovi 프로그램을 이용한 타당도 추정 방법

1) 구인타당도: 요인분석

jamovi 프로그램을 이용하여 외로움, 자존감, 불안, 우울, 수줍음의 다섯 가지 구인으로 구성된 사회부적응 측정도구의 구인타당도 검증을 위한 요인분석 절차와 분석 결과를 제시하면 다음과 같다.

프로그램 실행

Analyses ▶ Data Reduction ▶ Exploratory Factor Analysis를 선택한 후 요인분석을 수행하고자 하는 문항들을 variables로 옮긴다.

Data | Analyses | Edit

Exploration | T-Tests | ANOVA | Regression | Frequencies | Factor

Scale Analysis
Reliability Analysis
Data Reduction
Principal Component Analysis
Exploratory Factor Analysis
Confirmatory Factor Analysis

	일련번호	문항01	문항02	문항	
1	1	2	2		
2	2	4	4		
3	3	3	4		
4	4	1	3		
5	5	3	4		
6	6	1	1		
7	7	3	1		
8	8	3	3		
9	9	1	1	1	1
10	10	3	4	4	1
11	11	1	1	4	1
12	12	2	2	2	1

요인분석 대화상자에서 요인 추출 방법, 요인 수, 기본가정 검정 통계량 등 분석에 필요한 분석 항목을 선택한다. Method에서 Principal axis와 Varimax 회전방법을 선택하고, 사회부적응 특성은 5개의 구인으로 구성되었다는 가정에 근거하고 있으므로 Number of Factors를 클릭한 후 요인 수를 5개로 입력한다.

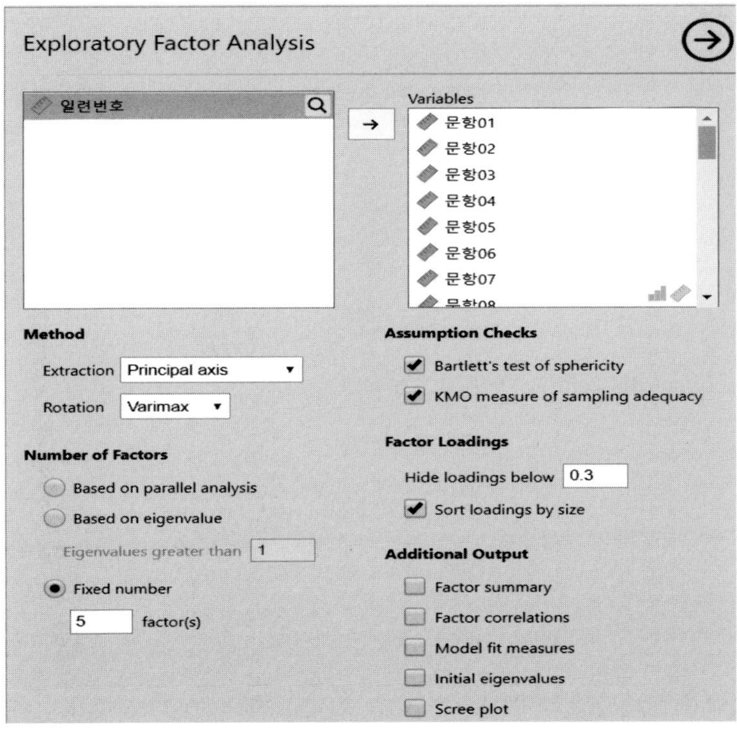

실행 결과

Assumption Checks

Bartlett's Test of Sphericity

χ^2	df	p
7645	666	< .001

KMO Measure of Sampling Adequacy

	MSA
Overall	0.933

변인들 간의 상관이 0인지를 검정하는 Bartlett의 구형성 검정통계값이 7645로 유의수준 .001에서 유의하며, 표본의 적절성을 측정하는 KMO값이 .933으로 1에 가까우므로 문항 간 상관행렬이 요인분석에 적합하다고 해석할 수 있다.

Exploratory Factor Analysis

Factor Loadings

	Factor					
	1	2	3	4	5	Uniqueness
문항16	0.725					0.325
문항19	0.720					0.394
문항14	0.716					0.431
문항15	0.705					0.413
문항17	0.700					0.373
문항18	0.655					0.370
문항20	0.644			0.316		0.410
문항21	0.618			0.339		0.429
문항31		0.778				0.370
문항32		0.731				0.442
문항33		0.721				0.404
문항30		0.720				0.423
문항34		0.604		0.369		0.461
문항36		0.560				0.646
문항35		0.532				0.566
문항37		0.511				0.587
문항24			0.718			0.414
문항25			0.707			0.417
문항26			0.641			0.515
문항23			0.547			0.636
문항28			0.531			0.562
문항29			0.507			0.659
문항27	0.338		0.452			0.575
문항22	0.422		0.427			0.536
문항09				0.650		0.490
문항10				0.597		0.513
문항11		0.334		0.489		0.573
문항12				0.487		0.608
문항13				0.486		0.583
문항08	0.300			0.478		0.583
문항07		0.326		0.389		0.640
문항03					0.651	0.515
문항06					0.633	0.450
문항02					0.521	0.544
문항04	0.392				0.497	0.485
문항05			0.371		0.412	0.652
문항01					0.409	0.631

Note. 'Principal axis factoring' extraction method was used in combination with a 'varimax' rotation

일반적으로 요인부하량이 .3 이상일 경우 해당 요인과 관계가 있다고 해석하므로 1~6번 문항은 요인 5(불안), 7~13번 문항은 요인 4(우울), 14~21번 문항은 요인 1(외로움), 22~29번 문항은 요인 3(자존감), 30~37번 문항은 요인 2(수줍음)와 관련이 있음을 알 수 있다. 만일 어떤 문항이 모든 요인에 대해 유사한 요인부하량을 나타내거나 측정하고자 하는 요인에 대한 요인부하량이 낮을 경우 그 문항은 적합한 문항이라 할 수 없다.

2) 예측타당도

〈표 11-3〉의 자료로 예측타당도를 검증하기 위한 절차와 분석 결과를 제시하면 다음과 같다.

프로그램 실행

상관계수를 산출하기 위해 Analyses ▶ Regression ▶ Correlation matrix 를 선택한 후 분석할 변수를 오른쪽으로 옮기고 필요한 분석 항목을 선택한다.

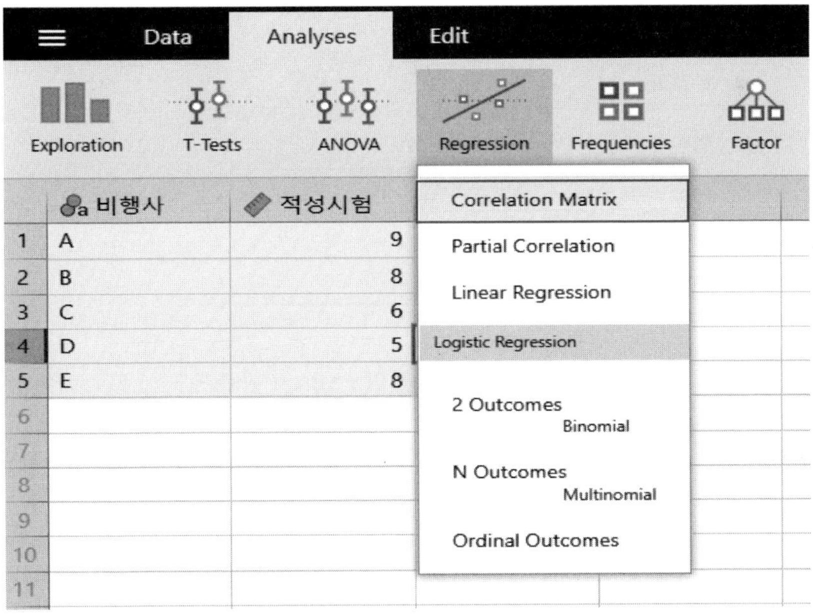

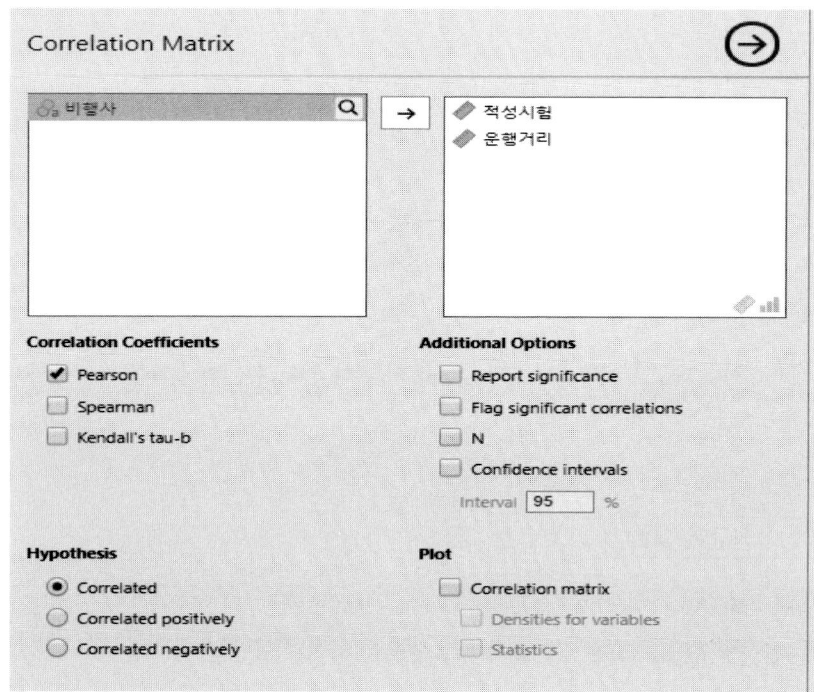

실행 결과

Correlation Matrix

	적성시험	운행거리
적성시험	—	
운행거리	0.614	—

비행사 5명의 적성시험 점수와 운행거리 간의 Pearson 상관계수는 .614로 적성시험의 예측타당도는 높다고 해석할 수 있다.

3) 공인타당도

〈표 11-5〉의 자료로 공인타당도를 검증하기 위한 절차와 분석 결과를 제시하면 다음과 같다.

프로그램 실행

상관계수를 산출하기 위해 Analyses ▶ Regression ▶ Correlation matrix 를 선택한 후 분석할 변수를 오른쪽으로 옮기고 필요한 분석 항목을 선택한다.

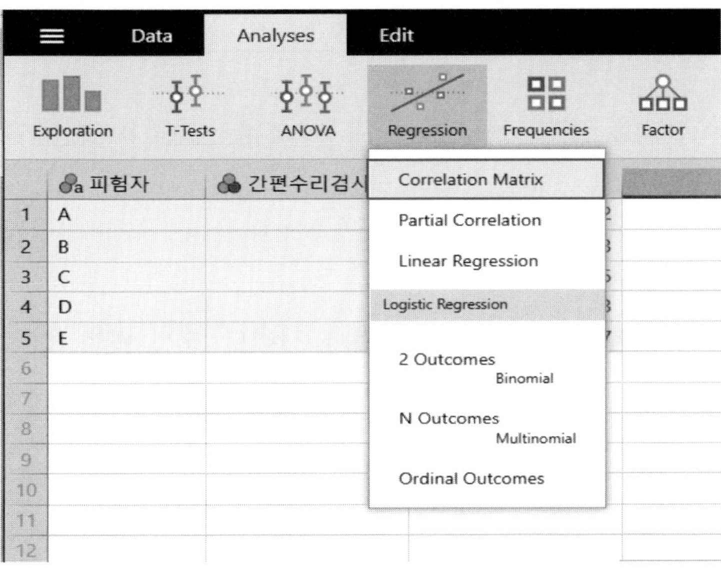

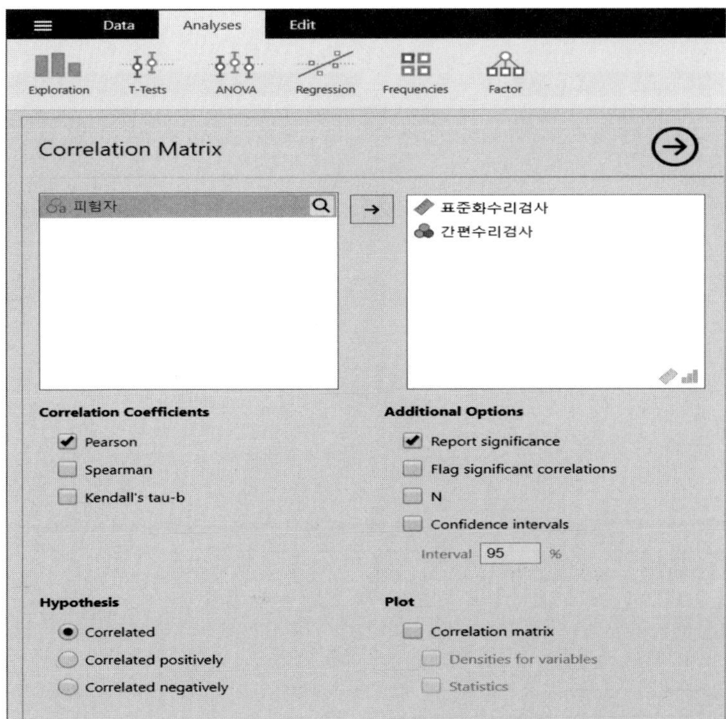

실행 결과

Correlation Matrix

	표준화수리검사	간편수리검사
표준화수리검사	—	
간편수리검사	0.949	—

표준화수리검사와 간편수리검사의 Pearson 상관계수는 .949로 간편수리검사의 공인타당도는 매우 높음을 알 수 있다.

4 jamovi 프로그램을 이용한 검사 신뢰도 추정 방법

1) 재검사신뢰도

〈표 12-1〉의 자료로 재검사신뢰도를 추정하는 절차와 분석 결과를 제시하면 다음과 같다.

프로그램 실행

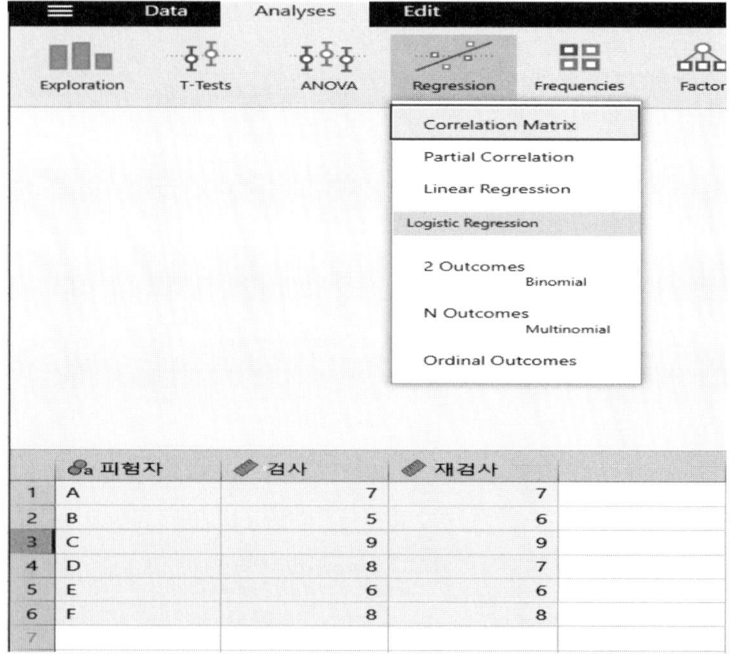

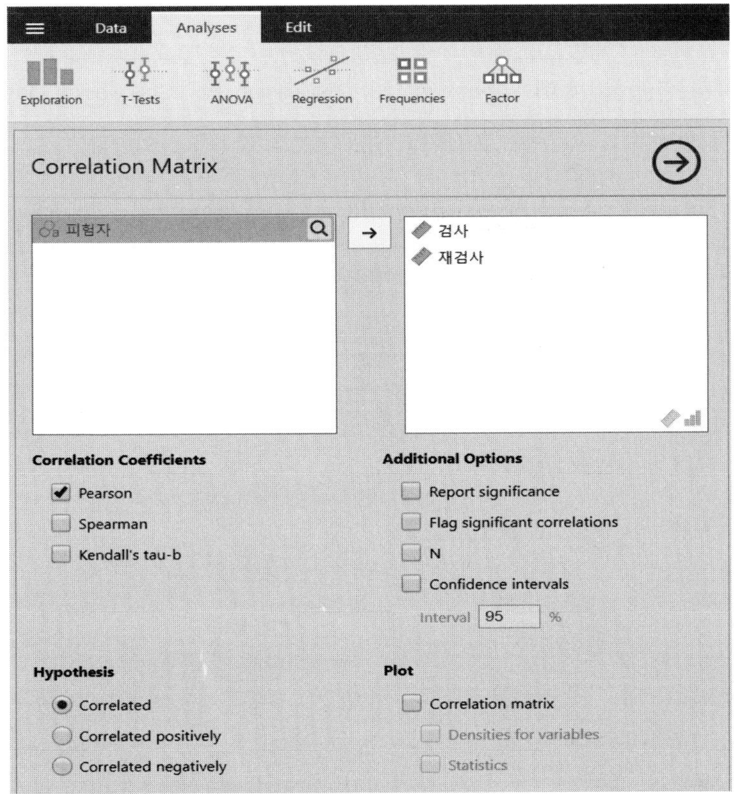

실행 결과

Correlation Matrix

	검사	재검사
검사	—	
재검사	0.910	—

동일한 수학검사를 두 번 실시하여 얻은 두 검사점수 간의 Pearson 상관계수는 .910으로 수학검사의 신뢰도가 매우 높다고 해석할 수 있다,

2) 동형검사신뢰도

〈표 12-3〉의 자료로 동형검사신뢰도를 추정하는 절차와 분석 결과를 제시하면 다음과 같다.

프로그램 실행

상관계수를 산출하기 위해 Analyses ▶ Regression ▶ Correlation matrix 를 선택한 후 분석할 변수를 오른쪽으로 옮기고 필요한 분석 항목을 선택한다.

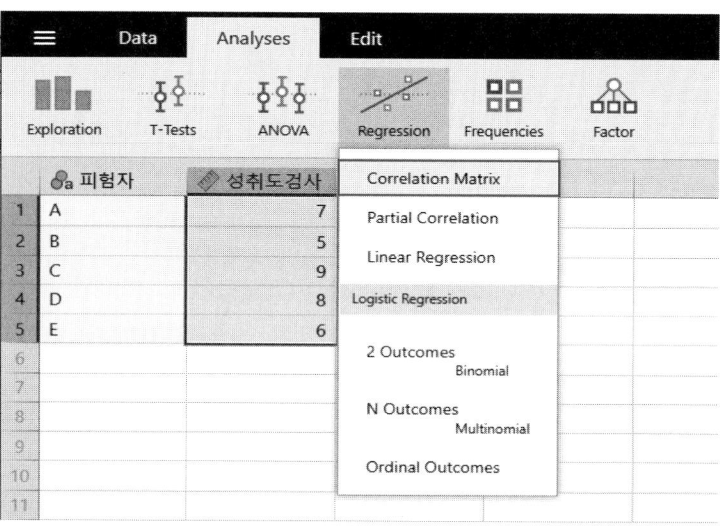

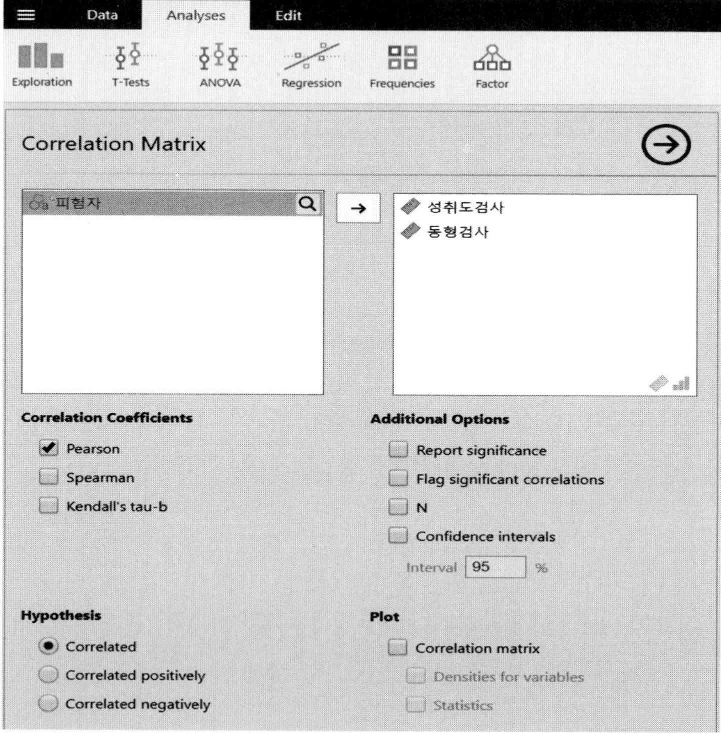

실행 결과

Correlation Matrix

Correlation Matrix

	성취도검사	동형검사
성취도검사	—	
동형검사	0.884	—

성취도검사와 동형검사 점수 간의 Pearson 상관계수는 .884로 성취도검사의 신뢰도는 매우 높다고 해석할 수 있다.

3) 문항내적일관성신뢰도: Cronbach α

〈표 12-9〉의 자료로 Cronbach α를 추정하는 절차와 실행 결과는 다음과 같다.

프로그램 실행

메뉴에서 Analyses ▶ Factor ▶ Scale Analysis ▶ Reliability Analysis 를 선택한 후 신뢰도 분석 대화상자에서 분석할 문항을 문항 리스트로 이동하고 Scale Statistics에서 Cronbach α를 선택한다.

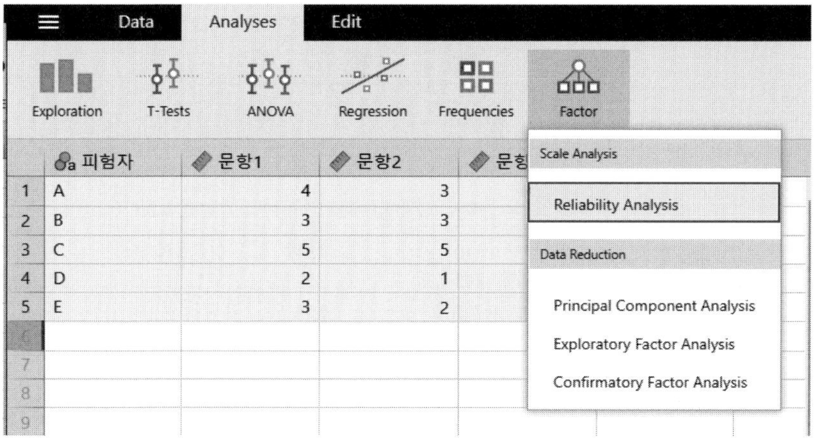

	피험자	문항1	문항2
1	A	4	3
2	B	3	3
3	C	5	5
4	D	2	1
5	E	3	2

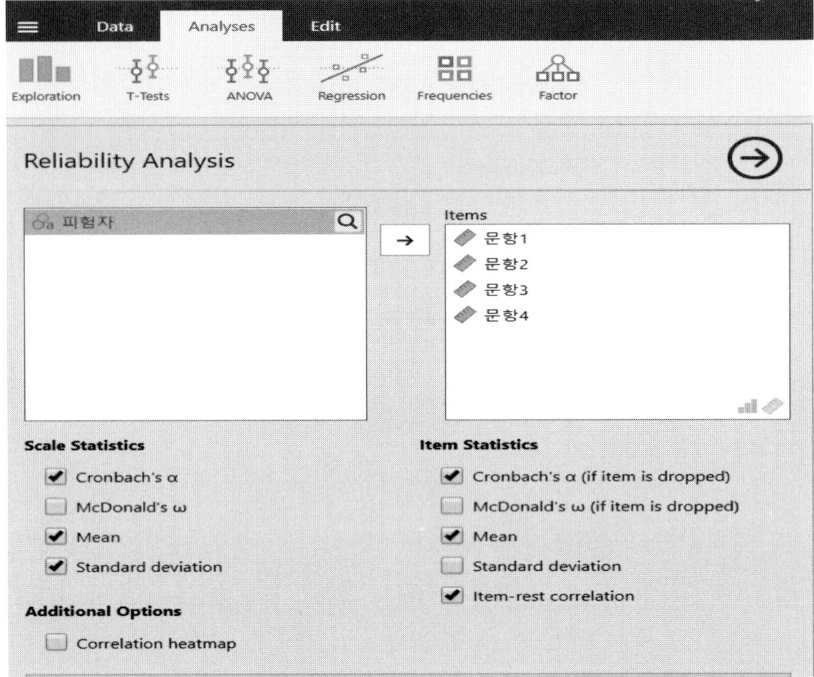

실행 결과

Reliability Analysis

Scale Reliability Statistics

	mean	sd	Cronbach's α
scale	3.45	1.04	0.922

Item Reliability Statistics

				if item dropped
	mean	sd	item-rest correlation	Cronbach's α
문항1	3.40	1.140	0.949	0.855
문항2	2.80	1.483	0.923	0.880
문항3	4.00	0.707	0.573	0.974
문항4	3.60	1.140	0.969	0.848

jamovi 프로그램 실행 결과, 5점 만점의 Likert 척도에 의한 4문항의 평균은 3.45, 표준편차는 1.04이며, Cronbach α는 .922로 도서관 만족도 검사의 신뢰도는 매우 높다고 해석할 수 있다. 각 문항의 평균을 살펴보면 3번 문항의 평균이 4.0으로 가장 높고, 2번 문항의 평

균이 2.8로 가장 낮다.

item-rest correlation은 각 문항의 점수와 해당 문항을 제외한 총점 간의 상관계수를 나타내는 것으로, 3번 문항의 경우 다른 문항에 비해 도서관 만족도를 변별하는 기능이 낮음을 알 수 있다.

if item dropped Cronbach's α는 해당 문항을 제거하여 세 문항으로 신뢰도를 추정한 것으로 3번 문항을 제거할 때 신뢰도가 .974로 증가하므로 3번 문항은 문항내적일관성신뢰도를 감소시키는 문항이다.

5 jamovi 프로그램을 이용한 채점자간신뢰도 추정 방법

1) 상관계수법

〈표 12-15〉의 자료로 채점결과가 점수로 부여될 때 상관계수에 의해 채점자간신뢰도를 추정하는 절차와 실행 결과는 다음과 같다.

프로그램 실행

상관계수를 산출하기 위해 Analyses ▶ Regression ▶ Correlation matrix 를 선택한 후 분석할 변수를 오른쪽으로 옮기고 필요한 분석 항목을 선택한다.

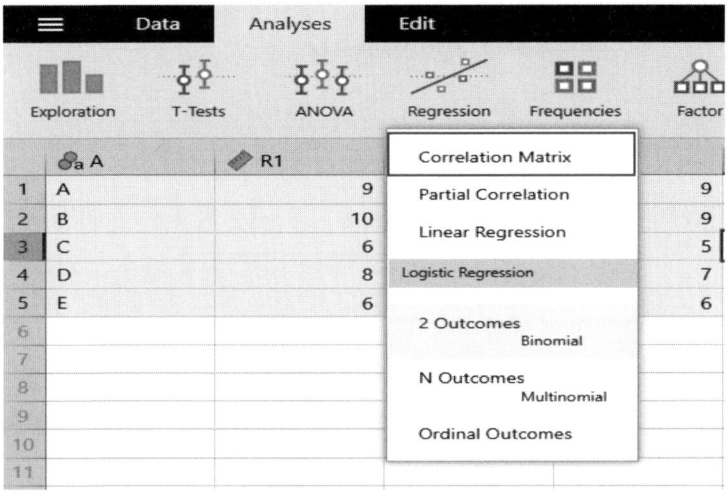

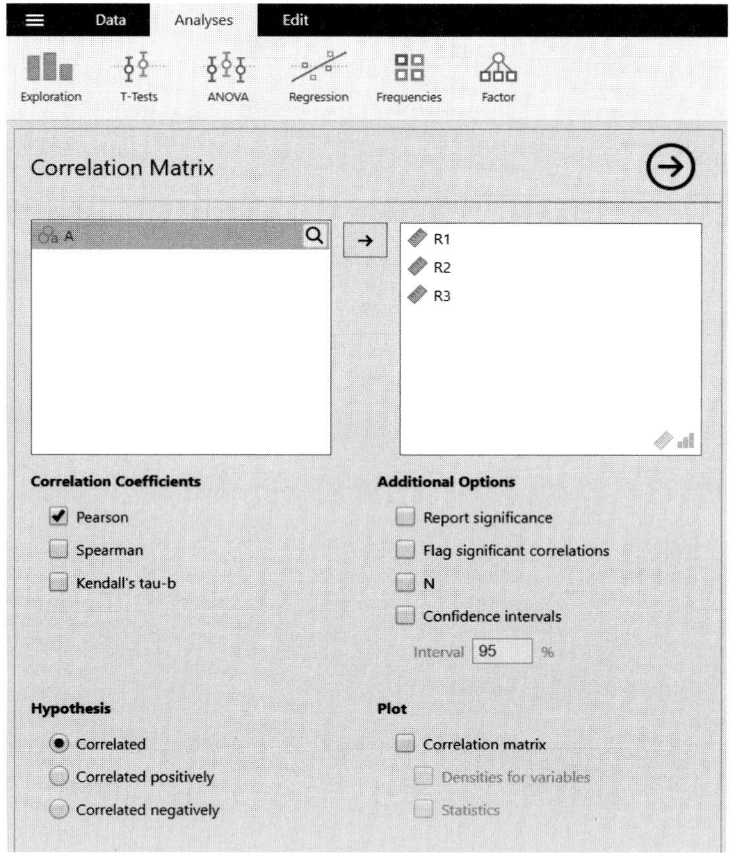

실행 결과

Correlation Matrix

Correlation Matrix

	R1	R2	R3
R1	—		
R2	0.407	—	
R3	0.953	0.557	—

첫 번째 채점자와 두 번째 채점자 점수 간의 상관계수는 .407, 두 번째 채점자와 세 번째 채점자 점수 간의 상관계수는 .557로 채점자간신뢰도가 낮고, 첫 번째 채점자와 세 번째 채점자 점수 간의 상관계수는 .953으로 채점자간신뢰도가 높다. 따라서 두 번째 채점자가 다른 경향을 보이고 있음을 알 수 있다.

2) 일치도 통계, Kappa 계수

jamovi에서는 일치도 통계나 Kappa 계수를 직접적으로 제공하지 않으므로 〈표 12-21〉의 자료로 교차분석을 이용하여 간접적으로 추정할 수 있는 방법을 제시하면 다음과 같다.

프로그램 실행

Analyses ▶ Frequencies ▶ Contingency Tables 를 선택한 후 분석할 변수를 오른쪽으로 옮기고 관찰빈도, 기대빈도, 전체 퍼센트를 선택한다.

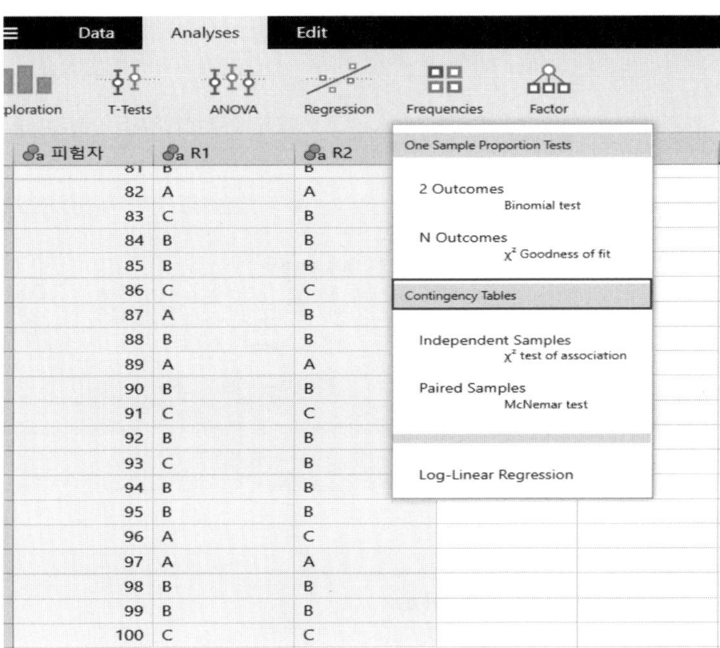

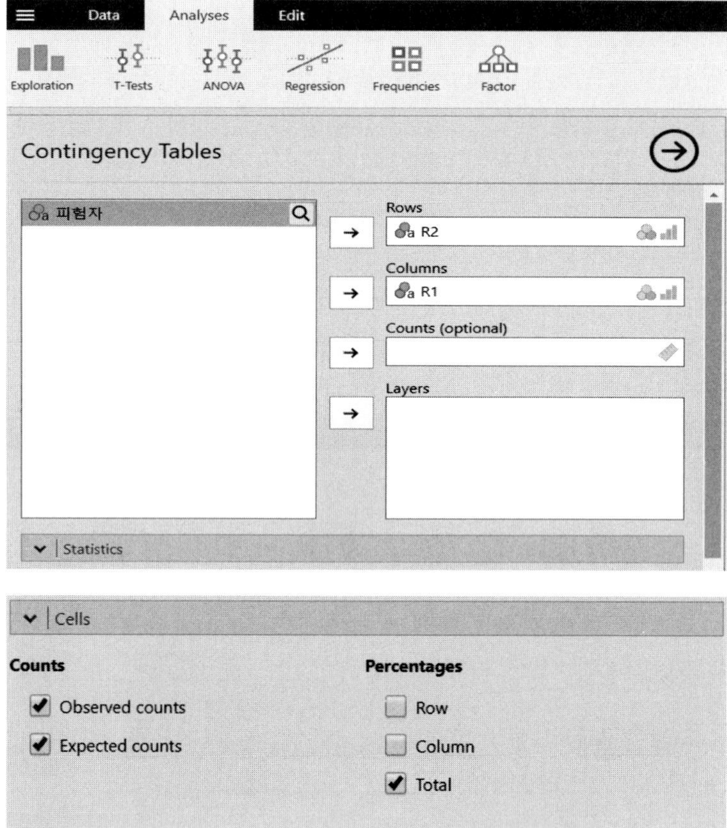

실행 결과

Contingency Tables

Contingency Tables

R2		R1 A	R1 B	R1 C	Total
A	Observed	15	1	4	20
	Expected	4.80	8.40	6.80	20.0
	% of total	15.0 %	1.0 %	4.0 %	20.0 %
B	Observed	5	35	10	50
	Expected	12.00	21.00	17.00	50.0
	% of total	5.0 %	35.0 %	10.0 %	50.0 %
C	Observed	4	6	20	30
	Expected	7.20	12.60	10.20	30.0
	% of total	4.0 %	6.0 %	20.0 %	30.0 %
Total	Observed	24	42	34	100
	Expected	24.00	42.00	34.00	100.0
	% of total	24.0 %	42.0 %	34.0 %	100.0 %

일치도 통계는 두 명의 평정자에 의해 일치되게 평정을 받은 비율이므로 교차표의 대각선에 제시되어 있는 전체 퍼센트를 합산하여 전체 사례 수로 나누어 주면 된다. 따라서 일치도 통계는 (15+35+20)/100=.7이다. Kappa 계수는 일치도 통계에서 우연에 의해 일치된 평정 비율을 제외하므로 대각선의 기대빈도를 이용하여 계산하면 된다. 우연에 의한 일치 비율은 (4.8+21+10.2)/100=.36이므로, Kappa 계수는 (.7−.36)/(1−.36)=.53이다. 일치도 통계는 .85 이상, Kappa 계수는 .75 이상일 때 채점자간신뢰도가 높다고 해석한다.

참고문헌

강갑원, 김정희, 김종백 역(2013). 교육심리학. 서울: 시그마프레스.

강대일, 정창규(2019). 수행평가란 무엇인가. 서울: 에듀니티.

고지연, 김영자, 나형욱, 허선영(1995). 교육평가 수업시간 토론. 이화여자대학교 교육대학원.

교육부(2021). 2021학년도 고등학교 학교생활기록부 작성요령. 세종: 교육부.

교육부, 경기도교육청, 한국교육과정평가원(2017a). 학생의 성장을 돕는 과정 중심 평가 수행평가 문항 자료집: 중학교 국어. 연구자료 ORM. 2017-29-1. 세종: 교육부.

교육부, 경기도교육청, 한국교육과정평가원(2017b). 학생의 성장을 돕는 과정 중심 평가 수행평가 문항 자료집: 고등학교 국어. 연구자료 ORM. 2017-29-6. 세종: 교육부.

교육부, 경기도교육청, 한국교육과정평가원(2017c). 학생의 성장을 돕는 과정 중심 평가 수행평가 문항 자료집: 고등학교 영어. 연구자료 ORM. 2017-29-8. 세종: 교육부.

교육부, 경기도교육청, 한국교육과정평가원(2017d). 학생의 성장을 돕는 과정 중심 평가 수행평가 문항 자료집: 고등학교 사회. 연구자료 ORM. 2017-29-9. 세종: 교육부.

교육부, 한국교육과정평가원(2017). 과정을 중시하는 수행평가 어떻게 할까요?: 중등. 연구자료 ORM. 2017-19-2. 세종: 교육부.

교육평가연구회(1995). 교육측정 · 평가 · 연구 · 통계 용어사전. 서울: 중앙교육진흥연구소.

국립국어원(2021). 표준국어대사전 웹사전. https://stdict.korean.go.kr/main/main.do

권승아(2017). 인지진단모형에 의한 차별기능문항 추출 방법 비교와 TIMSS 2015 수학 문항의 차별기능 원인 탐색. 이화여자대학교 대학원 박사학위논문.

권승아, 송미영, 성태제(2017). 인지진단모형에 의한 차별기능문항 추출 방법의 제1종 오류 및 검정력 비교, 교육평가연구, 30(4), 717-737.

김경희(1993). 문항수, 문항난이도, 문항변별도 변화에 따른 신뢰도 계수와 검사정보함수의 변화. 이화여자대학교 대학원 석사학위논문.

김경희(2000). 수행평가의 타당도 검증을 위한 측적학적 접근. 이화여자대학교 대학원 박사학위논문.

김경희(2020a). 교육쟁점으로 풀어쓴 교육학개론. 서울: 이화여자대학교 출판문화원.

김경희(2020b). 서 · 논술형 평가의 평가학적 의미 탐색. 교육평가연구, 33(4), 839-862.

김경희, 김완수, 최인봉, 김광규, 박준홍, 도승이, 김선희, 김지영(2018). 한국 초 · 중등 학교교육 성과 종단조사 체제 구축을 위한 기초 연구(II). 한국교육과정평가원 연구보고 RRE 2018-12.

김동영, 김도남, 신진아(2013). 국가수준 학업성취도 평가의 성과와 발전방향. 2020 한국 초 · 중등교육의 향방과 과제(성태제 편). 서울: 학지사.

김석우, 최용석(2001). 인과모형의 이해와 응용. 서울: 학지사.

김선, 반재천, 박정(2017). 수행평가와 채점기준표 개발. 서울: 도서출판 AMEC.

김성숙(1995). 논술문항 채점의 변동요인분석과 일반화가능도계수의 최적화 조건. 교육평가연구, 8(1), 35-57.

김신영(2001). 차별적 문항기능의 추출 방법. 서울: 교육과학사.

김인숙, 이문복, 박종임, 송민호, 김성기, 곽민호, 김성숙, 김창환, 임은진, 장현진(2020). 핵심역량 평가를 위한 컴퓨터 기반 평가 시스템(KICE-eAssessment) 개발 연구(II). 한국교육과정평가원 연구보고 RRE 2020-8.

김종민, 이문수, 안성훈(2016). 2015년도 국가수준 초·중학생 ICT 리터러시 검사의 성별에 따른 차별기능문항 분석. 교육평가연구, 29(2), 301-324.

노언경(2007). 중학생 적성검사 중 공간능력 영역에서의 성별에 따른 차별기능문항 추출. 이화여자대학교 대학원 석사학위논문.

노언경(2010). PISA 2003 문제해결력 영역에 대한 성별 차별기능문항 추출. 교육방법연구, 22(4), 165-194.

문용린(1987). 문항반응이론을 이용한 문항편파성의 추정방법. 교육평가연구, 2(1), 27-33.

박민호(2015). 행렬표집자료의 구조 및 문항특성에 따른차별기능문항 판별. 서울대학교 대학원 석사학위논문.

박은아, 박선화, 손민정, 이채희, 서민희, 김지영(2013). 성취평가제의 고등학교 적용 방안. 한국교육과정평가원 연구보고 RRE 2013-9.

박찬호(2017). A comparative study on TIMSS mathematics assessment of Korea, Japan, and the USA: A differential item functioning approach. 비교교육연구, 27(5), 1-19.

서민희, 김미림, 김완수, 박지선, 성경희, 안유민, 이광상, 이소라, 이재봉, 한정아(2020). 2015 개정 교육과정 적용에 따른 학업성취도 평가결과표 개선 방안 연구. KICE 이슈페이퍼. 한국교육과정평가원.

서영숙(2000). 종합진로적성검사 수리영역의 성차별기능문항 추출. 이화여자대학교 대학원 석사학위논문.

성태제(1989). 체육계 실기고사의 합리적 방법과 문제점에 대한 토론. 교육평가연구, 3(2), 126-130.

성태제(1991). 문항반응이론 입문. 서울: 양서원.

성태제(1992). 컴퓨터 이용검사와 컴퓨터 능력적응검사. 교육평가연구, 29(2), 73-97.

성태제(1993). 차별기능문항 추출을 위한 Raju 방법과 Mantel-Haenszel 방법의 비교 연구. 교육평가연구, 6(1), 91-120.

성태제(1995). 고등정신능력신장을 위한 교육평가 방안 탐색. 전국교육평가 심포지엄 보고서, 제12집(輯). 국립교육평가원.

성태제(1998a). 수행평가 그리고 과제와 전망. 사대뉴스 12월호.

성태제(1998b). 학업성취도 평가를 수행평가의 과제와 전망. 1998 한국응용언학회 겨울학술대회: 언어 수행평가의 과제와 전망.

성태제(1999). 수행평가의 본질과 장단점, 우리나라에서의 문제점과 원인분석 그리고 해결방안. 한국교원대학교 제5차 교육개혁대토론회: 수행평가 어떻게 할 것인가?.

성태제 역(2002). 타당도와 신뢰도. 서울: 학지사.
성태제(2013). 2020 한국 초·중등교육의 향방과 과제. 서울: 학지사.
성태제(2016). 문항반응이론의 이해와 적용(제2판). 서울: 교육과학사.
성태제(2019a). 문항반응이론 입문. 서울: 학지사.
성태제(2019b). 현대교육평가(제5판). 서울: 학지사.
성태제(2019c). 현대기초통계학 이해와 적용(제8판). 서울: 학지사.
성태제(2019d). jamovi를 이용한 알기 쉬운 통계분석. 서울: 학지사.
성태제 역(2011). 준거설정. 서울: 학지사.
성태제, 송민영(2000). TestAn1.0: 고전검사이론에 의한 문항분석프로그램. 서울: 아리수미디어.
성태제, 시기자(2020). 연구방법론(제3판). 서울: 학지사.
성태제, 윤혜경(1998). 대학수학능력시험의 '모든 것이 정답' 혹은 '정답 없음' 답지를 포함한 선다형 문항특성 분석. 교육학연구, 36(1), 131-148.
손원숙(2007). 구성형 문항의 차별기능문항분석을 위한 다변량 대응변수 기법의 적용. 교육평가연구, 20(1), 99-117.
손원숙(2012). 차별기능 원인파악을 위한 차별기능문항군 기법의 적용. 중등교육연구, 60(4), 917-935.
송미영(2001). 수행평가 도구의 성별에 따른 차별기능문항 추출 및 추출방법 비교. 이화여자대학교 대학원 박사학위논문.
시기자, 채선희, 성태제(1998). Rasch 모형에 근거한 피험자 적합도 지수를 이용한 문항반응유형과 피험자 특성 분석. 교육평가연구, 5(1), 109-129.
시사상식연구소(2020). 2021 대학으로 가는 논술 구술 필수 상식. 서울: 시대교육.
신혜성(2018). IRT 수직척도 개발에서 공통문항군에 포함된 차별기능문항이 수직척도의 양호도에 미치는 영향. 연세대학교 대학원 석사학위논문.
안창규, 차경옥(1984). 편중문항 추출을 위한 네 가지 통계적 방법의 비교연구. 사회조사연구, 3(1).
에버케이션(2000a). Bayesian1.0: Bayesian 통계방법에 의한 검사분석 프로그램. 서울: 에버케이션.
에버케이션(2000b). RaschAn: Rasch 모형에 의한 검사분석 프로그램. 서울: 에버케이션.
윤수철(2013). 구조방정식모형을 이용한 차별문항기능의 탐지: MACS와 MIMIC의 비교. 성균관대학교 대학원 석사학위논문.
윤지영(2011). TIMSS 수학 및 과학 검사 구조 비교 및 차별적 문항 기능에 관한 연구: 한국, 미국, 싱가포르 학생을 대상으로. 서울여자대학교 대학원 석사학위논문.
이경희(2014). 차별기능문항군 추출 방법을 활용한 대학수학능력시험 수리 영역에서의 성차 탐색. 이화여자대학교 대학원 석사학위논문.
이명애(2010). 비선형 다층모형에 의한 차별기능문항 분석. 교육평가연구, 23(1), 171-190.
이문수(2018). ICILS 2013 컴퓨터·정보 소양 검사의 국가, 성별에 따른 차별기능문항 분석. 교육평가연구, 31(3), 653-679.
이상노(1975). 교육사회학. 서울: 왕문사.

이재봉, 김준식, 박지선, 성경희, 이광상, 이소라, 정혜윤, 최소영, 김감영, 안유민, 하민수, 주현욱(2020). 컴퓨터 기반 국가수준 학업성취도 평가(eNAEA) 도입을 위한 출제 방안 연구. 한국교육과정평가원 연구보고 RRE 2020-5.

이재훈(2011). MIMIC DIF 분석 기법의 실증적 비교 = 불편정착기준문항의 임의적 선택에 대한 잠재적 해결책. 한국심리학회지, 30(4), 1083-1110.

임인재(1980). 심리측정의 원리: 교육과학신서 제5권. 서울: 교육출판사.

정낙찬(1992). 조선전기 성균관의 학력평가. 한국교육, 제19권, 1-22. 서울: 한국교육개발원.

정범모, 김호권(1965). 일반지능검사. 서울: 코리안테스팅센터.

조연순(1994). 한국초등교육의 기원. 서울: 학지사.

전현정(2010). 문항과 검사 수준에서의 차별기능 분석 및 원인 탐색을 위한 통합적 접근. 이화여자대학교 대학원 박사학위 청구논문.

진수정, 성태제(2004). MH 방법과 SIBTEST 방법을 이용한 문항 유형에 따른 차별기능문항의 탐색. 교육평가연구, 17(2), 215-236.

추정아, 성태제(1993). Mantel-Haenszel 방법과 Raju 방법에 의한 제4차, 제5차 대학수학능력시험 실험평가의 성별에 따른 차별기능문항 추출. 교육평가연구, 9(2), 259-286.

최연희, 권오남, 성태제(1999). 중학교 영어 · 수학 교과에서의 열린 교육을 위한 수행평가 적용 및 효과 분석. 교육정책연구과제 보고서.

최혁준(2020). 과학교과의 수행평가. 교실 수행평가의 올바른 방향 (이동주 편). 서울: 한국문화사.

한국교육과정평가원(2014). 대학수학능력시험 20년사. 서울: 한국교육과정평가원.

한국교육과정평가원(2021). 2022학년도 대학수학능력시험 Q&A 자료집. 수능 CAT 2021-2-3. 충북: 한국교육과정평가원.

한국학중앙연구원(2015). 시권: 국가경영의 지혜를 듣다. 16.

황다솜(2016). 공통문항군에 속한 차별기능문항이 IRT 진점수 동등화의 집단 불변성에 미치는 영향. 연세대학교 대학원 석사학위논문.

황정규(1986). 교육평가 연구의 과제와 전망. 교육평가연구, 1(1), 9-25.

황정규(1998). 학교학습과 교육평가. 서울: 교육과학사.

홍선주, 권점례, 김미경, 상경아, 안유민, 이상일, 장의선(2014). 수행평가 지원 사이트 구축. 한국교육과정평가원 연구보고서. CRE 2014-8.

AERA (2000). *The AERA position Statement Concering High-Stakes Testing*. AERA.

AERA, APA, & NCME (1966). *Standards for educational and psychological testing*. Washington, D.C.: American Psychology Association.

AERA, APA, & NCME (1974). *Standards for educational and psychological testing*. Washington, D.C.: American Psychology Association.

AERA, APA, & NCME (1985). *Standards for educational and psychological testing*. Washington, D.C.: American Psychology Association.

AERA, APA, & NCME (1999). *Standards for educational and psychological testing*.

Washington, D.C.: American Psychology Association.

AERA, APA, & NCME (2014). *Standards for educational and psychological testing.* Washington, D.C.: American Psychology Association.

Anastasi, A. (1954). *Psychological testing.* New York: Macmillan.

Anastasi, A. (1961). *Psychological testing* (2nd ed.). New York: Macmillan.

Anastasi, A. (1968). *Psychological testing* (3rd ed.). New York: Macmillan.

Anastasi, A. (1976). *Psychological testing* (4th ed.). New York: Macmillan.

Anastasi, A. (1982). *Psychological testing* (5th ed.). New York: Macmillan.

Anastasi, A. (1988). *Psychological testing* (6th ed.). New York: Macmillan.

Anderson, L. W., Krathwohl, D. R., Airasian, P. W., Cruikshank, K. A., Mayer, R. E., Pintrich, P. R., Raths, J., & Wittrock, M. C. (2001). *A taxonomy for learning, teaching, and assessing: A revision of Bloom's Taxonomy of Educational Objectives.* NY: Longman.

Angoff, W. H. (1971). Scales, norms, and equivalent Score. In R. L. Thorndike (Ed.), *Educationl measurement* (2nd ed.). Washington, D.C.: American council on Education, 508–600.

Angoff, W. H. (1982). Use of difficulty and discrimination indices for detecting item bias. In R. A. Berk (Ed.), *Handbook of method for detecting test bias.* Baltimore, MD: John Hopkins University Press.

Angoff, W. H., & Ford, S. F. (1973). Item–race interaction on a test of scholastic aptitude. *Journal of Educational Measurement, 10,* 95–106.

Arter, J. (1999). Teaching about performance. *Educational Measurement: Issues and Practice, 18*(2), 30–44.

Baker, F. B. (1992). *Item response theory: Parameter estimation techniques.* New York: Marcel Dekker, Inc.

Baron, M. A., & Boschee, F. (1995). *Authentic assessment.* Bsael, Switzerland: Technomic Pub. Co Inc.

Beeby, C. E. (1978). The meaning of evaluation. *Current Issues in Education, No.4: Evaluation, Department of Education*, Wellington, 68–78.

Berk, R. A. (Ed.). (1984). *A guide to criterion referenced test construction.* Baltimore: The John Hopkins University Press.

Berk, R. A. (1986). *Performance assessment: Method & applications.* Baltimore: The John Hopkins University Press.

Binet, A., & Simon, T. H. (1916). *The development of intelligence in young children.* Vineland, NJ: The Training School.

Block, J. H. (1978). Standard and criteria: A response. *Journal of Educational Measurement, 15*(4), 291–295.

Bloom, B. S. (1956). *The taxonomy of educational objectives: Handbook I, Cognitive domain*. New York: David Mc. Kay.

Bloom, B. S., Hastings, J. T., & Madaus, G. F. (1971). *Handbook in formative and summative evaluation of student's learning*. New York: McGraw-Hill.

Bock, R. D. (1972). Estimating item parameters and latent parameters and latent ability when responses are scored in two or more nominal categories. *Psychometrika, 37*, 29-51.

Bormuth, J. R. (1970). *On the theory of achievement test items*. Chicago: University of Chicago Press.

Brennan, R. L. (1983). *Elements of generalizability theory*. Iowa: ACT Publication.

Brennan, R. L., & Lockwood, R. E. (1980). A comparison of the Nedelsky and Angoff cutting score procedures using generalizability theory. *Applied Psychological Measurement, 4*, 219-240.

Brown, W. (1910). Some experimental results in the correlation of mental abilities. *British Journal of Psychology, 3*, 296-322.

Budescu, D. V., & Nevo, B. (1985). Optimal number of options: An investigation of theassumption of proportionality. *Journal of Educational Measurement, 22*, 183-196.

Camilli, G. (1979). A critique of chi-square method assessing item bias. Unpublished paper, Laboratory of Educational Research, University of Colorado at Boulder.

Camilli, G., & Shepard, L. A. (1987). The inadequacy of ANOVA for detecting test bias. *Journal of Educational Measurement, 12*(1), 87-99.

Cangelosi, J. S. (1990). *Designing tests for evaluating student achievement*. New York: Longman.

Cattell, J. M. (1890). Mental tests and measurements. *mind, 15*, 373-381.

Cizek, G. J., & Bunch, M. B. (2007). *Standard Setting: A guide to estabilishing and evaluating performance standards on tests*. SAGE Publications.

Cleary, D. H., & Hilton, T. L. (1968). An investigation of item bias. *Educational and Psychological Measurement, 28*, 61-65.

Cohen, J. (1960). A coefficient of agreement for nominal scales. *Educational and Psychological Measurement, 20*, 37-46.

Conoley, J., & O'Neil, H. F. (1979). A primer for developing tests items. In H. F. O'Neil, (Ed.), *Procedures for instructional system development*. New York: Academic Press.

Cronbach, L. J. (1949). *Essentials of psychological testing*. NY: Harper & Row.

Cronbach, L. J. (1951). Coefficient alpha and the internal structure of tests. *Psychometrika, 16*, 297-334.

Cronbach, L. J. (1960). *Essentials of psychological testing* (2nd ed.). NY: Harper & Row.

Cronbach, L. J. (1963). Course improvement through evaluation. *Teachers College Record,*

64(8), 672–683.

Cronbach, L. J. (1969). Validation of educational measures. In *Proceedings of the 1969 invitational conference on testing problems: Toward a theory of achievement measurement*, 35–52. Princeton, NJ: Educational Testing Service.

Cronbach, L. J. (1970). *Essentials of psychological testing* (3rd ed.). NY: Harper & Row.

Cronbach, L. J. (1971). Test validation. In R. L. Thorndike (Ed.), *Educational measurement*. Washington, D.C.: American Council on Education.

Cronbach, L. J. (1984). *Essentials of psychological testing* (4th ed.). NY: Harper & Row.

Cronbach, L. J. (1990). *Essentials of psychological testing* (5th ed.). NY: Harper & Row.

Cronbach, L. J., Rajaratnam, N., & Glaser, G. C. (1963). Theory of generalizability: A liberalization of reliability theory. *British Journal of Statistical Psychology, 16*, 137–163.

Cureton, E. E. (1951). Validity. In E. F. Lindquist (Ed.), *Educational measurement*. Washington, D.C.: American Council on Education, 621–695.

de la Torre, J. (2008). An empirically–based method of Q–matrix validation for DINA model: Development and applications. *Journal of Educational Mesurement, 45*, 343–362.

Dorans, N. J., Schmitt, A. P., & Bleistein, C. A. (1992). The standardization approach to assessing comprehensive differential item functioning. *Journal of Educational Measurement, 29*, 309–319.

Downing, S. M. (1992). True–False, alternative–choice, and multiple–choice items. *Educational Measurement: Issues and practice, 11*(3), 27–30.

Ebel, R. L. (1965). *Measuring educational achievement. Englewood Cliffs*, NJ: Prentice–Hall.

Ebel, R. L. (1969). Expected reliability as a function of choices per item. *Educational Psychological Measurement, 29*, 565–570.

Ebel, R. L. (1972). *Essential of educational measurement* (2nd ed.). Englewood Cliff, NJ: Prentice–Hall.

Ebel, R. L. (1979). *Essentials of educational measurement* (3rd ed.). Englewood Cliff, NJ: Prentice–Hall.

Ebel, R. L., & Frisbie, D. A. (1986). *Essential of educational measurement* (4th ed.). Englewood Cliffs, NJ: Prentice–Hall.

Ebel, R. L., & Frisbie, D. A. (1991). *Essentials of educational measurement* (5th ed.). Englewood Cliffs, NJ: Prentice–Hall.

Eisner, E. W. (1979). The use of qualitative forms of evaluation for improving educational practice. *Educational Evaluation and Policy Analysis, 1*, 11–19.

Embreston, S. E. (1985). Introduction to the problem of test design. In S. E. Embreston (Ed.), *Test design: Developments in psychology and psychometrics*. Florida: Academic

Press, Inc.

Faggen-Steckler, J., McCarthy, K. A., & Title, C. K. (1974). A quantitative method for measuring sex bias in standardized test. *Journal of Educational Measurement, 11*, 151-161.

Finch, H. (2005). The MIMIC Models as a method for detecting DIF: Comparison with Mantel-Haenszel, SIBTEST, and the IRT Likelihood Ratio. *Applied Psychological Measurement, 29*(4), 278-295.

Findley, W. G. (1963). Purpose of school testing programs and their efficient development. In W. G. Findley (Ed.), *Sixty-second yearbook of the national society for the study of education, Part II*. Chicago: University of Chicago Press, 1-27.

Finn, P. J. (1978). Generating domain-referenced test items from prose passages. Paper presented at the annual meeting of the American Educational Research Association. Toronto.

Fisher, R. A. (1924). International Mathematical Conference. Toronto, 53.

Fisher, R. A. (1925). *Statistical methods for research worker*. Edinburgh: Oliver & Boyd.

Fukuhara, H., & Kamata, A. (2011). A bifactor multidimensional item response theory model for differential item functioning analysis on testlet-based items. *Applied Psychological Measurement, 35*(8), 604-622.

Gardner, H. (1983). *Frames of mind: The theory of multiple intelligences*. New York: Basic book.

Glaser, R. (1963). Instructional technology and measurement of learning outcome: Some questions. *American Psychologist, 18*, 519-621.

Glass, G. V. (1969). *The growth of educational methodology*. Boulder, CO: University of Colorado, Laboratory of Educational Research.

Glass, G. V. (1978). Standards and criteria. *Journal of Educational Measurement, 15*(4), 277-290.

George, A. C., & Robitzsch, A. (2014). Multiple group cognitive diagnosis models, with an emphasis on differential item functioning. *Psychological Test and Assessment Modeling, 56*(4), 405-432.

Cizek, G. J., & Bunch, M. B. (2007). *Standard setting: A guide to establishing and evaluating performance standards on tests*. Sage Publications Ltd.

Green, B. F., Crone, C. R., & Folk, V. G. (1989). A method for studying differential distractor functioning. *Journal of Educational Measurement, 26*(2), 147-160.

Gronlund, N. E. (1971). *Measurement and evaluation in teaching* (2nd ed.). New York: Mecmillan.

Gronlund, N. E. (1976). *Measurement and evaluation in teaching* (3rd ed.). New York: Macmillan.

Gronlund, N. E. (1988). *How to construct achievement tests*. New Jersey: Prentice-Hall,

Inc.

Gronlund, N. E., & Linn, R. L. (1990). *Measurement and evaluation in teaching* (7th ed.). New York: Mamicllan, 48–50.

Guba, E. G., & Lincoln, Y. S. (1989). *Fourth generation evaluation.* Sage.

Guskey, T. R., & Bailey, J. M. (2001). *Developing grading and reporting systems for student learning.* Corwin Press.

Haladyna, T. M., & Downing, S. H. (1989a). The validity of taxonomy of multiple–choice item writting rules. *Applied Measurement in Education, 1*, 37–50.

Haladyna, T. M., & Downing, S. H. (1989b). The validity of taxonomy of multiple–choice item writing rules. *Applied Measurement in Education, 1.* 51–78.

Haladyna, T. M., & Downing, S. H. (1993). How many options is enough for a multiple–choice test item? *Educational Measurement: Issues and Practice. 53*, 999–1009.

Hambleton, R. K. (1998). *Handbook for the development of performance standards: Meeting the requirements of title Ⅰ.* Frost Association, Ltd.

Hannah, L. S., & Michaelis, J. U. (1977). *A comprehensive framework for instructional objectives: A guide to systematic planning and evaluation.* Reading, MA: Addison–Wesley.

Herman, J. L., Aschbacher, P. R., & Winters, L. (1992). *A practical guide to alternative assessment.* Alexandria: Association for Supervision and Curriculum Development.

Hively, W., Patterson, H. L., & Page, S. A. (1968). A universe–defined system of arithmetic achievement tests. *Journal of Educational Measurement, 5*, 275–290.

Holland, P. W. (1985). *On the study of differential of item performance without IRT.* Proceeding of the Military Testing Association.

Holland, P. W., & Thayer, D. T. (1985). *An alternative definition of the ETS delta scale of item difficulty* (Research Rep. No. 85–43). Princeton, NJ: Educational Testing Service.

Holland, P. W., & Thayer, D. T. (1986). *Differential item functioning and the Mantel–Haenszel procedure* (Technical Rep. No. 86–69). Princeton, NJ: Educational Testing Service.

Holland, P. W., & Thayer, D. T. (1988). Differential item performance and the Mantel–Haenszel procedure. In H. Wainer & H. I. Braun (Eds.), *Test validity.* Hillsdale, NJ: Lawrence Erlbaum Associates.

Hopkins, K. D., Stanley, J. C., & Hopkins, B. R. (1981). *Educational and psychological measurement and evaluation* (6th ed.). New Jersey: Englewood Cliff.

Hopkins, K. D., Stanley, J. C., & Hopkins, B. R. (1990). *Educational and psychological measurement and evaluation* (7th ed.). New Jersey: Prentice–Hall.

Hou, L., de la Torre, J. D., & Nandakumar, R. (2014). Differential item functioning assessment incognitive diagnostic modeling: Application of the Wald test to investigate DIF in the DINA model. *Journal of Educational Measurement, 51*(1),

98–125.

House, E. R. (1980). *Evaluating with validity*. Beverly Hills, CA: Sage.

Hoyt, C. (1941). The reliability obtained by analysis of variance. *Psychometrika, 6*, 153–160.

Hunter, J. E. (1975). A critical analysis of the use of item means and item–test correlation to determine the presence or absence of content bias in achievement test item. Paper presented at the National Institute of Education Coference on Test Bias, Annapolis, MD.

Jaeger, R. M. (1978). A proposal for setting a standard on the North Carolina High School Competency Test. Paper presented at the spring meeting of the North Carolina Association for Research in Education, Chapel Hill.

Jensen, A. R. (1969). How much can we boost I. Q. and scholastic achievement. *Harvard Educational Review, 43*.

Jin, Y., Myers, N. D., Ahn, S., & Penfield, R. d. (2012). A comparison of uniform DIF effect size estimators under the MIMIC and Rasch models. *Educational and Psychological Measurement, 73*(2), 339–358.

Johnson, A. P. (1951). Notes on a suggested index of item validation: The U–L index. *Journal of Educational Psychology. 62*, 499–504.

Kelly, T. L. (1939). Selection of upper and lower groups for validation of test items. *Journal of Eductional Psychology, 30*, 17–24.

Kim, S., & Cohen, A. S. (1991). *IRTDIF: A computer program for the IRT differential item functioning [Computer program]*. Madison WI: University of Wisconsin.

Kingsbury, G. G. (1990). Adapting adaptive testing: Using the MicroCAT testing system in a local school district. *Educational Measurement: Issue and Practice, 9*(2), 3–6.

Kromhout, O. M. (1987). *Guideline for test development*. Florida Department of Education.

Kubiszyn, T., & Borich, G. (1993). *Educational testing and measurement* (4th ed.). New York: Harper Collins College Publishers.

Kubiszyn, T., & Borich, G. (2010). *Educational testing and measurement: Classroom application and practice* (9th ed.). New York: John Wiley & Sons.

Kuder, G. F., & Richardson, M. W. (1937). The theory of the estimation of test reliability. *Psychometrika, 2*, 151–160.

Lawley, D. N. (1943). On problems connected with item selection and test construction. *Proceedings of the Royal Society of Edinburgh, 6*, 273–287.

Lee, S., Bulut, O., & Suh, Y. (2017). Multidimensional extension of multiple indicators multiple causes models to detect DIF. *Educational and Psychological Measurement, 77*(4), 545–569.

Lewis, D. M., Mitzel, H. C., & Green, D. R. (1996). Standard setting: A bookmark approach. In D. R. Green(Chair), *IRT–based standard setting procedures utilizing behavioral anchoring.* Symposium conducted at the council of Chief State School Officers National Conference on Large-Scale. Assessment, Phoenix, AZ.

Li, Q., & Wang, C. (2015). Updating the assessment of resistance and reliability of existing aging bridges with prior service loads. *Journal of Structural Engineering, 141*(12).

Linn, R. L. (1997). Evaluating the validity of assessments: The consequences of use. *Educational Measurement: Issue and Practice, 16*(2), 14-15.

Linn, R. L., & Baker, E. L. (1996). Can performance-based student assessment be psychometrically sound. In J. B. Babon, & D. P. Wolf (Eds.), *Performance-based student assessment: Challenges and possibilities.* Chicago, Illinois:University of Chicago Press.

Linn, R. L., & Gronlund, N. E. (1995). *Measurement and assessment in teaching* (7th ed.). Upper Saddle River, New Jersey: Prentice-Hall.

Linn, R. L., & Gronlund, N. E. (2000). *Measurement and assessment in teaching* (8th ed.). Upper Saddle River, New Jersey: Prentice-Hall.

Livingston, S. A., & Zieky, M. J. (1982). *Passing scores: Amanual for setting standards of performance on educational and occupational tests.* Princeton, NJ: Educational Testing Service.

Lord, F. M. (1952). A theory of test scores. *Psychometrika Monograph, 7.*

Lord, F. M. (1970). Some test theory for tailored testing. In W. H. Holtzman (Ed.), *Computer-assisted instruction, testing, and guidance.* New York: Harper and Row.

Lord, F. M. (1977). A theoretical study of two-stage testing. *Psychometrika, 36*, 227-241.

Lord. F. M., & Novick, M. R. (1968). *Statistical theories of mental test scores.* MA: Addison Wesley.

Madaus, G. F., & Kellaghan, T. (1992). Curriculum evaluation and assessment. In Jackson, P. W. (Ed.), *Handbook of research on curriculum, a project of the American educational research association.* NY: Macmillan Publishing Company.

Madaus, G., Russell, M., & Higgins, J. (2009). *The paradoxes of High Stakes Testing.* NC: InformationAge Publishing, Inc.

Mantel, N., & Haenszel, W. (1959). Statistical aspects of the analysis of data from retrospective studies of disease. *Journal of the National Cancer Institute, 22*, 719-748.

McCall, W. A. (1939). *Measurement.* New York: Macmillan.

McMillan, J. H. (1997). *Classroom assessment: Principles and practice for effective instruction.* Boston: Allyn & Bacon.

McMillan, J. H. (2014). *Classroom assessment: Principles and practice for effective instruction* (7th eds.). Boston: MA: Pearson.

McMillan, J. H. (2018). *Classroom assessment: Principles and practice that enhance student learning and motivation* (7th ed.). Boston: MA: Pearson.

Mehrens, W. A., & Lehmann, I. J. (1975). *Measurement and evaluation in education and psychology.* New York: Holt, Rinehart and Winston.

Mehrens, W. A. (1997). The Consequences of consequential validity. *Educational Measurement: Issue and Practice, 16*(2), 16–18.

Meijer, R. R. (1996). Person–fit research: An introduction. *Applied Measurement in Education, 9*(1), 3–8.

Melican, C. J., Mills, C. N., & Plake, B. S. (1987). The effect of the knowledge of other judge'sratings of item difficulty in an iterative process using the Angoff and Nedelsky methods. Paper presented at the annual meeting of the American Educational Research Association, Washington DC.

Mellenbergh, G. (1982). Contingency table models for assessing item bias. *Journal of Educational Statistics, 7*(2), 105–118.

Messick, S. (1989). Validity. In R. L. Linn (Ed.), *Educational measurement* (3rd ed.). Washington, D.C.: American Council on Education & National Council on Measurement in Education, 13–103.

Metfessel, N. S., Michael, W. B., & Kirsner, D. A. (1969). Instrumentation of Bloom's taxonomies for the writing of educational objectives. *Psychology in the School, 6*, 227–231.

Miller, G. J., & Spray, J. A. (1993). Logistic discriminant function analysis for DIF identification of polytomously scored items. *Journal of Education Measurement, 30*(2), 107–122.

Mills, C. N. (1983). A comparison of three methods of establishing cut–off scores on criterion–referenced test. *Journal of Educational Measurement, 20*, 283–292.

Mills, C. N., & Melican, G. J. (1988). Estimating and adjusting cutoff score: Features of selected method. *Applied Measurement in Education, 1*, 261–275.

Mislevy, R. J., & Bock, R. D. (1986). *PC–BILOG: Item analysis and test scoring with binary logistic models* [Computer program]. Mooresville IN: Scientific Software.

Mislevy, R. J., & Bock, R. D. (1990). *BILOG III: Item analysis and test scoring with binary logistic models* [Computer program]. Mooresville IN: Scientific Software Inc.

Mislevy, R. J., & Bock, R. D.(1996). *BILOG III for windows: Item analysis and test scoring with binary logistic models* [Computer program]. Mooresville IN: Scientific Software Inc.

Muraki, E. (1990). Fitting a polytomous item response model to Likert–type data. *Applied Psychological Measurement, 14*, 59–71.

Murray, R. T. (2005). *High stakes testing: Coping with collateral damage.* New Jersey: Lawrence Erlbaum. Associates, Publishers.

Nedelsky, L. (1954). Absolute grading standards for objective test. *Educational and Psychological Measurement, 14*, 3–19.

Nevo, D. (1983). The conceptualization of educational evaluation: An analytical review of the literature. *Review of Educational Research, 53*(1), 117–128.

Nitko, A. J. (1983). *Educational tests and measurement: An introduction.* New York: Jarcourt Brace Jovanovich.

Nitko, A. J., & Brookhart, S. M. (2007). *Educational assessment of students* (5th ed.). Pearson Merrill Prentice–Hall.

Oosterhof, A. (1994). *Classroom applications of educational measurement* (2nd ed.). New York: Macmillan publishing company, 114.

Oosterhof, A. (2001). *Classroom applications of educational measurement* (3rd ed.). New York: Prentice–Hall, Inc.

Oosterhof, A., & Coats, P. K. (1984). Comparison of difficulties and reliabilities of quantative word problems in completion and multiple choice item formats. *Applied Psychological Measurement, 8*, 287–294.

Oshima, T. C., & Morris, S. B. (2008). Raju's differential functioning of items and tests (DFIT). *Educational Measurement: Issues and Practice, 27*(3), 43–50.

Oshima, T. C., Raju, N. S., & Flowers, C. P. (1997). Development and demonstration of multidimensional IRT–based internal measures of differential functioning of items and tests. *Journal of Educational Measurement, 34*, 253–272.

Parshall, C. G., & Becker, K. A. (2008, July). *Beyond the technology: Developing innovative items.* Presented at the bi–annual meeting of the International Test Commission, Manchester, UK.

Parshall, C. G., & Harmes, J. C. (2008). The design of innovative item types: Targeting constructs, selecting innovations, and refining prototypes. *CLEAR Exam Review. 19*, 18–25.

Parshall, C. G., Harmes, J. C., Davey, T., & Pashley, P. J. (2010). Innovative items for computerized testing. In W. J. van der Linden & C. A. W. Glas (Eds.), *Elements of adaptive testing* (pp. 215–230). New York: Springer.

Pearson, K. (1896). Mathematical contribution to the theory of evolution: III. Regression, heredity and panmixa. *Philosophical Transactions, 187*, 253–318.

Penfield, R. D., & Algina, J. (2006). A generalized DIF effect variance estimator for measuring unsigned differential test functioning in mixed format test. *Journal of Educational Measurement, 43*(4), 295–312.

Popham, W. J. (1978). *Criterion–referenced measurement.* Englewood Cliffs, NJ: Prentice–Hall.

Popham, W. J. (1983). Measurement as an instructional catalyst. *New Directions for Testing and Measurement, 17*, 19–30.

Popham, W. J. (1984). Specifying the domain of content or behaviors. In R. A. Berk (Ed.), *A guide to criterion reference test construction.* Baltimore: Johns Hopkins Univ.

Press.

Popham, W. J. (1987a). The merits of measurement–driven instruction. *Phi Delta Kappan. 68*(9), 679–682.

Popham, W. J. (1987b). Middle–minded emotionalism. *Phi Delta Kappan. 68*(9), 687–689.

Popham, W. J. (1997). Consequential validity: right concern–wrong concept. *Educational Measurement: Issue and Practice, 16*(2), 9–13.

Popham, W. J. (2011). *Classroom assessment: What teachers need to know* (6th ed.). Boston: Pearson.

Raju, N. S. (1988). The area between two item characteristic curves. *Psychometrika, 53*, 495–502.

Raju, N. S. (1990). Determining the significance of estimated signed and unsigend areas between two item response functions. *Applied Psychological Measurement, 14*, 197–207.

Raju, N. S., Oshima, T. C., Fortmann, K., Nering, M., & Kim, W. (2006). The new significance test for Raju's polytomous DFIT. Paper presented at the New Directions in Psychological Measurement with Model–Based Approaches at Georgia Institute of TEchnology in Atlanta, GA.

Raju, N. S., Oshima, T. C., & Wolach, A. (2005). *Differential funtioning of items and tests(DFIT): Dichotomous and polytomous* [Computer program]. Chicago: Illinois Institute of Technology.

Raju, N. S., van der Linden, W. J., & Fleer, P. F. (1995). IRT–based internal measures of differential functioning items and tests. *Applied Psychological Measurement, 19*(4), 353–368.

Richardson, M. W. (1936). The relationship between difficulty and the differential validity of a test. *Psychometrika, 1.*

Rocklin, T. R. (1994). Self–Adaptive Testing. *Applied Measurement in Education, 7*, 3–14.

Roid, G. H., & Haladyna, T. M. (1978). A comparison of objective–based and modified–Bormuth item writing techniques. *Eductional of Psychological Measurement, 35*, 19–28.

Roid, G. H., & Haladyna, T. M. (1982). *A technology for test–item writing.* New York: Academic Press.

Roussos, L. A., & Stout, W. F. (1996). Simulation studies of the effects of small sample size and studied item parameters on SIBTEST and Mantel–Haenszel type I error performance. *Journal of Educational Measurement, 33*(2), 215–230.

Rudner, L. M. (1977). An evaluation of select approaches for biased item identification. Unpublished doctoral dissertation. Catholic Universtiy of America.

Rudner, L. M., Getson, P. R., & Knight, D. L. (1980). A monte carlo comparison of seven biased item detection techniques. *Journal of Educational Measurement, 17*, 1–10.

Samejima, F. (1969). Estimation of latent trait ability using a response pattern of graded scores. *Psychometrika Monograph, 17.*

Scheuneman, J. D. (1975). A new method of assessing bias in test items. Paper presented at the annual meeting of the American Educational Research Assocation, Washington, D.C.

Scheuneman, J. D. (1979). A new method for assessing bias in the test items. *Journal of Educational Measurement, 16*, 143–152.

Scriven (1967). The methodology of evaluation. In R. E. Stake (Ed.), In Perspective in Curriculum Evaluation. *AERA Monograph Series in Evaluation, 1.* Chicago: Rand Macnally.

Shepard, L. A. (1980). Technical issues in minimum competency testing. In D. C., Berliner (Ed.), *Review of research in education, 8.*

Shepard, L. A. (1984). Setting performance standards. In R. A. Berk (Ed.), *A Guide to Criterion-referenced Test Construction.* Baltimore, MD: Johns Hopkins University Press.

Shepard, L. A. (1997). The Centrality of test use of consequences for test validity. *Educational Measurement: Issue and Practice, 16*(2), 5–8.

Shepard, L. A., & Bliem, C. (1995). Parents' thinking about standardized test and performance assessment. *Educational Researcher, 24*, 25–32.

Shealy, R. T., & Stout, W. F. (1993). An item response model for test bias and differential test functioning. In P. Holland & H. Wainer (Eds.), *Differentialitem functioning* (pp. 197–239). Hillsdale, NJ: Erlbaum.

Sireci, S. G., & Zenisky, A. L. (2006). Innovative item formats in computer-based testing: In pursuit of improved construct representation. In S. M. Downing & T. M. Haladyna (Eds.), *Handbook of test development* (pp. 329–347). Lawrence Erlbaum Associates Publishers.

Spearman, C. (1904). The proof and measurement of association between two things. *American Journal of Psychology, 15*, 72–101.

Spearman, C. (1910). Correlations calculated from faculty data. *British Journal of Psychology, 3*, 271–295.

Spearman, C. (1927). *The abilities of man-their nature and measurement.* London: MacMillan and co., Ltd.

Stake, R. E. (1967). The countenance of educational evaluation. *Teachers College Record, 68*, 523–540.

Sternberg, R. J. (1985). *Beyond I.Q.: A triarchic theory of human intelligence.* New York: Cambridge University Press.

Stevens, S. S. (1946). On the theory of scales of measurement. *Science, 103*, 677–680.

Stout, W., Li, H. H., Nandakumar, R., & Bolt, D. (1997). MULTISIB: A procedure to investigate DIF when a test is intentionally two-dimensional. *Applied Psychological*

Measurement, 21(3), 195–213.

Strain–Seymour, E., Way, W. D., & Dolan, R. P. (2009). *Strategies and processes for developing innovative items in large–scale assessments.* Iowa City, IA: Pearson Education.

Stufflebeam, D. L. (1967). The use and abuse of evaluation. *In Theory into Practice, 6,* 126–133.

Stufflebeam, D. L. (1971). *Educational evaluation and decision making.* Ithaca, Illinois: Peacock.

Stufflebeam, D. L., & Shinkfield, A. J. (1985). Systematic evaluation. *Nijhoff Publishing, 3.* Boston: Kluwer.

Suh Y., & Bolt D. M. (2011). A nested logit approach for investigating distractors as causes of differential item functioning. *Journal of Educational Measurement, 48,* 188–205.

Swaminathan, H., & Rogers, H. J. (1990). Detecting differential item functioning using logistic regression procedures. *Journal of Educational Measurement, 27*(4), 361–370.

Tamayo, R., & Joaquin, Jr. (2010). *Assessment 2.0: "Next–Generation" Comprehensive Assessment Systems.* The Aspen Institute Education & Society Program 2010.

Taylor, W. L. (1953). Cloze–procedure: A new tool for measuring readability. *Journalism Quarterly, 30,* 415–433.

Templin, J., & Henson, R. (2006). Mesurement of psychological disorders using cognitive diagnosis models. *Psychological Methods, 11,* 287–305.

Thissen, D., Steinberg, L., & Gerrad, M. (1986). Beyond group–mean differences: The concept of item bias. *Psychological Bulletin, 99*(1), 118–128.

Thissen, D., Steinberg, L., & Wainer, H. (1988). Use of item response theory in the study of group differences in trace lines. In H. Wainer & H. I. Braun (Eds.), *Test validity* (pp. 147–172). Hilsdale, NJ: Lawrence Erlbaum Associates, Inc.

Thissen, D., Steinberg, L., & Wainer, H. (1993). Detection of differential item functioning using the parameters of item response models. In P. W. Holland & H. Wainer (Eds.), *Differential item functioning* (pp. 67–113). Hillsdale, NJ: Lawrence Erlbaum Associates, Inc.

Thorndike, E. L. (1918). The nature, purpose, and general method of measurements of educational products. *In the seventh yearbook of the National Society for the Study of Education, Part II.* Chicago: University of Chicago Press, 16.

Tollefson, N. (1987). A Comparison of the item difficulty level and item discrimination of multiple–choice items using "none of above" and one correct response option. *Educational psychological Measurement, 477,* 377–383.

Tucker, L. R. (1946). Maximum validity of a test with equivalent items. *Psychometrika, 11,* 1–13.

Tyler, W. L. (1942). General statement on evaluation. *Journal of Educational Reseatcher,*

35, 492–501.

Tyler, W. L. (1949). *Basic principles of curriculum and instruction*. IL: University of Chicago Press.

von Davier, M. (2005). *A general diagnostic model applied to language testing data* (RR–05–16). Princeton, NJ: Educational Testing Service.

Walberg, H. J., & Haertel, G. D. (1990). *The international encyclopedia of educational evaluation*. New York: Pergamon Press, xvii–xxvii.

William, R. L. (1971). Abuse and misue of testing black children. *The Counseling Psychologists, 2*, 62–73.

Williams, N. J., & Beretvas, S. N. (2006). DIF identification using HGLM for polytomous items. *Applied Psychological Mesurement, 30*(1), 22–42.

Wise, S. L., & Plake, B. S. (1989). Research on the effects of administering tests via computers. *Educational Measurement: Issue and Practice, 3*(3), 5–10.

Wittrock, M. C. (1991). Cognition and testing. In M. C. Wittrock & E. L. Baker (Eds.), *Testing and cognition*. New Jersey: Printice–Hall, 1–4.

Wolfe, E. W., & Miller, T. R. (1997). Barriers to the implementation of portfolio assessment in secondary education. *Applied Measurement in Education, 10*(3), 235–251.

Wood, R. (1977). Multiple choice: A state of the art report. *Evaluation in Education: International Pro Press, 1*, 191–280.

Woods, C. M., & Grimm, K. J. (2011). Testing for nonuniform differential item functioning with multiple indicator multiple cause models. *Applied Psychological Measurement, 35*(5), 339–361.

Wright, B. D., & Stone, M. A. (1979). *Best test design*. Chicago: MESA press.

Yao, L., & Li, F. (2010). A DIF detection procedure in multidimensional item response theory framework and its applications. Paper presented at the annual meeting of the National Council on Measurement in Education, Denver, CO.

Young, J. W. (1990). Adjusting the cummulative GPA using item response theory. *Journal of Educational Measurement, 27*, 175–186.

Zieky, M. J., & Livingston, S. A. (1977). *Manual for setting standards on the basic skills assessment tests*. Princeton, NJ: Educational Testing Service.

Zimowski, M. F., Muraki, E., Mislevy, R. J., & Bock, R. D. (1996). *BILOG–MG: Multiple–Group IRT Analysis and Test maintenance for Binary items*. Chicago: Scientific Software International, Inc.

찾아보기

인명

내용

저자 소개

신진아 (Jin-Ah Shin)

이화여자대학교 사범대학 교육학과
이화여자대학교 대학원 교육학과 석사, 박사
현) 한국교육과정평가원 연구위원

시기자 (Ki-Ja Si)

이화여자대학교 사범대학 교육학과
이화여자대학교 대학원 교육학과 석사, 박사
현) 한국교육과정평가원 선임연구위원

성태제 (Tae-Je Seong)

Univ. of Wisconsin-Madison Phd.
한국교육과정평가원 원장
한국교육평가학회 학회장
현) 이화여자대학교 사범대학 교육학과 명예교수

검사제작과 분석
Test Construction and Analysis

2021년 9월 10일 1판 1쇄 인쇄
2021년 9월 20일 1판 1쇄 발행

지은이 • 신진아 · 시기자 · 성태제
펴낸이 • 김진환
펴낸곳 • (주) 학지사
04031 서울특별시 마포구 양화로 15길 20 마인드월드빌딩
대표전화 • 02)330-5114 팩스 • 02)324-2345
등록번호 • 제313-2006-000265호

홈페이지 • http://www.hakjisa.co.kr
페이스북 • https://www.facebook.com/hakjisa

ISBN 978-89-997-2491-6 93370

정가 26,000원

[부록 자료]는 학지사 홈페이지(www.hakjisa.co.kr) 내
'도서자료'실에서 내려받아 사용하세요.